LA

NORMANDIE MONUMENTALE

ET

PITTORESQUE

ÉDIFICES PUBLICS, ÉGLISES, CHATEAUX, MANOIRS, ETC.

HÉLIOGRAVURES DE P. DUJARDIN

D'APRÈS LES PHOTOGRAPHIES DE PAUL ROBERT ET DE HENRI MAGRON

CALVADOS

DEUXIÈME PARTIE

TEXTE

Par MM. Ch.-A. DE BEAUREPAIRE, G. DE BEAUREPAIRE, BOSCROGER, Léon BRAQUEHAIS, Charles BRÉARD, D. D.,
Abel DECAUVILLE LACHÉNÉE, Paul DE FARCY, Armand GASTÉ, André GILBERT, Ch. HETTIER,
l'abbé L. HUET, le Commandeur Henry LE COURT, Charles LE GOFFIC, Paul DE LONGUEMARE, l'abbé MARIE, Alfred MONOD,
Albert PELLERIN, le Vte L. RIOULT DE NEUVILLE, Élie DE SOUDERNE, Émile TRAVERS et G. VANEL.

HAVRE

LEMALE & Cie, IMPRIMEURS, ÉDITEURS

1898

LA
NORMANDIE MONUMENTALE

PITTORESQUE

CALVADOS

ARRONDISSEMENT DE VIRE

L'ÉGLISE NOTRE-DAME, A VIRE

L'église paroissiale de Notre-Dame de Vire a été élevée sur l'emplacement d'une ancienne chapelle qu'avait fait construire Henri Ier, roi d'Angleterre et duc de Normandie, et dont il avait donné le patronage aux religieux de l'abbaye de Troarn. De cette chapelle, qui devait comprendre toute la grande nef actuelle et les deux nefs latérales et se terminer, à la hauteur du transept, à la deuxième arcade du chœur, il ne reste plus que la partie inférieure du portail principal, deux chapiteaux qu'on peut voir sous le buffet d'orgues, un autre chapiteau qui se trouve entre la chapelle Sainte-Barbe et le transept nord, et quelques restes à demi cachés par le tambour du portail du midi.

La nef principale de Notre-Dame et les nefs latérales sont de la fin du XIIe ou du commencement du XIIIe siècle. La dédicace de cette église eut lieu le 20 juillet 1272. Depuis cette époque Notre-Dame est l'église paroissiale de la ville; c'est Saint-Thomas qui l'était antérieurement.

D'après une tradition très ancienne, ce sont les seigneurs d'Amphernet qui ont fait construire, dans les premières années du XIVe siècle, le transept méridional et le portail qui lui est contigu. Mais, si l'on en croit Daniel Polinière, dans ses *Mémoires* inédits, *pour servir à l'histoire ecclésiastique de Vire* (1), il n'est nullement prouvé que « les dits seigneurs aient donné le fonds où est bâtie cette chapelle ». Quoi qu'il en soit, les d'Amphernet s'attribuaient, à tort ou à raison, des droits sur

---

(1) Ces *Mémoires* sont conservés à la Bibliothèque publique de Vire. (Voir les feuillets 106 et 107.)

cette chapelle ; ils s'y faisaient inhumer ; ils y avaient élevé un monument funéraire sur lequel « étoient quantité de figures en bas-relief de trois ou quatre pieds qui représentoient la généalogie de leur famille » (1), et un mausolée de marbre noir (2), « sur lequel il y avoit la représentation d'un homme armé ». Qu'il ait été, ou non, bâti aux frais des d'Amphernet, ce transept méridional est, avec le portail latéral, une des parties les plus curieuses de l'église Notre-Dame.

Vue de l'Église Notre-Dame de Vire, à la fin du XVIIe siècle.

D'après un dessin appartenant à M. le Dr L. Porquet, de Vire.

On ne saurait trop admirer la pureté des lignes, la délicatesse des colonnettes des piliers, des meneaux des fenêtres et l'élégance des pinacles.

La tour carrée qui sert de clocher est également des premières années du XVe siècle. Cette tour était surmontée d'une pyramide, détruite par la foudre en 1500, et qui fut rétablie, en 1513, par les soins de Jean Henry, père, et de Richard Le Boucher, trésoriers de Notre-Dame. En 1770, comme cette flèche menaçait ruine, elle fut définitivement supprimée. Nous devons regretter qu'elle n'ait pas été reconstruite, car on peut juger de l'effet gracieux qu'elle produisait, d'après un ancien dessin, daté de 1699 (3), que possède aujourd'hui le docteur Louis Porquet, de Vire.

Le chœur a dû être construit à deux époques différentes, la majeure partie au XVe siècle, quelques portions seulement au XVIe. « On commença, dit D. Polinière (4), à bâtir le chœur (lisez l'extrémité du chœur, le sanctuaire) de l'église Notre-Dame le 3 février 1511.

Ce fut un architecte de Saint-Lô qui en dressa le plan. C'est ce que l'on voit par un ancien registre du trésor de ladite église, intitulé : *Papier des mises et payemens qui ont été faits pour l'édifice du chœur.* On voit, par ce même registre, que la voûte du chœur fut faite aux années 1533 et 1534 et parfaite et finie le 20 juillet 1535, et qu'elle fut peinte la même année. Toute la dépense pour mettre ce bâtiment en état de recevoir la voûte ne montait qu'à la somme de 3,853 livres. »

Les bas-côtés de la nef et une partie de ceux du chœur datent aussi du XVe siècle, l'autre partie est du XVIe.

C'est également vers la fin du XVe siècle qu'il faut faire remonter la construction de l'abside, ou chapelle de la Vierge (5). Tout le pourtour extérieur de cette chapelle et des bas-côtés du chœur est orné de pinacles, de gargouilles et de figures grimaçantes d'un travail curieux. A l'intérieur, sur la clef de voûte de la chapelle de la Vierge, on voit les armes de France écartelées de celles du Dauphiné, en reconnaissance, dit-on, des dons faits par Louis XI (6), lors de son passage par la ville de Vire.

(1) Ce monument fut détruit en 1744, par ordre des trésoriers.
(2) Supprimé en 1535.
(3) Ce dessin est signé : Brison (ou Brisou), capitaine et ingénieur du Roy. La hauteur de l'édifice, avec la flèche, était de 175 pieds.
(4) *Mémoires* manuscrits.
(5) Aujourd'hui chapelle du Rosaire.
(6) Le poids du Roi, avec la maison où il fut placé, avait été donné par Charles VII à l'église de Vire, et cette donation avait été confirmée par Louis XI, « à la condition qu'on entretînt une lampe ardente, brûlant incessamment devant le Saint-Sacrement ».

ÉGLISE NOTRE-DAME, À VIRE.—VUE D'ENSEMBLE

L'autel de cette chapelle est en pierre. La table est portée sur un massif triangulaire et s'appuie en avant sur deux colonnes (1).

La chapelle du transept nord (chapelle Saint-Pierre) paraît être aussi du XVe siècle; son ornementation est presque nulle, ainsi que celle du bas-côté de la nef. Toutefois, on doit remarquer la porte latérale, dite porte *de la Poissonnerie*; cette porte est sculptée avec soin et dénote une main très habile à fouiller le granit.

Entre la chapelle Saint-Pierre et le bas-côté nord de la nef, est un espace connu aujourd'hui sous le nom de chapelle Sainte-Barbe et faisant pendant à l'élégant portail du midi. Les diverses transformations que l'on a fait subir, à différentes époques, à cette partie de l'église ne permettent pas de dire à première vue d'une façon positive si ce lieu a toujours été une chapelle, ou si primitivement il n'a pas servi de portail. Un renseignement fourni par D. Polinière, dans ses *Mémoires* manuscrits (2), nous tire d'embarras. « En 1744, dit-il, quatre chapelles furent supprimées, ce qui donna plus de facilité de placer commodément les bancs, et ce qui rendit l'église beaucoup plus propre et plus claire qu'elle n'était auparavant; et pour donner encore plus de clarté à l'église, on fit faire les deux arcades de la chapelle Sainte-Barbe et du portail de la rue aux Pots. La chapelle Sainte-Barbe (autrefois chapelle Saint-Lambert) avait été jadis fieffée à M. Guillaume Lambert, vicomte de Vire, pour 6 livres de rente foncière…. Le dit sieur Lambert avait fait fermer cette chapelle d'une grande balustrade de bois qui tirait le jour de ce côté-là. Cette balustrade fut supprimée, et on y fit faire une arcade en pierre de taille, de manière que ces deux arcades (celle de la chapelle Sainte-Barbe et celle du portail de la rue aux Pots) ont donné un beau jour à l'église (3). »

La sacristie fut bâtie en 1653, grâce aux libéralités de M. Catherin-François Castel, docteur de Sorbonne, théologal de Coutances, et natif de Vire, lequel donna au trésor de l'église la somme de 600 livres pour élever cette utile mais très disgracieuse construction, qui fut augmentée en 1764. C'est aussi en 1764, année funeste pour l'église Notre-Dame, que fut construite cette espèce de cage rectangulaire, qu'on nomme la Chapelle Neuve, et dont ne voudrait pas, pour sa halle au blé, un chef-lieu de canton de dixième ordre.

Porte intérieure de l'Église Notre-Dame de Vire, du côté de l'ancienne poissonnerie.

Mais ce qui déshonore encore davantage, si c'est possible, notre vieille église, ce sont les boutiques et échoppes qu'on a laissé s'attacher, comme une lèpre, sur les murs, surtout au midi. « Autrefois, dit Daniel Polinière dans ses *Mémoires* manuscrits, il n'y avoit aucunes maisons bâties contre l'église, et l'on faisoit la procession autour de Notre-Dame par derrière la chapelle du Rosaire. Ce fut

(1) Voir A. DE CAUMONT : *Statistique monumentale du Calvados*, t. III, p. 99.

(2) Folio 106.

(3) Dans la petite chapelle, placée sous les combles de l'église Notre-Dame (bas-côté nord), se réunissaient, sous le nom de *Congrégation des gens de lettres* (congrégation fondée le 30 novembre 1679), les personnes les plus distinguées de la ville (juges, avocats, médecins, administrateurs, etc.). Voir SÉGUIN fils (*Mémorial Virois*, p. 74 et 75).

l'an 1614 que le sieur curé et les trésoriers de l'église fieffèrent à M. Guillaume Halbout une place contre ladite église, à côté de la sacristie, pour 7 livres de rente, par contract passé devant les tabellions de Vire le 7 juillet 1617. » Depuis cette date, ces ignobles végétations se sont développées au point de couvrir presque tous les murs de l'église. Dans ces dernières années, on a pu racheter et démolir deux de ces échoppes; mais Dieu sait quand on pourra supprimer les autres et rendre à Notre-Dame sa beauté primitive.

Puisque nous parlons des dégradations dont l'église Notre-Dame a souffert, rappelons qu'elle fut pillée et saccagée par les soldats de Montgommery, le 1er septembre 1568, comme on peut le lire dans les registres des trésoriers (1) : « Le premier jour de septembre, jour et faiste de Monsieur sainct Gilles, l'an mil V LXVIII, viron cinq heures de mattin, la ville de Vire, ladite église et aultres églises dudit Vire furent prinses par le comte de Mongommery et gens de son armée de la prétendue nouvelle religion, lesquelz avoient pilley et ravagé ladite église, rompeu, froissey, cassey et degastey, ruiney les vittres, grailles (*sic*), huys, fenestres, chairres, bancz, sieges, coffres, sacraires, aoustelz, ymages, prins, ravy et emportey, vne custode, ung callice et plataine d'argent, auecques les ornementz de chappes, casibles (*sic*), tuniques, estolles, phanons (?), aulbes, sourpelix, mappes, doubliers, longères (?), emitz (*sic*), courtines, or et argent monneyé et à monneyer, livres, chartres et escriptures et ensseignemens, rompeu, ruiney et emportey les orgues (2) et generallement ruyney et emportey et degastey tous les biens de ladite église et tresorerye, de sorte qu'elle estoit demeurée deserte, et ny estoit riens demeurey comme il est toult notore (*sic*), selon mesme qu'il a esté justiffiey et prouvey et mesmes atesté tant par les gens d'eglise, de justice, gentilzhommes, bourgoys et autres personnes notables, laquelle imformation et atestation est au secret de justice. »

Parmi les œuvres d'art détruites ou enlevées ce jour-là, il faut signaler les vitraux du haut du chœur, « représentant le Sauveur avec les douze apôtres et la Sainte Vierge. Ces vitraux avoient été faits par un ouvrier que l'on fit venir de Rouen en 1535. Plusieurs seigneurs et principaux habitans de Vire avoient contribué à la dépense de ces vitres et fait mettre leurs armes dessus (3) ».

Notons encore un grand arbre, en cuivre doré, qui se trouvait dans la chapelle Saint-Pierre. Cet arbre, appelé *Arbre de Jessé*, et au sommet duquel était une image de la Vierge, « fut cassé et emporté par Montgommery » (4).

Plus tard, à la Révolution, fut démoli et mis au creuset un superbe lutrin (5) qui avait été placé dans le chœur, en 1656. C'était « un grand aigle, dont les ailes éployées servoient à porter les livres. Il étoit élevé sur une grosse boule soutenue par un piédestal triangulaire percé à jour et orné de figures, et porté à ses trois angles par trois lions, le tout de cuivre, pesant 2,535 livres et demie. Ce lutrin avoit coûté 18 sols la livre et étoit revenu à la somme de 1,921 livres 19 sols. C'étoit, disait-on, le plus beau lutrin du royaume : il avoit été fait par un nommé Ogër, de Villedieu » (6).

Mais il ne faudrait pas attribuer aux seules passions religieuses ou politiques les mutilations et les pertes dont Notre-Dame de Vire a été la victime. L'ignorance ou l'incurie de certains curés et des trésoriers a fait plus de mal à ce vénérable monument que la fureur des protestants ou des sans-culottes.

(1) *Archives de Notre-Dame*, I, 8, fol. XLI, verso.
(2) Ces orgues furent refaites en 1592, et augmentées en 1634 et en 1732. Depuis, on y a fait d'importantes modifications.
(3) D. POLINIÈRE. *Op. cit.*
(4) D. POLINIÈRE. *Op. cit.*
(5) Il paraît que le lutrin actuel (en bois), est une copie fidèle de l'ancien. SÉGUIN fils. *Mémorial*, p. 66.
(6) D. POLINIÈRE. *Op. cit.*

Cliché Paul Robert   Lemale & Cie Édit. Havre   Lithog. P. Dujardin

EGLISE NOTRE-DAME À ... — VUE INTÉRIEURE

Pl. N° 48

Nous avons déjà parlé de la sacristie et de la chapelle neuve, construites aux dépens de l'architecture du bas-côté méridional du chœur.

En 1644, on éleva, à la place de l'ancien jubé « qui partageoit le chœur d'avec la nef » (1), l'arcade qui soutient le crucifix. Deux autres jubés, qui furent construits à cette époque et qui étaient « un très bel ouvrage (2) », furent détruits en 1753.

En 1676, dit naïvement D. Polinière, « on fit maçonner des espèces de portes (3) des deux côtés de la nef de l'église, et on fit mettre dans la maçonnerie de ces portes des buyes de terre (4) pour donner un écho à l'église, avec un piédestal à chaque porte pour y mettre des figures ». Rien n'est plus hideux que ces fenêtres maçonnées, avec ces trous béants dont on ne comprend pas la signification, et ces piédestaux sans style qui attendent toujours leurs statues.

Dans la seconde moitié du XVIII° siècle, M. Guéret, prêtre, un des trésoriers de Notre-Dame, fit enlever les balustres qui étaient autour du chœur et les bancs, en forme de coffres, qui servaient à ramasser les ornements des prêtres. Ces balustres et ces bancs, finement sculptés, étaient du XVI° siècle. On en peut voir encore un échantillon dans l'église Saint-Thomas, où la chaire a été construite avec des débris de ces élégantes boiseries.

Lorsque Notre-Dame, fermée pendant la Révolution, fut rendue au culte (1797), les membres de la fabrique songèrent à faire recouvrir les bas-côtés de la nef, dont la toiture, négligée pendant huit années, avait beaucoup souffert, au point de compromettre la solidité des voûtes de cette partie de l'église. Pour éviter les frais, ils résolurent de réunir la toiture des bas-côtés à celle des nefs latérales, qui n'était guère en meilleur état, et de faire de ces deux toitures une seule et même couverture. En agissant ainsi, ils ont masqué une partie du « clerestory » et des arcs-boutants. On n'a qu'à regarder le dessin fait par l'ingénieur Brison (ou Brisou) en 1699, pour se rendre compte de ce qu'a perdu en élégance le côté méridional de l'église.

En 1817 les piliers du chœur, piliers en granit (comme toute l'église du reste), furent peints *en marbre!* En 1822, ils furent repeints (qui le croirait?) *en acajou*. Vers la même date, non seulement on fit barbouiller, toujours *en acajou*, la chaire (5), qui n'avait jamais été peinte, mais encore (ô pudeur), le curé fit sculpter des mouchoirs sur les seins trop proéminents des sirènes, afin d'en cacher la nudité aux regards des fidèles.

Que dire maintenant des peintures du sanctuaire et du chœur, imitation plus ou moins lointaine des peintures de la Sainte-Chapelle? Certains les admirent; mais nous avons entendu un des artistes virois, dont les toiles ont été souvent admirées au Salon, comparer les piliers du sanctuaire à d'énormes bâtons de sucre de pomme, recouverts de papier doré. Avait-il tort?

Notons enfin que les murs et les colonnes de la nef et du reste de l'église, murs et colonnes en granit, ont été, à quelle date, nous ne saurions le dire, peints *en granit*, et que les peintures à fresque des voûtes de la nef et du chœur, qui dataient de 1534 (6), ont été recouvertes d'un lait de chaux.

Il serait à désirer que le *Comité des Monuments historiques*, qui a pris sous sa protection l'église Notre-Dame, en la classant « parmi les monuments historiques », fît enlever cet affreux badigeon blanc et gris, et rendît à la vieille basilique viroise sa sévérité première.

(1) D. Polinière. *Op. cit.*

(2) *Id. ibid.*

(3) Petites fenêtres ogivales, au-dessus des arcades.

(4) *Buyes* ou *buies*, pots en grès. Encore aujourd'hui les vases où les ménagères vont puiser de l'eau à la fontaine s'appellent *buies* ou *bies*.

(5) Cette chaire, qui date de 1643, est l'œuvre d'un menuisier nommé Jacques Le Chartier. (Séguin fils. *Mémorial Virois*, p. 62.)

(6) Séguin fils. *Op. cit.*, p. 29.

Nous terminons cette notice sur l'église Notre-Dame de Vire, par quelques renseignements sur les autels dont elle est, sinon ornée, du moins garnie.

Lorsqu'en 1797, comme nous l'avons déjà dit, Notre-Dame fut rendue au culte, on songea à remplacer tous les autels qui avaient été renversés. Pour cela on mit à contribution les autels à demi brisés des autres églises de Vire. (Il n'était resté à Notre-Dame que les stalles du chœur, et la chaire, dont encore la partie supérieure, l'abat-voix, avait été brûlée.)

L'autel du chœur (remplacé depuis par l'autel actuel, en cuivre doré, dû aux frères Vimont, fondeurs, et dont on peut admirer la richesse), était dans l'église de l'Hôpital, sur la Butte, aujourd'hui place de l'Hôtel-de-Ville ; depuis 1849, il est à Saint-Thomas.

L'autel de la Chapelle Neuve (1) était celui des Cordeliers : le rétable était orné d'un tableau représentant la *Trinité*. Ce tableau a été supprimé depuis quelques années ; on a creusé, à la place, une niche où a été placée une statue du Sacré-Cœur.

L'autel de la chapelle Saint-Joseph, voisine de la sacristie, était celui de la chapelle Saint-Roch, dans les Monts.

L'autel de la chapelle Sainte-Anne, du côté de la place, était celui de l'église Sainte-Anne (celle de la rue du Pont, aujourd'hui démolie). La vieille statue, en bois, de Sainte-Anne a été enlevée il y a une vingtaine d'années et remplacée par une Sainte-Anne en terre cuite.

L'autel de la chapelle Saint-Pierre était celui des Bénédictines.

Les autres autels sont de date assez récente.

L'ancien autel de la chapelle du Rosaire (derrière le chœur), était celui de l'Hôtel-Dieu. Qu'est-il devenu ?

L'autel actuel de Notre-Dame-de-Pitié (chapelle Saint-Michel) établi, en 1853, aux frais de M. Châtel-Constant, a remplacé celui qui provenait de l'église Saint-Thomas.

L'autel de la chapelle Saint-Éloi a été fait, en 1871, avec des boiseries appartenant autrefois au chœur de l'église, boiseries du XVI⁰ siècle, détruites en 1745, par l'abbé Guéret. Cet autel remplace celui d'une des chapelles de l'église Saint-Thomas, dont le rétable était orné d'un tableau, peint en 1758, par Vincent-Jean-François de La Vente, alors âgé de dix-huit ans : *Jésus apparaissant à ses apôtres et montrant ses plaies à saint Thomas*. Ce tableau a été donné, en 1871, au Musée de Vire, par M. l'abbé Tirard, curé de Notre-Dame.

Ont été supprimés, l'autel Saint-Crépin (du côté de l'ancienne poissonnerie), autel venant de la salle des pauvres de l'Hôtel-Dieu, et l'autel Saint-Roch, touchant à la chapelle du Rosaire. Ce dernier autel venait de la chapelle de l'ancien collège (aujourd'hui école communale des filles).

L'abat-voix actuel de la chaire est celui de l'Hôpital général (aujourd'hui Hôtel de Ville).

Les réparations des différents autels, placés dans l'église Notre-Dame, en 1797, furent faites par les soins du sieur Langlois, tapissier à Vire et trésorier, et du sieur Bertrand Porquet, ancien bénédictin à l'Abbaye-aux-Hommes de Caen, et curé constitutionnel de Vire.

Armand Gasté et Ch. Fédérique.

(1) C'est dans cette chapelle qu'on peut voir l'unique tableau de valeur que possède l'église Notre-Dame : *l'Adoration des Bergers*, par Cl. Vignon, l'auteur des tableaux historiques du château de Thorigny.

LE BEFFROI À VIRE

LE BEFFROI OU PORTE-HORLOGE, A VIRE

La *Porte-Horloge* s'appelait autrefois *Porte du Champ de Vire*, ou encore Porte-Gastinel. Cette porte, de forme ogivale, flanquée de deux tours, avait pont-levis, herse et porte intérieure. Elle faisait partie du système de défense de la ville et datait, comme les murailles et comme les portes Saint-Jean (1) et de Saint-Sauveur (2), de la fin du XIII° siècle. C'est vers la fin du XV° (3) que cette porte fut surmontée de la belle tour, à campanile (4), destinée à loger le beffroi, et d'où lui vient le nom qu'elle a conservé de *Porte-Horloge*.

En 1630 (5), la herse n'existait plus, ou du moins ne servait plus. En 1712, le pont-levis fut détruit : il ne restait plus que la porte intérieure qui, elle-même, fut supprimée vers 1789, « attendu qu'elle ne servait plus et qu'elle était ruinée de vétusté » (6).

Il est fâcheux qu'on ait laissé accoler aux deux tours des maisons qui les masquent en grande partie; il est fâcheux, surtout, qu'on ait permis d'édifier sur les deux tours elles-mêmes, d'ignobles constructions qui en ont dénaturé le caractère primitif.

La Porte-Horloge a son histoire.

En 1507, le 2 octobre, la tour centrale fut frappée de la foudre. Toute la galerie occidentale fut emportée, et ses débris furent projetés au loin (7).

Au mois de juillet 1562, Montgommery, chef des protestants, après avoir pris et pillé l'église Notre-Dame et celle des Cordeliers, se retira avec son butin dans le château de Ducey. Mais aussitôt après le départ de Montgommery, les catholiques assaillirent les protestants (8), à la sortie du prêche que Montgommery avait établi dans l'église Notre-Dame, et en massacrèrent un certain nombre. Montgommery, pour venger ses coreligionnaires, envoya, de Saint-Lô, le 31 août, les capitaines Avaines, La Motte-Thibergeau et Deschamps, avec deux cornettes de cavalerie, lesquels « par le moyen du sieur de la Poupelière » surprirent la ville le soir, et l'enlevèrent, ainsi que le château, au gouverneur Juvigny. Les catholiques et les politiques réunis envoyèrent en secret demander des secours au duc d'Étampes. Le 4 septembre, au matin, la ville fut cernée par le corps d'armée du

---

(1) Ou de Martilly.

(2) Ou de Saint-Thomas. (Voir DUBOURG D'ISIGNY. *Recherches archéologiques sur l'histoire militaire du château et de la ville de Vire*, 1837, p. 9.)

(3) Vers 1480 (DUBOURG D'ISIGNY); en 1499, d'après F. CAZIN (*Notice sur l'ancienne horloge de Vire, etc.*, Vire, 1856, p. 15).

(4) Le sommet du campanile est à 32 mètres du sol.

(5) « Lorsque Louis XIII, ou plutôt Richelieu, ordonna, en 1630, la démolition du château, celle des deux portes et des murs de la ville fut mise en question. Les habitants adressèrent au roi une supplique pour réclamer la conservation de la Porte-Horloge, comme très utile. Il y fut fait droit; la tour du Beffroi fut abandonnée à la ville pour son horloge, et les deux tours restèrent la propriété de l'État, qui les vendit plus tard à charge de conservation, attendu qu'elles servent de contreforts à la tour de l'Horloge. (F. CAZIN. *Op. cit.*, p. 18.)

(6) F. CAZIN. *Op. cit.*

(7) SÉGUIN fils. *Mémorial Virois*, p. 38.

(8) 31 juillet.

duc d'Étampes. C'est sur la Porte-Horloge que se portèrent les plus grands efforts des catholiques.
Théodore de Bèze, dans son *Histoire ecclésiastique des Églises réformées du royaume de France* (1), raconte l'attaque de la Porte-Horloge par les troupes du duc d'Étampes. Nous ne donnerons ici qu'un court fragment de cette relation : « Or, avoit la Poupelière laissé à cette porte le sieur de Saint-Denis, brave et vaillant gentilhomme, lequel ayant fait tout ce qui se pouvoit faire, fut finalement enfoncé, parce que le pont n'étant levé qu'à demi et ne tenant qu'à une corde, tant il étoit mal en point, il fut tantôt abattu, et à l'instant, un nommé Thomas Povet (2), barbier, étant de l'Église romaine, de ceux qui étoient dans la ville, ayant rompu les verrous par dedans, donna entrée aux ennemis, desquels il reçut le salaire qu'il méritoit, étant par eux tué le premier. »

La tour de l'Horloge.
D'après une photographie de M. H. Magron.

En 1646, les habitants de Vire décidèrent, en assemblée générale que, « attendu que la Sainte Vierge est la patronne de la ville dès son origine », sa statue seroit placée à l'extérieur de la Porte-Horloge. En 1698, cette statue, tombant de vétusté, fut remplacée par celle que nous voyons encore aujourd'hui (3).

Un mot pour terminer cette notice. Les deux petites cloches qui sonnent les quarts et la demie, et qui dataient, l'une de 1608, l'autre de 1684, ont été remplacées, en 1852, par deux autres d'un timbre plus clair et plus sonore. On a conservé la grosse cloche des heures : elle a 1 m. 34 cent. de diamètre à sa base, et 1 m. 05 de hauteur en dedans. Elle pèse 1,300 kilog. On lit à la partie supérieure de cette cloche, en caractères gothiques :

> **Rualt** (RUAULT), procur^r de la ville de Dire, me fit faire
> **Guilbert me fondit**
> l'an mil cccc IIII^{xx} XIX

Des signes ou ornements coupent l'inscription en trois parties : une fleur de lis, une étoile, un écusson, une croix de Malte. Au-dessus de l'inscription, on voit une Vierge avec l'enfant Jésus, un évêque tenant sa crosse, et un saint Denis portant sa tête dans ses mains (4). C'est, assurément, une des plus anciennes cloches de France.

ARMAND GASTÉ.

(1) Tome II, p. 709 et suiv. (éd. de Lille, 1841, t. II, p. 438).
(2) Ne faut-il pas lire *Poret*, nom très virois ?
(3) SÉGUIN fils. *Op. cit.*, p. 40 et 83.
(4) CH. FÉDÉRIQUE. *Bulletin de la Société des Antiquaires de Normandie*, 1860, p. 445.

RUINES DU DONJON, À VIRE

LES RUINES DU DONJON DE VIRE

Deux pans de murs se dressant fièrement sur une petite éminence rocheuse, à l'extrémité d'une quadruple rangée de beaux tilleuls, et dominant, d'un côté la ville, de l'autre la charmante vallée bien connue sous le nom de *Vaux de Vire* : voilà ce qui reste du donjon de Vire.

M. Dubourg d'Isigny, dans ses savantes *Recherches archéologiques sur l'histoire militaire du château et de la ville de Vire* (1), a fait un tableau très exact et très vivant des défenses de la ville et du château, « à l'époque où, par suite de leurs accroissements successifs, elles durent se trouver les plus complètes, c'est-à-dire au commencement du XVII° siècle ».

Nous ne saurions trouver un guide plus sûr. Citons-le donc.

« La ville, sous la forme d'un quadrilatère peu régulier, s'étendait dans le nord et le nord-est du château, sur le versant méridional d'une colline, dont elle couronnait la crête vers le nord. D'épaisses murailles, défendues aux angles par six grosses tours à mâchicoulis, formaient, derrière de larges et profonds fossés, son enceinte continue sur un développement de près de 700 mètres. Six autres tours, plus fortes encore, flanquaient deux à deux les trois portes principales, munies d'un appareil imposant de herses et de ponts-levis. La porte de *Martilly* (ou *Saint-Jean*) s'ouvrait au nord, sur la route d'Avranches, Coutances et Saint-Lô. Celle de l'*Horloge* (2) et, un peu plus bas, celle de *Saint-Sauveur* (3) correspondaient à l'est aux chemins de Caen, Falaise, Domfront, etc. Deux *boulevards* (c'est-à-dire deux bastions) couvraient, au delà du fossé, vers l'est, la porte Saint-Sauveur. Une quatrième porte, la *Porte Neuve*, au midi, n'offrait pour toute défense qu'un simple pont-levis et une contre-garde à l'ouest. Un chemin de ronde, dit le *Chemin du Chariot*, de trois mètres environ, régnait intérieurement au pied du rempart.

« Trois rues principales, partant des trois grandes portes, venaient se réunir à la vaste place de l'église, en face de l'entrée du château, dont l'enceinte propre se rattachait, par les points *est* et *ouest* de sa courtine septentrionale, à l'enceinte de la ville.

« Un promontoire aigu de granit et de gneiss, s'élevant abrupte au-dessus de la vallée creuse et tournante de la Vire (dont néanmoins les coteaux opposés le dominaient de toutes parts), servait de base au château. Son enceinte extérieure, terminée au midi par le donjon, munie à l'est et à l'ouest de quatre tours et de mâchicoulis, en couronnait tous les escarpements, et semblait inaccessible, hormis vers le nord, où s'unissait au plateau inférieur de la ville, la pointe rocheuse sur laquelle il était assis. Aussi était-ce de ce côté que les défenses avaient été le plus multipliées.

(1) *Mémoires de la Société des Antiquaires de Normandie*, 1837.
(2) Antérieurement à 1480, porte *Gastinel*.
(3) Antérieurement à 1546, porte *Saint-Thomas*.

« Une haute et puissante muraille, flanquée de quatre tours, et un fossé profond séparaient d'abord de la ville et protégeaient une première cour intérieure; une seconde muraille, avec un second fossé creusé dans le roc vif, séparait ensuite de la première et protégeait une seconde cour, au fond de laquelle, sur un roc pyramidal, s'élevait enfin le donjon.

« La porte extérieure, avec un guichet latéral (fait assez rare, d'après M. de Caumont, dans les constructions de cette époque, 1123), s'ouvrait au nord entre les deux tours centrales, de plus de 60 pieds d'élévation, revêtues de pierre de taille de granit, et si bien cimentées qu'on ne put les démolir (en 1630) qu'à la pointe du marteau; elle était d'ailleurs, comme celle de la deuxième cour et du donjon, armée de pont-levis et de puissantes herses.

« La première cour renfermait quelques logements pour la garnison; la seconde, avec celui du gouverneur, une petite chapelle entre les deux tours de l'ouest, et dans celle de l'est un puits qui ne tarissait jamais.

« Le donjon, fort remarquable, formait un carré parfait de 40 pieds de côté, avec deux légers contreforts à chaque angle. Ses murs, d'une épaisseur moyenne de 7 à 8 pieds, coulés en bain de chaux dans un revêtement irrégulier de granit et de micaschiste, recélaient les escaliers, depuis le premier jusqu'au troisième et dernier étage. Ici régnait dans tout son pourtour une galerie extérieure de mâchicoulis, obtenue par un retrait sur l'épaisseur du mur, et l'établissement en saillie de consoles festonnées de granit, innovation heureuse dans le système de défense, dont les forteresses du XIIe siècle semblent offrir les premiers exemples (1).

« Les deux pans de murs sud et ouest, seuls encore aujourd'hui subsistants, offrent à l'observateur plusieurs de ces ouvertures cylindriques de quelques pouces de diamètre, dont l'usage ne semble pas bien connu, et qui les traversent dans toute leur épaisseur; quelques cheminées, dont une énorme, au premier étage paraît devoir caractériser la *salle d'armes;* quelques fenêtres enfin, ou carrées ou légèrement arquées, plus étroites toutefois aux étages supérieurs. Certaines parties, mieux traitées, ont fait croire que la *chambre d'honneur* occupait le deuxième, circonstances communes à plusieurs forteresses contemporaines. A l'ouest, de longues et étroites verges de cheminées couronnaient l'édifice, dont la hauteur totale, au-dessus de l'esplanade, ne devait pas être moindre de 130 à 140 pieds.

« A partir de celle des tours de la ville la plus rapprochée du château vers l'est, et presque parallèlement à son parapet oriental, s'étendait du nord au midi, jusqu'au delà d'une chapelle bâtie au XIVe siècle à l'est et au-dessous du donjon (chapelle *Saint-Maur* ou aux *Payens,* élevée, en 1348, par Nicolas Payen), une grosse muraille crénelée, qui complétait ainsi la défense commune. L'enceinte fortifiée qu'elle fermait au-dessous du château, se nommait le *château de bas.* Son fossé n'était séparé que par une étroite chaussée de la longue retenue d'eau des *Moulins du Roi,* traversée et alimentée par la Vire, dont les eaux, se brisant ensuite de chute en chute sous la pointe et le revers occidental du roc qui supportait le château, couraient arroser le pittoresque vallon des *Vaux de Vire,* et le moulin poétique auquel la voix populaire a conservé le nom de *Basselin* (2). »

Le château de Vire resta à peu près tel que l'a décrit M. Dubourg d'Isigny jusqu'en 1630. C'est le

---

(1) De Caumont. *Cours d'Antiquité,* t. V, p. 237.

(2)
Voyant en ces valons virois
Des moulins fouleurs la ruine,
Ou nos chantz prindrent origine,
Regrettant leur temps ie disois :
« Ou sont ces moulins, o valons,
Source de nos chantz biberons ? »
(Jean Le Houx. V. de V., LXXXV, premier recueil, p. 100, éd. A. Gasté.)

20 avril 1630, que, sur les ordres de Richelieu, « qui développait et exécutait son système de nivellement féodal », fut commencée la démolition du château de Vire. Un curieux tableau, peint, en 1655, sur un panneau de l'hôtel Valhébert, nous montre en quel état se trouvaient les ruines du château et du donjon de Vire, au milieu du XVIIe siècle (1).

« En 1696, dit encore M. Dubourg d'Isigny, un calvaire s'éleva sous l'abri du donjon mutilé : bientôt de premiers travaux de redressement furent entrepris pour en faciliter l'accès aux pèlerins. Il a subsisté jusqu'en 1793, et ce furent des mains étrangères à la ville (l'armée dite de Sépher qui passa à Vire le 9 novembre 1793) qui préludèrent à sa destruction (2).

« Dans la nuit du 22 au 23 novembre 1802, ce qui restait encore du pan oriental du donjon, s'écroula dans une tempête avec une portion de celui du midi, laissant apparaître, encore aujourd'hui, dans les contours de la déchirure du rocher, le profil gigantesque de Henri IV. Dès auparavant des travaux trop brusquement exécutés peut-être, pour l'élargissement et le nivellement de la promenade charmante qui l'entoure, l'avaient fortement ébranlé. De nouveaux accidents, quelques tentatives de démolition et les années n'avaient fait qu'ajouter à son dépérissement, quand, en 1824, M. Huillard d'Aigneaux, maire de la ville, le sauva d'une ruine imminente, par une habile consolidation. C'est à son administration, aussi sage qu'éclairée, comme l'est celle de tous les amis des arts et de l'histoire nationale, que Vire a dû la conservation d'un monument vénérable, autour duquel se groupent tant de souvenirs (3). »

A quelle date faut-il faire remonter la fondation du château de Vire ? On ne saurait le dire exactement (4). Tout ce qu'on sait, d'une façon certaine, c'est qu'en 1123, Henri Ier d'Angleterre, « maître absolu de la Normandie depuis la bataille de Tinchebray, et voulant s'en rendre la défense et la conservation plus faciles contre les entreprises des Normands prêts à se révolter, augmenta — comme il fit en même temps pour presque tous les châteaux normands, — et environna d'une *enceinte inexpugnable* le château de Vire. *Castra... de Arquis, Gisortis, Falesia... de Vira... inexpugnabiliter communivit* (5) ».

Mais, comme le fait justement remarquer M. Dubourg d'Isigny, si Henri Ier *augmenta* le château de Vire, il ne le *créa* pas. Donc, il faut faire remonter, au moins avant le XIIe siècle, la fondation du château de Vire. Le donjon aurait été ajouté par Henri Ier d'Angleterre, après la bataille de Tinchebray.

Les souvenirs historiques qui se rattachent aux ruines du vieux donjon de Vire, ne manquent pas.

Vers 1150, Henri II d'Angleterre le concéda à Radulph II, comte de Chester, avec les meilleurs et les plus libres droits qu'y avaient exercés ses prédécesseurs.

On signale la présence de Jean Sans Terre au moins quatre fois au château de Vire, le 13 décembre 1199, le 11 mars 1201, le 11 avril 1203, huit jours seulement après qu'il eut poignardé de sa propre main son neveu Arthur, à Rouen, et enfin du 21 au 23 décembre de la même année, avant qu'il s'embarquât à Barfleur, et quittât pour jamais la Normandie.

Philippe-Auguste confisqua, comme on sait, toutes les possessions de Jean Sans Terre. Vire redevint donc ville française.

Après la bataille de Poitiers (1359), le roi Jean, captif, avait, dans le traité de Londres, que

---

(1) Voir la lithographie de ce tableau, faite par M. Dubourg d'Isigny lui-même. (*Op. cit.*)

(2) Le pont-levis de la Porte Neuve fut détruit en 1735. La porte de Martilly fut démolie en 1779 ; les autres depuis.

(3) Récemment, sous l'administration de M. Chenel, maire de Vire, de nouveaux travaux ont été faits pour consolider ces ruines. Espérons que le jour est encore éloigné, où l'on devra dire : *Etiam periere ruinæ.*

(4) D'après le papier terrier dressé en 1544, par ordre de François Ier, le château de Vire daterait de la fin du VIIIe siècle (??).

(5) « Trois chartes d'Henri Ier concèdent à l'abbaye de Troarn certains droits sur l'église du château de Vire et sur les revenus du château lui-même. » (*Ibid.*)

refusèrent de ratifier les États généraux, consenti pour sa rançon à la remise, à titre de gage, de la ville et du château de Vire.

Charles V (13 juillet 1367) fit remise à ses « bien aimés bourgeois, habitants de la ville de Vire » d'une partie de leurs impositions extraordinaires, pour les aider à subvenir aux grandes dépenses qu'ils avaient faites « pour la fortification de ladite ville et pour aider à la garder ».

En 1368, au mois de juillet ou d'août, une soixantaine d'Anglais, « habillés comme gens de village », s'emparèrent par surprise de la ville de Vire, *mais ils ne prinrent pas le chastel.*

Est-ce au château de Vire, comme l'ont affirmé plusieurs historiens, que Duguesclin conçut, en 1370, son plan d'opérations qui devait aboutir à l'écrasement des Anglais, à Pontvallain? Est-ce au château de Vire que l'illustre connétable reçut le défi de sir Thomas Grandson, et qu'il s'écria dans sa superbe colère : « Je ne mangerai qu'une fois avant d'avoir vu les Anglais. Ils me verront et ma bannière, puisqu'ils la désirent, et plus tôt que besoin ne leur fût » ? Enfin est-ce du château de Vire qu'il est parti, à la nuit tombante, pour arriver le lendemain à Pontvallain ?

D'après Lobineau, Morice, Guyard de Berville, etc., l'armée de Duguesclin avait fait le trajet de Vire à Pontvallain (1), c'est-à-dire *plus de trente-six lieues,* en moins de seize heures, et cela par une nuit pluvieuse d'hiver. Il y a certainement ici une confusion de lieux, qui paraît, à bon droit, inexplicable à M. Dubourg d'Isigny, et qui pourrait s'expliquer selon nous, quoi qu'en dise le savant archéologue, si l'on admet que les historiens ont confondu *Vire* en Basse-Normandie, avec *Viré*, à huit lieues ouest du Mans et à dix lieues nord-ouest de Pontvallain.

Après la bataille d'Azincourt, Vire, comme les autres places de la Basse-Normandie, tomba au pouvoir des Anglais; elle dut se rendre le 21 février 1418.

En 1436, sous la conduite de *Boschier,* les campagnes viroises se révoltèrent contre leurs oppresseurs; mais ces vaillants patriotes furent écrasés à Saint-Sever, à quelques lieues de Vire, et perdirent, si l'on en croit l'historien Thomas Basin, quatre ou cinq mille hommes (2).

Heureusement la victoire de Formigny délivra la Normandie. Henry de Norbery, capitaine du château de Vire, fut fait prisonnier dans cette mémorable journée, et ce qui restait de la garnison anglaise au château de Vire dut se rendre le 26 août 1450.

Au XVIᵉ siècle, pendant les guerres de religion, Montgommery, à la tête de ses troupes protestantes, après s'être emparé, vers les derniers jours de mai 1562, de l'église Notre-Dame et du couvent des Cordeliers, dévasta et pilla ces deux monuments.

Le 31 juillet, trois des lieutenants de Montgommery, Avaisnes, La Motte-Thibergeau et Deschamps, surprirent la ville, sur le soir, et l'enlevèrent, ainsi que le château, au gouverneur Juvigny.

Le 6 septembre, la ville et le château furent repris aux protestants, après une lutte acharnée de quatre jours, par le duc d'Étampes, auquel s'étaient réunis le grand-prieur Sébastien de Luxembourg et Mâtignon.

Vire fut repris, le 12 février 1563, par Montgommery, qui dut la remettre cinq semaines après au roi, après la publication de la paix d'Amboise.

Cette ville fut une dernière fois reprise, par Montgommery le 1ᵉʳ septembre 1568. Les églises furent de nouveau pillées, le couvent des Cordeliers incendié, et cinq religieux égorgés.

(1) Aujourd'hui département de la Sarthe, arrondissement de La Flèche.
(2) Cf. notre brochure : *Les insurrections populaires en Basse-Normandie, etc.,* p. 20 et suiv., Caen, 1889.

Pendant les troubles de la Ligue, Vire resta dévoué au roi. Le gouverneur de Vire était Louis de Bordeaux, qui tenait fidèlement pour Henri IV. C'est lui qui fit élever, contre les entreprises des ligueurs, le retranchement du *château de bas*.

En 1630, comme nous l'avons déjà dit, le château de Vire fut démoli par ordre de Richelieu.

Les ruines de son donjon ont été, près de deux siècles plus tard, chantées par le poète virois, Chênedollé, dans ses *Études poétiques*. Voici les derniers vers de la pièce intitulée le *Donjon de Vire* (1) :

> . . . . « L'antique ruine
> N'offre plus maintenant à l'œil qui l'examine
> Qu'une sauvage empreinte, un sceau de vétusté
> Qui conserve à ces lieux un air de majesté.
> Aussi, quoique désert, bien souvent le poète
> Revient, ô vieux Donjon, épris de ta retraite,
> Quand le soleil du soir enflamme tes créneaux,
> Sur ta ruine assis, rêver au bruit des eaux ;
> Et cherche encore, autour de tes murs poétiques,
> Les inspirations des souvenirs antiques. »

Armand Gasté
(d'après Dubourg d'Isigny).

______

(1) Composée en 1817.

LA HERBELIÈRE

A trois kilomètres de Vire, une allée de chênes séculaires conduit au domaine de la Herbelière. Cette vieille demeure familiale, s'élève dans un parc très heureusement dessiné et planté d'arbres magnifiques, qui lui donnent une délicieuse fraîcheur. Elle a été restaurée par les derniers Lasnon de la Renaudière, et profile dans le ciel ses toits variés, ses cheminées et ses clochetons, que l'habile architecte caennais, Baumier, — s'inspirant des vieux manoirs normands du XVIᵉ siècle, — a su rendre on ne peut plus agréables à l'œil. On doit aussi à cet architecte l'escalier en bois sculpté du vestibule, qui attire l'attention par sa simplicité aussi hardie qu'originale.

La famille de la Renaudière a donné le jour à des hommes distingués :

Jean-François Lasnon, sieur de la Renaudière, gendarme de la garde du roi, a figuré, au 10 août, parmi les défenseurs de Louis XVI, ce qui lui valut la noblesse militaire, après la noblesse de charges.

Philippe de la Renaudière fut l'ami et le collaborateur de Malte-Brun. Ses nombreux ouvrages sur la géographie sont écrits d'un style aussi élégant que concis. On lui doit également le petit poème : *La Fête-Dieu dans un hameau*, que Châteaubriand appréciait assez pour l'insérer dans les *Notes du Génie du Christianisme*.

Le fils aîné de Philippe de la Renaudière, Gustave, était un poète aimable, auteur d'un charmant recueil de vers : *les Cantilènes*, et d'une spirituelle comédie en vers, intitulée : *Une Visite*.

Son second fils, Ferdinand, a laissé le souvenir d'un esprit cultivé, ami des lettres et des arts.

Armand Gasté.

MAISONCELLES-LA-JOURDAN

« .Le château de Maisoncelles est ancien, se contente de dire M. de Caumont, on y voit une tour ronde et des pavillons du XVII° siècle. »

A cette trop rapide indication sur le château de Maisoncelles, nous ajouterons, sur la commune de ce nom, les notes manuscrites de Daniel Polinière, prieur de l'Hôtel-Dieu au XVIII° siècle, notes conservées à la Bibliothèque de Vire.

« Cette paroisse est attenante à la ville de Vire. Elle contient environ (vers le milieu du XVIII° siècle), cent soixante feux (1). Les terres de cette paroisse sont médiocrement bonnes. Elle

Maisoncelles.

D'après une photographie de M. H. Magron.

payait au roi, en 1700, la somme de 2,025 livres, de taille ordinaire; elle est arrosée par la rivière de Vire. Saint Amand est le patron de l'église de cette paroisse. L'abbé du Plessis-Grimoult est patron du prieuré-curé de cette paroisse qui ne vaut que mille livres de rentes, l'abbaye du Plessis ayant les deux tiers des grosses dîmes de cette paroisse.

« Il n'y a point dans cette paroisse d'autre fief que celui de Maisoncelles, auquel est attaché la qualité de seigneur et patron de cette paroisse.

(1) Elle comporte aujourd'hui 632 habitants.

« Ce fief et seigneurie appartenait anciennement à la maison d'Orléans. Elle passa ensuite dans la famille de Perthou ; elle est actuellement possédée par M. de Boisne, écuyer, sieur de Campfort. »

Au commencement de ce siècle, le château de Maisoncelles était la propriété de Messire Charles-Augustin Viel, sieur de Maisoncelles, qui y était resté caché pendant la Révolution et qui fut tué par la foudre, dans l'église, le 15 mai 1828.

Le château passa ensuite à son héritier, M. de Baudre.

Aujourd'hui (1895), il appartient à Madame de Graveron.

Armand Gasté.

CONDÉ-SUR-NOIREAU

Condé-sur-Noireau, l'ancienne ville au château fort, et maintenant l'industrieuse cité, est assise au confluent de deux rivières, le Noireau et la Druance.

Resserrée entre plusieurs collines, au-dessous d'une petite plaine, elle est située sur les limites du Bocage normand, à l'extrémité orientale de l'arrondissement de Vire.

Au temps de l'occupation romaine, Condé se trouvait sur la route qui conduisait de Jublains à Vieux.

Au commencement du XIe siècle, elle appartenait aux comtes de Bellesme. L'un d'eux aumôna à l'abbaye de Cerisy « les moulins de Condé-sur-Noireau (*apud Condatensem vicum*), avec les droits de mouture forcée dans la lieue du ban, et l'église Saint-Martin du même lieu, avec les dîmes et dépendances ».

Plus batailleurs que nul autre seigneur de leur temps, les seigneurs du Perche fortifièrent Condé et construisirent la tour dont les ruines, malheureusement trop cachées, constituent l'un des rares spécimens de l'architecture militaire au XIe siècle.

« Cette tour, dit l'un des premiers historiens de Condé, était un cylindre haut de 50 pieds, dont le diamètre intérieur était de 36 pieds, et le diamètre extérieur de 54 pieds, à cause de l'épaisseur des murs qui était de 9 pieds, ce qui formait une circonférence de plus de 160 pieds. Cette tour, construite en pierre de taille, était ornée à l'extérieur de vingt grosses colonnes qui s'élevaient du bas jusqu'à l'astragale ou cordon qu'on y voit encore ; ces colonnes étaient surmontées de vingt autres plus petites. La cime était terminée par des créneaux et des arcades très élevées ; au centre était un puits qui est comblé ; le bas n'avait d'autre ouverture que par une porte située à l'occident, deux fenêtres au midi et une meurtrière à l'ouest. On avait pratiqué dans l'épaisseur de la maçonnerie des cachots, des latrines, et un escalier tournant pour monter dans la chambre, qui était un décagone régulier, et sur le parapet où l'on pouvait commodément jouer aux boules. La chambre voûtée avait une cheminée du côté du midi. »

La partie orientale de la tour croula en 1747. Trente ans plus tard, on y puisa, comme dans une carrière, les matériaux nécessaires pour réparer les ponts, les écluses et les rues. Aujourd'hui, il reste une ruine de 10 mètres de hauteur, formant le quart de la circonférence. Deux petites pièces percées de meurtrières sont bien conservées dans l'épaisseur du mur ; deux autres sont très mutilées. Un jardin occupe le centre du donjon. Le puits qui alimente la pompe de ce jardin est l'ancien puits de la tour. Une partie des souterrains existe encore.

Environné de douves profondes, le château avait encore pour le défendre une porte à l'extrémité de toutes les rues qui convergeaient vers lui.

Dans ces conditions, il n'est pas surprenant que les seigneurs de Mortain, de Rohan, de Pellevé, de Matignon, de Grimaldi, de Longaunay aient attaché une grande importance à sa possession, bien qu'aucun d'eux n'y ait fixé son séjour.

Ils avaient un gouverneur pour les représenter. L'un d'eux, Nicolas de Grésille, partit pour la Croisade, et reçut en récompense un fief-ferme dans la forêt de Moulineaux. Peut-être est-ce en sa considération que saint Louis, devenu seigneur de Condé, y passa au moins une journée, en l'année 1256. Une charte en faveur des pauvres de Bayeux, une note dans les tablettes de Jehan Sarrazin pour les réparations faites aux harnais des chevaux du roi, rendent son séjour absolument certain.

Pendant les deux occupations anglaises, Condé eut beaucoup à souffrir de nos ennemis.

Surpris par un parti sous les ordres du duc de Lencastre, en 1356, son château devint un repaire de brigands. Chaque jour, des soldats en sortaient pour rançonner les campagnes voisines. Thomas Fogg, l'un des chefs des Grandes Compagnies, s'y fortifia même si bien, qu'après le traité de Brétigny, en 1360, il ne consentit à partir qu'après avoir reçu une forte somme d'argent.

Le souvenir de ses exactions était encore présent aux esprits lorsque arriva la seconde invasion anglaise, en 1417.

Le roi ayant donné, le 28 décembre, à son cher écuyer Nicolas de Witfeld, l'ordre d'aller prendre, en son nom, possession du château de Condé-sur-Noireau, *ad castrum de Cundy Sunnerio in manus nostras capiendi*, le peuple prit la fuite.

Les jours suivants, la ville resta déserte; Henri V s'en émut. Le 9 et le 18 février, il écrivit au vicomte de Condé pour qu'il ait à engager le peuple à se soumettre et à rentrer dans ses foyers avant le 27, sous peine, pour ceux qui seraient trouvés hors de leur maison, d'être privés de la protection royale et regardés comme brigands et ennemis des Anglais et punis comme tels.

Sir John Pophan fut alors nommé gouverneur du château de Condé.

Remplissait-il encore cette charge, lorsque Louis d'Estouteville, capitaine du Mont-Saint-Michel, poussa, jusque sous les murs de Condé, une pointe hardie, en 1437 ? Quelques années plus tard, en 1445, nous trouvons un autre capitaine anglais, Elys Oflungowrth, chargé, « avec les gens de sa compaignie, de la seurté et sauvegarde dudit lieu de Condé et autrement sur les champs ». Il reçoit pour ce fait « la somme de 453 livres 3 sous 7 deniers tournois qui valent 50 livres 7 sols 2 deniers esterlings ».

Enfin, c'est à Condé que François de Surienne fit préparer les échelles et le matériel nécessaires pour s'emparer de Fougères. Un Breton, nommé Le Gascard, fut chargé de transporter les échelles. L'Arragonais le suivit, à la tête de six cents hommes, arriva sous les murs de la cité bretonne dans la nuit du 23 au 24 mars 1449 ; le matin, la garnison se réveilla prisonnière du hardi capitaine.

Cet exploit, qui ralluma la guerre entre la France et l'Angleterre, fournit à Charles VII la glorieuse occasion de reconquérir la Normandie. Condé fut repris, au mois d'octobre 1449, par un parti français sous les ordres du duc de Clermont, « et eurent lesdicts François tous les biens estans dans ladicte place, avec ce que lesdicts Anglois demourèrent prisonniers ».

Pendant le séjour des Anglais dans notre ville, le sceau des obligations de la vicomté était un écu écartelé au 1 et 4 de France, au 2 et 3 d'Angleterre. En 1381 au contraire, on voyait au milieu un château consistant en une muraille sur laquelle s'élevait une tour terminée en dôme. Sur le tout brochait un écu parti, à droite semé de fleurs de lis, à gauche un quartier de Navarre, et au-dessous un autre quartier de fleurs de lis avec une bande brochant sur le tout. L'écu était soutenu à droite par un dragon et à gauche par un léopard.

Rentrés en possession de leur châtellenie de Condé, les seigneurs de Rohan renouvelèrent au roi de France l'aveu qu'ils en avaient fait plusieurs fois, reconnaissant tenir « en la souveraineté vraye subjection et obéissance de leur souverain seigneur par foy et hommage en haute, moyenne et basse justice, leur chatel, ville et chatellenie de Condé-sur-Noireau, avec toutes ses appartenances et dépendances, tant en ladite ville que ès autres lieux et paroisses ci-après déclarées..... Saint-Pierre-du-Regard, Athis, Bréel, Sainte-Honorine-la-Chardonne, Berjou, Meray, Proussy, le Détroit, Cahaigne, Aulnay, Balcroy, Landes, Croisilles, Lespins, Lesmoutiers, Coulvains et partout ailleurs..... ».

Lors de son mariage avec Nicolas de Pellevé, en 1593, Élisabeth de Rohan reçut en dot la seigneurie de Condé, avec 35,000 livres. Les deux époux donnèrent à l'église Saint-Martin la magnifique verrière qui se trouve encore au chevet. Comme elle est un des rares vitraux qui aient été conservés dans le département, en voici la description : au sommet, le Père Éternel bénit le Christ attaché à la croix; entre deux, se trouve le Saint-Esprit figuré par la Colombe. Quatre anges reçoivent dans des coupes d'or le sang qui coule des plaies du Sauveur. La Sainte Vierge et saint Jean se tiennent de chaque côté de la croix, dans l'attitude du recueillement. Des anges adorateurs sont au sommet du vitrail.

Les armoiries des donateurs étaient jadis au bas de la verrière. Elles ont été déplacées. L'écusson est mi-parti de Rohan et de Pellevé. Le chiffre d'Isabelle de Rohan offre une particularité assez remarquable : de chaque côté, se trouve une S barrée appelée *la fermesse*, et au-dessous : *Spes mea Deus*.

Sous la conduite de Nicolas et de son fils Louis de Pellevé, les habitants de Condé se montrèrent, pendant les troubles de la Ligue et de la minorité de Louis XIII, fidèles aux traditions de courage de leurs pères.

En récompense, ils furent autorisés par le Roi, en janvier 1630, à tirer le papegai : « N'ayant iceux habitans craint ni redoubté les forces de nos ennemis, quoiqu'ils en feussent environnez de toutes parts, ains estant toujours demeurez fermes à conserver ledit lieu de Condé en l'obéissance des Roys, désirant les ditz habitants estre entretenus aux exercices militaires, nous ont humblement requis qu'ils puissent une foys l'an durant le moys de may, tirer du mousquet et de l'arquebuse au papegault...... Il nous plaist pour les y amener faire grâce et libéralité et octroyer à celui qui abattra le papegault avec le mousquet comme aussi avec l'harquebuze de pouvoir amener, vendre et distribuer en menu et détail et de tel lieu et pays que bon leur semblera aux ditz lieux de Flers et de Condé, durant ladite année qu'il l'auroit abattu, tous vins, cildres, poirées et autres boissons francz quittes et exemptz de tributz, droitz, impotz et debvoirs, subsides, aydes, subventions et impositions quelconques. »

Malgré les efforts du seigneur de Pellevé, l'apparition du protestantisme à Condé date de cette époque. De très curieuses polémiques eurent lieu entre le curé Matrouillet et le ministre Blanchard. Au XVII⁰ siècle, le calvinisme était assez florissant pour que les églises réformées de Normandie y aient tenu deux synodes en 1655 et en 1674. Aujourd'hui, le nombre des protestants s'élève à environ deux cent cinquante personnes, sur une population de sept mille trois cents habitants.

Avant la Révolution de 1789, Condé était déjà un centre très important pour la fabrication des droguets, tirtaines et toiles de fil. Ces marchandises étaient vendues en Basse-Normandie et en Bretagne.

Au commencement du siècle, l'industrie cotonnière remplaça la précédente. De nombreuses filatures furent construites. La vallée de la Vère, jusqu'alors silencieuse, se peupla d'usines. Les tissages mécaniques se substituèrent presque totalement à l'institution si morale du tissage à la main.

Aujourd'hui, veut-on avoir une idée exacte du Condé moderne ? Dans la journée tout est calme; le touriste peut visiter l'église Saint-Martin, parcourir les rues généralement bien bâties, admirer la statue de Dumont d'Urville, l'illustre enfant de la cité : à l'heure de midi, il croisera des centaines d'ouvriers allant et venant, dans tous les sens, comme la fourmi besoigneuse, à la recherche d'une nourriture laborieusement gagnée.

Telle est la loi de l'histoire. Autrefois, chaque ville avait sa vie propre, ses coutumes, ses mœurs. Maintenant, elles se ressemblent toutes. Condé est à la fois le type d'une ville industrielle et bourgeoise.

L. Huet.

LE PLESSIS-GRIMOULT

Si j'étais peintre ou géographe, j'aurais plaisir à étaler sous les yeux du lecteur le magnifique panorama que l'on découvre du Mont-Pinçon, aux flancs duquel reposaient le château-fort, le prieuré et l'église paroissiale du Plessis-Grimoult. — Je n'ai pas la prétention d'égaler le Mont-Pinçon à l'Himalaya, voire même aux monts d'Auvergne; toutefois, je ne crains pas de dire que du haut de cette petite éminence, — point culminant du Calvados, — qui ne s'élève guère que de 365 mètres au-dessus du niveau de la mer, on a, de tous les côtés, une de ces vues splendides qu'on ne rencontre pas toujours, même après avoir fait de longues et pénibles ascensions dans les montagnes les plus vantées. Au nord, par delà les tours de Saint-Étienne de Caen et les flèches de Bayeux, c'est la mer jusqu'au phare de Barfleur; au nord-est, c'est l'estuaire de la Seine, que dominent le cap de la Hève et les blanches falaises de Fécamp. A l'est, ondulent agréablement les monts d'Éraines et les collines du Lieuvin et de l'Eure. Au nord-ouest, la vue est un peu bornée par les âpres collines de Jurques et de Caumont-l'Éventé; mais aux premiers plans, quelle richesse, quelle variété de tons, et comme les prés, les champs, les vergers sont heureusement coupés par des bouquets d'arbres ou par de hautes et sombres futaies! A l'ouest, se dresse à quelques lieues, la butte de Grosmont, couronnée d'un diadème de sapins, et à l'horizon, lorsque le temps est bien clair, se profilent, comme deux aiguilles, les flèches de la cathédrale de Coutances. C'est au sud et au sud-ouest que le tableau est le plus vaste et le plus harmonieux; les collines succédant aux collines, de petites éminences, — Brimbal, les bois de Vassy, Cerisy-Belle-Étoile, le mont Margantin, — qui semblent des îles ou des promontoires dans une mer de verdure, des villages qu'on dirait endormis au creux de frais vallons, voilà ce que l'œil parcourt, sans jamais se lasser, jusqu'à ce qu'il atteigne, bien loin, là-bas, dans les campagnes de la Mayenne et de la Sarthe, une longue bande bleue, qui se confond presque avec le ciel.

D'après l'abbé Barette, dans sa *Notice sur la paroisse du Plessis-Grimoult* (1), c'est plus que probablement un des braves compagnons de Rollon qui jeta les fondements du château-fort du Plessis-Grimoult. En 1047, il appartenait à Grimoult, l'un des barons qui se révoltèrent contre Guillaume le Bâtard et qui furent écrasés à la bataille du Val-des-Dunes. Voici comment Gabriel Dumoulin, dans son *Histoire générale de Normandie* (2), raconte la fin misérable de Grimoult du Plessis : « Ce descendant du traître Ganelon, faisant mines de vouloir r'allier quelques désespérez, ausquels le doux air de la paix sembloit empesté, fut pris prisonnier et conduit à Rouen. Selle de

(1) Condé-sur-Noireau, chez Auger, 1844, p. 10 et suiv.
(2) Rouen, chez Jean Osmont, 1631. (Livre VII, p. 141.)

Lingnières, cavalier de Lusignan, le taxa devant tous de perfidie et l'appela le premier boute-feu de toutes les querelles de la Normandie; luy, ne pouvant supporter ces reprimandes, obtint permission de montrer son innocence par le combat contre ce cavalier; mais la nuit qui précédoit le jour de ce duel, fut trouvé étranglé dans la prison : il fut inhumé, les fers aux pieds, dans la chapelle de S. Marc. Tous ses biens furent confisqués et donnés, moitié à Notre-Dame de Bayeux, et le reste à des seigneurs en reconnaissance de leur fidélité. La fin de ce perfide, engeance de Ganelon, fut celle des misères de la Province..... »

« Le château, dit M. de Caumont (1), n'a point été habité depuis, et nous pouvons le regarder comme un des types des forteresses élevées dans la première moitié du XI° siècle. Malheureusement, il se trouve aujourd'hui dans un état de dégradation fort avancé.

Prieuré du Plessis-Grimoult.

D'après un dessin du XVIII° siècle, conservé à la Bibliothèque de l'Arsenal, à Paris.
(Dessin remis en perspective par M. Pouillot, notaire à Tourlaville.)

« Les murs étaient fondés sur une éminence ovale au centre de laquelle se trouvait une cour de 8 à 10 perches d'étendue. Ils formaient ainsi une enceinte qui suivait le contour de la motte, en décrivant plusieurs angles obtus; et l'ensemble du château présentait l'image d'un polygone irrégulier.

« Ces murs avaient au moins 10 pieds d'épaisseur. Ils étaient revêtus de pierres posées en arête de poisson : on y voyait de distance en distance, mais généralement de trois en trois rangs, des cordons de pierres schisteuses posées horizontalement et à plat, comme les briques dans les constructions romaines de petit appareil. Les matériaux qui entraient dans la construction de ces murailles étaient liés par un ciment de chaux devenu d'une extrême dureté.

« On voit (2) encore les débris de la grande porte. Elle était à plein cintre, établie au milieu d'une tour carrée placée au sud, qui faisait probablement l'office de donjon et ne pouvait s'accéder qu'au moyen d'un pont-levis..... »

Nous avons vu que la moitié des biens de Grimoult du Plessis fut donnée à Notre-Dame de Bayeux. La donation faite à cette église est de 1074. Odon de Conteville, fils d'Arlette et d'Herluin de Conteville, et par conséquent frère utérin de Guillaume le Bâtard, était alors évêque de Bayeux; il unit à la mense de l'évêché la baronnie du Plessis, et employa une partie de ces biens à fonder sept prébendes dans la cathédrale de Bayeux (Saint-Jean-le-Blanc, Évrécy, La Vieille, Danvou, Castillon, La Ferrière-Duval et Le Locheur).

Dans la suite, Richard de Douvres, évêque de Bayeux, à la demande de Richard Samson, chapelain de la chapelle du château, donna cette même chapelle, avec d'autres biens, pour établir une communauté de Chanoines réguliers. Henri Ier, roi d'Angleterre, affranchit ces biens des droits qui lui étaient dus : il donna en outre, de son chef, au nouveau prieuré plusieurs paroisses avec leurs dîmes, en l'année 1130. C'est l'année suivante que l'église, qu'on mit, dit la tradition, trente-trois ans à bâtir, fut solennellement dédiée.

De cette église, il ne reste plus aujourd'hui que la tour méridionale. « La grande nef, qui

(1) *Statistique monumentale du Calvados*, t. III, p. 228.
(2) Voir A. de CAUMONT. *Op. cit.*, p. 229.

était voûtée, avait environ 42 mètres de long, 60 mètres de large et 16 de haut. Les bas-côtés avaient chacun 3 mètres de large et 7 de haut, et étaient surmontés d'une galerie. Le chœur était terminé en abside, surmonté d'une coupole, peinte à fresque, et représentant des anges au milieu des nuages. — A l'extrémité de la nef s'élevaient deux tours carrées, hautes d'environ 26 mètres, et couronnées par une pyramide en bois, de 7 mètres d'élévation (1). »

Entre ces deux tours, on admirait un magnifique portail, surmonté de la statue de saint Augustin, en pierre, et de grandeur naturelle. Faute de réparation, la tour septentrionale s'écroula dans les dernières années du XVIIIe siècle. La tour méridionale subsiste encore, mais est privée de toiture. Ce bel édifice a été détruit vers 1810 : le charmant portail n'a été renversé que vers 1820, et les matériaux en ont été employés à la construction du château bâti à la Ferrière-Duval, par le marquis de Grouchy. Sur le milieu de la basilique s'élevait une autre tour carrée, terminée en bâtière, qui égalait les autres en hauteur. Elle renfermait quatre cloches et une horloge-carillon (2).

Les vitraux, représentant les principaux épisodes de la vie de saint Augustin (3) et de sainte Geneviève, étaient, paraît-il, du plus beau travail.

Une partie de la grille en fer qui séparait le chœur de la nef, sert aujourd'hui à fermer le sanctuaire de l'église paroissiale.

Aux deux bouts de la grille, on voyait deux autels en bois, dédiés, celui de droite, à saint Augustin; celui de gauche, à sainte Geneviève. Les deux tableaux qui servaient de contre-table sont aujourd'hui dans l'église paroissiale.

Le maître-autel, en pierre de Caen, est également dans l'église paroissiale. De chaque côté du chœur, il y avait trois chapelles : une, dédiée à la Sainte Vierge; l'autel de cette chapelle sert de maître-autel à Danvou; une autre, dédiée au Saint-Sacrement, et la troisième à saint Roch.

Dans ce qui subsiste des bâtiments du prieuré, on remarque les restes d'une jolie salle capitulaire, aujourd'hui transformée en pressoir.

Salle capitulaire.
D'après une photographie de M. Paul Robert.

Les chapiteaux des colonnes, couverts de feuilles contournées, doivent être de la fin du XIVe ou plus probablement du XVe siècle (4).

On compte trente-deux prieurs depuis Samson, qui fut le premier, jusqu'à M. Duprat, abbé de Sainte-Geneviève de Paris, qui fut prieur à l'époque de la Révolution. Le prieur du Plessis, considéré comme le premier chanoine de la cathédrale de Bayeux, nommait à trente-neuf cures, dont quelques-unes, appartenant autrefois au diocèse de Bayeux, font aujourd'hui partie du département de l'Orne.

(1) Abbé Barette. Op. cit., p. 21.
(2) Abbé Barette. Ibid.
(3) Le prieuré du Plessis-Grimoult fut subordonné, en 1664, à l'ordre de Saint-Augustin.
(4) Voir le dessin d'une partie de cette salle capitulaire, dans la Statistique monumentale du Calvados, t. II, p. 227.

En voici la liste :

1. — Mondrainville.
2. — Noyers.
3. — Bonnemaison.
4. — Campaux.
5. — Arclais.
6. — Burcy.
7. — Campandré.
8. — Cauville.
9. — Chênedollé.
10. — Carville.
11. — Saint-Jean-le-Blanc.

12. — Estry.
13. — Saint-Vigor-des-Mézerets.
14. — Maisoncelles-la-Jourdan.
15. — Montchauvet.
16. — Périgny.
17. — Le Plessis-Grimoult.
18. — Roulours.
19. — Truttemer-le-Grand.
20. — Truttemer-le-Petit.
21. — Amphernet.
22. — Beauchêne.

23. — Saint-Cornier.
24. — Sainte-Honorine-de-la-Chardonne.
25. — Saint-Quentin-des-Chardonnettes.
26. — Fresnes.
27. — Montsecret.
28. — Yvrandes.
29. — Bully.
30. — Fontaine-Étoupefour.
31. — Feuguerolles.

32. — Rozel.
33. — Bretteville-le-Rabet.
34. — Colombelles.
35. — Saint-Germain-d'Elle.
36. — Planquery.
37. — La Cambe.
38. — Saint-Clément-sur-le-Vey.
39. — Proussy.

Chose assez bizarre, le nom de Bossuet, qui fut prieur commendataire du Plessis-Grimoult, pendant plus de trente-deux ans, a été omis, dans la liste des prieurs, par les savants auteurs de la

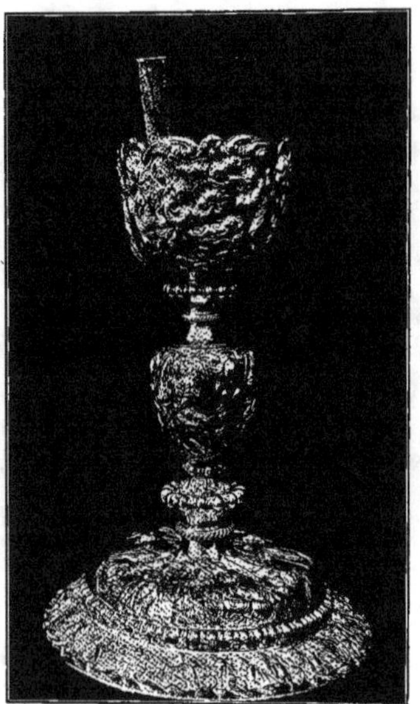

Calice dit de Bossuet.

D'après une photographie de M. H. Magron.

Gallia Christiania. Dans le tome XI (p. 442 et 443), ils nous disent qu'à Jacques de Matignon, prédécesseur de Bossuet, succéda son neveu Léonor de Matignon. Ces érudits, d'ordinaire impeccables, sommeillaient un peu ce jour-là, ou bien ils croyaient naïvement que le neveu avait hérité directement du pricuré de l'oncle. Erreur bien pardonnable : cela se faisait couramment au bon vieux temps. Aujourd'hui, Dieu merci ! (comme chacun sait) le mot *népotisme* est devenu un de ces vocables archaïques que les philologues sont obligés d'expliquer aux jeunes générations. Puisque nous parlons de Bossuet, qui a été le plus illustre des prieurs de Plessis-Grimoult (1), je dois dire que d'après une légende qui circule depuis plus de deux siècles dans le pays et qui persistera longtemps encore, il aurait donné à l'abbaye du Plessis-Grimoult le beau calice en argent repoussé, lequel, après avoir été soigneusement caché pendant la Révolution par un des derniers moines de l'abbaye, Dom Mogis (2), est aujourd'hui la plus belle pièce du trésor de l'église paroissiale. Autour de la coupe de ce calice, toujours appelé *le calice de Bossuet*, l'artiste a finement martelé, entre trois têtes d'anges, la Nativité de Notre-Seigneur, la Circoncision et l'Adoration des Mages. Au renflement de la tige, trois anges, debout, tiennent une palme à la main. Autour du pied, sur le ressaut d'où la tige s'élance, se déroulent trois scènes de la vie de la Vierge : l'Annonciation, la Visitation et la Présentation au Temple ; et plus bas, dans de charmants petits médaillons, séparés par de jolies découpures qui font du pied du calice une vraie dentelle, sont encadrés les douze apôtres, recon-

(1) N'oublions pas François de Montmorency, sieur de Bouteville, qui fut décapité, avec Des Chapelles, après le duel fameux de la place Royale, en 1627.
(2) Mort curé du Plessis-Grimoult, en 1832.

naissables chacun à ses attributs. Enfin, au-dessous de la patène qui accompagne le calice, est représentée la scène de la Résurrection. C'est là, certes, un magnifique cadeau qui a été fait aux moines du Plessis-Grimoult. Mais qui leur a fait ce cadeau ?

Est-ce Bossuet ? Non, assurément. A moins de supposer que les religieux aient acheté eux-mêmes ce calice « sur leurs économies », — ce qui est fort douteux — il a dû leur être donné par le prédécesseur de Bossuet, l'abbé de Thorigny, Jacques de Matignon. En effet, nous avons pu lire, gravé sous le pied du vase sacré, cette inscription encore assez nette, bien que le frottement en ait effacé une partie : « DV PLESSIS-GRIMOVLT, 1669, LE 20 DE FEVRIER ».

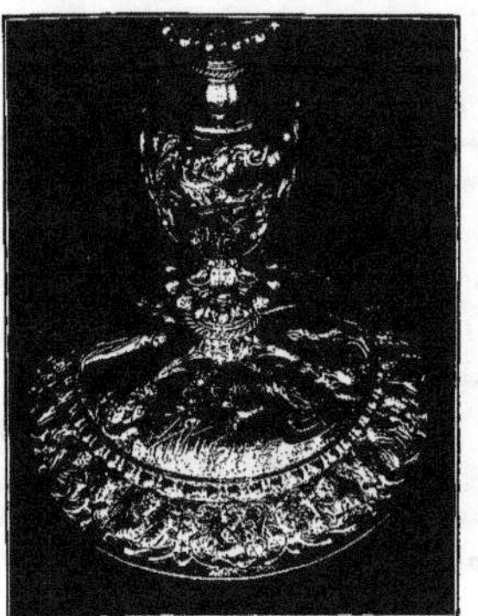

Pied du calice dit de Bossuet.

D'après une photographie de M. H. Magron.

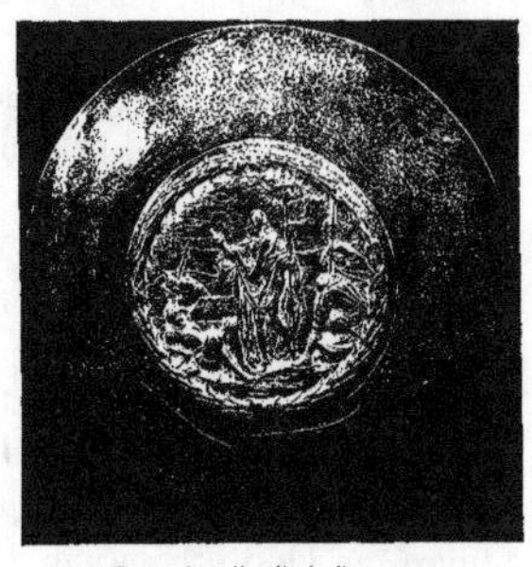

Patène du calice dit de Bossuet.

D'après une photographie de M. H. Magron.

Or, ce n'est qu'en 1671 que Bossuet fut nommé par le roi prieur commendataire de cette abbaye. Mais, comme il est vraisemblable que, dans sa visite au Plessis-Grimoult, Bossuet a célébré la messe dans l'église abbatiale, avec ce calice, on voit de suite comment la légende a pu naître (1).

Non loin du château fort, se trouve l'église paroissiale. Ce monument, *qui a été tout récemment restauré*, date très probablement du XIe siècle. Voici la description qu'en faisait, en 1857, M. A. de Caumont :

« L'église paroissiale a la forme d'un parallélogramme rectangle : elle appartient, en grande partie, au style roman.

« Entre la nef et le chœur, l'arc triomphal a son archivolte ornée de moulures en zigzag, et de saillies semi-cylindriques. Les colonnes qui supportent cette archivolte offrent de beaux chapiteaux ornés de feuilles entrelacées et de fruits. Ils ont été malheureusement mutilés par suite de l'érection de deux autels et de deux statues à l'extrémité de la nef, à l'entrée du chœur.

« Le chœur est voûté et se divise en deux travées, comme dans la plupart des églises rurales : les colonnes qui divisent la première travée de la seconde ont des chapiteaux du même style que les précédents. Les fenêtres ont été retaillées et élargies du côté du sud : les murs ont été repris en sous-œuvre du même côté. Une partie des murs de la nef sont construits en arêtes de poisson, et la porte latérale, du sud, a son archivolte garnie d'étoiles ; le reste a été repris en sous-œuvre.

(1) Voir A. DE CAUMONT. *Statistique monumentale du Calvados*, t. III, p. 222. — C'est l'histoire du *verre de Napoléon*. Cf. Béranger, « *Les Souvenirs du peuple* » :

    « — Il part (dit la grand'mère), et comme un trésor
    J'ai depuis gardé *son* verre,
        Gardé *son* verre. »
    — « Vous l'avez encor, grand'mère,
        Vous l'avez encor ? »
    — « Le voici !... »

« Un porche, à l'ouest, précède une porte cintrée sans moulures. Ce porche n'a pas de caractères qui permettent de lui assigner une date certaine ; il ne doit pas être ancien.

« La tour latérale au nord, n'a pas non plus de caractères tranchés : elle pourrait cependant dater du XVe siècle, car les contreforts sont appliqués sur les angles ; elle est couronnée d'une pyramide en ardoises.

« L'église était sous l'invocation de saint Étienne. Le prieur du Plessis nommait à la cure. »

Pour terminer cette notice, disons encore qu'à un quart de lieue au nord du prieuré du Plessis-Grimoult, on peut voir, dans un lieu nommé l'*Hermitage,* les traces des fondements d'une cellule de forme carrée, ayant environ 4 mètres de côté. C'est là, sans doute, que vivait un pieux ermite en cultivant son petit jardin baigné par un ruisseau (1).

N'oublions pas, enfin, de mentionner le camp romain de la bruyère du Plessis, non loin de celui de Campandré. — « Le camp du Plessis, dit M. de Caumont, présente un carré presque parfait ayant environ 200 pieds dans le sens de la longueur et 240 sur la largeur. Le fossé a 3 pieds de profondeur, et le *vallum,* haut de 4 à 7 pieds, est un peu plus élevé près des angles ; on y voit aujourd'hui (1857) deux portes en face l'une de l'autre, et il est traversé par un chemin... On a trouvé, au Plessis, beaucoup de médailles romaines, notamment des médailles saucées de Posthume, de Tétricus et Gallien, etc., etc. (2). »

ARMAND GASTÉ.

(1) Le catalogue de la Bibliothèque du Prieuré, rédigé en 1641 par un des religieux, nommé Pierre Péquet, se trouve aujourd'hui à la Bibliothèque publique de Caen. Cette collection était assez considérable. — Dans le paragraphe *Philosophes et poètes*, je relève les noms suivants : Aristote, Boèce, Perse, Ausone, Beroalde de Verville, Claudien, Charles Sorel, Columelle, Dante, Juvénal, Lambin, les épigrammes de l'Anthologie, du Bartas, Hésiode, Horace, du Perron, Jean Rouxel, Lucain, Martial, les centuries de Nostradamus, Ovide, Pierre Lemoyne, Boisrobert, Pétrone, Pindare, Théocrite, Plutarque, Desportes, Robert Garnier, Stace, Sénèque, Térence, Théophraste et Virgile.

Pierre Péquet avait dû être choisi par ses confrères pour sa belle écriture, car, comme on le voit, c'était un médiocre bibliographe.

(2) Citons aussi, à deux kilomètres au sud-est de l'église paroissiale, une petite chapelle sous l'invocation de saint Marc et de saint Nicolas. Les paroisses voisines y viennent en procession le jour de Saint-Marc.

ANCIENNE ABBAYE DE SAINT-SEVER

L'ABBAYE DE SAINT-SEVER

D'après une note de M. l'abbé Lafetay, inscrée dans la *Statistique monumentale du Calvados* de M. de Caumont (III, p. 127), « le monastère de Saint-Sever, situé dans l'ancien diocèse de Coutances, fut fondé au VIe siècle, et placé, dès l'origine, sous le patronage de la Très-Sainte-Vierge. Le fondateur (Sever), qui plus tard lui donna son nom, était originaire du Cotentin. Né de parents pauvres, il avait servi dans sa jeunesse un seigneur du pays, nommé Corbet ou Corbec, qu'il eut le bonheur de convertir à la foi chrétienne. Ce seigneur lui abandonna un terrain considérable,...... *locum longe lateque patentem* (ROBERT COENALIS), où il jeta les fondements de sa communauté. Après la mort de saint Senier, évêque d'Avranches, Sever fut choisi pour lui succéder. Il gouverna quelque temps son diocèse avec beaucoup d'éclat, et revint ensuite mourir dans sa solitude. Quelques auteurs fixent l'époque de sa mort en 570; d'autres la regardent comme incertaine. Quoi qu'il en soit, son tombeau, profané par les Normands, ayant été retrouvé miraculeusement, son corps fut transporté à Rouen, par les soins de l'archevêque Robert, à la fin du Xe siècle. Cent ans plus tard, l'archevêque Guillaume rendit une partie des ossements du saint prélat au monastère qui lui devait son existence.

Vers le temps de la conquête de l'Angleterre, ce monastère fut restauré et transformé en abbaye par Hugues, vicomte d'Avranches, et comte de Chester: *Hugo vero, postea comes Castrensis, abbatiam Sancti Severi condidit* (LE MOINE DE JUMIÈGES). La nouvelle abbaye prit le nom de son premier fondateur et adopta la règle de saint Benoît. »

J'emprunte maintenant aux notes manuscrites de M. H. Lemarchand, ancien avocat à Vire, la description de l'abbaye de Saint-Sever : « A l'intérieur, la grande cour carrée, ou cloître, était bordée au midi

Église Saint-Sever.

Draprès une photographie de la Collection des Monuments historiques.

par l'église, à l'est par le bâtiment renfermant, au rez-de-chaussée, la cuisine et les dépendances, et, au premier étage, les cellules des moines ou dortoir; au nord par le bâtiment renfermant au-dessus du rez-de-chaussée le réfectoire, les salles de réunion; à l'ouest par un bâtiment destiné au logement de l'abbé. Le premier étage de ce bâtiment, composé de plusieurs vastes pièces, s'accède du côté de l'ouest par un escalier de granit en forme de fer à cheval. Sous cet escalier est un vestibule servant à entrer dans le cloître.

Vue intérieure.

D'après une photographie de la Collection des Monuments historiques.

« Les bâtiments de l'abbaye furent deux fois atteints par l'incendie (le dernier arriva en 1680): ils furent rebâtis à neuf, sauf l'église et le bâtiment au levant, maintenant détruit. C'était le seul qui présentât les caractères de l'ancienneté : le rez-de-chaussée était voûté dans la forme ogivale, et la voûte était soutenue par des colonnes qui, comme la voûte, étaient formées avec de petites pierres posées sans art et sans ordre et incrustées dans un mortier de chaux pure; un portique couvert et soutenu sur des pilastres régnait le long des bâtiments environnant la cour intérieure du cloître.

« L'église (1) est un monument très remarquable; elle se compose d'un sanctuaire à l'est, d'un chœur destiné aux religieux, d'une nef et de bas-côtés qui ne s'étendent pas autour du sanctuaire. Les trois fenêtres au fond du sanctuaire sont élancées, peu larges, garnies encore de leurs verrières assez bien conservées; elles ont cela de particulier que leur encadrement est en pierre de Caen. Les stalles du chœur n'ont rien d'élégant : elles étaient surmontées d'une espèce de dossier, mais qui ne formait point dais; le tout avait été peint d'une couleur jaune de mauvais goût. Sur la nef, il y a un dôme qui, à ce qu'on prétend, n'est pas achevé (2). Toute l'église est bâtie en granit; les fenêtres sont ornées de rosaces et de colonnettes élégantes. Comme la façade à l'ouest était presque toute masquée par l'église paroissiale, la porte destinée au public était à côté de l'angle sud-ouest. Tous les bâtiments de l'abbaye se trouvaient au nord du bourg de Saint-Sever, dans la partie méridionale d'un vaste enclos entouré de hautes murailles et renfermant des plants et des jardins bien cultivés. On arrivait à cet enclos par une porte cochère sur l'ancien chemin de Monbray (3). »

L'église paroissiale de Saint-Sever était placée dans le prolongement de la nef de l'église de l'abbaye, dont elle n'était séparée que par un couloir de quelques pieds de largeur. Il n'en reste plus que le clocher (4).

Armand Gasté.

(1) Voir le plan dans la *Statistique monumentale du Calvados*, t. III, p. 130.

(2) « Ce dôme a un aspect quelque peu moscovite. » A. de Caumont. *Op. cit.*

(3) Les notes manuscrites de M. H. Lemarchand m'ont été communiquées avec la plus parfaite obligeance par M. C.-A. Fédérique, conservateur de la Bibliothèque et du Musée de Vire.

(4) A. de Caumont. *Op. cit.*

ÉGLISE DE LA TRINITÉ, À FALAISE

ARRONDISSEMENT DE FALAISE

L'ÉGLISE DE LA TRINITÉ

Placée au milieu d'un pays accidenté, Falaise est pour le visiteur une petite ville intéressante et curieuse à bien des égards. L'amateur de paysages y rencontre des sites exceptionnellement pittoresques, depuis les rochers escarpés du Mont-Mirat jusqu'au verdoyant Val d'Ante. L'archéologue y retrouve les restes d'un formidable château, tout rempli de souvenirs historiques. Son vieux donjon carré apparaît comme l'antique berceau des ducs normands.

Mais au milieu de ces sites enchanteurs, à côté de ces restes imposants de l'architecture militaire, Falaise possède encore pour l'archéologue d'anciennes et de curieuses églises : la Trinité et Saint-Gervais au centre de la ville, Saint-Laurent et Notre-Dame de Guibray dans les faubourgs.

Nous n'avons à visiter que les deux premières.

*
* *

Sans rechercher si l'antiquité attribuée à la Trinité, par l'abbé Langevin, repose sur quelque fondement, nous nous efforcerons de donner de cette église un aperçu aussi complet que possible.

Située près de la mairie et de l'entrée actuelle du château, ayant devant elle la statue du Conquérant, l'église de la Trinité est, au nord, entourée de constructions de tous côtés. Vue de la place qui porte son nom, elle présente un aspect dépourvu d'unité, mais curieux. Le porche et les chapelles latérales annoncent la Renaissance, tandis qu'en arrière les hautes fenêtres de la nef accusent le XV° siècle.

Plus loin, le transept nous apparaît comme étant du XIII° siècle. Malheureusement, on a, vers 1830, couronné le tout d'une vilaine tour carrée que, dans sa course pittoresque à travers l'ancienne France, Robida attribue assez irrespectueusement « au style municipal moderne » et qu'il trouve « très réussie et très élégante comme éteignoir ».

Et si maintenant, avant de pénétrer dans l'intérieur de l'église, nous en voulons voir l'extérieur de différents côtés, nous reconnaîtrons que son aspect est toujours intéressant et pittoresque.

De la rue des Boulangers, le chœur se montre à nous avec ses fenêtres ornées de
couronnées de feuillages accolés, mais la plupart dépourvues de remplage, avec son mur
couronné de balustrades un peu lourdes; mais ce qui attire surtout les regards, c'est son ha
Renaissance qui est un monument à lui seul, et sur lequel on voit inscrite la date de

De ce côté, la Trinité présente également une seconde entrée, ménagée entre deux cont
précédée d'un petit porche.

Entre la sacristie, couronnée d'une balustrade du XVIe siècle, et le mur du chœur
pilier orné d'une double niche, se trouvent deux statues. Au dire de M. l'abbé Langevin, ce
pas deux divinités du paganisme, — ce que nous voulons bien croire; — ces statues représen
l'une « M. Herpin, et l'autre Madame son épouse, riches bourgeois de Falaise qui par leurs

Contre-fort et arc-boutant de l'Abside.

D'après une photographie de la Collection des Monuments historiques.

avaient beaucoup coopéré à la reconstruction du chœur. La statue de M. Herpin est remar
par la bourse qu'il porte devant lui, comme étant le chef de la dépense pour cette bâtisse

Il n'est pas rare de voir des statues rappeler à l'aide de quelles ressources ou de quelles
rosités certains monuments ont été édifiés. C'est ainsi qu'à Saint-Vincent de Rouen, on a pl
l'extrémité du mur méridional, un personnage portant un sac sur ses épaules. On y voit, g
lement, une allusion à l'une des principales ressources de la fabrique. Elle percevait, en eff
chaque navire, entrant dans le port et chargé de sel, une certaine redevance en nature.

Si nous voulons voir maintenant l'église de la Trinité du côté nord, il nous faut travers
longue voûte placée sous la chapelle de la Vierge et gagner « la rue de Dessous-l'Arche »
nous n'apercevons qu'un petit coin du monument, enserré de maisons, mais ce monume
se prête aux exigences de la voirie, présente un coup d'œil vraiment très original et tou
moyen âge.

(1) Dans son *Nouvel Album Falaisien*, M. Paul Bourgeois donne un bon dessin de cette vue générale du chœur, pl. 10.
(2) Langevin. *Recherches historiques sur Falaise*, p. 130.

La voûte s'ouvre auprès d'un contrefort de la Renaissance. Il correspond, au nord, à celui que nous venons d'admirer au midi. Comme le premier, il sert de culée à l'arc-boutant du mur du chœur, mais il porte la date de 1539.

Sans parler de toutes les décorations qui ornent ces deux pinacles et que la Renaissance prodiguait souvent à l'infini, le pourtour extérieur du chœur frappe par sa richesse. Ce sont au nord les mêmes ornementations qu'au midi; à n'examiner que les motifs d'architecture, ils paraissent indiquer la fin du XV⁰ siècle. Une belle balustrade, un peu massive, court sur le mur extérieur : elle porte le cachet du XVI⁰ siècle.

Pour pénétrer dans l'église par son entrée principale, il convient de revenir sur nos pas et de regagner la place de la Trinité.

De nouveau, nous nous trouvons au bas du mur septentrional de l'église.

« La Renaissance a élevé là un charmant, un délicieux petit porche, très ornementé, très fignolé jadis, mais hélas ! aujourd'hui très abîmé, un charmant édicule tout en pilastres, en frises sculptées, en médaillons, en chimères et en rinceaux, en fleurons, en colonnettes tournées comme des candélabres (1). »

Ce porche, qui est peut-être l'objet le plus remarquable d'architecture de l'église de la Trinité, s'ouvre sur la place par une large arcature cintrée, accompagnée, dans les angles qu'elle forme, de gracieux médaillons. Il est surmonté d'une galerie d'arcatures ornées. Au centre, un cadran de bois repose sur l'appui de la galerie, entre des colonnettes et sous un fronton qui couronne l'ensemble, tandis que les animaux qui l'accompagnent se transforment en de gracieuses arabesques.

M. Léon Palustre, que ses études sur la Renaissance en France ont signalé comme un fin connaisseur, le trouve « d'une originalité puissante ». Ce qui le frappe surtout, ce sont les contreforts qui encadrent si bien le porche et que l'architecte a dissimulés d'une façon tout à la fois très habile et fort gracieuse. « Ils ne ressemblent à rien de ce que l'on voit ailleurs, dit-il, ils ne sont pas formés, comme d'habitude, d'un massif plus ou moins orné, mais bien d'un faisceau de colonnettes alternativement disposées sur deux plans différents. Celles qui se projettent le plus en avant, suivant la méthode du moyen âge, s'élancent tout d'une venue de la base au sommet, tandis que les autres, placées, pour ainsi dire, comme des statues dans un enfoncement, sont disposées en ordres superposés (2).

Pour atteindre à ce portail, divisé en deux par un trumeau, il faut descendre quelques degrés. Nous sommes sous le porche, et l'impression qu'il produit est véritablement charmante. La voûte, en berceau, est ornée de caissons; les murs latéraux sont décorés de gracieux feuillages et de statuettes malheureusement mutilées. Nous connaissons l'œuvre, mais il serait intéressant de déterminer l'époque où elle fut entreprise et de rechercher le nom de l'architecte qui en conçut le plan.

M. Léon Palustre se préoccupe de ces deux choses.

Il estime que la Trinité a reçu « son plus riche et son *dernier complément* entre les années 1530 et 1540, alors qu'au rond-point de l'abside, la première Renaissance se distinguait par quelques-unes de ses plus gracieuses compositions ».

Si, comme le pense M. Palustre, le porche est le *dernier complément* apporté au monument, il

(1) Robida. *La vieille France — Normandie*, p. 126.
(2) Léon Palustre. *La Renaissance en France*, t. II, p. 236.

faut admettre qu'il n'a pas été construit entre les années 1530 et 1540, puisque les arcs-boutants et pinacles de l'abside sont datés de 1539 et de 1540 (1).

Quant au constructeur, à l'architecte, il serait évidemment fort intéressant de le connaître. Espérons qu'un jour ou l'autre, en fouillant les archives, quelque compte de dépense, échappé par hasard à la destruction, nous révèlera tout à la fois son nom, son origine et la dépense qu'eut à supporter la fabrique. Malheureusement, il ne faut pas oublier que les églises de Falaise furent pillées en 1574 et que déjà, en 1568, leurs chartriers avaient été incendiés par le terrible chef des huguenots, Montgommery (2).

En attendant, nous ne demandons pas mieux que de nous rallier à l'opinion de M. Palustre. Nous voulons croire avec lui que Falaise n'eut pas recours « à un maître étranger », et que c'est un enfant du pays qui, « combinant certains éléments anciens avec les nouvelles exigences décoratives, a produit une œuvre d'un caractère quelque peu étrange, mais très remarquable à tous égards ».

Outre les deux entrées dont nous avons parlé, l'église de la Trinité en possédait jadis une troisième.

Lorsque la nef fut construite au XVe siècle, il existait un portail dans la façade occidentale. Ce portail, aujourd'hui modifié et privé de son trumeau, était précédé d'un porche triangulaire. Peut-être est-il permis de supposer qu'on le trouva inutile, lorsque fut surélevée la chaussée qui conduit au château, et qu'il fut alors remplacé par le porche Renaissance que nous venons d'admirer.

Quoi qu'il en soit de cette hypothèse, on transforma l'ancien porche en chapelle. On y plaça les fonts baptismaux, et on transforma en fenêtres les anciennes arcades. Ces fenêtres renferment à l'heure présente quelques fragments de vitraux anciens.

La nef est flanquée de deux bas-côtés et d'une série de chapelles au nord. Une inscription gothique, placée sur le mur, entre le portail Renaissance et la chapelle actuelle des fonts, nous indique à quelle époque elle fut commencée.

L'ancienne nef, ainsi que la flèche du clocher, avaient été écrasées par les bombardes anglaises de 1417 et de 1418 (3). Ce fut au mois de mai 1438 que l'on commença la nef actuelle.

Quant à la flèche du clocher, elle ne fut relevée qu'en bois de charpente. Les ressources de la fabrique ne permettaient pas, sans doute, de faire mieux. L'effort était déjà considérable, car, ainsi que le rappelle notre inscription, en cette année 1438, la guerre et la famine ravageaient le pays.

M. de Caumont (4) estime que l'on mit une douzaine d'années à construire le vaisseau principal avec ses cinq travées et ses deux bas-côtés.

Entre les grands arcs et les hautes fenêtres — dont la plupart n'ont plus leur remplage (5) — règne une balustrade flamboyante.

Les piliers de la nef ont leur chapiteau orné de feuillages, mais on y trouve, du côté méridional, des scènes curieuses, empruntées pour la plupart à des souvenirs religieux.

C'est ainsi que nous avons reconnu l'archange saint Michel et des artisans avec les attributs de leur travail; la Résurrection et le Christ apparaissant, d'abord à la Madeleine, sous l'image d'un

---

(1) Dans une étude sur *Falaise et la Vallée d'Auge*, parue dans l'*Annuaire normand* de 1892, et depuis publiée à part, M. Louis Régnier étudie cette question d'une façon très complète. Il estime qu'il n'est pas possible de placer la construction du porche avant l'année 1545.

(2) LANGEVIN. *Recherches historiques sur Falaise*, p. 58.

(3) LANGEVIN. *Recherches historiques sur Falaise*, p. 129.

(4) *Statistique monumentale du Calvados*, t. II, p. 474.

(5) Il serait cependant injuste de ne pas rendre hommage aux efforts généreux accomplis par le curé et les paroissiens de la Trinité pour rendre à leur monument son caractère primitif et toute son ancienne richesse. C'est ainsi que depuis douze ans environ, quatorze fenêtres ont eu leurs meneaux restitués et que neuf de ces fenêtres ont été enrichies de verrières.

ÉGLISE DE LA TRINITÉ, À FALAISE

Passage sous le chœur

jardinier, puis à saint Thomas ; la Passion et les divers instruments ou attributs de la Passion ; saint Martin, saint Sébastien. Il est à regretter que plusieurs de ces intéressants chapiteaux aient été mutilés et soient aujourd'hui méconnaissables. Les trois chapelles qui accompagnent la nef au nord, sont, comme le portail, de la Renaissance. La voûte de ces chapelles est en berceau ; elles sont éclairées par une baie cintrée avec un remplage Renaissance.

Le transept est du XIII° siècle. C'est la partie la plus ancienne du monument ; mais là encore le XV° siècle a laissé son empreinte. Il est venu ajouter une balustrade et refaire toutes les fenêtres du croisillon sud.

Dans ses *Recherches historiques* (1), l'abbé Langevin rapporte qu'en 1386, le vicomte Regnault Bigault fit pendre par le bourreau de Falaise une truie qui avait mangé le bras et le visage de l'enfant du maçon Jonet.

Avant d'être pendue, la truie aurait subi la peine du talion et on lui aurait coupé le groin. Si nous en croyons son récit, on aurait appliqué à la place un masque de figure humaine, on l'aurait habillée d'une veste, d'un haut-de-chausse, de chausses aux jambes de derrière et de gants aux jambes de devant. Puis on aurait exécuté la sentence, « à cause de la détestation du crime ». Le propriétaire de la truie aurait été obligé d'assister à l'exécution, ainsi que le père de l'enfant, pour les punir tous deux de leur négligence.

Ces procès contre les animaux n'étaient pas rares au moyen âge, peut-être même n'étaient-ils pas aussi ridicules qu'ils nous le paraissent aujourd'hui (2).

Cependant, nous n'aurions pas eu à parler de ce curieux procès si, dans une note, M. l'abbé Langevin (3) ne nous eût appris que « ce trait singulier était peint à fresque sur le mur occidental de l'aile ou croisée méridionale de l'église de la Trinité ». Et, comme quelqu'un qui a vu et dont les souvenirs sont précis, il nous dépeint la scène avec détails et preuves à l'appui.

Sur le mur, près de l'escalier du clocher, on a représenté l'enfant et son frère couchés côte à côte dans un berceau. C'est vers le milieu du mur qu'était figurée la potence à laquelle le bourreau pendit « la truie habillée sous la forme humaine ». En face, se trouvait le vicomte Regnault Bigault à cheval, un plumet à son chapeau, le poing sur la hanche, surveillant l'exécution. Mais l'église fut reblanchie à la chaux vers 1820 et les peintures disparurent. Pour rendre encore plus précaire leur existence, quelques années plus tard, on plaça, à cet endroit du mur, l'armoire de la bannière.

Pour quelles raisons bien précises cette scène aurait-elle figuré dans l'église de la Trinité ? C'est ce qu'il nous paraîtrait difficile d'expliquer.

Peut-être l'abbé Langevin s'est-il mépris sur le sens même de ces peintures. Ce qu'il nous paraît utile de retenir de son récit, c'est qu'à l'endroit indiqué, par lui, d'une façon claire et positive, sous le badigeon blanc qui recouvre le mur, se trouvent cachées des peintures, peut-être anciennes, curieuses selon toute vraisemblance.

Puisse-t-on, un jour ou l'autre, nettoyer le mur avec le soin jaloux que l'on met aujourd'hui à ces sortes de découvertes et faire réapparaître ces fresques intéressantes !

Quant au chœur, il est flanqué de deux bas-côtés et d'une double rangée de chapelles. Une inscription gothique, placée à l'entrée du bas-côté nord, nous apprend qu'il fut commencé en 1510.

(1) *Recherches historiques sur Falaise*, p. 146.
(2) PLATON, dans son *Livre des Lois*, proposait la condamnation judiciaire des animaux homicides.
(3) *Supplément aux Recherches historiques sur Falaise*, p. 12, note 1.

Nous la reproduisons d'après M. de Caumont :

LAN DE GRACE M. V^{cc}. X

FUT PAR OMOSNE ET CHARITÉ

COMENCÉ CE CHANCEAU JADIS

EN LHONNEUR DE LA TRINITÉ

ET TOUS LES SAINS DE PARAD (IS)

DES BIENFAITEURS DIEU AYE (MERCY)

ET LEUR VEUILLE A TOUS PARDONNER

ET ENFIN SA GLOIRE DONNER.

Au-dessous de cette inscription se trouve une jolie piscine de la Renaissance.

La dernière fois que nous visitâmes l'église de la Trinité, on entreprenait de grands travaux de restauration dans le chœur. Sans parler d'une médaille ou monnaie de bronze, sans intérêt, et d'un grand nombre d'ossements renfermés sous le dallage du chœur et mis au jour lors de ces travaux, on a trouvé, dans les fouilles opérées auprès des piliers de la tour centrale, des fragments de chapiteaux et de colonnes provenant d'une construction romane. Sous le plâtre, qui formait l'entablement circulaire des chapiteaux du chœur, on a découvert également des feuillages mutilés, des débris d'ailes ou de têtes d'anges que l'architecte du gouvernement, M. Sainte-Anne-Louzier, fait rétablir tels qu'ils durent exister primitivement (1).

Bien que l'inscription que nous venons de reproduire nous donne une date précise, à n'examiner que les détails du monument, l'architecte a suivi des règles déjà anciennes. Peut-être aussi le mouvement architectural ne se fit-il sentir que tardivement à Falaise.

Le plan du chœur accuse, en effet, le XVe siècle, ainsi que la base des piliers qui l'entourent. Il est certain aussi que ces piliers n'ont été arrondis que postérieurement. Le *triforium* présente bien tous les caractères de la décadence, accompagné qu'il est d'une lourde balustrade Renaissance. Quant à la

Vue du chœur, prise de la chaire.

D'après une photographie de la Collection des Monuments historiques.

(1) Nous adressons ici nos bien sincères remerciements à M. Livet, curé-doyen de la Trinité, qui a bien voulu nous fournir quelques renseignements sur les travaux récemment exécutés et sur le résultat des fouilles opérées dans le chœur.

voûte du chœur, elle est en bois, recouverte de peintures. Les bas-côtés et les chapelles qui l'entourent sont, au contraire, voûtés en pierre.

*
 * *

Dans la sacristie, on conserve un intéressant bas-relief, en albâtre, peint et doré. Il a été trouvé dans la chapelle Saint-Michel, derrière un autel. C'est évidemment le motif principal d'un rétable aujourd'hui disparu. Il doit provenir d'un ancien maître-autel et, comme le chœur, appartenir aux premières années du XVI⁰ siècle. Il représente, en effet, la Trinité. Le Père Éternel est assis, ayant devant lui Jésus crucifié; la colombe qui surmontait la croix a disparu. A droite et à gauche, des anges sont à genoux. A la hauteur du Père Éternel, ils tiennent les chaînes d'encensoirs mutilés; à la hauteur de la croix, ils recueillent dans des coupes le sang qui s'échappe des plaies du Sauveur (1).

Dans une chapelle, du côté méridional, se trouvent des écussons et l'inscription suivante qui, toute moderne qu'elle est, nous a paru devoir être mentionnée :

A LA MÉMOIRE
DE
CHARLES ROBERT BARON DE MORELL
GÉNÉRAL DE BRIGADE, COMMANDEUR DE LA LÉGION D'HONNEUR
NÉ A FALAISE LE 28 AVRIL 1788
MORT LE 20 AOUT 1862.

Bas-relief albâtre provenant d'un rétable.
D'après une photographie de la Collection des Monuments historiques

L'église de la Trinité renferme encore dans son dallage un grand nombre de pierres tombales qu'il serait bon de relever dès maintenant.

Plusieurs de ces inscriptions tumulaires, et même les plus intéressantes, ont déjà disparu lors du repavage de l'église en 1760. L'abbé Langevin, parlant de Pierre Le Fevre de La Boderie et de Vauquelin de Sacy qui furent tués sur la brèche à Saint-Lô, alors qu'ils donnaient l'assaut au fameux Montgommery, dit que leurs corps furent portés en triomphe à Falaise et qu'ils furent inhumés sous l'orgue de la Trinité avec tous les honneurs de la guerre. Des épitaphes en diverses langues furent inscrites sur leurs tombeaux, rédigées — il est permis de le supposer — par Guy de La Boderie, l'aîné de la famille, adonné à l'étude des langues anciennes. Il est vraiment regrettable que ces inscriptions, qui rappelaient le souvenir de deux héros falaisiens, aient disparu. Elles pourraient se retrouver dans le pavage actuel, déplacées et mutilées.

Enfin, d'après Langevin, « le chanceau de la chapelle de la Vierge ou de Notre-Dame fut

(1) Ce bas-relief mesure 0ᵐ45 de hauteur et 0ᵐ28 de largeur. Il est abrité par un dais en bois, de style flamboyant. Ce travail est moderne.

commencé le dernier jour de mars 1625 ; cette chapelle fut achevée de bâtir en 1631, maitre Jean Royer de Coutances étant curé, et Laurent Huard et Jean René, trésoriers » (1).

Il est vraisemblable que les travaux furent commencés par M. Jean de la Haye, curé de la Trinité, que nous voyons délégué aux États de Normandie, en janvier 1630, pour le port du cahier et l'audition des comptes (2).

Nous voyons également aux États de janvier 1620 « discrette personne Mᵉ Alexandre de Faucon, prebstre, curé de la S. Trinité de Fallaise, délégué pour les gens d'église du bailliage de Caen » (3).

G. DE BEAUREPAIRE.

(1) *Recherches historiques sur Falaise*, p. 131.
(2) CH. DE BEAUREPAIRE. *Cahiers des États de Normandie sous les règnes de Louis XIII et de Louis XIV*, t. II, p. 399.
(3) *Ibid.*, t. I, p. 352.

ÉGLISE DE GUIBRAY, À FALAISE

GUIBRAY

Par sa situation topographique, par sa grande foire jadis renommée dans la France entière, ses rues autrefois si fréquentées, ses curieuses maisons, ses vieilles auberges et sa belle église, Guibray offre l'aspect d'une ville à part plutôt que d'un faubourg de Falaise. « Le lieu où se tient la foire, écrivait Bellanger-Desfresneaux, est si avantageusement situé qu'on dirait que la nature l'a fait exprès. C'est une campagne à perte de vue dans le plus fertile terroir qui soit dans la province, ayant blés, fruits, pâturages en abondance.... (1) » Les institutions ont bien changé, mais le lieu demeure, et il n'est pas sans intérêt de rappeler les souvenirs qui s'y rattachent.

Il en est de Guibray comme de toutes les localités célèbres; son histoire commence par une légende. Dans les premières années du VIIIe siècle, un mouton en broutant l'herbe de la forêt mit à découvert une statue de la Sainte-Vierge tenant l'enfant Jésus dans ses bras. A la nouvelle de cet événement, les pieuses populations d'alentour accoururent en foule au lieu béni, et y élevèrent une chapelle où fut recueillie la statue miraculeuse. L'édifice, bientôt trop petit pour recevoir les pèlerins, fut détruit vers 1076 pour faire place à une belle église consacrée à la Reine du Ciel et érigée grâce aux largesses de la reine Mathilde. Cette princesse, dit l'abbé Langevin (2), s'intéressait beaucoup aux églises de la Trinité, de Saint-Gervais (3) et de Guibray, qu'elle augmenta et répara toutes depuis 1066 jusqu'en 1083, année de sa mort.

Ce fut à l'empressement des pèlerins qui avaient pris l'habitude de venir en grand nombre honorer la Sainte-Vierge le jour de l'Assomption que l'on dut l'établissement de la foire dont l'importance alla grandissant d'année en année. Des établissements hospitaliers fondés à la fin du XIIe et au commencement du XIIIe siècle, tant à Falaise qu'à Guibray, assurèrent aux pèlerins et aux marchands malades un asile et des secours dévoués.

« La *Guibray* » eut aussi ses périodes de décadence, mais elle eut le rare bonheur de trouver

---

(1) Voir : Amédée Mériel. *Histoire de Falaise ; Foire de Guibray*, suivie du *Voyage de Guibray ou les Aventures des princes de B... et de C...*, histoire comique, 1704, par Bellanger-Despresneaux, réédité par Mériel. Bellême, 1889, in-12.

(2) *Recherches sur Falaise*, 1814, petit in-12, p. 50.

(3) Une foire assez importante s'y tient encore du 15 au 25 août.

dans les circonstances les plus critiques des hommes intelligents et dévoués, qui s'appliquèrent à défendre ses privilèges. Qu'il nous suffise de rappeler un fait remarquable entre tous.

Henri III, voulant punir Falaise d'avoir embrassé la cause des Guises (1), supprima la foire qui en faisait toute la richesse et la fit transporter à Caen. Après la mort tragique de ce roi, Henri IV s'empressa de confirmer l'acte de son prédécesseur. Le siège de Falaise que dut entreprendre le Béarnais, la résistance vigoureuse que la ville lui opposa, l'avaient fort irrité, et, dès 1589, il maintenait la foire dans « *sa bonne ville de Caen*, en reconnaissance de la fidélité des habitants d'icelle ville qui se sont toujours très fidèlement comportés au service dudit défunt roi et de nous, pour y être la dite foire tenue dorénavant perpétuellement et à toujours, au même temps qu'elle se tenait au dit Falaise et Guibray.... ». Les Falaisiens tournèrent alors leurs regards vers Nicolas Le Sassier, sieur de la Roche, avocat et député aux États Généraux de 1590. La fidélité que lui et ses trois fils avaient montrée à la cause du roi, dont le plus clair témoignage était sa maison incendiée par les ligueurs, l'avait rendu sympathique à Henri IV. Ses concitoyens pouvaient donc légitimement se promettre qu'une démarche de sa part serait favorablement accueillie. Il obtint une audience du roi et réussit si bien que, par charte datée du 19 juillet 1590, le roi révoquait « ... les lettres de translation ci-devant faite de la dite foire » et ordonnait « que icelle foire seroit tenue dorénavant au dit lieu de Guibray avec les mêmes droits et privilèges depuis le jour et fête de Notre-Dame de la mi-août comme elle souloit être tenue par le passé ».

Le Sassier mourut en 1597. Il fut enterré dans la nef de l'église de Guibray, et l'on grava sur sa tombe l'inscription suivante, publiée par M. de Caumont (2) :

CY GIST Me NICOLAS LE SASSIER, SIEUR DE LA ROCHE...., DÉPUTÉ
EN L'AN 1590.... DES ESTATS DE CETTE PROVINCE.... LA MAIESTÉ DU
ROI NRE SIRE DUQUEL IL OBTINT LE RESTABLISSEM. DES FOIRES DE GUI-
BRAY. IL DÉCÉDA LE 8 OCTOBRE 1597. — DIEU EN AIT L'AME

CUR DAS HUIC RUPEM CUM IS RUPES NOMINAT SE
CUR GRAMEN PATRIÆ QUOD FUIT IPSE DECUS

I'ay vescu pour mo... Foy
Pour mes enfants cheris....
Pour mes proches amis estant tout leur soustien
Pour mes cliens aussi deffendant leur....
Mais ie suis mort pour moy changeant mon corps mortel
En ung estat heureux parfait et immortel.

L'effigie du défunt était gravée au trait sur le milieu de la pierre.

Nous ne pouvons avoir la prétention de faire l'histoire de *la Guibray*. Contentons-nous de dire que le commerce y fut pendant longtemps considérable. Là, comme ailleurs, afin de favoriser les

---

(1) Voir A. MÉRIEL. *Histoire de Falaise. Foire de Guibray*, p. 21-29.
(2) *Statistique monumentale du Calvados*, t. II, p. 459. Sa tombe se trouvait près du troisième pilier à droite en entrant dans l'église de Guibray. — M. Mériel écrit Lesassier.

foires et d'y attirer beaucoup de monde, le gouvernement n'avait pas borné ses efforts à assurer aux marchands une protection efficace pendant le voyage, à leur procurer une bonne police sur le champ de foire et à entourer les transactions de garanties particulières; il avait voulu de plus, qu'en cas de litige, on fît justice promptement et à peu de frais dans un endroit spécial appelé le *Pavillon.*

Les arrêts rendus au Conseil d'État et concernant la foire dont nous nous occupons, formeraient à eux seuls une volumineuse collection. Nous n'en citerons que deux : un arrêt du 31 mars 1693, « défendant aux propriétaires des maisons du bourg de Guibray, de louer aucunes salles, chambres, boutiques et autres lieux de leurs maisons, pour y mettre des marchandises en gros ou en détail durant la foire au bourg de Guibray, et à marchands forains ou autres personnes, de les délivrer en d'autres lieux que dans l'enclos de la dite foire, sans la permission des syndics de la dite foire, sous les peines édictées par le dit arrêt ». Une pareille prohibition était bien de nature à assurer le succès de la foire.

Citons encore, à titre d'exemple, un autre arrêt, du 10 juin 1722, ordonnant « qu'aucunes marchandises, de quelques espèces qu'elles soient, venant des provinces du Royaume avec lesquelles le commerce est libre, ne seront admises pour estre exposées, à moins qu'elles ne soient accompagnées de certificats de santé en bonne forme des maires, échevins ou autres officiers municipaux des villes et lieux d'où elles sont parties ». Comme on le voit, on se préoccupait, aussi bien autrefois qu'aujourd'hui, de préserver les assemblées nombreuses de toute contagion extérieure.

Pour bien comprendre la vie et le mouvement de *la Guibray*, il suffit d'examiner cette curieuse estampe de la grande foire normande, d'après François Chauvel, sieur de Cantepie, qui fut gravée, en 1658, par Cochin. Elle fut reproduite en 1841 (1) grâce aux soins intelligents de M. Mancel, libraire à Caen, dont les riches collections forment, à la mairie de cette ville, un musée à part, riche en livres, documents historiques, objets d'art, mais surtout en gravures qui proviennent pour la plupart de la galerie du cardinal Fesch.

Après avoir jeté les yeux sur cette gravure, si riante, on lit avec intérêt l'*État des marchandises de toutes espèces et qualités qui ont été apportées en cette foire de Guibray l'an 1704 tant en gros qu'en détail* (2). La valeur totale des marchandises y est évaluée à 4,469,881 livres (chiffre très considérable pour l'époque). Dans cette somme la librairie de Paris, de Rouen et de Caen ne figure que pour 40,000 livres.

Bellanger-Desfresneaux fait en ces termes la description du lieu où s'opérait cet immense trafic :

« La manière dont les loges et les boutiques de la foire sont construites, rend le commerce très commode et très facile; elles sont par rues comme des tentes d'un corps d'armée. Chaque rue a son négoce particulier et porte le nom de la ville des marchands qui l'habitent : l'une se nomme rue de Paris, l'autre rue de Lyon, l'autre rue de Tours, l'autre rue de Rouen, et ainsi des autres rues; dans l'une se vendent les étoffes de soie; dans l'autre les draps de laine; dans une autre les tapisseries; dans celle-ci l'orfèvrerie et la joaillerie; dans celle-là la droguerie; dans une autre les dentelles et passements d'or et d'argent et de toutes sortes de matières; dans une autre les merceries, et ainsi du reste.... »

Le *Voyage de Guibray ou les aventures des princes de B... et de C...*, fut dédié à messire

<hr>

(1) *Guibray au temps de Louis XIII.* Caen, Mancel, libraire, 1841, p. 23.
(2) Mériel. *Foire de Guibray.*

François-Joseph de Marguerit, seigneur de Versainville, Guibray, Estrée-la-Campagne et autres lieux, conseiller du roi en sa Cour de Parlement de Normandie. Cette famille de Marguerit joua toujours un rôle important dans l'histoire de Guibray. Pendant le siège de Falaise, dit M. Mériel, un certain nombre de loges foraines avaient été détruites. Il fallut donc réparer les désastres de la guerre, et parmi les propriétaires qui relevèrent ces magasins pour reconstituer leur fortune particulière ou prendre en main les intérêts généraux, Jacques de Marguerit (1) figure au premier rang.

A la date du 31 mars 1735, François-Joseph (2), marquis de Marguerit, chevalier, conseiller du roi en ses Conseils, président honoraire de la Cour des comptes, aides et finances de Normandie, rend aveu, tant à droit successif de feu François de Marguerit, son père, qu'au droit de l'érection faite en marquisat (3), par lettres patentes du roi données à Versailles au mois de décembre 1731, enregistrées en la Cour le 16 mai 1732, des terres de son ancien domaine (4), et des acquisitions par lui faites de différentes terres réunies de droit à son marquisat.

Il avoue tenir également le fief, terre et seigneurie de Guibray, sergenterie de Breteuil, pavillon de Faussodrais, demi-fief de haubert dans la mouvance du roi, avec le droit de terrage et de marquage sur tous les marchands allant et vendant à la foire de Guibray, à raison de cinq blancs pour chaque vendeur et allant, droit de sergenterie, prisée et vente dans la dite foire et dans toute l'étendue de la dite paroisse de Guibray, domaine fieffé et non fieffé.

Le domaine non fieffé, consistant au droit de marquage et de terrage sur tous les marchands allant et vendant à la dite foire de Guibray, à raison de cinq blancs pour chaque vendeur et allant, et encore aux maisons et loges tant du Pavillon que de Faussodrais et champs.

Plus le Pré Buisson et partie des prairies et jardinages dépendant du moulin de Versainville et autant qu'il y en a qui paient dîme à Notre-Dame de Guibray.

La cloche qui fut descendue du clocher de Guibray pour être refondue en 1882, rappelait par son inscription les bienfaits de cette famille : « J'ai été nommée par M. Noël-Urbain André, écuyer, sieur de la Fresnaye, seigneur et patron des honneurs d'Ecajeul, Escures, Viette, Ernes et autres lieux, et noble demoiselle Isabelle de Marguerit, fille de messire marquis de Marguerit, chevalier, seigneur de Versainville, et de noble dame de Caumont de la Gallaisière. »

Le château de Versainville atteste, du reste, par ses vastes proportions et son magnifique parc, la richesse de cette famille (5), dont plusieurs membres ont leur sépulture dans le chœur et le cimetière de l'église paroissiale.

---

(1) En 1629, un Guillaume de Marguerit était vicomte-maire de Falaise.

(2) *Archives de la Seine-Inférieure*, B. 195.

(3) François-Joseph, sieur de Guibray, était en 1700 conseiller au Parlement de Rouen. Il devint ensuite président à la Cour des Comptes. Ses armoiries étaient : *d'or à trois roses de gueules, tigées et feuillées de sinople, 2 et 1*. Il avait épousé Marie-Thérèse Chaumont de la Galaisière. Ils sont inhumés l'un et l'autre dans le chœur de l'église de Versainville. Cette famille a du reste compté plusieurs membres au Parlement de Rouen. Citons, en 1590, Jean Marguerit, sieur du Busc, conseiller, devenu, en 1607, second avocat général; en 1619, Jacques Marguerit, conseiller; en 1654, François Marguerit, sieur de Guibray, également conseiller, père de François-Joseph. Voir : M. Mériel. *Catalogue et armorial des présidents, conseillers, gens du roi et greffiers du parlement de Rouen*. Imp. Hérissey, Évreux, 1867, in-4°, p. 202.

(4) Le marquisat de Marguerit s'étendait :

1° Dans la paroisse de Maizières dont le marquis de Marguerit était seigneur et patron présentateur à la cure. Maizières est aujourd'hui une commune de Bretteville-sur-Laize, arrondissement de Falaise, et comptant 422 habitants;

2° Dans la paroisse d'Estrais, dont le marquis de Marguerit était le patron honoraire. Estrée-la-Campagne est aujourd'hui une commune du canton de Bretteville-sur-Laize et qui comprend 266 habitants;

3° Dans la paroisse de Versainville où il avait son château. Versainville est une commune du canton sud de Falaise comptant 406 habitants;

4° Dans la paroisse d'Éraines qui est aujourd'hui une commune de 207 habitants du canton sud de Falaise.

(5) Ce fut sous la présidence de M. le marquis de Marguerit de Versainville, sieur de Saint-Hilaire, du Bosc-Roger, du Feugré, de la Luzerne, que se réunit, le 10 octobre 1788, l'Assemblée du département de Pont-Audemer, dans une salle du manoir presbytéral de la paroisse de Notre-Dame-du-Pré.

*
* *

Il nous reste maintenant à dire quelques mots de l'église de Guibray. MM. Langevin, Galeron, de Caumont, Mériel, Ruprich-Robert, et plus récemment, M. Louis Régnier, fournissent, à des points de vue différents, d'utiles renseignements sur cet édifice. M. Paul Bourgeois, dans son *Nouvel Album Falaisien* (1), orné de vingt-cinq croquis des sites et monuments de Falaise, a consacré cinq lithographies à l'église de Guibray. L'ensemble de cet édifice, sa remarquable abside, sa belle porte romane, ses curieux bas-côtés, son maître-autel, tout, en un mot, était bien de nature à inspirer un artiste. Ces lithographies sont, je crois, ce qui a été fait de plus complet sur Guibray au point de vue du dessin. M. Ruprich-Robert, dans son grand ouvrage sur l'Architecture normande aux XIe et XIIe siècles, a relevé, avec cette pureté de dessin qui lui est spéciale, plusieurs particularités de l'église de Guibray, et, notamment, le détail de la façade principale. M. Bouet, dans la *Statistique monumentale du Calvados*, avait, lui aussi, donné le dessin d'un fragment de cette porte. Malgré ces précieuses planches, on attendait encore quelques vues de cette église négligée par Cotman. *La Normandie monumentale* comble aujourd'hui cette lacune pour l'honneur de Guibray.

Vue extérieurement, Notre-Dame de Guibray (2) appartient, dans son ensemble, au XIIe siècle. Le XIe siècle a-t-il laissé des traces de son passage dans l'abside et dans le chœur? M. Régnier ne partage pas sur ce point l'avis de M. de Caumont, et s'en explique très clairement dans ses savantes *Notes et observations archéologiques*. Tout en reconnaissant avec lui que l'abside dans son ensemble appartient à la première moitié du XIIe siècle, nous croyons que l'absidiole latérale sud est de la fin du XIe siècle. Cette solution n'a rien d'étonnant puisque l'église fut commencée vers 1076.

Deux autres siècles, le XIIIe et le XVe, s'y font également reconnaître. Félicitons-nous de ne pas avoir à déplorer, du moins dans l'aspect extérieur de cet édifice, l'influence du XVIIIe siècle, qui en a déshonoré si malheureusement l'intérieur.

Le porche s'élève en avant de la façade. Il a été construit dans de vastes proportions, peut-être pour abriter les fidèles les jours de foire. Il semble appartenir au XIIIe siècle, à en juger par l'ensemble de sa construction et par ses cinq arcades en tiers-point aplati, reposant sur des colonnettes.

Le XVe siècle se reconnaît dans les arcsboutants et les contreforts, couronnés de gracieux clochetons que l'on voit le long de la nef, et dans cette petite chapelle accolée au transept. Il se retrouve également dans le bas-relief en albâtre de l'Annonciation et dans les deux statues de saint André et du Bon Pasteur (?) qui ornent

Bas-relief et statues en albâtre provenant de l'église Notre-Dame de Guibray,
et conservés à l'Hôtel de Ville de Falaise.
D'après une photographie de la Collection des Monuments historiques.

(1) Falaise, 1872. Imprimerie Trolonge-Levavasseur.
(2) Elle était à la présentation de Sainte-Trinité de Caen.

une des salles de la bibliothèque de l'Hôtel de Ville de Falaise et qui proviennent de l'église de Guibray (1).

Devons-nous rapporter à la même époque la tour qui s'élève entre le chœur et la nef ? C'est l'opinion de M. Régnier. Cette construction surmontée de quatre pignons, au-dessus desquels s'élève une petite flèche aiguë, n'est guère de nature à attirer l'admiration et nuit singulièrement à l'ensemble de l'édifice. On voudrait pour Guibray un de ces jolis clochers comme on en rencontre dans la plaine de Caen, si riche en monuments religieux.

L'abside et la porte occidentale constituent les deux points les plus intéressants et les plus remarquables de l'église Notre-Dame. La grande abside circulaire correspond à la grande nef et est accompagnée de deux absidioles correspondant aux bas-côtés. Si l'absidiole nord est dégagée, il n'en est malheureusement pas de même de l'absidiole méridionale, masquée aujourd'hui par une sacristie.

Cinq contreforts divisent la grande abside en cinq travées. A la partie supérieure de l'édifice, c'est-à-dire à la hauteur des arcatures à claveaux simples qui entourent, de chaque côté, la grande fenêtre cintrée (2), ces contreforts se transforment en minces colonnettes annelées que terminent des chapiteaux dont on retrouve des traces parmi les corbeaux curieux et variés de la corniche. Les cinq fenêtres de la partie inférieure de l'abside n'éclairent plus le chœur, mais elles ont gardé extérieurement leur caractère primitif avec leur double arcature entourée d'un tore et surmontée d'un rang de billettes.

Les absidioles édifiées dans le même genre complètent très bien la grande abside.

Avant de pénétrer dans l'église, jetons un coup d'œil sur le beau portail.

L'archivolte ornée de bâtons brisés est supportée, de chaque côté, par trois colonnettes à chapiteaux ornés principalement de feuilles d'acanthe.

L'intérieur de Notre-Dame de Guibray présente moins d'unité que l'extérieur, par suite des travaux qui ont été exécutés dans le chœur et le transept en 1771. Si la nef a été épargnée, la cause en est sans doute à la Révolution, qui est venue couper court à ces embellissements mal compris et par là rendre involontairement un service à l'archéologie.

La nef, qui appartient, d'après M. de Caumont, au roman de transition, se compose de cinq travées soutenues par douze piliers entourés chacun de huit colonnettes. Chaque travée comprend un grand arc en tiers-point surmonté lui-même d'une fenêtre en tiers-point.

Des voûtes en plâtre ont malheureusement remplacé dans la nef, comme dans les bas-côtés, les voûtes en pierre qui existaient certainement à l'origine.

« Dans les bas-côtés, dit M. Régnier, les fenêtres étaient restées en plein cintre; comme dans la partie orientale de l'église, un tore courait sur l'archivolte, et les pieds-droits étaient munis de deux courtes colonnettes couronnées de chapiteaux à crochets accusés. Cette disposition est encore intacte dans le bas-côté septentrional, mais au sud les fenêtres primitives ont été remplacées, dans la seconde moitié du XVᵉ siècle, par d'autres plus grandes, en tiers-point, dépourvues de remplage. » La petite chapelle dont nous avons parlé, addition assez heureuse au bas-côté nord, appartient à la même époque.

Que dire maintenant du transept et du chœur si défigurés en 1771, sous prétexte d'embellissements

---

(1) Le bas-relief de l'Annonciation a 0 m. 35 cent. de haut sur 0 m. 28 cent. de large. La statue du Bon Pasteur qui en est distincte et séparée a 0 m. 35 cent. de haut, tandis que la statue de saint André, également séparée du groupe et dont la tête a été brisée, ne mesure que 0 m. 31 de haut. Ces deux statues sont également en albâtre.

(2) Bouchée au XVIIIᵉ siècle.

et vraisemblablement pour procurer un cadre convenable au groupe en stuc ou plâtre qui représente l'Assomption de la Sainte-Vierge, et que supporte une table en marbre blanc? C'est là, il est vrai, une composition remarquable et digne d'être attribuée à Guillaume Coustou, comme semblent le croire certains critiques. On remarque, en effet, beaucoup de mouvement dans l'attitude de la Sainte-Vierge, qui s'élève, calme et radieuse, dans les cieux, soutenue et accompagnée par les anges.

Groupe sur l'autel.
D'après une photographie de la Collection des Monuments historiques.

Mais, si gracieux que soit ce travail, il nous sera permis de regretter les pilastres cannelés qui s'élèvent jusqu'à la corniche, ces larges fenêtres pratiquées près de l'autel et la coupole en plâtre du transept.

Les bas-côtés du chœur, terminés par de gracieuses absidioles, ont été respectés ainsi que les bras du transept, objet, dans ces dernières années, de nombreuses restaurations.

L'église de Guibray (1) est remplie de pierres tombales. Plusieurs inscriptions commencent à s'effacer, et M. de Caumont eut raison d'en faire relever quelques-unes pour sa *Statistique monumentale du Calvados.*

(1) *Archives de la Seine-Inférieure*, 10 juillet 1632. Les trésoriers de l'église de Guibray représentent les titres en vertu desquels ils jouissent des loges de la paroisse de Guibray.

En voici une, oubliée par l'éminent archéologue et qui ne manque pas d'intérêt :

CY GYST MESSIRE OLLIVIER DANOYS EN SON VIVANT ADVOCAT
EN COURT LAYE LEQUEL DECEDA LE DOUZI^E JO^R DE
NOVEMBRE L'AN MIL CINQ CENTZ QUATRE VING HUICT
PRIEZ DIEU P^R SON AME AMEN

Mon corps nestant quun peu de cendre
Fut mis yey quand jallay rendre
Mon ame aux piedz de son Sauveur
Content, j'habandonnai le monde
Ayant veu ma maison féconde
D'enfans, de moyens et d'honneur.

C'est par cette vieille inscription empreinte de piété et de douce mélancolie que je tiens à terminer cette étude sur Guibray.

Ch.-A. de Beaurepaire

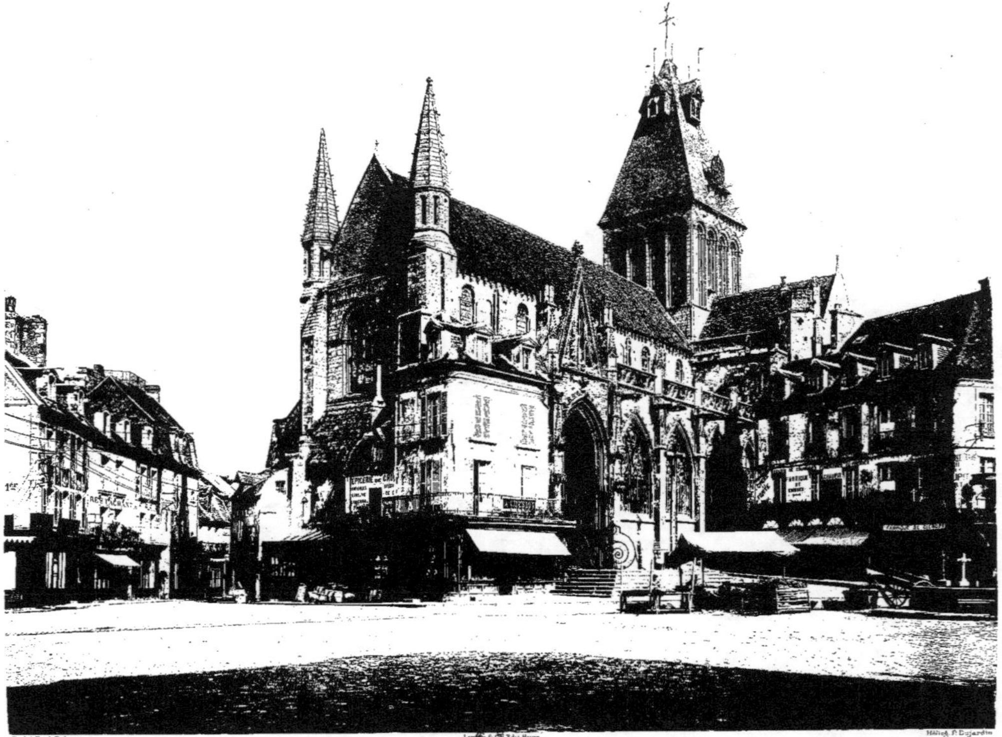

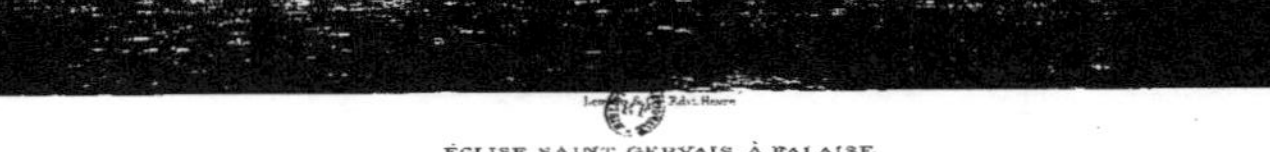

Cliché Paul Robert

Hélioᵍ. P. Dujardin

ÉGLISE SAINT GERVAIS, À FALAISE

Calvados

Pl. Vᵉ 56

L'ÉGLISE SAINT-GERVAIS

L'église Saint-Gervais, située au centre de la ville, n'est pas plus dégagée que la Trinité. Elle est encadrée de vieilles maisons et de petites bicoques qui s'accrochent au mur de la façade principale.

Si l'archéologue regrette de la voir ainsi tout entourée de constructions qui lui paraissent vulgaires, s'il y perd cette vue d'ensemble qui permet de distinguer d'un coup d'œil le travail et l'apport des siècles, l'artiste y découvre de petits coins intéressants, et qui, pour parler son langage, s'arrangent mieux et rehaussent à ses yeux la beauté des lignes du monument.

De la place, Saint-Gervais présente l'aspect d'un monument roman, émergeant de constructions du XVe siècle qui lui forment comme une ceinture.

Les parties encore visibles de l'église romane sont, de ce côté, la façade, l'étage supérieur de la nef et la tour. La façade qui possédait jadis un portail, n'en a plus aujourd'hui. On lui a substitué, vers la fin du XVe siècle, une chapelle basse et sans caractère, placée à la base des deux tourelles qui flanquent le grand gable. Ces deux tourelles ont été, à une époque plus récente, surmontées de pyramides en pierre. Quant au grand mur de la façade, il est percé d'une grande et belle fenêtre en plein cintre.

La tour, qui est carrée, s'élève sur le transept, au centre de l'église. M. Ruprich-Robert l'attribue à l'architecture normande du XIIe siècle. Elle est très riche avec ses hautes et belles arcatures décorées de chevrons. En comparant entre elles les planches dont M. Ruprich-Robert a enrichi son travail sur l'architecture normande, il est impossible de n'être pas frappé de la parenté qui existe entre la tour de Falaise et celles de Vaucelles, à Caen, et de Saint-Loup (Calvados). La tour de Saint-Gervais est celle qui présente le plus d'ampleur : chacune de ses faces est ornée de quatre arcatures, tandis que l'étage supérieur de Vaucelles n'en présente que trois, et celui de Saint-Loup que deux seulement.

Après avoir examiné Saint-Gervais, de la place, transportons-nous au chevet. De là, l'église nous apparaît avec un certain caractère d'unité. C'est le gothique de la dernière période.

Les arcs-boutants du chœur et les pinacles qui leur servent de culée sont d'une décoration assez riche, mais ils n'ont pas cette abondance que nous avons admirée à la Trinité.

De la construction primitive, nous n'apercevons plus que la tour romane couronnant le tout. Son immense toit, en forme de hache et couvert d'ardoises, ne nuit pas au pittoresque de l'ensemble. Les lignes en sont là-haut coupées par quatre lucarnes, d'un bon effet, qui portent dans les airs de hautes girouettes et se profilent agréablement au-dessus de tous ces contreforts et clochetons.

Comme à la Trinité, le portail de Saint-Gervais est latéral. Il s'ouvre au bas de l'église, sur la place, au sud, et est précédé d'un joli porche du XVe siècle.

En entrant dans l'église, nous sommes tout d'abord frappé de son manque d'unité. Les proportions du monument sont vastes; mais, tandis qu'au midi s'élèvent de grands arcs romans, au nord l'église nous apparaît avec les caractères du XIIIe siècle. Quant au chœur, — dont la vue est bien un peu coupée par les gros piliers du transept, — c'est une œuvre du XVIe siècle.

La nef, dont nous venons de parler, se compose de six travées. Elle est accompagnée de deux bas-côtés et d'une double rangée de chapelles. Primitivement, elle n'était pas voûtée; la charpente était apparente, et ce n'est que dans la seconde moitié du XIIIe siècle que la voûte actuelle fut construite.

Le côté sud, disions-nous, est roman. M. Ruprich-Robert l'attribue à l'architecture normande

Abside de l'église Saint-Gervais.

D'après une photographie de la Collection des Monuments historiques.

du XIe siècle, et se demande s'il n'en faut pas fixer la construction à 1040 (1). Entre les grands arcs et les fenêtres supérieures, il n'y a ni galerie ni *triforium*. Ce grand mur blanc, qui paraît aujourd'hui si nu, était jadis égayé par des peintures. Leur présence nous est révélée par quelques fragments de décorations qui se montrent au-dessus des deux premières arcades.

Les trois premières travées ont à peu près conservé leur aspect primitif. Les vieux chapiteaux romans sont ornés, suivant le goût du temps, de personnages armés ou montés, de feuillages grossiers et d'animaux informes. Seules, les dernières travées ont été modifiées par le XVe et

(1) Ruprich-Robert. *Architecture normande*, t. 1er. La planche XIX présente la travée intérieure de la nef restituée : on a fait disparaître la voûte actuelle.

le XVII° siècle. Pour avoir plus de lumière, les fenêtres supérieures ont été allongées par la base, alors que leur sommet se trouve engagé dans les formerets de la voûte, dont la construction est postérieure, ainsi que nous l'avons fait observer. Les piliers qui soutiennent les grands arcs ont également perdu leur aspect primitif; ils ont été transformés en de grandes colonnes cylindriques.

Le côté nord de la nef est du XIII° siècle. Entre les grands arcs et les fenêtres supérieures règne une galerie d'aspect massif, ajoutée vers la fin du XV° ou au commencement du XVI° siècle.

De ce côté aussi, plusieurs des hautes fenêtres ont été modifiées. De deux lancettes jumelles, surmontées d'un *oculus*, on a fait, au XVIII° siècle, de grandes baies dépourvues de caractère, probablement pour avoir plus de lumière. Quant aux tailloirs des chapiteaux, la plupart présentent tous les caractères du XIV° siècle. Il est permis de supposer qu'ils ont été sculptés, sur place, après coup.

Le transept, le chœur et les chapelles paraissent avoir été édifiés au commencement du XVI° siècle.

On remarque dans le chœur et dans les chapelles un grand nombre de pierres tombales intéressantes. Quelques-unes ont été relevées par MM. Bouet et Bourdon (1). Fréquemment le creux des inscriptions est rempli de plomb, ce qui fut sans doute pour elles une cause de conservation, alors que les mains et le visage des personnages sont en marbre.

Les chapelles du bas-côté sud renferment de jolies piscines, quelques fragments de vitraux du XVI° siècle. Aux clefs de voûte nous avons remarqué des armoiries, un ange, les instruments de la Passion, l'archange saint Michel.

Dans la quatrième chapelle, en montant, on rencontre les fragments d'une *litre* et une tombe dont voici l'inscription, qui n'a pas été relevée par M. Bouet :

CY GIT Mᴿ JACQUES AUBER ESCUYER

SEIGNEUR ET PATRON D'AILLY EN SON VIVANT

Cᴱᴿ DU ROY ET SON PREMIER AVOCAT EN

BAILLIAGE ET VICOMTÉ A FALAISE

LEQUEL DÉCÉDA XI DE 7ᵇᴿᴱ 1694

La dalle tumulaire est ornée des armoiries du défunt et de têtes de mort.

Dans une chapelle du transept, une petite tombe du XVI° siècle présente une inscription. Elle est accompagnée de deux têtes de mort qui tiennent entre leurs dents une banderolle sur laquelle sont gravés les mots : *Respice finem.*

Le chœur, dont la voûte est en bois, comme à la Trinité, est entièrement restauré. Il présente aux stalles d'anciens panneaux de bois et renferme, dans son dallage, des pierres tombales ornées de figures, notamment, au pied de l'autel, celle de Jean de Morel, vicomte et maire de Falaise, qui reçut Henri IV dans son château de la Courbonnet. Nous y retrouvons aussi les noms de trois anciens curés de Saint-Gervais : Mathieu Berrier († 1597), Raoul Le Hagre († 1603) et Toussaint de la Grue († 1609).

Comme la nef, le chœur est entouré d'une double rangée de chapelles dont plusieurs sont également restaurées. Là encore, comme dans les chapelles du nord, les inscriptions tumulaires abondent. Nous y relevons les noms de *M° Alexis Dumesnil, conseiller du Roy et advocat pour Sa Majesté;*

(1) DE CAUMONT. *Statistique monumentale du Calvados*, t. II, p. 482.

de la femme de *Charles Du Mesnil, escuier, sieur et patron du Meslay; conseiller et procureur du Roy;* de *Jacques Langlois, escuier, sieur de Langloischerie;* de *Jean de Villy, lieutenant en l'élection de Falaise.* Celles de *Denis Morel, sieur de Canyvet, Morières et la Courbonnet,* de *Ravent* et de *Thomas Morel,* présentent des personnages et de curieuses inscriptions en plomb; leur état de conservation est parfait.

Dans une des chapelles du nord nous avons relevé l'inscription suivante, qui n'est qu'indiquée dans la *Statistique monumentale* de M. de Caumont. C'est celle d'un artiste :

ICY REPOSE

HONORABLE

HOMME JOSEPH CHAU-

VEL DE CANTEPIE

BOURGEOIS DE CETTE

VILLE SCULTEUR DE

L'ACADÉMIE ROYALE

LEQUEL S'EST ACQUIS

PAR SA RELIGION ET

BEAUX OUVRAGES

L'ESTIME DE CEUX QUI

L'ONT CONNU ET

REMARQUÉ LA BEAUTÉ

DE SES TRAVAUX LA MORT

NOUS L'A ENLEVÉ (A L'AGE)

DE 72 ANS LE 19 D'AVRIL

1736 PRIEZ DIEU POUR

LE REPOS DE SON AME

Nous aurions voulu déterminer, mais, de ce côté, nos recherches ont été vaines, quels liens de parenté unissaient ce sculpteur à François Chauvel, le dessinateur de la foire de Guibray (1).

Dans ces différentes chapelles se trouvent de curieux pendentifs, — quelques-uns armoriés, — plusieurs tableaux, et de jolies piscines.

Peut-être eût-il été plus intéressant d'étudier l'antique histoire de Saint-Gervais, de dresser la liste de ses curés, de voir s'agiter, à l'ombre de ses murs, l'ancienne société de Falaise, de rechercher quels événements pourraient s'y rattacher, depuis l'époque où le droit de présentation fut donné à l'abbesse et aux religieuses de la Trinité de Caen, jusqu'à l'incendie allumé par les huguenots, en 1562, et qui menaça de détruire l'édifice entier.

En présence des limites imposées forcément à un travail de ce genre, nous avons cru qu'il était préférable de visiter le monument. N'était-ce pas encore le plus sûr moyen de le faire connaître?

G. DE BEAUREPAIRE.

---

(1) « *La foire de Guybray en Normandie près la ville de Fallaize* || *dédiée à Mgr le marquis de de Thury et de Lamotte Harcourt conte de Croisy* || *mareschal des Camps et armée dv Roy govverneur des ville et chasteav de Failaize par son tres humble* || *et obéissant servileur François Chauvel 1658. avec privilège* ». Cette curieuse estampe fut reproduite, en 1841, par les soins de M. Mancel.

CHÂTEAU DE FALAISE

LE CHATEAU DE FALAISE

Le château de Falaise, un des monuments les plus intéressants de la Normandie au point de vue historique, archéologique et pittoresque, se dresse sur d'énormes rochers auxquels cette ville doit son nom.

Il a conservé son enceinte entière avec douze tours et deux portes, flanquées chacune de deux autres tours; le donjon normand, avec quelques dépendances; la tour circulaire du XV° siècle; une jolie chapelle du XII° siècle et une belle porte du XIII°, prise dans des constructions plus modernes.

Les archéologues qui ont décrit le donjon de Falaise ne s'accordent guère sur l'époque de sa construction. Frédéric Galeron le fait remonter au IX° ou au X° siècle (1); Viollet-le-Duc au XI° (2); Arcisse de Caumont le classe parmi les monuments du XI° ou du XII° siècle (3); Dibdin avoue qu'il est postérieur d'un siècle au moins à l'époque de Guillaume le Conquérant (4); M. Ruprich-Robert, architecte du gouvernement, chargé en 1864 de la restauration de ce donjon, dit dans son rapport au maréchal Vaillant, ministre des Beaux-Arts, que le château de Falaise est un des plus beaux et rares spécimens de l'architecture du XII° siècle (5).

Enfin, M. Louis Régnier, correspondant de la Société des Antiquaires de France, constate aussi que les fenêtres, en plein cintre, partagées par une colonnette centrale et recouvertes d'une voûte en berceau appareillée, annoncent tout à fait le XII° siècle (6). D'ailleurs, c'est l'opinion de tous les archéologues qui ont étudié à fond ce monument en le comparant avec ceux de cette époque.

Il faut donc renoncer à la poétique légende qui fait naître Guillaume le Conquérant dans le donjon, ce qui n'empêchera jamais les cicerones du château de montrer aux visiteurs la fenêtre où Robert le Magnifique aperçut la belle Arlette à la fontaine moderne qui se trouve en face, et porte encore son nom, ainsi que la petite chambre avec alcôve, située à l'angle nord-ouest, où naquit le vainqueur de l'Angleterre.

La tradition la plus répandue à Falaise fait naître Guillaume le Conquérant dans le manoir ducal, situé place du Marché-Saint-Gervais. La maison du XVI° siècle, construite sur cet emplacement, a toujours été désignée dans les anciens titres, comme actuellement, sous le nom de *Manoir de Guillaume*. La *Cosmographie* publiée en 1584, par André Thévé, contient le dessin et la description du buste en pierre du duc-roi, qui est encastré dans la muraille de l'escalier de cette habitation.

(1) *Statistique de l'arrondissement de Falaise*, t. I, p. 320.
(2) *Dictionnaire raisonné de l'architecture française du XI° au XVI° siècle*, t. III, p. 77.
(3) *Statistique monumentale du Calvados*, t. II, p. 468.
(4) *Voyage bibliographique, archéologique et pittoresque en France*, t. II, p. 273.
(5) *Le château de Falaise; rapport à M. le maréchal Vaillant*, p. 29.
(6) *A travers la Normandie; notes et observations archéologiques*, t. II, p. 37.

Mais revenons au château, ce spécimen si intéressant de l'architecture militaire au moyen âge.

D'après l'abbé Langevin, le premier historien de Falaise, le donjon avait primitivement trois étages, et le troisième, qui fut démoli en 1770, était orné de trois belles fenêtres semblables à celles qui existent encore (1).

Les deux façades du nord et du sud sont soutenues dans toute leur hauteur par cinq énormes contreforts. Les murs ont près de 12 pieds d'épaisseur dans la partie la plus élevée. Trois fenêtres s'ouvrent à l'étage supérieur du côté du nord, et deux seulement au sud. Chacune d'elles se divise en deux baies cintrées, réunies par une colonnette dont les chapiteaux sont curieux. On y remarque des enlacements en forme de nattes et des figures informes, notamment un homme à tête monstrueuse, étendu sur le côté et tenant dans ses mains une corde attachée au cou de deux animaux, qui paraissent être des sangliers et dont les queues se réunissent et s'entrelacent. Ce sujet bizarre s'étend sur les quatre faces d'un chapiteau.

A l'angle nord-ouest du donjon, à côté de la chambre dite de Robert et d'Arlette, les cicerones

Intérieur du Château.

D'après une photographie de la Collection des Monuments historiques.

montrent le cachot d'Arthur de Bretagne. Mais M. J. Hurel pense que ce cachot devait se trouver sous la chapelle Saint-Prix (2). Cette chapelle, située au sud, dans un angle saillant, date du XIIe siècle et possède encore quelques chapiteaux de cette époque.

Le petit donjon, qui vient d'être restauré, est aussi une construction du XIIe siècle, modifiée au XVe.

La tour Talbot, haute de 40 mètres, que Munster et Belleforest disaient être la plus belle de France, en 1575, s'élève à l'angle sud-ouest du donjon normand.

M. Louis Régnier la décrit ainsi dans son excellente *Étude archéologique sur le château de Falaise* :

(1) *Recherches historiques sur Falaise*, p. 23.
(2) *Le château de Falaise; étude historique*, p. 47.

« C'est, dit-il, une belle construction cylindrique en pierre, reposant sur un empattement de même forme, et dans un bon état de conservation, sauf cependant au sommet, où des réparations ont été mal exécutées. Elle se termine par une couronne de consoles en pierre, dont les intervalles formaient mâchicoulis et qui supportaient autrefois une rangée de créneaux, derrière lesquels se dissimulait une toiture plate en tuiles. On accède aux cinq étages intérieurs par des escaliers placés dans l'épaisseur des murailles, dont ils suivent la courbure, escaliers construits selon le système gothique, c'est-à-dire avec des marches apparentes en dessous, et terminés par des portes en tiers-point. L'étage le plus bas a servi de cachot ou de magasins de provisions. Cet étage, le troisième et le cinquième sont seuls pourvus d'une voûte en pierre, portée sur six nervures épaisses coupées par deux chanfreins. Les deux autres étages sont surmontés simplement d'un plafond en bois. Un puits cylindrique est creusé à même la muraille jusqu'à la hauteur de l'un des derniers étages. Les dimensions de la tour sont assez considérables : les salles intérieures, de forme circulaire, mesurent 6 m. 20 cent. de diamètre, et les murs ont 3 m. 50 cent. d'épaisseur, ce qui donne un diamètre total de 13 m. 20 cent., un peu plus important à la partie inférieure, où les murs atteignent une épaisseur de 4 m. 10 cent. (1). »

M. Ruprich-Robert dit avec raison que les faces extérieures de ce donjon donnent lieu de remarquer que la partie supérieure est moderne jusqu'à 3 mètres en contre-bas des encorbellements, et qu'à partir de ce point une autre zone d'environ 4 mètres a été bâtie au XVIe siècle. L'appareil, en effet, ajoute M. Ruprich-Robert, n'est plus le même, et une fenêtre à croisillon de pierre, portant bien le caractère de cette époque, a été refaite après coup (2).

Tour Talbot.

Plusieurs historiens falaisiens affirment que la tour Talbot porte le nom du capitaine anglais qui l'aurait fait bâtir après le siège de 1418, et, d'après l'abbé Langevin, les paiements furent effectués de 1420 à 1422, par Gérard d'Esquay, vicomte de Falaise et receveur du domaine, qui avait dirigé les travaux (3).

Comme M. Louis Régnier, nous nous demandons si tout cela est bien exact, et s'il ne faut pas

(1) *A travers la Normandie ; notes et observations archéologiques*, t. II, p. 257.
(2) *Le château de Falaise ; rapport à M. le maréchal Vaillant*, p. 27.
(3) *Recherches historiques sur Falaise*, p. 363-364.

voir plutôt dans la construction indiquée une addition faite au château par Philippe-Auguste après qu'il s'en fut emparé, en 1204, addition dont il a laissé des exemples à Gisors, à Verneuil, à Issoudun, etc.

« Il est impossible, en effet, fait judicieusement observer M. Régnier, de ne pas être frappé de la ressemblance des dispositions de la tour Talbot avec celles du donjon de Dourdan et de la tour Jeanne-d'Arc à Rouen, œuvres authentiques de Philippe-Auguste. Les dimensions et les proportions sont tellement analogues dans toutes ces constructions qu'on peut les croire élevées d'après une inspiration commune (1). »

A l'angle sud-ouest de l'enceinte, à peu de distance de la tour Talbot, on voit encore quelques vestiges de la tour la Reine et une muraille dégradée. Les historiens locaux affirment que cette brèche a été faite par Henri IV, quand il prit le château d'assaut, le 6 janvier 1590.

La poterne du sud, placée entre deux petites tours, servait d'ouverture aux souterrains.

Les étangs couvraient autrefois tout l'espace qu'occupent actuellement l'abreuvoir, le grand cours et les profondeurs du Val-d'Ante.

Dans l'enceinte murale du château, au-dessus des trois énormes roches que l'abbé Langevin prend pour des monuments druidiques, on voit une intéressante chapelle romane du XIIe siècle.

Chapelle du Château.

D'après une photographie de la Collection des Monuments historiques.

Le célèbre archéologue normand, Arcisse de Caumont, nous apprend que cette chapelle, placée sous le vocable de saint Nicolas, avait autrefois le rang d'église paroissiale, qu'elle possédait des fonts baptismaux et que les habitants de l'enceinte du château y étaient mariés (2); aujourd'hui, c'est une dépendance du collège, installé en cet endroit depuis 1802.

La porte d'entrée du château, flanquée de deux tours, remonte au XIIIe siècle et est située près de l'Hôtel de Ville.

Devant la façade de cet édifice moderne, on admire la magnifique statue équestre en bronze de

(1) *A travers la Normandie*, etc., t. II, p. 41-42.
(2) *Statistique monumentale du Calvados*, t. II, p. 470.

Guillaume le Conquérant, par Louis Rochet, inaugurée en 1851, huit siècles après la mort du plus illustre enfant de cette antique cité.

Ayant décrit le château de Falaise au point de vue archéologique, nous allons résumer les principaux faits historiques qui s'y rattachent.

Falaise est mentionnée pour la première fois dans la *Chronique de Normandie* en 946, dans un discours que Bernard le Danois adressa à Louis d'Outremer. Robert Wace et Guillaume de Jumièges ne la citent que plus tard, à l'époque où Robert le Libéral ou le Magnifique, se trouvant trop resserré dans les limites du comté d'Exmes et profitant de la mort de Richard II, arrivée le 23 août 1026, refusa de reconnaître l'autorité de Richard III. Robert se jeta dans Falaise, qu'il occupa, en 1026. Richard III, aidé de Guillaume, comte de Bellême, accourut pour assiéger et reprendre cette ville;

Vue du château prise de la plaine.
D'après une photographie de M. Alfred Mond.

mais les deux frères s'étant réconciliés, Richard partit pour Rouen, où il mourut peu de temps après, sans enfants, laissant à Robert la possession de Falaise et sur la Normandie un pouvoir que nul ne lui contesta. Robert paraît avoir choisi Falaise pour sa résidence habituelle, sans doute à cause des bois et des forêts qui l'avoisinaient, ce qui lui permettait de se livrer à la chasse, son plaisir favori.

Ce fut pendant son séjour dans cette ville que Robert, revenant un jour de la chasse, rencontra la belle Arlette. Robert Wace, Benoît de Sainte-More, Guillaume de Jumièges, Orderic Vital, Nagerel, Dumoulin, etc., nous ont laissé le récit naïf de leur union, qui donna naissance au futur conquérant de l'Angleterre. Leur fils Guillaume naquit le 14 octobre 1027, au manoir ducal et fut baptisé dans l'ancienne église Sainte-Trinité de Falaise.

Quelques années plus tard, le duc Robert partit pour un pèlerinage en Palestine, et mourut au mois de juillet 1035, à Nicée, à son retour de Jérusalem; il eut pour successeur son fils Guillaume, qui avait alors huit ans.

Ce fut à Falaise, en 1041, que le jeune duc Guillaume fit ses premières armes, en reprenant cette ville que le traître Toustain avait tenté de livrer au roi de France.

La Normandie commençait à jouir des douceurs de la paix, lorsque Guillaume résolut de faire valoir les droits qu'il prétendait avoir sur l'Angleterre. Il prépara cette mémorable expédition avec ses fidèles Falaisiens et un grand nombre de seigneurs voisins, qui l'accompagnèrent et combattirent avec lui sur les champs d'Hastings. Après la conquête, Guillaume le Bâtard prit le nom de Conquérant; il revint rarement en Normandie depuis son avènement au trône d'Angleterre et ne reparut plus dans sa ville natale; cependant, il la favorisa toujours autant qu'il put en fortifiant le château fort, en agrandissant l'enceinte, en donnant une nouvelle impulsion au commerce, à l'industrie et en établissant la célèbre foire de Guibray sur l'emplacement où elle existe encore actuellement.

Guillaume le Conquérant mourut à Rouen, au prieuré de Saint-Gervais, le 9 septembre 1087, âgé de soixante ans, et fut inhumé à Caen, dans l'église de l'abbaye de Saint-Étienne, qu'il avait fondée.

L'historien Robert du Mont rapporte qu'en 1123, Henri 1er fit réparer le château de Falaise. Sous Henri II, le donjon servit de prison d'État; car, après ses guerres avec ses fils et plusieurs de ses vassaux, le roi y renferma, en 1173, le comte de Chester, plusieurs autres seigneurs, et, l'année suivante, Guillaume, roi d'Écosse, et un grand nombre de barons anglais. En 1203, Jean-sans-Terre fit emprisonner à Falaise son neveu, Arthur de Bretagne, qu'il fit conduire peu de temps après à Rouen, où il l'assassina lui-même, n'ayant pu trouver un bourreau dans notre province.

Lorsque Philippe-Auguste envahit la Normandie pour venger sur Jean-sans-Terre le meurtre du duc de Bretagne, Falaise fut une des premières villes qu'il attaqua, au commencement de l'année 1204; elle se rendit par capitulation, comme elle l'avait fait plusieurs fois.

Pendant la guerre de Cent ans, Falaise, assiégée par Henri V, roi d'Angleterre, en 1417, dut encore capituler après quarante-sept jours de siège. Cette place fut reprise aux Anglais par Charles VII, le 28 juillet 1450, et rentra alors définitivement sous la domination française.

Au mois de mai 1562, les protestants s'emparèrent de Falaise, qui fut bientôt reconquise par les catholiques, reprise par Coligny, l'année suivante, puis en 1568 et en 1574 par Montgommery et Matignon. Cette ville embrassa, en 1585, le parti de la Ligue. Une affreuse disette et une terrible épidémie qui survinrent ne diminuèrent pas le courage des habitants; ceux-ci persistèrent dans leur résistance jusqu'au mois de janvier 1590, époque à laquelle Henri IV prit le château d'assaut. A partir du XVIIe siècle, les annales militaires de cette ville se confondent avec l'histoire générale de la Normandie.

Léon Braquehais.

CHÂTEAU DE VERSAINVILLE

LE CHATEAU DE VERSAINVILLE

Le château de Versainville est situé sur une colline qui domine une des plus belles plaines de la Normandie. A l'est, l'œil embrasse un vaste horizon de champs et d'herbages, jusqu'à la vallée d'Auge; au sud-ouest, on découvre la ville de Falaise avec ses clochers gothiques, aux flèches élancées, et la rivière de l'Ante aux gracieux méandres.

Le parc, entouré de murs et de sauts-de-loup affectant les formes contournées du XVIᵉ siècle, renferme des arbres séculaires et des sources nombreuses et abondantes.

Construit en pierres de taille, le château de Versainville date de la fin du règne de Louis XIV. Il se compose d'un grand corps de logis relié à une galerie terminée par un pavillon.

Les deux façades sont précédées de perrons élevés; du côté de l'arrivée, le perron en granit, flanqué de deux sphynx, accède à un péristyle ouvert, dont la colonnade, de l'ordre dorique, laisse apercevoir deux grandes statues : l'Air et la Mer.

La porte centrale ouvre sur le salon d'Été, dont les lambris blanc et or, sont décorés par des attributs de musique et de guerre.

Le salon d'Hiver est garni de boiseries en chêne sculpté, rehaussées d'or ; ces boiseries encadrent trois grands panneaux en tapisseries de Beauvais, représentant des sujets mythologiques et portant dans leur partie supérieure les armoiries des Marguerit de Versainville : *d'or à trois roses ou marguerites de gueules posées 2 et 1,* et la devise :

Nunquam marcessent.

Les autres pièces du rez-de-chaussée sont : un petit salon, la bibliothèque, la salle à manger avec ses faïences de Rouen, de Nevers et des autres centres de fabrications artistiques, avec son plafond couvert de peintures et de tapisseries; le fumoir avec des murs revêtus de splendides boiseries gothiques.

Un grand escalier en pierre, muni d'une rampe en fer forgé, du style Louis XV, donne accès à l'étage supérieur.

Tous les appartements du château sont garnis de consoles, de meubles de diverses époques, d'objets d'art et d'un grand nombre de portraits signés Largillière, Aved, Nattier, Court, Dubufe, Isabey, etc., rappelant le souvenir des membres de la famille de Versainville qui ont pris part à la guerre et se sont illustrés dans les différentes charges qu'ils ont occupées.

La famille de Marguerit de Versainville est une des plus anciennes de France. L'un de ses membres, Béranger, prit la croix au XIe siècle, et alla combattre les infidèles en Italie. Béranger devint amiral de la flotte napolitaine, et l'histoire de Saladin le nomme le *Roi de la mer.*

Presque tous ses descendants furent massacrés, lors des Vêpres Siciliennes ; l'un d'eux, Pierre, réussit à se réfugier en Espagne. Élevé à la cour du roi Ferdinand, Pierre accompagna Christophe Colomb dans ses voyages de découvertes ; deux de ses fils le suivirent dans ses expéditions. Ce fut l'un d'eux, Pablo, dont le navire s'échoua sur les côtes de Normandie, à son retour du Nouveau-Monde, qui fonda la branche normande des Marguerit.

L'un de ses descendants, Philippe, seigneur d'Airan, d'Outrelaize, de Renemesnil, Soignolles, patron de Saint-Hilaire-du-Harcouët, Saint-André-de-Briouze, la Cour du Hou, la Motte-sous-Rouvres, mourut le 15 décembre 1573, âgé de cent six ans.

Un autre de ses descendants, Charles, obtint du roi Charles IX de grands avantages en faveur de la foire de Guibray.

Par lettres patentes de décembre 1731, Louis XV conféra le titre de marquis à haut et puissant seigneur François-Joseph Marguerit de Versainville, chevalier, haut justicier, seigneur de Guibray, Estrées-la-Campagne, Condé, Maizières, Cirfontaine, etc., président de la Cour des aides et finances de la Normandie. Le marquis François-Joseph, épousa Marie-Thérèse de Chaumont, fille de messire de Chaumont, marquis de la Galaizière, dont un fils, messire Antoine-Martin de Chaumont, était gouverneur des duchés de Lorraine et de Bar.

Ce fut lui qui fit construire le château actuel.

Antoine, marquis de Marguerit de Versainville, fils du précédent, fut colonel du régiment Royal-Lorraine ; il hérita des biens de son père, et par son mariage avec noble demoiselle Marie-Angélique Le Viconte, fille de Marie-Pierre-Armand Le Viconte, chevalier, comte de Saint-Hilaire, devint seigneur de Maupertuis, le Boutillier, Folleville.

Armand-Joseph, marquis de Marguerit de Versainville, chevalier de Saint-Louis, officier aux Mousquetaires, mourut en 1839, à l'âge de quatre-vingt-treize ans, sans avoir été marié.

Sa sœur, Marie-A. de Marguerit de Versainville, avait épousé François-Philippe, comte Odoard du Hazey, page à la Cour de Louis XVI, gentilhomme de la Chambre du Roi, officier au régiment d'Orléans, puis colonel dans les armées royales, chevalier de Saint-Louis et conseiller général de l'Eure, mort le 8 février 1870, dans sa centième année, en possession de toutes ses facultés et de son brillant esprit.

Son petit-fils, François-Gaston, comte Odoard du Hazey, marquis de Versainville, ancien capitaine de cavalerie, chevalier de la Légion d'honneur, a relevé le titre par substitution et restauré le château. Il a écartelé ses armes, *de gueules à trois molettes d'éperon d'or posées 2 et 1, au chef de même, chargé d'un lion passant de sable,* avec l'écusson des Marguerit de Versainville ; il a épousé Marie-Clémence-Sophie-Josèphe Grandin de l'Éprevier et en a eu deux enfants : Marie-Sophie-Gildippe, mariée à Antoine-Marie-Pierre, comte de La Rochefoucauld, duc de La Roche-Guyon, et François-Alexandre-Hugues.

On retrouve encore dans la principale ferme de ce domaine, des vestiges de féodalité. Une belle porte du style ogival, surmontée, dit M. de Caumont, d'une accolade et d'un pédicule à pinacle et à crochets, d'une délicatesse remarquable, donnant accès à la Plaidoirie et à la Prison, évoque le temps où les seigneurs de Marguerit de Versainville exerçaient sur leurs vassaux le droit féodal de haute et de basse justice.

Boscroger.

L'ÉGLISE D'USSY

Le village d'Ussy est un des plus anciens de la basse Normandie. Il paraît certain qu'un sire d'Ussy était déjà établi en Angleterre avant la conquête, et ce nom figure également au nombre des seigneurs qui accompagnèrent le duc Guillaume. Nous le trouvons aussi dans Orderic Vital, et, plus tard, soit

Portail occidental.

D'après une photographie de M. Post Hubert.

dans le Livre rouge de l'Échiquier, tenu sous Henri II, soit dans des actes postérieurs, nous voyons les seigneurs d'Ussy cités parmi les grands tenanciers du bailliage de Falaise.

Deux très anciens emplacements de châteaux existent dans la commune : l'une de ces enceintes fortifiées est située dans le bois du Post, et l'autre dans le bois d'Ussy. On les désigne sous les noms de *Chatellenie du Post* et *Chatellenie d'Ussy*.

Confirmant la haute origine du lieu, deux pierres druidiques, dont l'une, la pierre de *la Hoberie*, est encore debout, sont citées dans l'ouvrage de M. Galeron. A propos de cette dernière, une curieuse légende se conserve dans le pays : c'était, racontent les paysans, « un *giant*, nommé *Guergueintua*, qui l'avait laissé *tumber* de sa *pouchette* en passant » (1), et ils ajoutent « que l'on y voit souvent des revenants et qu'il y a *sûrement* quelque trésor ».

Cette légende, qui s'appliquait également à l'autre pierre levée, fut cause qu'en 1836 les jeunes gens de la commune la renversèrent et fouillèrent la terre au-dessous, à la recherche du fameux trésor, qui demeura introuvable.

L'église, monument remarquable du XIIIe siècle ou du commencement du XIVe, est une des plus grandes de l'arrondissement. Elle mesure 46 mètres de longueur sur 12 mètres de largeur. Elle n'a pas de bas-côtés, et la nef est divisée en quatre travées par des contreforts. La tour, sans style, et terminée

Détails d'architecture.

D'après une photographie de la Collection des Monuments historiques.

en bâtière, sépare la nef du chœur. Le dessous en est voûté, tandis que le reste de l'église ne l'est pas. Deux grandes fenêtres à lancettes éclairent cette partie du vaisseau : elles ont perdu leur meneau central. D'assez jolis chapiteaux, décorés de feuillages variés, terminent les colonnes qui soutiennent les voûtes.

Mais le portail occidental de l'église est, sans contredit, la partie la plus intéressante et la plus artistique du monument. Cette porte, parfaitement restaurée, nous offre un spécimen très élégant de l'arcature ajourée. Les colonnes qui portent les archivoltes, nous dit M. de Caumont, se détachent complètement du mur, et, en arrière, d'autres colonnes plus petites supportent des arcatures. Les chapiteaux des colonnes du premier plan sont d'une beauté remarquable, garnis de feuilles de vigne, de pommes de pin, d'oiseaux, etc., finement sculptés. Cette disposition, assez répandue au XIIIe siècle, se rencontre à Rouvres, à Condé-sur-Laizon, à Bretteville-sur-Laize et dans plusieurs autres églises de cette époque.

---

(1) Cette tendance à attribuer au géant Gargantua les pierres levées et les menhirs de nos régions, est générale en Normandie. Dans le département de l'Eure, entre Lyre et Rugles, se trouve un menhir de trois mètres d'élévation que le vulgaire a surnommé *la pierre à affiler de Gargantua*. Dans la commune de Cramesnil, un autre menhir, dont les quatre faces sont orientées, est appelé *la pierre de Gargantua*, etc., etc. : nous pourrions multiplier ces exemples.

Une des cloches d'Ussy a été fondue au siècle dernier et porte l'inscription suivante :

L'AN 1752 J'AI ÉTÉ BÉNITE PAR

MAITRE JEAN CHARLES VENDEL

PRESTRE CURÉ D'USSY. — TRÈS HAUT

ET TRÈS PUISSANT SEIGNEUR MONSEI

GNEUR MICHEL TURGOT

CHEVALIER, MARQUIS DE SOUSMONT

CONSEILLER DU ROI EN TOUS SES CONSEILS

PRÉSIDENT DE LA COUR DE PARLEMENT.

TRÈS HAUTE ET TRÈS PUISSANTE

DAME GABRIELLE ÉLISABETH GALLAND

ÉPOUSE DUDIT SEIGNEUR PRÉSIDENT

TURGOT.

ALEXANDRE ET LES DUBOIS M'ONT FAIT.

La famille Turgot possédait, en effet, le manoir seigneurial d'Ussy, bâti au XVIe siècle, mais réparé depuis. On y voit encore une grande salle dans laquelle se trouve une magnifique cheminée, portant des médaillons avec figures d'homme et de femme du temps de François 1er. Cette salle a conservé ses soliveaux sculptés.

Enfin, en arrière du château, une tourelle Renaissance renferme un bel escalier en spirale. Depuis longtemps, cette propriété, qui n'appartient plus à la famille Turgot, a été convertie en exploitation rurale.

G. Vanel.

LE CHATEAU DES ILES-BARDELS

Sur les bords de la Baise qui, à deux kilomètres de là, va se jeter dans l'Orne, et dans un site très pittoresque, s'élève le petit village des Iles-Bardels. Ce village, d'une très ancienne origine, était le siège d'un prieuré relevant de l'abbaye de Saint-Étienne, de Caen ; il avait été primitivement bâti autour d'un château-fort, dont il ne reste plus que la chapelle, agrandie et transformée en église. Dans la seconde moitié du siècle dernier, le château fut reconstruit, mais sur un emplacement plus isolé. Ce n'est plus le fier manoir qui défiait toutes les attaques ; c'est une demeure d'un aspect très agréable, récemment restaurée et artistiquement décorée par son propriétaire, le comte Philippe de Brossard.

Jusqu'au commencement du XVIIIe siècle, la seigneurie des Iles-Bardels, appartint à la famille de Lapommeraye. Jean de Lapommeraye, descendant en ligne directe de Gosselin de Lapommeraye, fondateur de l'abbaye de Notre-Dame du Val-Jehan, mourut en 1656, à l'âge de quatre-vingt-six ans. Sa fille Jeanne, son unique héritière, avait, dès l'année 1600, épousé Constantin de Brossard, écuyer, seigneur de Saint-Martin-de-Condé. Celui-ci donna, le 15 juillet 1639, aveu du fief, terre et seigneurie des Iles-Bardels qui sont restés, depuis cette époque, dans sa descendance directe.

CHARLES LE GOFFIC.

TOMBEAU DE MARIE-JOLY

LE TOMBEAU DE MARIE JOLY

Non loin de Falaise, à proximité de la route de Caen, le touriste rencontre un site particuliè-rement pittoresque et sauvage. Les rocs granitiques, qui s'élèvent par des escarpements successifs et rapides, semblent avoir été tranchés en deux parties par une énorme entaille, comme, aux sommets du Marboré, la brèche de Roland. Aussi la légende attribue-t-elle à une puissance surnaturelle cette fente causée par les convulsions du sol et le nom de Brèche-au-Diable est populaire dans la contrée. La masse imposante des rochers de Saint-Quentin suffirait à prouver, s'il n'en était d'autres exemples, que, dans certaines parties de la province normande, la nature a eu de ces déchirements grandioses que l'on a tort de considérer comme le privilège des Pyrénées ou des Alpes. La gorge profonde qu'ils enserrent est saisissante de tristesse et de grandeur. Les blocs qui s'élèvent de droite et de gauche semblent jetés là ou plutôt posés par une main invisible, qui les retient toujours suspendus dans les airs. On croirait qu'un rien va les ébranler et qu'ils vont tout à coup se détacher de la masse à laquelle ils semblent à peine tenir. Au sommet, à une hauteur qui paraît plus grande encore, à cause de l'aspérité des parois du roc, se balance tristement le sombre feuillage des pins, tandis que, dans le fond, la Poussendre roule bouillonnante et tortueuse. Elle fuit en un cours rapide, écumant contre les rochers semés à profusion dans son lit et semble remplir tout cet abîme par l'éclatant murmure de ses eaux tourmentées.

A la cime des rochers, tout auprès du précipice qui les sépare, et abrité par un bouquet d'arbres, se dresse un monument funéraire d'une imposante simplicité, empruntant ainsi le charme étrange et triste du site lui-même. Ce tombeau est celui d'une jeune femme, morte à trente-sept ans, au milieu de tous les succès que donne la vie de théâtre, et, ce qui est plus rare, entourée des affec-tions les plus saintes et les plus sincères, celle d'un mari qu'elle adorait et d'enfants pour lesquels elle était le modèle des mères.

Ce n'est pas le lieu de faire ici la biographie de Marie Joly. D'ailleurs, un érudit caennais, M. Henry Lumière, auquel nous devons cette si attrayante étude sur le théâtre français pendant la Révolution, parue il y a quelques mois, a retracé en des termes charmants la vie de l'actrice. Il l'a suivie depuis son enfance, dans ses premiers succès à la Comédie Française et jusqu'à l'année 1798, où elle mourait tristement d'une maladie de poitrine, « dans tout l'épanouissement d'un talent plein de séduction et de charme ».

Marie Joly avait épousé, en 1781, un officier de cavalerie, M. Fouquet Dulomboy. Ce dernier, originaire de Normandie, possédait une propriété non loin de la Brèche-au-Diable. La jeune femme s'était bien vite éprise de ce site à la fois si sévère et si grandiose. Elle lui conserva une affection fidèle; et à son lit de mort, elle voulut « que sa dépouille mortelle fût apportée sur cette montagne solitaire, dans cette campagne si chère à son cœur ». N'était-ce pas là d'ailleurs qu'elle avait chaque année aimé à se reposer de ses fatigues artistiques, et trouvé surtout les douceurs de la vie de famille que sa nature d'élite savait apprécier plus que toute autre chose. M. Dulomboy respecta ces volontés dernières et fit élever le tombeau que nous voyons aujourd'hui.

On remarque tout d'abord le relief sculpté sur la face latérale à l'ouest. Marie Joly est représentée de grandeur naturelle, et très ressemblante. Elle semble couchée sur une espèce d'estrade dans la forme des lits romains. Les deux pilastres correspondants sont ornés de deux figures en pied : l'une représente Thalie versant des pleurs, et l'autre Melpomène, tenant à la main un livre sur lequel est écrit : *Racine-Athalie*, allusion aux succès qu'elle avait eus dans cette dernière pièce. Les deux autres pilastres sont ornés de vases lacrymatoires et d'amours en pleurs.

Ce monument funéraire est l'œuvre de Lesueur, auteur du tombeau de J.-J. Rousseau, à Ermenonville. De nombreuses inscriptions, presque toutes en vers, des citations de Pétrarque et de l'Arioste en italien, étaient originalement gravées sur le monument et aux alentours. Le temps ne les a pas épargnées. Celles qui subsistent sont empreintes de l'emphase sentimentale, caractère spécial de la littérature de cette fin du XVIII° siècle.

Une porte d'entrée rustique donne accès dans l'enceinte au milieu de laquelle s'élève le tombeau. Au-dessus on lit ces mots :

LA CENDRE DE JOLY REPOSE EN CETTE ENCEINTE

D'un côté sont gravés ces quatre vers, tracés par elle-même pour le tombeau de J.-J. Rousseau :

CE TOMBEAU TRISTE ET SOLITAIRE

EST UN MONUMENT AMICAL

A CE TITRE SEUL IL DOIT PLAIRE

AU VOYAGEUR SENTIMENTAL.

De l'autre :

AMES INDIFFÉRENTES ET FROIDES

FUYEZ LOIN DE CE SÉJOUR,

L'AIR QU'ON Y RESPIRE EST

L'ÉLÉMENT DES COEURS SENSIBLES.

Sur la surface latérale du tombeau, au levant, se trouve l'épitaphe suivante :

ICI REPOSE

MARIE-ÉLISABETH JOLY, FEMME DULOMBOY

LA MEILLEURE DES MÈRES,

LA PLUS TENDRE DES ÉPOUSES,

ELLE DÉCÉDA A PARIS LE 16 FLORÉAL AN VI (5 MAI 1798)

AGÉE DE 37 ANS

HOMMES RESPECTEZ SA CENDRE.

On remarque sur le monument des grattages et des surcharges qui montrent que cette épitaphe n'est pas celle gravée tout d'abord; du reste, dans la biographie que M. Dulomboy a consacrée à sa femme, on retrouve le texte primitif. Il était ainsi conçu :

CI-GIT

MARIE JOLY, FEMME DULOMBOY

LA PLUS DOUCE ET LA PLUS SENSIBLE DES FEMMES,

LA PLUS TENDRE DES ÉPOUSES.

AMANTE DE LA NATURE, ARTISTE CÉLÈBRE

ELLE DÉCÉDA A PARIS LE 16 FLORÉAL AN VI (5 MAI 1798)

AGÉE DE 37 ANS.

HOMMES RESPECTEZ SA CENDRE.

Au-dessous de cette épitaphe se lisent les vers suivants, non reproduits dans la biographie dont nous venons de parler. Suivant toute apparence, ils datent de l'époque où fut apportée la modification à l'inscription primitive.

JOLY DANS SON ÉPOUX EUT UN FIDÈLE AMANT,

MAIS ELLE AVAIT LE CHARME D'UNE AMANTE.

ELLE EN AVAIT LE FOLATRE ENJOUEMENT,

ELLE EN AVAIT LA GAIETÉ CARESSANTE,

CES SOINS SI DÉLICATS, CETTE HUMEUR PRÉVENANTE,

CE VIF ET TENDRE EMPRESSEMENT,

ET LA DOUCEUR QUI NOUS ENCHANTE.

ELLE EUT DE LA CANDEUR LE LANGAGE ET L'ACCENT,

ET FUT SIMPLE EN SES GOUTS AINSI QU'EN SA PARURE.

FAITE POUR LES BEAUX-ARTS, L'AMOUR ET LA NATURE,

CHACUN DE SES REGARDS PEIGNAIT UN SENTIMENT;

ON LA RECONNAISSAIT A SON MAINTIEN MODESTE,

A CES TRAITS SI TOUCHANTS DE LA TENDRE AMITIÉ,

A CET AIR, LE DIRAI-JE, AMOUREUX ET CÉLESTE

DE DÉCENCE ET DE VOLUPTÉ.

Au milieu de l'enceinte une colonne porte cette inscription :

A LA MÉLANCOLIE

ELLE N'EST PLUS CETTE FEMME ADORABLE,

FAVORITE DES YEUX, DES GRACES, DES AMOURS!

JOLY N'EST PLUS! LA PARQUE INEXORABLE

A TRANCHÉ LE FIL DE SES JOURS.

SUR LE TOMBEAU DE VOTRE MÈRE,

VENEZ PLEURER, GRACES, AMOURS,

LES DIEUX JALOUX DU BONHEUR DE LA TERRE

VOUS ONT PRIVÉ DE JOLY POUR TOUJOURS.

Enfin ce distique du poète Lebrun :

ÉTEINTE DANS SA FLEUR, CETTE ACTRICE ACCOMPLIE

POUR LA PREMIÈRE FOIS A FAIT PLEURER THALIE.

En lisant tous ces témoignages de douleur, cette exubérante profusion de rimes élogieuses jusqu'au lyrisme, on ne peut se défendre d'une impression profonde mêlée d'un certain étonnement.

« Et l'on se prend à rêver à celle qui sut les inspirer, à cette femme, à cette mère, à cette actrice, adorée de son mari, de ses enfants, du public, dont la perte fit naître tant d'amers regrets et une telle sensation jusque dans les pouvoirs publics. »

Il est certain que, même en tenant compte de la sentimentalité pompeuse du XVIIIe siècle, on se trouve en présence d'une figure peu ordinaire, d'une de ces âmes d'élite, comme il s'en rencontre quelquefois, qui semblent effondrer avec elles dans la tombe tout ce qui les entoure.

Le souvenir de Marie Joly est maintenant presque effacé, mais son nom est resté et l'appellation de Mont-Joly est, aux environs de Falaise, plus populaire que celle de Mont-Saint-Quentin. Quoi qu'il en soit, ce petit coin de Normandie est bien tout ce que l'on peut voir à la fois de plus grandiose et de plus gracieux, de plus pittoresque et de plus sauvage, aussi les touristes n'ont-ils garde d'oublier la Brèche-au-Diable et le tombeau de la bonne dame, comme disent en leur langage naïf les petits enfants du pays.

P. DE LONGUEMARE.

(1) Les travaux entrepris pour édifier le tombeau de Marie Joly ont fait découvrir des vestiges de l'époque préhistorique (pierres taillées et polies); des fouilles nouvelles ont donné de nombreux spécimens de l'âge de bronze et ont démontré que ces rochers devaient être le centre d'une station militaire importante. Les Celtes, les Gaulois, et après eux les Romains ne pouvaient considérer comme inutile la possession de ce plateau presque inaccessible et commandant une gorge étroite.

LE CHATEAU DE COURCY

A l'extrémité Est de l'arrondissement de Falaise, sur la limite de celui de Lisieux, dans un bas-fond qu'entoure une plaine infertile, s'élèvent les débris d'une vaste enceinte de murailles privées de leur revêtement. Des tours crevassées, des voûtes effondrées, des courtines à moitié-renversées, se suivent sans avoir l'air de tenir ensemble et présentent l'aspect de la désolation. Cependant l'œuvre de la destruction n'a agi sur elles que d'une façon très incomplète, et l'on peut, en examinant les ruines du château de Courcy, se faire une idée assez exacte de ce qu'il était autrefois. C'est là le seul genre d'intérêt qu'elles présentent au point de vue architectural. Aucune de ses parties n'offre quoi que ce soit qui rappelle l'aspect imposant du donjon de Chamboy, des forteresses de Falaise ou de Saint-Sauveur-le-Vicomte. Cette riche parure d'une végétation exubérante, dont la nature s'est plu à couvrir nos ruines normandes, comme pour cacher leurs blessures sous un manteau de fleurs et de feuillage, fait d'ailleurs ici complètement défaut. Courcy n'est attachant que par ses souvenirs historiques : l'attrait du pittoresque lui manque de la façon la plus absolue.

Les murs de la forteresse sont encore en grande partie entourés de leurs fossés, à moitié remplis des détritus que plusieurs siècles y ont accumulés. Une seconde enceinte, beaucoup plus étendue, a été comblée, mais on en distingue encore assez les traces pour qu'il soit possible d'en déterminer le plan. A l'intérieur, quelques édifices adhérant aux remparts ont été conservés ou reconstruits pour l'usage des fermiers du domaine; le surplus ne présente que l'image de la dévastation.

*
* *

Le château de Courcy se trouve à l'extrémité du village de ce nom, du côté du levant : pauvre village, auquel une curieuse église du XIIe siècle, d'un style roman assez orné et très caractéristique, donne seule de l'intérêt. Cet édifice, par ses arcatures en plein cintre, s'entre-croisant de manière à dessiner une ogive sous leur intersection, par les détails d'une ornementation barbare mais recherchée, fournit un spécimen original et digne d'être étudié, de l'architecture qui prévalait en Normandie sous le règne de Henri, fils de Guillaume le Conquérant, dans son application aux édifices religieux de médiocre importance.

L'église de Courcy n'a cessé, depuis le XIIe siècle, d'être fréquentée par de nombreux pèlerins. Ils y sont attirés par la présence d'une chaîne de fer consacrée à saint Léonard, à laquelle la tradition attribue une vertu miraculeuse. Un seigneur de Courcy l'aurait, dit-on, rapportée de Terre Sainte. On veut qu'elle fût alors recouverte d'une couche d'argent, ce que rien dans son état actuel ne paraît indiquer : il faut bien pardonner aux légendes populaires quelques embellissements. La renommée de la chaîne de Courcy a du moins le mérite d'une respectable antiquité, ce qui ne l'a cependant pas empêchée de conserver jusqu'à nos jours une partie de son ancienne vogue. Elle est connue parmi les habitants des campagnes à bien des lieues à la ronde.

Courcy était une des principales baronnies du duché de Normandie et comptait au nombre de celles qui, jusqu'au règne de Louis XII, eurent droit de séance à la cour de l'Échiquier. Cette terre a donné son nom à une des plus illustres familles de la province, dont l'origine remonte à Robert de Courcy, un des six fils de Baudry le Teutonique, chevalier allemand qui vint se fixer en Normandie au commencement du XIe siècle, sous le règne du duc Richard le Bon. Robert eut pour fils Richard de Courcy, un des compagnons de Guillaume à la conquête de l'Angleterre ; il y reçut en apanage la baronnie de Stoke-Courcy dans le comté de Somerset, avec un grand nombre d'autres seigneuries. Richard, dans ses vieux jours, eut à soutenir un siège mémorable dans son château de Courcy, l'an 1091. Il fut attaqué par une armée entière aux ordres de Robert de Bellême, comte d'Alençon, un des plus redoutables tyrans de ce siècle de violences ; le duc de Normandie lui-même, Robert Courte-Heuse, fils imprudent et malavisé du plus habile des princes, vint prêter son appui à cette inique agression. A l'aide de ses fils, de ses vassaux, de ses amis, surtout des seigneurs de Grandmesnil, ses voisins, Richard de Courcy soutint avec une indomptable énergie les attaques de ses puissants adversaires. La première enceinte ayant été en partie emportée, les défenseurs de Courcy disputèrent pied à pied l'espace qui s'étendait entre les deux lignes de fossés.

Orderic Vital, l'historien de ce siège, cite un four à pain comme ayant été notamment le théâtre des combats les plus acharnés. L'armée assiégeante ne parvint pas à s'emparer de Courcy, et dut même s'en éloigner rapidement à la nouvelle du débarquement de Guillaume le Roux, roi d'Angleterre, sur les côtes du pays de Caux.

Richard de Courcy continua à braver impunément la haine de ses dangereux ennemis. Il eut pour fils un second Robert de Courcy qui laissa cinq fils de son mariage avec Rohais de Grandmesnil. L'un d'eux, nommé aussi Robert, eut sous le règne de l'impératrice Mathilde, la charge de sénéchal de Normandie, la plus considérable dans le gouvernement du duché. Son fils, Guillaume de Courcy, fut également sénéchal de Normandie sous Henri Plantagenet et mérita d'être compté parmi les personnages les plus notables de son temps.

Le nom de Courcy ne s'illustrait pas moins à cette époque dans les possessions insulaires des monarques de l'Angleterre, que dans le duché, berceau de leur puissance. Un des cinq fils du second Robert avait reçu en partage la baronnie anglaise de Stoke-Courcy ; il fut l'aïeul de Jean de Courcy qui prit une part signalée dans la conquête de l'Irlande par les Anglo-Normands, et fut investi du comté d'Ulster, grand fief dont il fut dépouillé quelques années plus tard. Une légende rapporte que telle était la vigueur de son bras, que d'un coup de sabre il fendit en deux un pesant casque de fer, et fit pénétrer son arme si avant dans le bloc de bois sur lequel ce casque était posé, que lui seul eut la force nécessaire pour l'en arracher. Il eut pour fils Myles de Courcy, créé, en 1181, lord Kinsale. Cette pairie irlandaise appartient encore aux Courcy, ses descendants ; elle est la plus ancienne des trois royaumes unis. Le titulaire jouit d'un singulier privilège : il a seul le droit de rester la tête couverte chez son souverain, le roi d'Angleterre.

*
* *

Il peut être curieux de remarquer que certains généalogistes anglais, les plus intrépides de tous les généalogistes, ne se sont pas contentés de l'illustre et ancienne origine historique de la maison de Courcy. Ils ont fait de Baudry le Teutonique, son premier ancêtre connu, un arrière-petit-fils de Charles de Lorraine, descendant de Charlemagne et compétiteur d'Hugues Capet au trône de France, énumérant quatre générations successives, sans se laisser effaroucher par la difficulté de les placer dans un espace d'environ quarante ans. Leurs travaux abondent en assertions de cette valeur, ne méritant d'être citées que pour leur ridicule.

La famille de Courcy se perpétua longtemps en Normandie dans plusieurs de ses branches; il en subsiste encore une dans le département de l'Orne. Mais l'éclat dont avaient brillé ses premiers ancêtres alla toujours en s'affaiblissant. Robert de Courcy déploya sa bannière sur le champ de bataille de Bouvines en 1214, et Richard de Courcy, en 1242, dans la campagne illustrée par les victoires de Saintes et de Taillebourg. On nomme Guillaume de Courcy comme ayant fait partie de l'armée française dirigée contre le roi d'Aragon en 1271 et 1272. Puis le rôle des seigneurs de Courcy devient peu distinct dans les pages de l'histoire. Cependant un baron de Courcy, nommé aussi Guillaume, fut encore un des personnages marquants du règne de Charles VI. Il se signala dans plusieurs campagnes en Écosse et en Espagne, et fut chargé de la défense de Carentan, menacé par une armée anglaise. Il avait épousé Marguerite Paynel, fille du puissant baron de Hambye. Cette dame de Courcy reçut, en qualité de dame d'honneur, la mission de conduire en Angleterre Isabelle de France, la jeune épouse de l'infortuné Richard II. Elle resta à Londres auprès de cette princesse à peine sortie de l'enfance, et eut à remplir le pénible rôle de la ramener en France après avoir pourvu à sa sûreté pendant la révolution qui coûta la couronne et la vie au roi son mari.

La pompe et le luxe dont la dame de Courcy s'était entourée en Angleterre, n'y avait pas laissé une impression favorable, et l'on assure que le roi Richard avait pris des mesures pour l'éloigner de la reine. Elle se faisait, disait-on, toujours suivre de dix-huit chevaux; elle entretenait sans relâche à son service deux ou trois orfèvres, autant de tailleurs et de pelletiers, et sept ou huit ouvriers en broderie. Ces habitudes fastueuses, qu'Isabeau de Bavière faisait régner dans toute leur exagération à la cour de France, choquaient les traditions de simplicité qui régnaient encore dans les mœurs anglaises, et causaient à Londres un véritable scandale. Décriée dans l'opinion du peuple anglais, la dame d'honneur passa en France pour avoir su se ménager des amitiés dans la faction de Lancastre.

Le baron de Courcy fut peu après chargé de l'emploi important de capitaine de Paris. Mais le luxe et la magnificence qui s'étalaient dans sa maison, ne tardèrent pas à éveiller l'attention d'une manière fâcheuse. Il fut accusé d'avoir reçu de fortes sommes d'argent du nouveau roi d'Angleterre, Henri IV. Jeté en prison, il recouvra la liberté en 1404, soit qu'il eût réussi à se justifier, soit qu'il bénéficiât d'un de ces changements rapides par lesquels prédominait tour à tour l'influence des partis rivaux qui se disputaient le pouvoir au nom d'un roi réduit à l'impuissance. Guillaume de Courcy termina toutefois sa vie avec honneur, étant resté, avec ses deux fils, au nombre des morts sur le champ de bataille d'Azincourt, le 25 octobre 1415. Il laissait un petit-fils, dont la postérité s'éteignit deux générations plus tard, en la personne de Robert, baron de Courcy, mort en 1505.

La baronnie de Courcy passa alors en des mains étrangères. Elle fut acquise par Geoffroy Hébert, évêque de Coutances, abbé commendataire de Saint-Pierre-sur-Dives, et premier président du Parlement de Normandie. Prélat éclairé et administrateur habile, il fut dans le gouvernement de la province le bras droit du célèbre cardinal d'Amboise, son ami. Passionné pour l'architecture de son temps, qui déployait tant de richesse et de grâce, il prit une part active à l'érection de plusieurs des édifices les plus remarquables de la fin du XV⁰ et des premières années du XVI⁰ siècle. Le Palais de Justice de Rouen, cette merveille de la dernière phase du style ogival, fut en grande partie son œuvre; il est fort probable que son goût personnel eut une influence prédominante dans le choix du plan qui fut adopté.

Non content d'avoir fait reconstruire de fond en comble son palais épiscopal de Saint-Lô, Geoffroy Hébert éleva pour les évêques de Coutances, ses successeurs, le superbe château de la Motte, dans la terre de Bonfossé, peu éloignée de cette ville. Toustain de Billy, qui nous en a laissé la description, s'étonne du choix d'un site peu avantageux. « Ce lieu, dit-il, est une parfaite solitude au bord d'un bois, dans un vallon étroit et marécageux, le tout, à mon avis, sans aucun agrément. Pour le terrain, il est fort stérile. La vue est très bornée. » Après cette part donnée à la critique, l'historien du Cotentin détaille avec admiration les beautés de la construction elle-même; il vante la grandeur des proportions, l'élégance des dispositions, la richesse et la perfection des sculptures, surtout la ravissante beauté des statues qui ornaient la chapelle, « d'un travail si naturel et si délicat, que je doute si nos meilleurs sculpteurs pourraient faire mieux ». Enfin, il ne croit pas pouvoir se passer de citer un panégyriste de l'évêque de Coutances : « Il a fait bâtir le château de la Motte avec tant de somptuosité, de génie, de régularité et d'élégance, qu'il n'y a personne qui ne le regarde comme l'œuvre d'un roi. » Le nom de Geoffroy Hébert doit être conservé comme celui d'un des protecteurs les plus éclairés des beaux-arts, un de ceux dont l'influence leur a imprimé la plus heureuse impulsion. Il est permis de soupçonner que ce prélat, baron de Courcy, était moins appréciateur des beautés de la nature.

Il était natif de Paris, fils de Jean Hébert, seigneur d'Aussonvilliers, un des principaux agents du roi Louis XI dans l'administration de ses finances, qui avait eu l'art d'y accumuler une fortune très considérable. Geoffroy Hébert mourut en son château de Courcy, le 4 février 1510, après y avoir dicté son testament le 1ᵉʳ janvier précédent. Il léguait sa baronnie de Courcy à Jean, son frère aîné; celui-ci s'empressa de quitter le nom patronymique d'Hébert, pour ne plus se faire désigner que sous celui de Jean d'Aussonvilliers, baron de Courcy.

La petite-fille de ce seigneur apporta cette terre en mariage à François de Montmorency, seigneur du Hallot, qui périt assassiné à Vernon par Christophe d'Alègre, en 1592. Il laissait deux filles : Françoise, mariée à Sébastien de Rosmadec, baron de Molac, et Jourdaine-Madeleine, épouse de Gaspard Pelet de la Vérune, bailli et gouverneur de Caen. Cette dernière eut en partage la baronnie de Courcy qu'elle transmit à sa fille, Claude Pelet de la Vérune, mariée en 1607 à René de Carbonel, seigneur de Canisy, gouverneur d'Avranches et lieutenant du roi en Cotentin. Ce seigneur obtint du roi Louis XIII, en décembre 1619, des lettres patentes unissant les baronnies de Courcy, du Hommet et de Canisy pour en former un marquisat sous le titre de Canisy. La seule baronnie de Courcy, s'étendait alors sur trente-deux paroisses; cinquante-six fiefs nobles en dépendaient.

La longue et brillante carrière du marquis de Canisy fut cependant fatale à la vieille forteresse de Courcy. Ayant en quelques circonstances inspiré des soupçons à l'ombrageuse autorité du cardinal de Richelieu, celui-ci en prescrivit la destruction. On tenta de faire sauter avec de la poudre ses tours et ses anciens remparts, mais leur masse ébranlée et disloquée resta en grande partie debout; il parut trop dispendieux de les raser d'une manière plus complète. Ces ruines sont depuis lors demeurées dans l'état où elles se présentent encore aujourd'hui, résistant par leur amas énorme à l'action du temps, de l'abandon et des intempéries.

La terre de Courcy fut vendue quelques années après par le marquis de Canisy à Jacques d'Oilliamson, vicomte de Coulibœuf, seigneur de Villerville et de Bavent, dont les descendants portèrent, de père en fils, le titre de marquis de Courcy. C'est encore à cette famille distinguée que Courcy appartient de nos jours, et l'on ne peut que désirer lui voir conserver entre ses mains des restes auxquels se rattachent tant de souvenirs historiques. Ces vieux murs échapperont ainsi, il faut l'espérer, à des chances trop habituelles d'entière destruction; ils resteront encore longtemps un témoignage des siècles déjà si éloignés qui les ont vus dans leur splendeur, et des efforts impuissants à les anéantir tentés par les agents de Richelieu. On ne verra pas un possesseur inintelligent déplacer à grands frais ces vastes monceaux de décombres et niveler les fossés, moins dans le but d'obtenir quelques ares d'une surface bien chèrement achetée, que pour donner à son domaine un aspect semblable à celui d'une ferme ordinaire. Courcy conservera, avec son nom mémorable, les vestiges apparents de son passé glorieux.

Vᵗᵉ L. RIOULT DE NEUVILLE.

LA CROIX DE GRISY

La croix romane de Grisy a déjà beaucoup occupé les archéologues : elle a été souvent décrite, et, de plus, elle a failli causer une émeute. Tous ces titres suffiraient à sa renommée; mais ce qui l'emporte sur toutes ces raisons, c'est qu'elle est un monument unique dans notre région. Les croix de carrefour que l'on peut rencontrer, — encore que rarement, comme la croix d'Heuland (1), par exemple, — ne remontent guère au delà du XVI⁰ siècle. Exposées à la fois aux injures du temps et des hommes, elles ont peu à peu disparu. Celle dont nous nous occupons offre donc un intérêt exceptionnel.

Primitivement située au point de jonction du chemin qui conduit de Grisy à Vendœuvre, avec une ancienne voie romaine se dirigeant vers la Dives, ce curieux monument se compose d'une croix grecque, portant, au centre, un fleuron lancéolé compris dans un cercle orné de moulures. Sur les ailes de la croix, séparées par des modillons, se remarquent des ornements rappelant des étoiles et, sur leurs pointes aplaties, des reliefs composés d'enlacements. Le tout est supporté par quatre colonnes réunies en faisceau, entre lesquelles s'inscrit une sorte de cordon en forme de natte. Les chapiteaux romans, très sobres, se terminent par de simples volutes. La croix entière, y compris sa base, est taillée dans le même bloc de pierre calcaire. L'aspect est lourd et rappelle les sculptures byzantines.

On s'accorde à la faire remonter au XII⁰ siècle, et si l'on voulait aujourd'hui rechercher ses pareilles, il faudrait passer la Manche et, après avoir traversé l'Angleterre, aborder aux Orcades. Dans ces îles, en effet, deux voyageurs normands, MM. Dibon et Passy, assurent avoir vu fréquemment des croix semblables à celle de Grisy.

Cette croix qui, depuis six cents ans, se dressait, nous venons de le dire, sur la limite des communes de Vendœuvre et de Grisy, devait, il y a une trentaine d'années, donner lieu à des disputes qui se terminèrent par un accident regrettable.

La croix se trouvait exactement sur le parcours du chemin de fer de Mézidon au Mans. Force fut donc de la déplacer. Mais, — et c'est ici que commence la noise, — les ingénieurs du chemin de fer, d'accord avec M. le comte de Vendœuvre, membre de la Société française d'Archéologie et maire de Vendœuvre, la replacèrent à quelques mètres de la voie, en un endroit où elle pouvait être facilement aperçue des voyageurs. Les habitants de Grisy ne furent pas longtemps sans remarquer

(1) Heuland, commune du canton de Dozulé, arrondissement de Pont-l'Évêque. Cette croix, qui passe dans le pays pour contemporaine du duc Rollon, ne remonte pas au delà du XVI⁰ siècle.

Avant 1793, une autre croix de carrefour s'élevait, auprès de Caen, sur le territoire de la commune de Cormeilles, à l'embranchement du chemin de ce village avec la route de Caen à Falaise. On la nommait la *Croix Pleureuse*, et, d'après une ancienne légende, le duc Guillaume l'avait fait élever en expiation d'un acte de brutalité que la reine Mathilde aurait, en cet endroit, souffert de son mari. Ce monument, détruit une première fois par les calvinistes, en 1562, avait été rétabli, mais fut abattu de nouveau en 1793.

que *leur croix* était plantée à cinq ou six pas du territoire de la commune. Vendœuvre s'était emparée de leur monument! Bien que mieux située et plus en vue, la croix avait abandonné le sol natal : ce scandale ne pouvait durer. Grisy réclama : timides d'abord, les plaintes augmentèrent rapidement et bientôt l'effervescence fut à son comble.

Croix de chemin à Grisy.

D'après une photographie de la Collection des Monuments historiques.

Aussi, un matin, profitant de l'absence du maire de Vendœuvre, M. le maire de Grisy envahit le territoire de son rival à la tête de trois ou quatre terrassiers, et la croix, de nouveau enlevée du sol où elle avait été transplantée, fut reportée en triomphe dans la commune où elle reposait depuis des siècles.

Malheureusement, faute de précautions suffisantes, le monolithe en tombant s'était brisé en deux morceaux. Ses moulures écornées et une partie du croisillon de droite oblitéré, font encore regretter cet épisode de son histoire. Toutefois, les deux morceaux habilement réunis, ont été réparés avec goût et l'on s'aperçoit peu de l'accident.

Après avoir traversé sans dommage les luttes du moyen âge et les guerres religieuses, respectée par la Révolution, la croix de Grisy a failli disparaître à une époque où la conservation des monuments est l'objet de la sollicitude générale. Espérons que cet incident servira de leçon et que ce curieux vestige des temps reculés n'aura plus à subir d'autres déplacements.

G. Vanel.

L'ÉGLISE DE JORT

Jort, qu'un vieux chroniqueur normand nomme en latin *Jorra*, remonte à une très haute antiquité. On y rencontre beaucoup de débris romains : plusieurs voies venaient y aboutir, notamment le chemin *haussé*, qui allait de Vieux à Exmes, et une autre voie qui se dirigeait d'Exmes sur Grisy.

Les historiens de la conquête, et, entre tous, Robert Wace, parlent du sire de Jort comme de l'un de ceux qui se signalèrent avec le baron de Courcy, son voisin, sur le champ de bataille d'Hastings :

> Cil de Corcie et cil de Jort
> I unt cel jor maint Englès mort.

Plus tard, nous trouvons, parmi les seigneurs du lieu, la comtesse Lesceline, qui fonda l'abbaye de Saint-Pierre-sur-Dives, et les familles de Courcy, de Montpinson et Gaultier de Beaurepaire.

Le village de Jort occupait l'emplacement d'une très ancienne ville. A ce sujet, M. Galeron a recueilli une tradition que les faits ont, du reste, confirmée. Les habitants prétendent qu'autrefois de nombreuses habitations s'étendaient autour de l'église et qu'à plusieurs reprises on a découvert des sépultures, des tombeaux de pierre ou de terre cuite, des vases de poterie remplis de cendres, des fragments de coupes en terre rouge à reliefs, ainsi que des monnaies de bronze de divers empereurs.

Depuis, les fouilles qui ont été exécutées dans la commune ont mis au jour une quantité considérable de débris de provenance gallo-romaine : poteries, tuiles à rebords, etc.

Parmi les objets très divers que donnèrent les fouilles, on découvrit notamment plusieurs plats et vases en terre rouge, dite poterie de Samos, sur lesquels on put relever les noms des fabricants qui fournissaient ces sortes d'ustensiles aux régions du nord de la Gaule. Quelques-uns offraient une décoration véritablement artistique et attestaient, par là même, l'importance de la localité. Au nombre des objets en fer et en bronze se trouvaient deux tiges de cuivre terminées à une de leurs extrémités par un renflement d'un ovale allongé et à l'autre par une cavité analogue à celle que présente une cuillère, mais moins large et beaucoup plus longue. Dans ces objets assez rares on a voulu voir, soit une cuillère destinée à fouiller les entrailles des victimes, soit cet *ongle* de métal dont se servaient les sculpteurs pour donner à leurs œuvres le dernier poli. — Un autre bronze, une tête de femme, peut-être d'impératrice, présentait un profil d'une finesse exquise et d'une noblesse pleine de grâce. Les détails de la chevelure et du vêtement ajusté sur l'épaule révélaient une main exercée.

De nombreux types de monnaies ont été recueillis : quelques-uns offrent un intérêt exceptionnel et se rapportent à la période gauloise. Avant d'être une station romaine, Jort, la ville des Jorovasses ou des Jorovistes, était un établissement gaulois; des témoins irrécusables, monnaies en potin, en argent, en or, les unes anépigraphes, mais le plus grand nombre avec exergue, nous l'attestent. Les noms de plusieurs chefs bien connus de l'ancienne Gaule, Togirix, Tasget, Indutiomare, ont pu être déchiffrés. La plus rare et la plus curieuse de ces monnaies est un vergobret : on sait que tel était, dans quelques républiques aristocratiques de ces régions, le titre du magistrat suprême qui réunissait pour un an dans sa main tous les pouvoirs civils et militaires. Une monnaie pareille, mais mieux conservée, existe dans le Musée des Antiquaires de Normandie : on y lit le nom des Lexoviens et elle avait été découverte à Vieux.

En même temps, on reconnaissait l'emplacement de maisons ou d'édifices qui attirèrent l'attention sur cette localité et qui ne permirent plus de douter que Jort n'eût été une ville considérable.

Mur en arête de poisson.

D'après une photographie de la Collection des Monuments historiques.

L'église, plus grande que la population ne le comporte, appartient au roman de transition. Une notable partie de ses murailles est construite en arête de poisson ; elle se compose d'une nef garnie de bas-côtés, d'un transept et d'un chœur rectangulaire. La façade occidentale est remarquable par son élégante simplicité. La porte principale, surmontée d'une seule fenêtre, est encadrée de trois archivoltes ornées de sculptures d'une sobriété et d'une finesse peu communes.

Toutefois, le bandeau qui décore le linteau de cette porte a été refait vers la fin du XVIe siècle et reproduit une ornementation différente facile à reconnaître.

La nef, à l'intérieur, offre peu d'intérêt : le chœur présente, au premier abord, les caractères de l'architecture du XIIIe siècle ; cependant M. de Caumont fait observer qu'il se pourrait très bien faire que l'église entière eût été bâtie à la même époque. Ces modifications de style, qui se remarquent dans plusieurs églises de ce temps, lui paraissent se rapporter à une période pendant laquelle des changements, d'abord timides, ensuite plus accentués, se manifestèrent dans les conceptions des architectes, qui, peu à peu, abandonnèrent le roman primitif.

On voit, dans le chœur et les chapelles, les pierres tombales de plusieurs seigneurs et curés de Jort. L'une d'elles offre des caractères gothiques. Parmi les seigneurs se trouve un Gratien Gaultier, qui, sous Charles IX, porta le premier le nom de Beaurepaire, par suite de l'alliance qui avait eu lieu entre sa famille et celle des Beaurepaire.

Une léproserie existait autrefois dans la commune. Son emplacement est aujourd'hui inconnu. C'était, en outre, le siège d'une haute justice. Du château, qui paraît avoir été assez considérable, il ne reste plus que deux tours percées de meurtrières.

G. VANEL.

L'ÉGLISE DE BEAUMAIS

Beaumais, *belle maison*, du latin *bellum mansum*, qu'Orderic Vital contracte en *Belmesius*, paraît avoir été autrefois un centre important. La Dives arrose cette commune auprès de laquelle passait la voie romaine ou *Chemin haussé*, venant de Vieux et se dirigeant vers l'Hyemois.

Le sire de Beaumais accompagnait le duc Guillaume en 1066. Un Richard de Beaumais, vicomte de Shreswberry, devint évêque de Londres en 1107. La famille de Grantmesnil possédait également des domaines en cet endroit, ainsi que la famille de Corday.

L'église, monument roman de l'époque de la conquête, offre, dans certaines de ses parties, d'intéressants sujets d'étude. Le chœur, construit en pierres de taille de moyen appareil, régulièrement espacées, est décoré, au dehors et au dedans, d'une double rangée d'arcatures, dont les chapiteaux présentent de curieuses variantes. Les corbeaux qui soutiennent la corniche sont d'une fantastique originalité. On y remarque des personnages attachés l'un à l'autre, des bâtons brisés, des oiseaux, des têtes de cochons, des *obscœna* et d'autres figures où la verve des tailleurs de pierre du temps s'est donné libre carrière. Malheureusement, deux grandes fenêtres à ogive, percées à une époque récente, rompent l'harmonie des lignes et déparent cette partie de l'édifice.

Portail Sud.

D'après une photographie de la Collection des Monuments historiques.

La maçonnerie des murs latéraux de la nef est, pour la plus grande partie, en arête de poisson, *spicatum opus;* nous retrouvons cet appareil dans l'église de Jort.

La façade, d'une époque postérieure, présente un portail très élégant de la fin du XVe ou du commencement du XVIe siècle. Il est décoré de feuilles de vigne et de raisins, au milieu desquels rampe un limaçon.

L'ancien portail, qui se trouve au midi, a été bouché depuis longtemps. Il offre cependant un intérêt exceptionnel. Cette porte romane, haute de neuf pieds, est encadrée dans un arc en plein cintre reposant sur des colonnes ornées de chapiteaux fort simples.

Le tympan, d'une grande richesse d'ornementation, est construit en pierres symétriques, décorées d'étoiles et de tores, de formes très variées. L'ensemble est intéressant et remarquable. Le linteau de la porte est garni d'une ligne d'étoiles que surmonte un bandeau de feuillages dont les extrémités sont saisies par deux serpents. Cette figure du serpent est une des plus anciennes que l'on rencontre dans l'iconographie religieuse.

Les mythologies antiques l'avaient adoptée comme l'emblème de la vie ou du soleil. Chez les Hébreux, le mot *Héva* signifie *serpent* et c'est le nom de la première femme. On le retrouve sur les monuments innomés de l'Amérique, aussi bien que sur certaines ruines druidiques.

Les premiers chrétiens le considéraient comme le signe de la victoire de Jésus-Christ sur le démon. On le figurait souvent enroulé autour du monogramme du Christ ou au pied de la croix. Plus tard, on porta même dans les processions la figure de ce reptile, et cet usage se serait longtemps conservé en Italie. — C'était aussi le symbole de la prudence, ce qui explique pourquoi le bâton pastoral des évêques latins, dans la primitive Église, se terminait presque toujours par une tête de serpent.

Dans la sculpture architecturale, le serpent était aussi d'un emploi fréquent. Dans un bas-relief qui décore le tympan de la basilique de Saint-Ambroise à Milan, le saint est représenté avec un bâton pastoral terminé de cette manière; de plus, les bras et les pieds de la chaire sur laquelle il est assis sont composés de serpents enroulés.

A l'intérieur de cette basilique se trouve un serpent d'airain sur une colonne de granit. Il provient de Constantinople et fut apporté en 1001. Nous ne reproduirons pas toutes les discussions auxquelles il a donné lieu; toujours est-il que l'opinion populaire lui attribua une vertu curative et qu'il était invoqué comme le symbole de la Croix. — Il est à remarquer que la figure du serpent est extrêmement rare *à l'intérieur* des cathédrales. Viollet-le-Duc, qui s'est occupé de cette question, se demande s'il n'est pas vraisemblable que les religieux qui présidaient à la construction des églises, n'aient permis la représentation de ces mythes transformés qu'*à l'extérieur* de l'édifice, mais qu'ils les aient interdits dans le sanctuaire à cause de leur origine douteuse.

C'est surtout au XIIIe siècle que le serpent se rencontre dans l'ornementation extérieure : en Angleterre, plusieurs cathédrales, notamment Malmesburry, Lincoln, Bischop-Cleare, reproduisent ce mythe; plus près de nous, à Saint-Lô, l'archivolte supérieure de la porte de l'église Sainte-Croix est couronnée d'un gros tore composé de six serpents, trois de chaque côté, la queue de l'un nouée avec la tête du suivant. La queue des plus élevés s'entortille sur le sommet de l'arc.

Cette figure du serpent, existe également sur une porte latérale de l'église de Mouen, dans l'arrondissement de Caen.

La tour de Beaumais, une des belles tours romanes de nos campagnes, a perdu son couronnement. Elle est ornée de deux rangées d'arcatures et s'élève à une hauteur de 50 pieds au-dessus du sol.

Beaumais possède, en outre, un château bâti au XVIe siècle, et l'on voit encore au sud de l'église la grange aux dîmes et l'ancien presbytère.

G. VANEL.

ÉGLISE DE ROUVRES

Calvados

Pl. N° 66

L'ÉGLISE DE ROUVRES

Le touriste qui va de Caen à Falaise par la route nationale, en traversant à Cintheaux le plateau central du Calvados, a vers le nord-est un très vaste horizon qui s'étend depuis les coteaux voisins d'Argentan jusqu'au cap de la Hève. Au milieu de ce vaste panorama, il voit émerger des collines, couvertes de sapinières, une blanche flèche qui les dépassait jadis de toute sa hauteur et qui maintenant chaque année semble s'enfoncer davantage dans la verdure. C'est la perle architecturale de la contrée, le clocher de l'église de Rouvres, monument historique.

Cette flèche, du XIV⁰ siècle, n'a rien à envier aux plus élégantes du département. Son architecte, peut-être le même que celui de l'église de Maizières, s'est évidemment inspiré, lui aussi, du clocher de Saint-Pierre de Caen. Qui sait, s'il n'en était pas l'admirable auteur ?

Les fenêtres élancées de la tour de Rouvres rappellent absolument celles de la tour de Saint-Pierre par la saillie des voussures et des colonnettes, par la correction des broderies. Comme la flèche de Saint-Pierre, la pyramide est entourée de clochetons, et percée à jour par des trèfles. Ses parois sont épaisses de 11 centimètres seulement. Sa hauteur est de 57 mètres. L'antiquaire Galeron a écrit, dans un accès de lyrisme : « Il semble qu'un génie l'ait jetée dans les airs, au-dessus du vallon, et qu'elle y soit demeurée suspendue, toujours blanche, toujours éclatante, au milieu des bouquets de verdure. »

Le vaisseau de cette église, si brillamment couronnée, offre un assemblage indigeste de constructions disparates, mais non sans intérêt. Il est formé de la juxtaposition, fort irrégulière, d'un chœur et d'une nef dont les axes ne concordent pas et font un angle fort accentué, au point que de la nef on n'aperçoit qu'une partie du chœur.

Chacune de ces constructions possède un transept.

Le chœur et le transept nord sont du commencement du XIII⁰ siècle, avec des fenêtres à plein cintre et des colonnettes romanes.

La nef et le transept qui la termine, sont du XIV⁰ siècle. Sur ce transept s'élève une tour d'une pesanteur énorme dont on a interrompu la construction, ce qui lui donne l'aspect d'un donjon féodal. Il est probable qu'un changement d'architecte mit à la tête des travaux un artiste habile, qui s'inspira des églises contemporaines de Maizières et de Saint-Pierre de Caen. Ne pouvant tirer parti de la lourde tour, commencée par son prédécesseur, il l'abandonna et eut l'heureuse idée de planter sa tour charmante sur le transept du chœur, dont la destruction était sans doute décidée par l'architecte de la nef et qui fut sauvée du coup.

C'est à l'architecte du clocher qu'il faut reporter l'honneur du portail occidental, digne en tous points de la flèche, et dont certains détails rappellent les portails de Saint-Pierre de Caen. Il est décoré d'archivoltes admirablement sculptées, portant de chaque côté sur trois colonnes en claire-voie, et ornées de guirlandes de feuilles de vigne et d'artichaut.

L'église de Rouvres, de *roveriæ*, rouveraie, bois de chêne, avait pour patrons les seigneurs de Marguerit, barons de Rouvres, ancêtres des marquis d'Aubigny d'Assy. Cette famille possédait une

Portail ouest.

D'après une photographie de la Collection des Monuments historiques.

grande partie de la vallée du Laizon, et notamment le très ancien manoir d'Ouilly-le-Tesson qui réunit deux spécimens de l'architecture civile des XIIIe et XIVe siècles, le plus ancien, d'un intérêt hors ligne pour les archéologues.

ALBERT PELLERIN.

L'ÉGLISE DE CINTHEAUX

Ecclesia de Sanctellis, disent les anciennes chartes. Cintheaux, qui s'écrivait *Sainteaux,* jusqu'au siècle dernier, vient du latin, *Sanctella* ou *Sancella,* comme l'a écrit Orderic Vital, *lieux saints, chapelles.* Cette étymologie s'accorde avec la tradition et même avec les anciennes cartes du diocèse de Bayeux qui constatent la présence de nombreuses chapelles sur le territoire de Cintheaux. Elles tenaient vraisemblablement leur origine des ermitages, fondés au VIIe siècle par saint Évremond, sur le territoire

Vue d'ensemble.

D'après une photographie de M. Alfred Manuel.

d'Exiviæ que nous reconnaissons dans celui de Saint-Pierre d'Exivilliers, sur les communes de Cintheaux et de Saint-Sylvain, et dans la forêt de Fontenay qui s'étendait sur les mêmes territoires.

L'église de Cintheaux est sous l'invocation de saint Germain, protecteur de la Gaule contre les barbares, et de saint Laurent dont l'intercession défend contre les incendies. Il semble que nos pères aient eu recours, non sans succès, à de tels patrons pour défendre leur nouvelle église du sort d'une église primitive, incendiée par les Normands.

L'église actuelle fut bâtie, au XIIe siècle, par Robert Marmion, troisième du nom, vicomte de Fontenay-le-Marmion et grand seigneur anglais, en sa qualité de descendant de l'un des compagnons de Guillaume, chanté par Walter Scott. C'est dans des faits analogues qu'il faut voir l'origine de la tradition qui attribue aux Anglais la construction des anciennes églises de notre pays.

Cette église est datée par la charte de fondation de l'abbaye de Barbery à laquelle elle fut donnée par le fondateur de ces deux édifices religieux, Robert Marmion, en 1181. C'est, dit M. de Caumont, « une des plus remarquables de l'arrondissement de Falaise. Elle appartient au style roman très orné et doit avoir été construite dans le XII⁰ siècle ».

Le clocher primitif était carré, en bâtière, et reposait sur la première travée du chœur où était le chanceau. Il était orné, comme cette travée, sur chacune de ses faces, de cinq fenêtres romanes aveugles, avec archivoltes à dents de scie, surmontées d'une rangée de modillons grotesques, séparés par des pas-de-bœuf. Il avait été surélevé au XII⁰ siècle, ainsi que l'attestaient, au-dessus de ces modillons, témoins demeurés du toit primitif, quatre fenêtres ogivales, dont deux aveugles, sur chaque face. Ce clocher, écroulé en 1690, fut remplacé par un autre, sans caractère, à la suite d'un long procès entre les paroissiens et l'abbaye de Barbery. Les moines, qui succombèrent, se vengèrent en faisant sculpter aux angles de leur clocher neuf quatre têtes d'hommes de loi avec la perruque du temps.

Les modillons qui ornent tout le pourtour de la nef, sont du plus haut intérêt pour l'histoire de la caricature. Quelques-uns sont de la dernière grossièreté, pour ne pas dire plus.

« On entrait dans la nef, dit M. de Caumont, par deux magnifiques portes, ouvertes en face l'une de l'autre, dans les murs du nord et du sud. »

On ne saurait trop louer M. l'abbé Lecointe d'avoir fait rouvrir ces perles de l'architecture romane. M. de Caumont pense qu'elles étaient précédées de porches. Ce qui confirmerait cette opinion, ce sont les traces anciennes d'incendies, aujourd'hui oubliés, que portent encore les archivoltes.

L'église de Cintheaux servait de forteresse au moyen âge. En 1371, Regnier Le Coustellier, bailli de Caen, la visita pour s'assurer qu'elle était « emparée et enforchiée ». En restaurant ces belles portes, M. l'abbé Lecointe a retrouvé les traces de ces anciennes fortifications. Cette destination semi-guerrière explique peut-être les dimensions considérables de la nef, l'élévation, l'étroitesse et la rareté des fenêtres, et les incendies des porches et probablement des portes.

La nef et l'intérieur de l'église ont été restaurés par les soins éclairés de M. l'abbé Lecointe, historien de son église (1), avec le généreux concours de M. Lenormand de Gomesnil, de M. et Madame de Brévedent, sa fille et son gendre. Le chœur l'a été à son tour en 1894, grâce aux libéralités de M. le comte de Monttessuy, ministre plénipotentiaire, grand officier de la Légion d'honneur, et de Madame la comtesse, sa veuve, fille du prince Paul de Wurtemberg.

Dans ces deux circonstances, l'État, le département et la commune, en contribuant largement aux dépenses, ont donné la mesure de l'importance qu'ils attachaient justement à la conservation de ce précieux édifice qui vient d'être classé parmi les monuments historiques (2).

ALBERT PELLERIN.

(1) LEBLANC-HARDEL, 1877. — Y voir un curieux dessin de l'église en 1680, retrouvé par l'auteur de ces lignes aux archives du Calvados, fonds Barbery.

(2) La commune de Cintheaux serait bien ingrate si elle ne témoignait pas sa reconnaissance à M. Monod, conseiller à la Cour de cassation, dont la haute intervention lui a obtenu les secours de l'État pour ses derniers travaux, et qui s'est épris de sa curieuse église au point de l'avoir reproduite par la belle photographie que nous sommes heureux de mettre sous les yeux de nos lecteurs.

L'ÉGLISE DE FONTAINE-HALBOUT

Fontaine, ou mieux Fontaines, Halbout, tire son nom des sources, nées sur son territoire, qui alimentent aujourd'hui la ville de Caen, sous la désignation d'eaux de Moulines, parce que l'ancienne commune de Fontaine-Halbout a été supprimée et réunie à cette dernière commune.

Halbout de Fontaines figure au XIIe siècle dans les chartes de l'abbaye de Fontenay. C'est à lui, sans doute, qu'il faut attribuer les surnoms de Fontaine-Halbout et du Bois-Halbout, ainsi que la fondation de l'église dont nous offrons la vue à nos lecteurs.

La famille de Fontaines fut très considérable du XIe au XIVe siècle, et possédait, outre les

Église de Fontaine-Halbout.
D'après une photographie de M. Alfred Mesnil.

seigneuries que nous venons de nommer, celles de Saint-Clair-la-Pommeraye et de Bretteville-sur-Laize.

Le patronage de l'église de Fontaine lui appartenait, et, comme on en rencontre maint exemple, le seigneur se l'appliquait parfois à lui-même, par charité bien ordonnée, sans doute. En 1239, Jehan de Fontaines était à la fois seigneur et curé de cette paroisse. Une ancienne grange de son manoir porte cette inscription :

« Quand à Dieu il plaira, Fontaine-Halbout on me trouvera. »

Le bon M. Galeron avoue n'avoir pas le mot de cette énigme, et le savant M. de Caumont qui la rapporte sans commentaire, n'en a pas été davantage l'Œdipe. La science du calembourg a fait, comme toutes les autres, tant de progrès depuis ces messieurs, qu'elle nous permet aujourd'hui de traduire ce rébus à première vue :

« Quand à Dieu il plaira, Fontaine (le seigneur de céans) *à bout* sera. » Ce n'est pas plus méchant à deviner qu'à inventer. Ainsi de peu s'amusaient nos pères. N'en rions pas. Nous nous amusons de bien moins encore avec notre littérature de cafés chantants.

L'église, remaniée à toutes les époques, n'a d'autre intérêt qu'une porte au côté nord de la nef, aujourd'hui bouchée, qui annonce le XIIe siècle par une archivolte, ornée de bâtons rompus. En revanche, le clocher et sa pyramide, qui rappellent ceux de Quilly, sont, comme ces derniers, les plus élégants du pays dans le style de transition du commencement du XIIIe siècle.

La tour, haute de 16 mètres, unit harmonieusement une corniche avec modillons romans à des lancettes gothiques du plus heureux effet, trois sur chaque face, dont deux aveugles.

La flèche octogonale, très élancée, comme celle de Rouvres et de Maizières, qui l'imitèrent plus tard, portait un clocheton à chaque angle de la tour, comme celui de Rouvres.

Il serait profondément regrettable que le peu d'importance du village qui l'entoure, entraînât la ruine de ce précieux monument.

ALBERT PELLERIN.

CHÂTEAU DE QUILLY

LE CHATEAU DE QUILLY

Le hameau de Quilly, autrefois indépendant, n'est plus aujourd'hui qu'une annexe de Bretteville-sur-Laize.

Ses deux édifices les plus importants sont le manoir et l'église. Il ne serait pas juste cependant de passer sous silence le château moderne construit par Madame la comtesse de Montessuy dans un site ravissant. Madame de Montessuy n'est pas indifférente aux élégances de l'architecture ancienne et aux souvenirs du passé. Elle a racheté le manoir de Quilly, ce qui nous fait espérer que désormais il est à l'abri des restaurations maladroites, aussi dangereuses que les mutilations du vandalisme. Le fief des Marmion, la vieille demeure des Batoste, des Sainte-Marie, des Sallet et des du Moncel, n'a plus à redouter l'abandon ou la ruine.

L'église fut commencée vers le XI° siècle, alors que les Marmion de Fontenay étaient seigneurs suzerains et patrons de Quilly. Elle fut continuée pendant le XII° et le XIII° siècle, et donnée avant son achèvement, par Robert Marmion, aux religieux de Barbery. D'après M. Albert Pellerin, auquel nous ferons de fréquents emprunts (1), ainsi que d'après M. de Caumont, la tour est la partie la plus ancienne. Elle appartient au style roman. Nous en avons la preuve dans un curieux bas-relief encastré dans la tour représentant le Christ, assis sur une espèce de trône, orné d'arcades, la tête ceinte du nimbe crucifère, la main élevée et bénissant, comme on le trouve dans la plupart des monuments du XII° siècle et dans les tympans des portes. M. Galeron, auteur d'une *Statistique de l'arrondissement de Falaise*, influencé par une tradition locale, a confondu ce Christ avec Guillaume le Conquérant. L'erreur est trop apparente pour qu'il y ait lieu d'insister. Le chœur appartient au style ogival; le chevet était percé de trois lancettes. L'arc qui sépare le chœur de la nef a son archivolte décorée de zigzags et de fleurons et, comme la tour, appartient au style roman. Au siècle dernier, en creusant dans les fondations pour réparer la nef, les ouvriers mirent à nu, dit-on, des statues païennes, et l'imagination populaire voulut y voir les divinités d'un temple romain. M. de Caumont, qui ne les a pas vues, suppose qu'on sculptait sous la domination romaine des statues pour lesquelles les carrières voisines fournissaient des blocs d'une pierre très belle et très facile à travailler. On croit qu'une sculpture représentant un cheval ou une licorne provient de ces fouilles.

Manoir. — Dans son intéressante brochure, M. A. Pellerin, continuant et complétant l'œuvre de M. de Caumont, nous montre le manoir à travers les âges, depuis l'époque romane jusqu'à notre époque. L'étude qu'il en a faite d'une manière si consciencieuse, nous entraînerait un peu trop loin. Bornons-nous à une rapide esquisse des constructions telles qu'elles existent aujourd'hui.

(1) *Quilly et ses Seigneurs.* Br. gr. in-8°. Alençon, 1889.

Le manoir n'est pas une forteresse, il n'en offre aucun des caractères. C'était à l'époque romane une maison forte, entourée, sans doute, de quelques fossés, mais sans aucune prétention d'ouvrage vraiment militaire. C'était encore une ferme, un abri contre un coup de main, et enfin un logis seigneurial. Les formes extérieures sont celles de la Renaissance, mais ces formes cachent un bâtiment plus ancien, de construction romane.

D'après M. de Caumont (*Antiquités monumentales*, t. V, p. 75 et 95), les châteaux étaient en général composés de deux parties principales, d'une cour basse et d'une seconde enceinte fortifiée. Or, dans la cour de Quilly se retrouve cette disposition. Au sud-ouest, on reconnaît facilement la cour basse excavée dans le coteau sud et bornée à l'ouest par un vaste bâtiment à usage de pressoir et d'établi.

Ce bâtiment appartient vraisemblablement à l'époque romane. Il est revêtu de contreforts presque identiques à ceux de l'abbaye de Saint-André, du XIIᵉ siècle. Le rez-de-chaussée est voûté en pierre. Ses voûtes, d'un très grand diamètre, sont garnies de crochets de fer où l'on suspendait évidemment les pièces de viande et autres provisions. Les lucarnes élégantes qui y ont été ajoutées sont du XVIᵉ siècle. Au premier étage, au-dessus du cellier, on trouve la salle signalée par Viollet-le-Duc comme l'unique logement des châtelains du XIIIᵉ siècle. Aussi est-on naturellement porté à accepter l'opinion de M. Pellerin, qui voit dans ce bâtiment le logis roman primitif de Quilly, presque exclusivement agricole.

Récemment, on a mis au jour un magnifique puits dissimulé sous des dalles et revêtu jusqu'au fond de pierres de taille de moyen appareil, celui que M. de Caumont assigne au XIIIᵉ siècle. Ce puits, s'il n'est pas celui de la villa romane, est certainement celui des Marmion.

Quant à la tourelle nord-ouest, sa forme cylindrique, forme préférée à la fin du XIIᵉ siècle, ses cordons de pierre de taille, ses ciments colorés en rouge, font présumer une construction du XIIIᵉ siècle, contemporaine du cellier et des remises.

Le pavillon rectangulaire auquel cette tour est accolée a été reconstruit, ou tellement remanié à la Renaissance, qu'il ne présente plus d'autre partie romane que le grand contrefort du pignon nord, près la petite porte d'entrée de ce côté.

La tour de l'escalier offre un intérêt tout particulier. Les remaniements dont elle a été l'objet et qui n'ont pu dissimuler ce fait qu'avant d'être cylindrique, elle était polygonale; sa forme polygonale, celle des tours romanes avant les tours rondes, comme celle du XIᵉ siècle au château de Gisors (M. de Caumont, *Abécédaire*, t. II, p. 331 et suiv.); son appareil remarquable et son accès probable par une porte en ouverture de la grande salle du premier étage, sont autant de raisons plausibles en faveur de sa grande antiquité.

Quoi qu'il en soit, et sans nier le vif intérêt et la vraisemblance de ces aperçus, il faut reconnaître qu'aujourd'hui l'aspect général offre l'apparence d'un monument de la Renaissance. Les deux tourelles surmontées de magnifiques épis de plomb, dessinés par M. de Caumont, tant de fois reproduits et dont l'un est encore orné de sa girouette armoriée; la façade à pilastres, ses fenêtres à croisées de pierre, ses moulures et médaillons, accusent d'une manière irréfragable l'époque de Louis XII, François Iᵉʳ et Henri II. Sur la façade ouest, à la hauteur du plancher du premier étage, on voit une tête de femme coiffée à l'antique, selon l'usage du XVIᵉ siècle qui couvrait de médaillons du même genre la tour des Gens d'Armes, Fontaine-Henry, l'hôtel de Thaon, le château d'Outrelaize et tant d'autres.

Les deux minuscules écussons qui se trouvent au haut des montants de la porte d'entrée de la salle du rez-de-chaussée, portent les armes des **Bateste**, *d'azur à deux fasces d'argent.*

A signaler enfin dans ce pavillon, que l'on peut appeler le Pavillon Louis XII ou François Ier, la grande cheminée de la salle du rez-de-chaussée : sur le manteau on voit en bas-relief une chasse au cerf dirigée par un cavalier au galop, et un valet tenant les chiens en laisse. Le cerf paraît sur le point d'être forcé. — La cheminée du premier étage, conservée en fragments mais facile à remonter, un des meilleurs morceaux de sculpture du château, est du style Henri II.

Le pavillon Henri II est situé au nord de la tourelle de l'escalier, entre le pavillon Louis XII et la pièce d'eau. Il est daté par le chiffre des propriétaires d'alors, qui se lit en lettres dorées sur le médaillon du trumeau de la cheminée de la chambre au nord de l'escalier : G R D S M A, Girard Sainte-Marie, qui habitaient Quilly pendant cette période. Les appartements de ce pavillon sont des plus intéressants au point de vue de la décoration intérieure. Les médaillons à figures, les panneaux du salon et les draperies plissées de la chambre de la dame ont disparu, malheureusement. Les panneaux à médaillons ont été transportés au château de Fresnay-le-Puceux. Mais il faut noter les cheminées, les trumeaux, les plafonds peints sur stuc, œuvre ou inspiration de l'art italien, et les verrières des fenêtres dont les petits carreaux blancs sont agencés avec tant de goût; enfin, dans la chambre de la dame, sur les poutrelles du plafond, une ornementation sur fond bleu de ciel, d'une délicatesse charmante.

M. de Caumont décrit quelques-uns des sujets allégoriques accompagnés de légendes qui figuraient sur le médaillon des lambris. Ainsi, autour de deux amours dont l'un parait offrir à l'autre une bourse pleine, on lit : *Amour fait beaucoup, Argent fait tout*. On n'est pas plus fin de siècle. Deux amours qui s'embrassent ont pour légende : *Deux corps, une âme*. La physiologie de l'amour parait avoir préoccupé presque exclusivement le peintre; il est allé jusqu'à indiquer par une allégorie, les changements que l'amour peut opérer sur le caractère : un amour donne des ailes à une âme qui va subir une métamorphose. Ces peintures, d'après notre illustre compatriote, qui avait pu les étudier avec soin, ne datent que de la fin du XVIe siècle. C'est égal, quel salon dangereux pour les vertus moyennes et que de sujets de galantes conversations que ces devises et maximes !

Au XVIIe siècle, les modifications que firent subir au manoir de Quilly les possesseurs d'alors, *les Sallet*, ne furent pas sans importance, mais elles furent peu artistiques. Le pavillon du XVIIe siècle renferme de vastes appartements élevés, garnis de hautes fenêtres. Ce fut à cette époque que furent démolies d'élégantes arcades, sorte de loggia, qu'avaient combinées les maîtres du temps d'Henri II. Dans la vue générale du château, M. de Caumont, tout en indiquant l'emplacement de la galerie, l'a remplacée par un mur plein et nu, sans portes, qui n'a jamais existé. Que de choses encore à signaler pour peu que l'on veuille être complet : les balustrades des anciennes terrasses Henri II, les jardins et la volière au nord-ouest du château, l'espalier en terrasse, l'avenue des Tilleuls; enfin, le bâtiment de la haute justice seigneuriale de Quilly, à Bretteville-sur-Laize !

Il nous faut nous borner. Nous pensons, d'ailleurs, en avoir dit assez pour faire comprendre au lecteur tout l'intérêt de cette résidence seigneuriale. En étudiant le manoir de Quilly, on s'initie à l'existence des familles nobles de province pendant plusieurs siècles, on pénètre leur intérieur, on entre dans leur intimité, on devient indiscret. Et comme les influences du milieu dans lequel on vivait, l'air ambiant comme on dit aujourd'hui, ont laissé une empreinte profonde, on retrouve la trace des préoccupations politiques, militaires ou économiques des gentilshommes normands.

C'est par ce côté vraiment philosophique qu'une monographie s'élève au-dessus de la question locale, toujours un peu mesquine, touche à l'histoire générale du pays, et nous fait retrouver, aux époques les plus diverses et dans les provinces les plus éloignées, les manifestations d'idées et de mœurs à peu près semblables. Ch. HETTIER.

L'ÉGLISE DE MAIZIÈRES

Maizières, *Maceriæ, murailles*, doit vraisemblablement son nom aux ruines d'anciens retranchements gaulois ou romains, que l'on voyait encore au commencement de ce siècle sur son territoire, *au champ de la Bataille.*

Son église, classée comme monument historique, vient d'être restaurée avec beaucoup de science et de goût. Elle est surtout remarquable par sa flèche à jour, d'une extrême légèreté, qui rappelle par ses heureuses proportions, ses détails et surtout les trèfles dont elle est ajourée, le clocher de Saint-Pierre de Caen. On ne peut en faire de plus bel éloge. Elle est de la fin du XIII⁰ siècle ou du commencement du XIV⁰. Sa base est ornée de huit clochetons très élégants, refaits dernièrement à neuf sur le modèle des clochetons de l'église voisine de Rouvres.

Ensemble nord-ouest.

D'après une photographie de la Collection des Monuments historiques.

La tour qui la supporte est du XIII⁰ siècle, ainsi que le démontrent les quatre fenêtres en ogive primitive, ouvertes chacune sur l'une de ses quatre faces. Elle repose sur ces robustes piliers en forme de colonnes, qui, dans nos contrées, accusent le style roman ou les premiers temps de l'art ogival.

La nef est du XIII⁰ siècle, avec fenêtres à lancettes courtes et sans colonnes. Les fenêtres du chœur sont du XV⁰ siècle.

Sur la corniche de la nef on remarque des modillons à figures, caractères de l'architecture romane qui persistèrent encore au XIII⁰ siècle dans les églises rurales.

Les Osmond ont été longtemps seigneurs et patrons de Maizières. Avant la Révolution, le patronage appartenait à la famille de Marguerit de Versainville, d'où descend la famille d'Aubigny d'Assy.

ALBERT PELLERIN.

LE CHATEAU GANNÉ

Le château Ganne, vaste ruine dans la commune de Saint-Clair-la-Pommeraye, a laissé plus de traces sur le sol que dans l'histoire.

Son nom veut dire *traître*. C'est le château du traître, semblable à Gannelon, ce personnage exécré de tout le moyen âge, sur la foi des trouvères qui imputaient à sa trahison le désastre de Charlemagne à Roncevaux et la mort de Roland. De Ganne, Gannelon, engaigner et engaignerie, trahir et trahison, en vieux français.

Peut-être, le Ganne, dernier seigneur de ce domaine, dont le souvenir est perdu, fut-il l'un des assassins de saint Thomas de Cantorbéry, dont les châteaux rasés ne furent jamais reconstruits, maudits qu'ils étaient, comme ayant appartenu à des excommuniés, souillés du sang d'un saint martyr, qui n'aurait pas manqué d'y revenir troubler les téméraires assez osés pour y habiter.

Cette antique forteresse dont les arêtes de poisson et le plan encore très remarquable accusent le X* siècle, est la ruine la plus ancienne de toute la contrée. Situé, comme tous les châteaux-

Ruines de l'entrée du Château Ganne.

D'après une photographie de M. Alfred Mouod.

forts de ce temps-là, au sommet d'une colline en forme de promontoire, au milieu des bois, il était presque inaccessible et imprenable.

Ses dimensions étaient considérables. Il se composait, selon les règles de la fortification, héritées des Romains, de trois parties dont les deux plus importantes subsistent encore aujourd'hui.

A l'intérieur, vers le centre, une motte ronde portait le donjon, entouré de fossés profonds, réduit en temps de guerre, habitation du seigneur en temps de paix. On y accédait par un pont de pierre. Il en reste d'imposantes ruines que reproduit notre gravure.

Cette motte était au centre d'une cour rectangulaire, entourée de très épaisses murailles et de fossés. Enfin, une troisième enceinte, plus étendue, entourait la cour.

Planant à plus de trois cents mètres au-dessus du niveau de la mer, sur un horizon immense, le seigneur Ganne découvrait tout le pays jusqu'à la Hève et même au cap d'Antifer, avec lesquels il pouvait échanger des signaux de feu. De sa haute fortune, il ne nous reste rien que ces ruines, pas même une ligne dans l'histoire, pas même une légende, pas même son nom! Rien qu'un surnom, souvenir confus de félonie et de crimes!

Ainsi passe la gloire du monde! La sienne s'est éteinte dans la nuit du moyen âge.

Albert Pellerin.

LA VALLÉE DE L'ORNE

Le nom de la Basse-Normandie éveille l'idée d'une contrée aimable, gracieusement ondulée, où il y a beaucoup de pommiers et où de gras pâturages déploient les calmes étendues de leurs flots de verdure.

Du vert, du vert partout et rien d'autre.

Voilà tout ce qu'est cette province pour la plupart des touristes.

Et pourtant elle renferme une vaste région hérissée de rochers, coupée de ravins, creusée de précipices. La rivière d'Orne y coule au fond de gorges souvent grandioses, toujours pittoresques. Quoique en partie traversée par le chemin de fer de Caen à Laval, c'est encore une « terre inconnue », mais fort intéressante à découvrir. Elle est pleine d'attrait pour le géologue, qui peut y embrasser d'un coup d'œil l'histoire de la terre depuis les époques primitives. Le simple touriste sera charmé par la beauté et la variété imprévue des sites qu'elle déroulera devant lui. Il ne contemplera pas sans émotion « les collines de Normandie », ces ruines antiques sur lesquelles pèse un passé dont l'immense durée confond l'imagination.

Des milliers et des milliers de siècles avant que les Alpes soient nées et qu'elles n'aient dressé sous le ciel leurs cimes superbes, en ce coin de notre France s'élevaient des montagnes qui ne leur cédaient guère peut-être en hauteur, comme le prouve l'énorme épaisseur des sédiments faits de leur poussière et déposés au fond des mers aujourd'hui disparues qui ont battu leurs flancs (1).

De ces sœurs aînées des Alpes, il ne reste plus que des débris. Dans le relief terrestre, les Alpes sont la jeunesse; les Pyrénées, l'âge mûr; la Provence montre déjà les traits de la vieillesse; l'Ardenne, la Bretagne, les collines de Normandie, la décrépitude. C'est que la vapeur d'eau en se précipitant en pluie ou en neige, secondée par les alternatives du chaud et du froid, du gel et du dégel, émiette sans relâche les plus hautes cimes et, sous l'action de la pesanteur, entraîne leurs particules sur les pentes jusqu'à ce qu'elle les ait conduites dans le grand réservoir océanique. Quand l'impitoyable rabot de l'érosion aura menuisé les Alpes pendant un nombre de siècles égal à celui qui l'a vue faire son œuvre sur les collines dont l'Orne baigne le pied, elles aussi seront réduites à ce niveau, et pourtant ce qui restera de leurs ruines, s'il y a encore des hommes dans ce lointain avenir, méritera leur visite tout comme la vallée de l'Orne mérite la nôtre.

L'Orne prend sa source à quelques kilomètres à l'est de la vieille ville épiscopale de Sécz, si justement fière de son admirable cathédrale; puis, coulant paresseusement au milieu de fertiles pâturages,

---

(1) Ces montagnes faisaient partie d'une chaîne qui, par la Bretagne, la Vendée et le Poitou, atteignait l'Auvergne; par le Forez, le Beaujolais et la Forêt-Noire, elle se reliait à celle dont on suit le cours à travers la Saxe et la Bohême (chaîne armoricaine et variscique).

elle atteint la coquette ville d'Argentan ; quelque temps encore, elle poursuit la même allure traînante en baignant des prairies marécageuses, jusqu'à ce que, tout à coup, elle vienne heurter le pied des rocs de la bruyère de Sérans.

A partir de là, changement complet.

L'Orne, pour gagner la mer, va creuser son lit à travers des gorges que dominent des parois de 100 à 200 mètres, et qui sont merveilleusement variées d'aspect et de couleur.

Aux tons brun foncé des granits succèderont les pourpres des conglomérats, les rouges des schistes cambriens, les gris bleutés ou jaunâtres des grès armoricains, les nuances si richement diverses des roches siluriennes. Au pied des rocs, la rivière roule des eaux d'un brun presque noir, mais limpides et transparentes comme un cristal de quartz enfumé.

Vallée de l'Orne, en aval du Pont de Vey.

D'après une photographie de M. Alfred Manel.

Les formes ne sont pas moins diverses que les couleurs. Entre la bruyère de Sérans et le hameau de la Courbe, si brusques sont les replis de l'Orne qu'ils ne sont séparés que par d'étroites murailles ayant à peine quelques mètres d'épaisseur. La rivière sillonne ainsi un plateau couvert de forêts jusqu'à la gracieuse petite ville de Putanges, où elle passe sous les arches d'un pont gallo-romain. Elle entre ensuite dans une région granitique jusqu'au-dessous de Rabodanges. C'est la partie la plus sauvage de son cours. Nous sommes là en plein bocage normand. Entre Sainte-Croix-sur-Orne et Saint-Aubert, au lit de l'Orne tout encombré d'énormes blocs de granit détachés des rochers qui la surplombent, aboutissent d'âpres et sombres ravins sur les flancs et au fond desquels il n'existe encore que des sentiers de bêtes de somme et de piétons. On comprend que la chouannerie ait pu trouver dans ces solitudes des retraites quasi-impénétrables. Cette portion du val d'Orne est toute imprégnée d'une pénétrante mélancolie.

On en sort quelque temps avant d'arriver au gai village du Pont-d'Ouilly, dont la situation repose et charme le regard. Un peu plus loin, les hautes murailles des rochers de Brise-Vielle se mirent complaisamment dans l'eau profonde, puis l'Orne se glisse dans un étroit mais majestueux défilé, abondant en recoins d'un pittoresque étrange. Il fait bon de l'y suivre jusqu'aux environs de Clécy.

C'est là que la vallée de l'Orne étale ses plus grandes beautés. Quand elle sort des gorges du Bô, elle baigne le bas de la chaîne des rochers du Vey qui, pendant plus de deux kilomètres, penchent sur le fleuve la rangée magnifique de leurs tours d'un rouge sombre. A leur extrémité occidentale, ils resserrent l'Orne entre leur masse et la muraille de marbres jaunes et noirs qui porte à son sommet le beau village de Clécy. Nulle part ailleurs la vallée de l'Orne n'offre à ce point l'aspect des districts montagneux. Clécy occupe le centre du superbe cirque des rochers de la Houle. Leurs flancs presque verticaux, hauts de 200 mètres, montrent à nu les puissantes assises de grès armoricain dont ils sont formés. Elles donnent une impression de force colossale. A leur vue, on comprend que la Houle ait

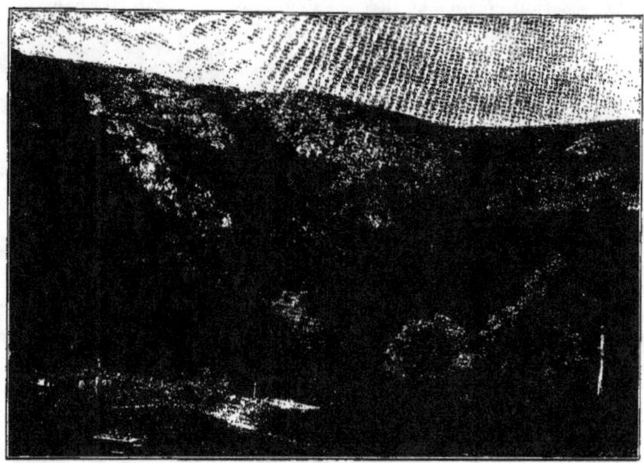

Rochers de la Houle, près Clécy.

D'après une photographie de M. Alfred Morel.

pu lutter jusqu'à aujourd'hui contre l'incessante attaque de l'érosion et qu'elle porte sans fléchir le poids de tant de millions d'années. C'est derrière ses fières parois qu'on sent le mieux palpiter l'âme de cette contrée mystérieuse. Vieux témoin du passé de la terre, la Houle livre à qui sait entendre son langage quelques-uns des secrets de l'œuvre du Créateur. Elle raconte des événements et des changements sans nombre ensevelis dans l'abîme d'une incalculable durée.

Mais arrachons-nous à la contemplation de ce site vraiment admirable et continuons à descendre le cours de l'Orne. Entre Clécy et Thury-Harcourt, la vallée est un enchantement pour les regards du voyageur, soit qu'ils suivent les pentes abruptes d'où dévalent des cascades de hêtres aux troncs luisants, soit qu'ils se reposent sur la vieille église de Saint-Rémy, dominant l'Orne du haut d'un grand rocher jaune, soit qu'ils cherchent à suivre la rivière dans une gorge si étroite que le chemin de fer n'a pu y trouver place qu'en entaillant le roc. Une longue crête aiguë descend de droite et de gauche vers le lit de l'Orne; elle l'aurait barré si le fleuve n'était parvenu à y ouvrir une brèche par laquelle il va pouvoir atteindre Thury-Harcourt.

Encore un site délicieux que l'emplacement de ce riant village, l'une des principales localités du Cinglais, de ce « Cinguelez » dont sont issus tant de compagnons de Guillaume de Normandie, et dont le nom revient si souvent dans l'épopée où le vieux trouvère Wace a chanté, au commencement du XIIᵉ siècle, la conquête de l'Angleterre par les Normands.

Thury-Harcourt dépassé, nouveau changement de décor. Nous entrons dans l'austère domaine des phyllades ; les rochers qu'ils constituent, encore d'une grande hauteur, ont la mine dure et froide. C'est entre des parois abruptes et déchiquetées, interrompues un instant par les rochers du grès de May aux couleurs éclatantes, qu'ils vont obliger l'Orne à couler jusqu'au roc isolé de Maltot. Là finissent les « collines de Normandie », aussi brusquement qu'elles avaient commencé. La rivière débouche dans un vaste estuaire aujourd'hui comblé par les alluvions sur le dos desquelles, après avoir salué au passage les admirables monuments dont s'enorgueillit la capitale de la Basse-Normandie, elle va conduire lentement ses eaux jusqu'à ce qu'elles s'engloutissent à Ouistreham dans le grand réservoir de l'Océan.

Alfred Monod.

ÉGLISE SAINT-PIERRE, À LISIEUX

ARRONDISSEMENT DE LISIEUX

L'ÉGLISE SAINT-PIERRE, A LISIEUX

Pour l'artiste et l'archéologue, Lisieux est l'une des villes les plus curieuses de France. Sa charmante situation, au point de jonction des riantes vallées de la Touques et de l'Orbiquet, ses belles églises, ses vieilles maisons en bois, plus nombreuses peut-être qu'en aucune autre ville française (si l'on en excepte Thiers, en Auvergne), lui donnent un intérêt tout particulier.

L'origine de Lisieux remonte à une haute antiquité. Cette ville fut d'abord, sous le nom de *Noviomagus Lexoviorum*, la capitale d'une tribu gauloise que César a plus d'une fois mentionnée dans ses *Commentaires*. Nous savons par lui qu'elle était entourée de murs et gouvernée par un Sénat. Le pays fut conquis, l'an 56 avant J.-C., par un lieutenant de César. Lorsque la Gaule, quatre ans après, tenta un suprême effort pour secouer le joug des Romains, la capitale des *Lexovii* s'unit aux cités voisines et fournit à Vercingétorix un contingent de trois mille hommes. Plus tard, sous le règne d'Auguste, la Gaule fut partagée en quatre provinces : Noviomagus et son territoire furent compris dans la province Lyonnaise.

Détruite vers la fin du IVᵉ siècle, probablement à l'époque de la dernière invasion des Saxons (383), l'antique cité fut bientôt remplacée par une ville nouvelle, qui, toutefois, ne fut pas construite exactement à la place qu'occupait la première. Celle-ci, en effet, s'étendait au Nord jusqu'à deux kilomètres de la ville moderne, comme le prouvent d'importants vestiges découverts à diverses époques et notamment au siècle dernier. C'est à cette distance qu'on a trouvé, en 1770, les restes d'un vaste édifice, orné de marbres précieux, qui devait être un temple ou un palais. « Cet édifice, dit M. Pannier, était situé au centre d'une grande place à laquelle aboutissaient plusieurs rues. » Plus près de la ville, M. Louis Dubois a découvert, en 1818, un théâtre romain dont la forme était parfaitement accusée. Il est facile de reconnaître encore la place des gradins et de la scène, et même celle de l'entrée principale. « Au nord-est, il existe encore au fond d'un ravin quelques pans de murs construits en petit appareil régulier, avec chaînes horizontales de larges briques... » On a trouvé aussi, en 1846, un nombre considérable d'urnes funéraires ; et plus tard, en 1861, « une large tranchée pratiquée pour l'ouverture d'une rue, a mis à découvert un cippe gallo-romain bien conservé, ainsi que de nombreux vases, dont trois ornés de rinceaux ont conservé en partie leur couverte... ». Dans les diverses fouilles qui ont été faites, on a recueilli, outre des médailles en or, en argent et en bronze, un grand nombre de morceaux de marbre précieux, des fragments de corniche en grès rose, des débris de statues et, entre autres, « une jolie petite main en marbre blanc tenant un fragment d'arc ».

La ville nouvelle reçut définitivement le nom de la peuplade qui l'habitait, puisque, dans la *Notice des provinces de l'Empire*, rédigée sous le règne d'Honorius, elle n'est plus mentionnée que sous le nom de *Civitas Lexoviorum*, d'où sont venus les noms de Lexovium ou Lixovium, Lexouve, Lexove, et enfin Lisieux. Au VI⁰ siècle, elle devint l'une des places les plus importantes du royaume de Neustrie. C'est de cette époque que date, selon quelques historiens, la fondation de l'évêché de Lisieux; mais le P. Longueval et les savants auteurs de la *Gallia Christiana* en font remonter l'origine jusqu'au III⁰ siècle. « L'an 314, saint Lithare, qualifié évêque de Lisieux, assistait au concile d'Arles. » D'autre part, le premier évêque lexovien figurant dans un acte public est, d'après le rituel de 1661, Théobald (ou Thibaud) qui fut, dit II. Fisquet, l'un des dix-sept prélats présents au troisième concile tenu à Orléans, le 7 mai 538, sous le règne de Childebert et le pontificat de Sylvère; mais l'on sait que dès l'an 511, un autre évêque de Lisieux, Litharède, assistait au premier concile tenu dans la même ville. « Les nombreuses invasions des Barbares, qui eurent lieu entre les années 314 et 511, suffisent à expliquer la lacune qui existe entre ces deux dates. »

Trois siècles après, Lisieux eut à subir l'invasion des Normands, qui le pillèrent en 877; plus tard, il se trouva compris dans le duché de Normandie, constitué, en 912, au profit de Rollon, par le traité de Saint-Clair-sur-Epte (1). « Le nouveau duc investit l'évêque de Lisieux de l'autorité temporelle, avec le titre de comte, transmissible à ses successeurs. » Cependant, quelques historiens pensent que ce titre ne daterait que du règne de Guillaume le Conquérant, qui l'aurait conféré à l'évêque Herbert peu de temps après la célèbre bataille du *Val des Dunes* (1047) (2).

Le nom de cet évêque, « moult sage, vertuous et prudent », nous ramène naturellement à ce qui fait l'objet principal de cet ouvrage. Ce fut lui, en effet, qui commença la construction de la magnifique église qui est encore la gloire de Lisieux.

Herbert jeta donc les fondements d'une nouvelle cathédrale vers l'année 1035; mais quoiqu'il en eût activement poussé les travaux, il mourut sans l'avoir achevée (3). Hugues d'Eu, qui lui succéda en 1050, s'empressa de continuer son œuvre, et il eut la joie de la mener à bonne fin. Lui-même nous l'apprend dans les touchantes paroles qu'il adressa, quelques instants avant sa mort, aux prêtres et aux fidèles qui l'entouraient : « ... J'ai terminé l'église de Saint-Pierre, prince des Apôtres, que mon « vénérable prédécesseur Herbert avait commencée; j'ai mis beaucoup de soin à l'orner; je l'ai « dédiée honorablement; je l'ai abondamment pourvue des vases nécessaires au service divin et de « toutes les autres choses propres à en augmenter l'éclat. Je désire reposer dans son sein, et y « attendre le second avènement du Sauveur » (4).

Cette première basilique ne devait pas avoir une longue durée : elle fut détruite, dès 1136, par un incendie qui consuma la ville entière. Lisieux était assiégé par Guillaume Plantagenet, comte d'Anjou; la garnison, commandée par Alain de Dinan, se voyant sur le point de succomber, prit la résolution extrême de mettre le feu à la cité pour repousser l'ennemi. La cathédrale ne fut pas épargnée par les flammes, et il n'en resta que quelques débris qui subsistent encore, et témoignent de son importance.

(1(D'après des recherches historiques récentes, il est presque certain que le territoire attribué à Rollon par le traité de 912, était limité à l'ouest par la Rille. Rollon ne devint maître du Lieuvin que vers 920.

(2) D'autres affirment même que le premier évêque qui prit le titre de comte fut le successeur d'Herbert, Hugues d'Eu. Ce prélat était d'ailleurs issu de la famille ducale de Normandie.

(3) *Gallia Christiana*, t. XI, p. 766.

(4) Orderic Vital. Lib. V.

Treize ans après, l'évêque Arnoult, à son retour de la Terre Sainte où il avait accompagné le roi Louis VII, entreprit la reconstruction de la cathédrale, sur un plan plus vaste encore que le premier. Lorsqu'il mourut, en 1181, après quarante-trois ans d'épiscopat, l'édifice n'était pas terminé; la nef, deux travées du chœur et les deux bras du transept étaient construits; mais il restait à faire l'abside et une partie notable de la façade principale. Jourdain du Hommet acheva l'œuvre de son prédécesseur en l'embellissant encore : c'est à lui qu'on doit les deux dernières travées du chœur (qui n'étaient pas dans le plan primitif) avec la magnifique abside qui le termine, de même que la tour ou *lanterne* qui s'élève au milieu du transept. Il fit aussi remanier, et peut-être reconstruire en entier la façade occidentale. L'église était donc achevée quand il mourut, en 1218; mais, huit ans après, un incendie vint encore mettre en péril le nouvel édifice. La solidité de sa construction le sauva : la toiture et la charpente des combles furent seules détruites, les voûtes mêmes furent épargnées. Guillaume du Pont-de-l'Arche répara aussitôt le désastre, et en même temps il entreprit d'autres travaux d'embellissement, notamment, la construction des deux chapelles latérales de l'abside. C'est peut-être aussi cet évêque qui a fait élever les deux tours qui surmontaient le grand portail, et dont une seule subsiste aujourd'hui, puisque le clocher du midi a été rebâti en 1579, comme l'atteste une inscription. Il y avait dès lors, évidemment, une chapelle dédiée à la Très-Sainte-Vierge, au chevet de l'église; mais elle a été reconstruite au XV° siècle, comme nous le verrons plus loin; les chapelles qui entourent la nef sont également une addition postérieure.

L'église Saint-Pierre est, en réalité, parmi les édifices religieux de *l'époque de transition*, l'un des plus complets et des plus remarquables que possède la France, et c'est un monument d'autant plus précieux pour l'histoire de l'art, qu'il offre des dates certaines. « Bâtie à l'époque des croisades, elle porte, dit un auteur, l'empreinte visible des mœurs graves et sévères de ce temps; elle présente ce caractère de simplicité et de grandeur, de pureté et de force qui étaient alors les traits distinctifs de la nation française. » Comme la plupart des grandes basiliques chrétiennes, cette église a la forme d'une croix latine. Elle se compose, à l'intérieur, d'une longue nef, avec bas-côtés accompagnés de chapelles; d'un vaste transept, flanqué d'un collatéral unique à l'orient, et d'un chœur avec déambulatoire, au fond duquel s'élève la magnifique chapelle dédiée à la Très-Sainte-Vierge.

La longueur du vaisseau principal est, dans œuvre, de 87 m. 60; la longueur totale, avec la chapelle de la Sainte-Vierge, de 109 m. 85. La nef mesure, entre piliers, 7 m. 58 de large, et le chœur 8 m. 20. La largeur totale est, au chœur, de 18 m. 90 et de 18 m. 30 à la nef, non compris les chapelles latérales. Le transept est long de 38 m. 80, et large de 8 m. 20 ou de 14 mètres avec son bas-côté. Enfin, les grandes voûtes ont 20 mètres d'élévation, et les collatéraux environ 9 mètres.

On ignore quel fut l'architecte de cette belle cathédrale. Quelques auteurs mettent en avant le nom de Guillaume de Sens, qui construisit les cathédrales de Sens et de Cantorbéry; il y a, en effet, un rapport assez marqué entre certaines parties de ces édifices et l'église Saint-Pierre de Lisieux; mais ce n'est pas une preuve suffisante pour attribuer cette dernière au même architecte.

La façade principale, d'un style sévère, « qui n'exclut pas une certaine richesse dans les détails », s'élève à l'angle nord-est d'une vaste place; elle est précédée d'un large parvis, auquel on accède de deux côtés par un escalier de 14 marches. Quatre contreforts, terminés par un fronton triangulaire et décorés d'arcatures et de dais, en dessinent les grandes divisions. La porte du milieu, malheureusement très mutilée, était à claire-voie, comme les portes latérales, et partagée en deux baies par un pilier auquel s'adossait une statue représentant le Sauveur du monde. Il n'existe plus, des ornements de cette porte, que les bases des colonnes latérales, qui datent de la fin du XII° siècle et peuvent donner une idée de sa riche décoration. Il n'y a jamais eu de statues sur les côtés, non plus qu'aux voussures qui étaient seulement ornées de feuillages ; mais un bas-relief recouvrait le tympan.

Les deux portes latérales, qui correspondent aux bas-côtés de la nef, ont été restaurées avec goût ; elles présentent le même aspect général et diffèrent assez peu dans leur ornementation. L'une et l'autre sont entourées de trois archivoltes qui s'appuient sur de légères colonnes détachées du mur ; trois colonnettes moins élevées, adossées à la muraille, alternent avec les premières et sont couronnées de gracieuses arcatures qui s'entre-croisent en dessinant des ogives. Le tympan est trilobé ; il était orné aussi d'un bas-relief dont il ne reste qu'une légère trace. Les voussures sont richement décorées de feuillage profondément évidé ; un cordon, formé de quatre-feuilles gravés en creux, entoure l'extrados. Enfin, « deux rosaces, accompagnées de roses plus petites, de quatre-feuilles et de trèfles, garnissent le mur qui couronne cette porte, l'un des plus gracieux spécimens de l'architecture du XIII° siècle ». Nous donnons ci-contre une vue de la porte de droite.

Au-dessus de la porte principale s'ouvre une grande fenêtre, richement encadrée, mais d'un pauvre dessin. « Deux meneaux qui se bifurquent dans la partie supérieure, dit M. Pannier, la partagent en trois baies d'une forme peu gracieuse. » Ces meneaux sont décorés dans toute leur hauteur d'un double rang de feuilles sculptées à jour ; le même ornement règne tout autour de la fenêtre. Les archivoltes, très riches aussi, s'appuient sur de légères colonnettes dont l'intervalle est orné de feuilles de vigne, et des roses élégantes remplissent les angles supérieurs. Cette fenêtre, complètement « remise à neuf » il y a cinquante ans, avait dû, selon nous, déjà subir un remaniement fâcheux, car nous avons peine à croire que sa forme actuelle reproduise l'œuvre du XIII° siècle.

Porte de droite sur la façade Ouest, avant sa restauration.

D'après une photographie de la Collection des Monuments historiques.

La partie située au-dessus des portes latérales est simplement garnie de longues arcatures géminées ; une rosace sculptée en relief en décore le tympan.

Entre les deux tours règne une balustrade composée d'arcatures trilobées, en arrière de laquelle se dresse un mur formant gable, qui n'a pour ornement qu'une série d'arcades ogivales très simples. Un petit fronton surmonte son milieu et porte un ange sonnant de la trompette. Toute cette partie, fortement restaurée, présente peu d'intérêt.

La tour du nord, haute d'environ 5o mètres, est très élégante, quoiqu'elle soit privée de la flèche qui devait la couronner. Sa base forme un plan incliné couvert d'imbrications, et chacune de ses faces est ajourée de deux hautes fenêtres qu'un meneau divise en deux longues baies. Une simple toiture à quatre pans, en charpente couverte de tuiles, remplace la pyramide.

La tour du midi, reconstruite à la fin du XVIe siècle, comme l'atteste la date gravée sur sa face principale, « présente une masse sévère et imposante qui rappelle l'ampleur des tours romanes ». Évidemment, l'architecte a voulu se rapprocher du style des parties les plus anciennes de l'édifice ; mais il n'a réellement réussi qu'à faire un mauvais pastiche de l'époque de transition,

Portail latéral.

D'après une photographie de M. H. Magron.

au lieu de s'inspirer du magnifique clocher qu'il avait sous les yeux. La partie carrée de cette tour forme trois étages ; chacun d'eux est percé de deux fenêtres à plein cintre « d'une exécution grossière » ; et ces fenêtres sont divisées en deux baies ogivales. « Des arcatures aveugles, inachevées et mal dessinées », ornent les angles de chaque face. A la base de la pyramide se trouve une galerie, à laquelle on a donné le nom d'Armoiries, dont la balustrade menace ruine et même est déjà tombée en partie. La flèche en pierre, de forme octogone, qui s'élève à 72 mètres, ne date que du XVIIe siècle. A chacune des faces correspondant aux angles de la tour, est adossée une sorte de clocheton « de forme peu gracieuse et d'un style un peu lourd »; enfin, des arêtes garnies de crochets séparent les pans de la pyramide, qui sont couverts « en écaille ». Les murs latéraux de l'église sont très simples; ils n'ont d'autre ornement que les colonnettes qui encadrent les fenêtres. La toiture est supportée par une corniche décorée de modillons, dont la plupart représentent des têtes grotesques; les murs sont appuyés par des arcs-boutants dont le haut repose sur des colonnes engagées dans la maçonnerie, et l'extrémité inférieure porte sur des contreforts, surmontés d'un petit clocheton à la nef, et autour du chœur d'un pinacle formant bouquet.

La façade qui termine le transept méridional est un beau spécimen de l'architecture de la fin du XII⁰ siècle. La gravure que nous en donnons nous permettra d'en abréger la description. Au bas s'ouvre une porte entourée de trois archivoltes qui reposent sur trois colonnes saillantes et trois colonnettes en retrait. On l'appelle la porte du Paradis, sans doute parce qu'elle fait face à la rue du même nom. Au-dessus règne un double rang d'arcatures; le premier présente quatre arcades dont chacune en renferme deux autres plus petites; le rang supérieur se compose d'arcatures beaucoup moins élevées. Plus haut, s'ouvrent trois belles fenêtres, celle du milieu plus élancée que les autres; le grand arc, assez lourd, qui les surmonte, ne date que du XVI⁰ siècle. A la base du gable s'élève une galerie formée de cinq arcades que supportent des faisceaux de colonnettes dont les chapiteaux accusent le XV⁰ siècle. On voit encore en arrière les amorces de la galerie primitive. Deux clochetons octogones terminent les angles du portail; ils datent de la construction première, sauf la partie supérieure qui a été reconstruite. Quoique cette façade ait été gâtée par l'addition postérieure de deux énormes éperons qui empiètent même sur les arcatures, elle est encore très belle et très curieuse. Lorsqu'on l'examine attentivement, on est frappé d'une singularité assez étrange qu'elle présente: c'est l'absence de toute symétrie dans la disposition des ouvertures et des arcades; il semble qu'elles soient jetées au hasard, sans que l'architecte se soit préoccupé de les superposer régulièrement (la fenêtre centrale ne correspond même pas au milieu de la porte). Il y a eu évidemment chez lui parti pris, et nous ne saurions l'en critiquer, tant l'ensemble est agréable à l'œil.

Le transept du nord n'a pas de portail; il est néanmoins surmonté de deux clochetons de même forme que ceux du midi, mais dont la base n'est décorée que de longues arcatures sans colonnettes.

Intérieur. — Lorsqu'on pénètre à l'intérieur du vaisseau par la grande porte, on est frappé tout d'abord de l'unité et de l'harmonie parfaite qui règnent entre toutes les parties de ce bel édifice, que l'on dirait construit d'un seul jet. La nef, qui n'a, comme nous l'avons dit, que 7 m. 58 de largeur, est assurément trop étroite, mais ce défaut ajoute à l'impression de « profondeur » que l'on éprouve en entrant. Cette nef, qui se fait remarquer surtout par la pureté des lignes et l'unité de style, a huit travées dont les arcades inférieures, de forme ogivale, reposent sur de robustes piliers monocylindriques. Les chapiteaux de ces piliers se composent en général d'un double rang de larges feuilles légèrement recourbées; leur tailloir est à pans coupés. La base a deux tores séparés par une gorge profonde; elle est reliée au socle par une large patte ou agrafe. Le piédestal est presque entièrement enfoui, depuis qu'en 1667 (sous l'épiscopat de Léonor de Matignon), l'on a eu la fâcheuse idée d'exhausser le sol de la nef au niveau de celui du chœur.

Trois colonnettes, divisées dans leur hauteur par plusieurs anneaux, s'élancent du tailloir pour recevoir l'arc doubleau et les arcs d'arête de la voûte. Le triforium est formé, pour chaque travée, d'une arcature géminée, assez simple et un peu lourde; l'ogive s'y montre encore « vague et comme indécise »; mais plusieurs des chapiteaux présentent déjà une riche couronne de feuillages variés, d'une grande finesse d'exécution. Les fenêtres du clérestory n'ont qu'une seule baie très peu ébrasée, dont l'archivolte repose sur des colonnettes annelées. Ces fenêtres étaient autrefois garnies de belles verrières, qui ont été détruites en 1688, « pour rendre l'église plus claire ».

La plupart des chapelles qui bordent les collatéraux datent des premières années du XIV⁰ siècle ; les fenêtres qui éclairent celles du nord ont conservé leur forme primitive : trois d'entre elles ont même encore leur première tracerie rayonnante. Les fenêtres du midi ont été élargies au XV⁰ siècle; aussi leurs meneaux sont-ils prismatiques. Les chapelles de ce côté possèdent encore leurs ornements anciens : jolies piscines trilobées, arcades destinées à recevoir l'autel. Sous l'une de ces arcades, on voit un autel moderne en argent repoussé au marteau, dans le style fleuri du XII⁰ siècle, exécuté sur les dessins de M. Danjoy, qui fut chargé, il y a cinquante ans, de la restauration de l'église Saint-Pierre.

Les deux chapelles situées avant le transept, au midi, occupent une partie de l'emplacement de l'ancienne salle capitulaire, qui datait, comme la nef, de la seconde moitié du XII⁰ siècle. La porte de la salle ouvrait sur le transept ; après avoir été longtemps murée, elle est maintenant ouverte et complètement restaurée.

Le transept, construit en même temps que la nef, est très vaste et très imposant. Nous avons dit déjà qu'il était doublé à l'orient d'un collatéral unique, disposition très rare, qui se retrouve cependant en quelques grandes églises, notamment aux deux transepts de la cathédrale de Salisbury, en Angleterre. Ce bas-côté forme à chaque bras deux travées semblables à celles de la nef ; on les a disposées en chapelles, et on y a placé récemment, sous les fenêtres du mur oriental, quatre petits autels de forme assez lourde et de médiocre effet.

Au fond du transept, dans la porte méridionale, ou remarque un élégant tambour en chêne, — dans le style Louis XIII — dont le riche plafond est composé de caissons décorés de têtes d'anges, de rosaces, de cartels, avec encadrement de légers rinceaux et autres ornements. L'un des panneaux représente sainte Cécile, un autre le roi David. La frise est aussi très richement ornée ; deux belles colonnes corinthiennes, entourées de feuilles de lierre dans le bas et de cartouches dans la partie supérieure, en soutiennent les angles. Ce tambour était primitivement une tribune destinée aux musiciens ; on l'avait supprimée ; mais les réclamations des artistes lexoviens ont obtenu son rétablissement sous une autre forme.

Près de ce tambour, à l'angle sud-ouest du transept, s'ouvre une porte qui conduisait à la bibliothèque placée sur la salle capitulaire ; au-dessus du linteau, une plaque de marbre porte encore cette inscription :

BIBLIOTHÈQUE

CURAVIMUS VOLENTIBUS LEGERE

2 MACH. 2

A droite de la porte de la salle capitulaire, on voit un joli bas-relief du XV⁰ siècle. Il est formé d'une ogive trilobée, surmontée d'une accolade, et flanquée de deux clochetons, que relient plus haut de légères arcatures. Sous l'ogive, un groupe mutilé représente la Très-Sainte-Vierge tenant l'Enfant Jésus dans ses bras ; à ses pieds est agenouillé un personnage dans l'attitude de la prière ; à gauche, on voit saint Sébastien attaché à un arbre ; c'était sans doute le patron du défunt, dont l'âme est représentée dans le lobe supérieur par un petit enfant qu'un ange tient devant lui. — Nous trouverons dans la chapelle de la Vierge plusieurs bas-reliefs analogues à celui-ci. — Dans le mur qui ferme le collatéral, au midi, est placé un tombeau du XIII⁰ siècle, formé de deux gracieuses arcatures ogivales, dont les angles sont décorés de trois médaillons fouillés profondément; les arêtes de la voûte s'appuient sur des colonnettes adossées au mur. Il n'y reste aucune trace de statue ni d'inscription. La fenêtre située plus haut, mal restaurée au XVIe siècle, fait un fâcheux contraste avec les autres fenêtres du transept. Au-dessus du tambour, la muraille est tapissée d'une série d'arcades géminées, encadrées deux à deux par une plus grande ; puis une galerie étroite, éclairée par des arcatures percées de baies carrées, et qui se prolonge dans le mur occidental, met le transept et le chœur en communication avec le triforium de la nef. Cette galerie est surmontée des trois belles fenêtres dont nous avons déjà parlé.

Dans l'autre bras du transept, au bas du mur septentrional, « dont la base, construite en blocage, paraît remonter au XIe siècle, s'ouvrent deux larges arcades à plein cintre, du XIIe siècle, qui abritaient des tombeaux ». Le haut du tympan de l'arcade de droite est orné d'un bas-relief : deux anges, revêtus de longues tuniques, tiennent les extrémités d'un linceul sur lequel est posé un enfant (l'âme du défunt). Au-dessous, six anges couronnés, se regardant deux à deux, portent des palmes ou des phylactères. On avait d'abord placé sous cette arcade une statue couchée d'évêque, découverte, en 1847, dans la cour de la mairie, mais depuis on lui a construit un socle en pierre devant l'arcade ; elle peut remonter jusqu'au XIe siècle. Le tympan de l'autre arcade porte deux statues — ou plutôt deux troncs de statues. Le devant du tombeau est orné de cinq médaillons entourés d'un riche bandeau circulaire « dont les figures, en haut-relief, rappellent à s'y méprendre la statuaire antique », au point que certains artistes ont cru voir, au moins en deux de ces figures, des fragments de sculptures romaines qu'on aurait ainsi utilisées. Elles sont, hélas ! affreusement mutilées ; et il en est de même de tous les ornements

Les tombeaux du transept.

D'après une photographie de M. H. Magron.

ou statues qui décorent ces deux tombeaux. Nous en donnons une reproduction ; mais notre texte ne sera pas inutile pour l'expliquer.

Au-dessus de ces arcades s'ouvrent deux fenêtres largement ébrasées, et cantonnées de plusieurs colonnettes avec anneaux. Vient ensuite une petite galerie, semblable à celle que nous avons signalée dans l'autre côté, qui se continue également sur le mur occidental ; et enfin, trois belles fenêtres, très élancées, s'élèvent jusqu'à la voûte.

Cette partie de l'église a été complètement restaurée, il y a quelque dix ans. On a alors enlevé la cloison en maçonnerie qui fermait le triforium (et qui existe encore dans la nef) pour la remplacer par une cloison de bois, peinte en brun, dont l'effet, selon nous, n'est rien moins qu'agréable.

Une large tour carrée, « ouverte en lanterne », couronne le centre du transept. Sa voûte s'élève à trente mètres (dix mètres plus haut que celle de la nef). Elle se compose de deux étages, dont le premier est orné d'arcatures géminées; le second est percé de deux fenêtres sur chacune de ses faces. Nous avons dit que cette tour avait été ajoutée dans les premières années du XIII° siècle. Sans qu'on puisse la comparer à la célèbre tour centrale de la cathédrale de Coutances, elle produit néanmoins, à l'intérieur, un fort bel effet, qui rappelle, malgré la différence de style et de proportions, la lanterne de Notre-Dame de Rouen. L'extérieur de cette tour n'a rien de remarquable; la gravure qu'on voit ci-dessous en donne d'ailleurs une idée suffisante.

Le chœur est composé de quatre travées, dont les deux premières, semblables à celles de la nef, datent de la même époque. Les deux dernières ont été ajoutées, comme la tour centrale, par l'évêque Jourdain du Hommet, un demi-siècle plus tard. Leurs colonnes ont le même diamètre que les autres, mais les chapiteaux sont plus richement travaillés. Le triforium est encore formé d'arcatures géminées; l'ogive, toutefois, y est plus accentuée, les colonnettes sont plus élégantes, et le tympan est percé

Abside.

d'un trèfle accompagné de trois autres trèfles plus petits. De chaque côté du chœur on voit un double rang de très belles stalles (au nombre de soixante-dix), qui remontent aux premières années du XIV° siècle, et comptent ainsi parmi les plus anciennes qui existent. Elles avaient été très mutilées, mais on vient de les restaurer complètement. Les panneaux droits qui terminent chaque rang sont décorés de statuettes de saints placées deux à deux, sous des arcatures trilobées; leur couronnement est formé de larges volutes garnies de feuillage : les miséricordes sont supportées généralement par des têtes d'animaux, et l'accoudoir par une colonnette octogone.

L'abside qui termine le chœur décrit une courbe très gracieuse. Les arcades, au nombre de sept, reposent sur des piliers doubles, dont les chapiteaux, formés de deux rangs de crossettes, portent un tailloir à pans coupés. Le *triforium* est composé d'arcades géminées, d'une rare élégance, dont le tympan est percé d'un quatre-feuilles. Il rappelle beaucoup celui de Saint-Étienne de Caen; ici toutefois, il n'y a qu'un simple passage en arrière des arcades, au lieu que le triforium de Saint-Étienne ouvre sur une large tribune. Les fenêtres supérieures à une seule baie, sont aussi fort bien dessinées; celles du fond sont garnies de vitraux modernes. Une jolie voûte couronne dignement cette magnifique abside; ses nombreuses arêtes reposent sur de légères colonnettes qui s'élancent du tailloir des piliers; elles se réunissent autour d'une large clef qui porte en relief les armes de l'ancien chapitre.

Si maintenant nous examinons les collatéraux du chœur, nous y constatons une différence de style très accentuée. Le mur correspondant à la seconde travée du chœur est percé d'une fenêtre à baie unique, avec colonnettes annelées, semblables à celles qui éclairent les bas-côtés du transept, au lieu que « la partie des collatéraux qui correspond aux deux dernières travées et à l'abside, offre un double mur percé de fenêtres accolées, dont l'archivolte repose de chaque côté sur des colonnettes sans anneaux ». De plus, la partie inférieure de la muraille est tapissée d'arcades dont les colonnes sont terminées par des chapiteaux au feuillage très varié. Une rosace profondément fouillée remplit l'angle au-dessus des fenêtres.

Nous donnons une vue du collatéral, prise de la chapelle de la Sainte-Vierge.

Les chapelles latérales de l'abside, de forme semi-circulaire, sont éclairées par trois fenêtres ogivales. A droite de l'autel, on voit une piscine composée de deux gracieuses arcades séparées par une colonnette, et de l'autre côté une sorte d'armoire carrée, à deux compartiments, entourée d'un simple tore qui dessine au-dessus quatre petites arcatures cintrées.

Un beau tableau, représentant le martyre de saint Sébastien, surmontait autrefois l'autel de la chapelle du midi; il est maintenant dans une des chapelles du bas-côté nord de la nef. L'église possède encore six grands tableaux de réelle valeur, qui repré-

Vue prise de la chapelle de la Vierge.

D'après une photographie de M. H. Magron.

sentent diverses scènes de la vie de saint Pierre et de saint Paul. L'auteur, un artiste rouennais assez célèbre au siècle dernier, a signé l'une de ces toiles : Lemonnier, 1774. Ces tableaux furent d'abord placés dans le chœur, on les a transférés ensuite dans le transept, et ils sont définitivement installés dans les chapelles latérales de la nef; c'est la meilleure place qu'on pût leur assigner, parce qu'ils ne brisent plus aucune ligne architecturale. Deux d'entre eux surtout, dit-on, méritent une attention spéciale : La *Guérison d'un paralytique*, et la *Résurrection de Tabithe*.

Au XIVe siècle, on avait érigé à l'entrée du chœur un magnifique jubé qui fut détruit, en 1689, par les ordres de Léonor II de Matignon; il était orné de hauts-reliefs ayant trait à la vie et à la passion de Notre-Seigneur Jésus-Christ. — Deux des panneaux sculptés ont échappé à la destruction; nous les retrouverons dans la chapelle de la Sainte-Vierge. — La construction d'un nouveau jubé en bois, dans le style du temps, entraîna la démolition de la chaire épiscopale, « qui était, dit un chroniqueur, en pierre de Vernon, et d'un très beau travail ». Il ne reste aucune trace de ce jubé, qui sans doute était loin de valoir le premier.

Chapelle de la Sainte-Vierge. — Nous avons dit déjà que cette chapelle avait été reconstruite au XVe siècle. Nous voudrions pouvoir la décrire sans parler de l'homme qui a présidé à sa construction, et qui porte un nom maudit dans l'histoire. On sait, en effet, que Lisieux eut à subir, comme évêque, de 1332 à 1342, le trop fameux juge de notre sainte Française, l'héroïque Jeanne d'Arc. Les Anglais, alors maîtres du pays, lui donnèrent l'évêché de Lisieux, l'un des plus riches de France, en récompense de son infamie, — les trente deniers de Judas!...

On a voulu voir dans la construction de cette chapelle, un acte solennel d'expiation; mais rien, malheureusement, ne vient appuyer cette croyance. Il est trop certain que l'ancien évêque de Beauvais demeura jusqu'à sa mort le valet des Anglais et l'ennemi de sa patrie. S'il eût désavoué son crime, s'il eût fait acte public de repentir, est-ce que ses restes auraient été jetés à la voirie, comme ils le furent dès que ses protecteurs eurent été expulsés de la Normandie?... Quoi qu'il en soit, la chapelle bâtie par lui est un véritable bijou d'architecture, auquel on a récemment rendu sa première splendeur, en la débarrassant des boiseries du style Louis XV qui recouvraient les murs. Ces boiseries, assez belles en soi, n'étaient pas à leur place, et elles masquaient de charmantes arcades, qu'on a retrouvées presque intactes, et qui d'ailleurs ont été complètement restaurées.

La chapelle a 17 m. 25 de longueur et 6 m. 85 de largeur; elle se termine par une abside à trois pans, et elle est éclairée par neuf grandes fenêtres flamboyantes, divisées en quatre baies par trois meneaux ornés de colonnettes : « La forme prismatique n'apparaît que dans la seconde moitié du XVe siècle », du moins dans notre région.

Les faisceaux de colonnettes qui séparent les fenêtres reçoivent les arceaux de la voûte. « L'un de ces faisceaux est interrompu par une niche qui abritait anciennement une statue de la Sainte-Vierge. » On y voit présentement un écusson aux armes de Jeanne d'Arc.

Entre les arcades qui ornent les murs, on remarque six bas-reliefs irrégulièrement placés, qui rappellent celui que nous avons vu déjà dans le transept sud. Le sujet est identique : la Vierge, assise, tenant l'Enfant Jésus dans ses bras, et, devant elle, à genoux, un personnage conduit par un saint — son patron sans doute — qui lui présente une supplique.

Un bel autel en pierre décore le sanctuaire; cette gracieuse et savante composition est l'œuvre de M. G. Bouet, « un artiste aussi distingué que modeste », qui fut l'ami et le collaborateur de M. de Caumont, et qui contribua pour une large part à remettre en honneur le style ogival, trop longtemps déprécié, même en France.

Tout près de l'autel, dans le pan de mur situé à gauche, on voit les deux groupes venant de l'ancien jubé, dont nous avons parlé. Placés d'abord dans la troisième travée de la chapelle, ils ont été retrouvés lors de l'enlèvement des boiseries; on les a depuis transférés dans le sanctuaire, en leur donnant un riche encadrement de style du XVe siècle. Ces groupes représentent la mort et la résurrection du Sauveur. Il est difficile de réprimer un sourire en voyant la manière dont l'artiste a représenté Notre-Seigneur sortant du tombeau. Les personnages avaient été bien mutilés, et il a fallu notamment refaire toutes les têtes.

De l'autre côté de l'autel, une grande et belle piscine fait pendant à ce groupe; enfin des vitraux modernes, assez remarquables, garnissent les trois fenêtres du sanctuaire et en complètent la décoration.

L'église Saint-Pierre renfermait autrefois plusieurs monuments funéraires très intéressants, qui furent détruits à la fin du XVIIe siècle. L'épiscopat de Léonor II de Matignon fut vraiment une époque néfaste pour la cathédrale. « Les changements imposés par *la mode,* dit encore M. Pannier, firent commettre de nombreux actes de vandalisme qu'on ne saurait trop déplorer, car il nous ont privés de véritables chefs-d'œuvre. Les tombeaux mêmes ne furent pas épargnés. » Divers fragments qu'on a retrouvés peuvent donner une idée de la richesse de ces tombeaux, qui étaient placés près du maître-autel.

Le même auteur déplore aussi la destruction de la chaire, « en bois de chêne sculpté, qu'on voyait encore, il y a quelques années, dans la nef. Cette chaire avait une certaine valeur artistique et offrait un véritable intérêt historique... Elle avait plus d'une fois retenti de la parole éloquente d'un grand nombre d'évêques et de prédicateurs distingués. Le souvenir de Bossuet, qui s'y rattachait, aurait dû la sauver de la destruction ». En voyant la chaire qui l'a remplacée, on ne peut que regretter davantage sa disparition : l'art n'a guère gagné à cet échange... La substitution date de 1855. Depuis quarante ans, la science de l'architecture ogivale et le bon goût ont fait bien des progrès !...

L'Abbé Marie.

ÉGLISE SAINT-JACQUES, À LISIEUX

L'ÉGLISE SAINT-JACQUES, A LISIEUX

Construite d'un seul jet à la fin du XV° siècle, l'église Saint-Jacques est un charmant édifice du style ogival tertiaire. La première pierre fut posée en 1496, et cinq ans suffirent pour l'achèvement du vaisseau, — la tour n'a jamais été bâtie, faute de ressources. Cependant, l'église ne fut solennellement dédiée que le 1ᵉʳ juin 1540. On connaît le nom de son architecte, qui fut un *maître-maçon* de Lisieux, Guillaume de Samaison. Quoiqu'elle appartienne à une époque où le style ogival était en décadence et subissait d'ordinaire une surcharge exagérée de sculptures et d'ornements, l'église Saint-Jacques se distingue par une grande pureté de style jointe à la plus noble simplicité.

L'extérieur a malheureusement bien souffert des injures du temps... et des hommes. « Le grand portail est trop mutilé pour qu'on en puisse soupçonner l'ordonnance ; les amorces qui subsistent encore semblent indiquer qu'il y avait des statues dans les embrasures de la porte et une série de statuettes sur les archivoltes. » La tour est remplacée par un vilain clocher en charpente recouverte d'ardoises.

Les murailles de la nef sont appuyées par des arcs-boutants qui reposent sur des contreforts surmontés chacun de deux clochetons très élancés, mais fort délabrés pour la plupart ; plusieurs d'entre eux ont été refaits à neuf depuis une dizaine d'années, et l'on doit continuer ce travail à mesure que viendront les ressources. La balustrade qui règne entre les contreforts, au-dessus des chapelles latérales, est d'un dessin charmant : elle est formée de quatre-feuilles évidés à jour, dont les pointes sont réunies par une *coquille de saint Jacques*.

Toutes les fenêtres sont flamboyantes, à nombreux meneaux prismatiques. La tracerie de leur tympan est très riche dans les chapelles latérales, et surtout au clérestory du chœur.

L'église avait été construite sur un terrain incliné, dont la pente fut encore augmentée lorsqu'on créa les rues voisines, au midi et à l'ouest, de sorte qu'on n'a plus accès à l'intérieur que par des escaliers à nombreux degrés. Celui qui monte au grand portail a trente-six marches, il est double jusqu'au premier palier. Quand on le reconstruisit, il y a vingt-cinq ans, on l'entoura d'une rampe copiée sur une balustrade intérieure de l'église.

L'étranger qui pénètre dans l'édifice, après avoir jeté un coup d'œil sur son portail si délabré, ne peut manquer d'éprouver une vive surprise : on croirait entrer dans une église toute neuve tant elle est brillante de fraîcheur et de jeunesse !... Au siècle dernier, le mauvais goût régnant avait fait recouvrir tous les murs d'un affreux badigeon qu'on avait encore renouvelé depuis. En 1868, M. l'abbé Delatroëtte, qui venait de prendre possession de la cure de Saint-Jacques, résolut de rendre à l'église qui lui était confiée sa première beauté en la débarrassant de ce revêtement parasite. Ce fut un travail long et délicat, mais qui fut exécuté avec un plein succès.

Sous le badigeon qui couvrait les voûtes, on a retrouvé des peintures du XVI° siècle, qui vont en se rétrécissant depuis le bas de la nef, où elles couvrent toute la largeur de la voûte, jusqu'au sanctuaire où elles n'en occupent plus qu'une faible partie autour de la clef. La première travée présente, au milieu de larges arabesques, quatre grandes figures d'anges qui soutiennent des banderolles chargées d'inscriptions ; la seconde et la quatrième, des enfants qui se jouent au milieu des fleurs. La troisième travée nous donne la date des peintures : 1552, avec cette inscription : FIDENTI SPERATA CEDUNT. Les autres n'offrent plus que des enroulements de fleurs et de feuillages. Toutes ces fresques ont été restaurées avec soin ; mais serait-il téméraire de dire que quelques-unes d'entre elles ont reçu des teintes trop foncées et trop crues ?... Les clefs de voûte sont, pour la plupart, ornées de blasons de nobles familles qui avaient contribué à la construction de l'édifice.

L'église se compose, à l'intérieur, d'une nef très élégante — de 60 mètres de longueur sur 7 m. 10 cent. de largeur entre piliers — avec bas-côtés accompagnés de chapelles latérales, qui se terminent par un mur droit au niveau du sanctuaire. Celui-ci est formé par un chevet à pans coupés, éclairé par deux étages de fenêtres. La nef centrale est séparée des collatéraux par des piliers monocylindriques, à base octogone, « qui n'ont, dit M. de Caumont, d'autres chapiteaux que la pénétration des nervures des voûtes ». Quelques-uns de ces piliers portent encore des restes de peintures avec inscriptions obituaires, qui indiquent la place de sépultures concédées à quelques bienfaiteurs insignes. Plusieurs des inscriptions se déchiffrent encore aisément ; l'une

Partie latérale.

D'après une photographie de M. H. Magron.

d'elles porte le nom de : Mᵉ GUILLE TIREL, EN SON VIVANT, CURÉ DE SAINCT-JOHAN DE FAMILLY..... QUI TRESPASSA LE MQUEDI PENULTᵐᵉ JOUR DE JUIN L'AN MIL V. LX. Une autre indique une date de sépulture plus ancienne encore : 1522. Ces peintures avaient été comme jetées au hasard, sans ordre ni symétrie, ce qui ne permet guère de songer à les restaurer : l'effet n'en serait pas heureux. On voit aussi, dans la troisième chapelle du sud, un tableau analogue qui représente une Trinité, assez bien conservée, avec des personnages en prière dont il ne reste que la trace ; l'inscription est complètement effacée.

Un triforium très élégant règne dans toute la longueur de l'église ; il est formé d'une série d'arcatures trilobées, avec une balustrade flamboyante : celle-ci se continue autour du chevet, qui n'a qu'une simple galerie sans arcades, au-dessous des fenêtres supérieures.

Deux gros piliers, dont l'un renferme un escalier, marquent l'entrée du chœur, dont les stalles sont fort remarquables. Les stalles basses, qui viennent de l'ancienne abbaye du *Val-Richer*, datent

du règne de Louis XIV; les autres, au nombre de quarante, remontent au XVI⁰ siècle; elles présentent
des panneaux délicatement sculptés et de curieuses miséricordes.

Un bon nombre de fenêtres de Saint-Jacques possèdent encore des fragments de leurs anciennes
verrières. Le beau vitrail du haut de l'abside *(le Crucifiement de N.-S.)* date presque en entier du
commencement du XVI⁰ siècle; il n'a subi qu'une faible restauration. Deux autres verrières sont
complètement intactes. La première, située sur la chaire, représente une scène de l'Apocalypse : la
grande prostituée de Babylone; c'est, dit-on, l'une des pages les plus splendides que nous ait lais-

sées la Renaissance. L'autre verrière
est dans la seconde chapelle du sud;
elle offre une série de petits tableaux
relatifs à un *Miracle de saint Jacques,*
d'après la Légende dorée. Au-dessous
de cette fenêtre se trouve un tableau
très curieux, placé jadis dans la chapelle Saint-Ursin de la Cathédrale. Il
est divisé, sur sa longueur, en trois
carrés, au-dessus desquels on lit cette
inscription : COMMENT LES RELIQUES DE
MONSIEUR S. URSIN FURENT APPORTÉES PAR
MIRACLE EN CETTE ÉGLISE L'AN 1055, PAR
LES SOINS DE HUGO, ÉVÊQUE DE LISIEUX;
et, dans le bas : CE TABLEAU A ÉTÉ REFAIT
SUR L'ORIGINAL VIEIL EN L'ANNÉE 1681
AUX DÉPENS DE LA FABRIQUE.

Nous pouvons encore signaler
dans cette église quelques œuvres
modernes : un maître-autel très riche,
en bois peint et doré; le buffet du
grand orgue, composé dans le style
fleuri du XV⁰ siècle; enfin, une belle
chaire, œuvre de M. Bulteau, de Reims.

Vue de la nef.
D'après une photographie de M. H. Magron.

Terminons cette notice en faisant remarquer une singularité assez étrange que présente l'église
Saint-Jacques. Nous avons dit qu'elle fut construite sur un terrain incliné; or, l'architecte prit le parti
de faire suivre au pavé de l'église l'inclinaison du sol, de sorte que l'on constate dans la nef une pente
d'environ 3 centimètres par mètre. Aussi la hauteur, du pavé à la voûte, qui est de 19 m. 40 devant
le grand orgue, n'est-elle plus que de 17 m. 50 en avant des degrés du sanctuaire. Nous ne connaissons pas d'autre exemple d'une pareille disposition.

L'Abbé MARIE.

LE PALAIS ÉPISCOPAL

L'édifice important qui fait retour d'équerre avec la façade de la Cathédrale, au nord de la place, est l'ancien palais épiscopal, maintenant affecté aux divers services judiciaires.

Cet édifice a remplacé, au XVII⁰ siècle, un magnifique château féodal, auquel « ses murs épais, ses tours garnies de mâchicoulis, ses fossés profonds » donnaient l'aspect d'une forteresse.

Nous retrouvons encore le nom d'Arnoult à l'origine de l'ancien palais. L'incendie qui détruisit la ville, en 1136, n'avait pas épargné l'antique et modeste habitation des évêques. En même temps qu'il relevait la Cathédrale de ses ruines, l'illustre prélat voulut élever une demeure en rapport avec la haute situation des évêques de Lisieux (1). Ses successeurs ne firent qu'ajouter quelques constructions aux bâtiments primitifs, et c'est bien l'œuvre d'Arnoult qui fut détruite au XVII⁰ siècle, soit qu'elle ne présentât plus une solidité suffisante, soit plutôt que ce château ne répondît plus au goût et aux exigences de l'époque. L'évêque Philippe Cospeau (ou de Cospéan), qui occupa le siège de Lisieux, de 1635 à 1646, fit élever la plus grande partie du palais qui existe encore maintenant.

La façade principale, construite en briques et en pierre, dans le style Louis XIII, « est séparée en deux parties égales et symétriques par un élégant pavillon, percé, au rez-de-chaussée, d'une porte à deux vantaux qui donne accès dans la cour du palais »; les étages supérieurs de ce pavillon sont très richement décorés. Les parties latérales se composent d'un rez-de-chaussée assez simple et d'un étage éclairé par de belles et hautes fenêtres, au nombre de cinq sur chaque côté. La corniche, supportée par de jolies consoles, est interrompue par des lucarnes en pierre, à fronton cintré, séparées par d'autres lucarnes simulées, à fronton triangulaire. Il est fâcheux que, dans la restauration qui vient d'être faite de cette façade, les nécessités du service auquel ce bâtiment est affecté n'aient pas permis d'en rouvrir toutes les fenêtres; l'effet est d'autant plus bizarre que l'on a muré, à droite, les fenêtres du rez-de-chaussée, et de l'autre côté, celles de l'étage supérieur. Le haut de ces dernières est, toutefois, percé de petites ouvertures carrées, garnies de barreaux en fer, pour mieux accentuer encore la destination actuelle de cette partie du palais!

La façade qui regarde la cour est de même style; mais le pavillon en est beaucoup plus simple, et les fenêtres du rez-de-chaussée sont remplacées par des arcades maintenant fermées en grande partie.

Le bâtiment que l'on voit à droite en entrant dans la cour, a été construit, en 1680, par Léonor II de Matignon, qui donna l'ordre cependant de conserver les gros murs de l'ancien palais du XII⁰ siècle; on voit encore, en effet, dans la muraille orientale, les ogives des fenêtres primitives. C'est dans cette aile que se trouvent les parties intérieures qui présentent encore un réel intérêt.

(1) *Gallia Christ.*, t. XI, p. 778. *Arnulphus, lexoviensis epüs, cum..... in ædificando ecclesiam et pulcherrimas domos laborasset, renuntiavit episcopatui.*

Nous mentionnerons d'abord un escalier monumental en pierre, d'une construction très hardie, qui conduit au premier étage. La rampe en fer forgé, « œuvre remarquable de la serrurerie du XVIIᵉ siècle », porte, dans sa partie supérieure, le chiffre de l'évêque Léonor de Matignon. L'escalier est éclairé par deux fenêtres géminées, à plein cintre, dont les tympans ajourés ont une forme assez singulière. Il était primitivement surmonté d'une lanterne octogone percée de seize fenêtres et décorée de peintures à fresque.

Dans le haut de l'escalier, à gauche, une porte à deux vantaux ouvre sur une vaste salle qui servait autrefois aux réunions du *Synode* diocésain, et qui est devenue la salle d'audience du Tribunal civil. Elle a été dépouillée de ses anciens ornements, mais elle possède un beau *Christ en croix* de Philippe de Champaigne. De là, un corridor mène à la *Chambre rouge* — aujourd'hui *Chambre du Conseil*, — dont les murs étaient recouverts de belles tapisseries, et qui n'a plus comme ornement qu'un portrait en pied de Louis XIV et un autre tableau représentant Jupiter allaité par la chèvre Amalthée. On atteint, enfin, une magnifique salle appelée la *Chambre dorée*, qui « pouvait — et peut encore — rivaliser, par la richesse de sa décoration et le luxe de son ameublement, avec les appartements des palais de nos rois ».

Nous donnons une vue de cette chambre qui, maintenant, est appelée la *Salle dorée*. Le plafond à caissons (de la fin du XVIIᵉ siècle) est décoré de peintures « exécutées par les premiers artistes de l'époque ». Un grand médaillon à quatre lobes occupe le centre; on y voit les armes des Matignon, soutenues par un ange, et d'autres anges qui portent les attributs de l'épiscopat.

Chambre dorée de l'ancien évêché.

D'après une photographie de M. B. Magron.

Autour de ce tableau, six médaillons circulaires offrent une série de petits tableaux en grisaille, représentant divers sacrifices. De riches encadrements formés de feuilles de chêne et d'autres feuillages dorés, des mascarons, des têtes de lion sculptées en haut relief, complètent la décoration de ce superbe plafond.

Le manteau de la cheminée est orné d'un tableau de *Jacques Stella* qui représente, dit-on, *la découverte du feu*. Au-dessus des portes, on voit de petits tableaux où sont figurées des scènes de l'ancien Testament. Les portes, dont les vantaux « sont couverts de peintures à fond d'or simulant des imbrications », ont comme encadrement une belle guirlande de feuilles de chêne. Une riche tenture en cuir de Cordoue remplace les anciennes tapisseries qui recouvraient les murs. L'ameublement est en rapport avec la splendeur de la salle; on remarque surtout la grande et belle table qui en occupe le milieu.

Il ne reste rien du principal corps de logis qui faisait face au grand jardin. Ce somptueux édifice était encore l'œuvre de Léonor II de Matignon, qui en avait fait la demeure personnelle de l'évêque ; il fut démoli en 1808, pour faire place au bâtiment plus utilitaire que l'on voit maintenant. — Les constructions élevées à l'ouest, au XVIIIe siècle, méritent à peine une mention, sinon pour exprimer le regret qu'on ait alors remplacé par l'informe pavillon qui le termine au midi, un joli pavillon de style Louis XIII qui complétait la façade dont nous avons parlé.

On a détruit aussi, en 1835, la charmante chapelle de l'évêché, fondée par Guillaume d'Asnières à la fin du XIIIe siècle. « L'aveugle et stupide vandalisme qui l'a si inutilement renversée, dit M. Pannier, s'exerçait à l'aurore de cette grande réaction réparatrice, qui a conservé à la France tant de précieux monuments. »

L'Abbé Marie.

Cliché F. Magron — Lemale & Cie, édit. Rouen — Héliog. P. Dujardin

MAISON DE LA RUE AUX FÈVES À LISIEUX

ANCIENNES MAISONS, A LISIEUX

Un volume entier suffirait à peine pour décrire toutes les vieilles et curieuses maisons de Lisieux, qu'on a justement appelé « la ville des maisons de bois ». On en compte, en effet, au moins une soixantaine qui présentent un réel intérêt. Elles donnent à l'antique cité normande une physionomie à part, une charmante originalité.

« Il faudrait, dit M. L. Énault, aller jusque dans les Flandres, pour trouver une ville qui offre dans son ensemble un tel caractère de curiosité bizarre et un aussi profond sentiment du pittoresque. » Plusieurs rues ont, en effet, malgré les constructions modernes, à peu près conservé leur aspect primitif. « Les alignements de l'édilité municipale ont respecté jusqu'à ce jour la libre fantaisie des premiers architectes; il en résulte, pour l'œil de l'artiste, les effets de lignes et de couleurs les plus inattendus... Les maisons elles-mêmes se livrent à tous les caprices de la menuiserie architecturale : ce sont des balcons ouvragés, des fenêtres encadrées de riches sculptures, des façades historiées de statuettes et des pignons sur rue qui étalent leurs grâces avec un naïf orgueil. Lisieux employait dans ses constructions une variété infinie de matériaux; il en résulte une singulière richesse de tons dans la gamme des couleurs... Devant ce tableau d'une harmonie si calme et si riche, je me suis involontairement rappelé la Venise hollandaise, Amsterdam, où l'œil ravi se repose sur des perspectives caressantes comme les plus aimables productions de ses coloristes. Ajoutez que, de temps en temps, les rues se détournent, les maisons s'écartent et laissent voir, par de soudaines échappées, les riants paysages de la campagne normande. »

Cette poétique description rend à merveille la physionomie de la ville et le sentiment qu'on éprouve en visitant nombre de ses quartiers. Qu'on parcoure la rue aux Fèvres, ou la rue de la Paix, ou celle des Boucheries, ou même certaines parties de la Grand'Rue, on pourra vraiment se croire reporté de quatre siècles en arrière.

Si, par exemple, du portail méridional de Saint-Pierre, vous jetez les regards du côté de la Grand'Rue, vous n'apercevez, à gauche et en face, que des constructions datant au moins du XV⁰ siècle. C'est d'abord cette maison si remarquable qui termine la rue du Paradis, et dans laquelle on rencontre plus d'un caractère qui porterait à l'attribuer au siècle précédent : ainsi, l'on ne trouve ni au XV⁰ siècle, ni plus tard, la courbure naturelle des liens qui retiennent les colombages. L'étage principal, qui forme une saillie considérable, est soutenu par des potences élégies de simples moulures. Le second étage, fort bas, est lui-même en saillie sur le premier; il supporte à son extrémité un pignon d'un effet très pittoresque. La petite tourelle à pans coupés qu'on voit au rez-de-chaussée est une addition du XVI⁰ siècle, de même que la fenêtre voisine, dont les montants sont ornés de colonnettes portant deux écussons, et sous l'appui de laquelle règne une série de potelets couverts d'imbrications très variées. Cette fenêtre est protégée, dit M. Pannier, par une merveilleuse grille en fer, vrai chef-d'œuvre de forge et problème inexplicable pour nos ouvriers actuels.

La façade qui donne sur la Grand'Rue est également fort intéressante : son large pignon forme une ogive profonde appuyée de chaque côté sur des consoles décorées de têtes sculptées en plein relief. La vue générale que nous donnons de cette curieuse maison nous dispense de plus longs détails.

Les maisons situées en face, dans la Grand'Rue, et que nous apercevons de notre point d'observation, sont construites d'après le même système et datent de la même époque. Les fenêtres primitives ont été modifiées, mais « à deux endroits, on retrouve leurs linteaux, dont le profil serait du XIIIe siècle, dans une construction de pierre ». Toutefois, la cave voûtée qui règne sous une partie de la maison ne semble pas remonter au delà du XVe, non plus que les petits potelets carrés qui décorent les colombages.

Il y a, dit encore M. Pannier, deux particularités à signaler : c'est d'abord la présence d'un entre-sol dans une maison du moyen âge. Ici, cette disposition a été nécessitée par la pente assez raide de la rue. C'est, en second lieu, la combinaison du comble longitudinal et du pignon. « Tandis qu'une partie du toit s'égoutte sur la rue, à l'extrémité surgit un gable important, impossible à confondre avec une simple lucarne. On attachait donc quelque importance à avoir pignon sur rue. »

Maison de la rue du Paradis.

D'après une photographie de M. H. Magron.

La maison qui vient à la suite, en descendant la rue, mériterait une description détaillée si nous n'en donnions une vue complète. C'est un coin pour ainsi dire classique, autant peut-être que l'angle de la rue du Paradis. La façade qui fait retour sur la rue des Boucheries est suivie de deux autres maisons qui s'harmonisent parfaitement avec elle et présentent un ensemble des plus caractéristiques.

Remontons la Grand'Rue jusqu'à la rue de la Paix, nous trouverons, à l'angle de ces deux voies, une maison du XVe siècle, que nous ne pouvons négliger. « Les deux faces ont un aspect à la fois rustique et sévère. Deux étages sous le comble, éclairés l'un et l'autre par une série de fenêtres, faisaient du mur un panneau de verre interrompu seulement par les colombages », qui n'occupaient que le tiers inférieur de chaque étage. C'est bien à tort qu'on accuse d'obscurité les vieilles maisons :

« celles de Lisieux fournissent à chaque pas la preuve que nos ancêtres introduisaient au contraire
la lumière à profusion dans leurs maisons... On ne payait point alors d'impôt pour jouir de l'air et
du soleil! Le pignon sur la Grand'Rue a une proportion vraiment imposante; et il devait être tout

à fait grandiose avec ses rangées de fenêtres super-
posées, aux vitraux multicolores, quand ses bois étaient
peints d'un ton harmonieux et que son grand gable
saillant faisait un cadre dentelé sous le comble aigu ».

Revenons sur nos pas et descendons la Grand'Rue;
nous trouvons à gauche, dans la cour du n° 47, une
maison de la fin du XV° siècle, appelée le Manoir
Chopin, dont le rez-de-chaussée et le premier étage,
construits en pierre, sont éclairés par des fenêtres
cruciformes ; le second étage est en bois. L'intérieur
renferme, au premier, une magnifique pièce dont le
plafond « en châtaignier possède une décoration usitée
seulement dans les plus riches manoirs ». La vaste et
belle cheminée qui date de la même époque est fort bien
conservée. Tout près se trouve l'ancien hôtel Le Valois,
qui a sur la rue une façade étroite mais très jolie, du
commencement du XVI° siècle. Les colombages « sont
couverts de potelets à imbrications variées, d'une
grande délicatesse ». On ne retrouve aucune trace des
anciennes fenêtres. Le second bâtiment, dans l'allée,
est aussi décoré de potelets et présente une belle

Fenêtre grillée d'une maison rue du Paradis.
D'après une photographie de M. H. Magron.

fenêtre bouchée, « dont les pieds-droits et la croix portent trois médaillons encadrant des têtes de la
Renaissance ». Son autre façade sur la cour du fond a des statuettes taillées dans les poteaux d'angle,
avec des consoles ornées de blasons; des girouettes en terre émaillée surmontent encore la toiture.

Quelques pas plus loin, au n° 55, on voit, dans la cour, une maison plus ancienne, dont le
rez-de-chaussée seul est en pierre; il est éclairé par deux grandes fenêtres carrées, à moulures
prismatiques, munies de belles grilles annelées en fer rond assez semblables à celle de la rue du
Paradis, dont on voit le dessin plus haut. Dans l'angle sud, il existe une tourelle à trois pans qui
renferme l'escalier; celle-ci semble postérieure au corps principal; on y trouve, en effet, divers
ornements qui rappellent l'époque de François Ier.

Continuons à descendre la place, jetons en passant un regard sur un groupe de jolies maisons
portant les n° 79 et 81, et nous arrivons au n° 87, où se trouve l'entrée d'une des cours les plus
étranges et les plus pittoresques que l'on puisse imaginer. Elle porte le nom de Manoir ou d'Allée de
l'Image; c'est une longue suite de constructions, remontant pour la plupart au XV° ou au XVI° siècle,
qui furent, depuis 1552, la propriété des prêtres de la paroisse de Saint-Germain, « par suite de la
donation à eux faite par le généreux Nicolas Le Valois ».

A l'angle nord-ouest de la place Saint-Pierre s'ouvre la place Hennuyer, l'ancien Friche aux
Chanoines, qui possède quelques maisons de bois assez intéressantes; mais ce qui la signale surtout,
c'est la tour carrée en pierre qui forme l'angle de la rue de la Chaussée, et dont certains détails
permettent de fixer la construction au commencement du XIV° siècle. Ce serait donc la maison la plus

ancienne que l'on voie encore à Lisieux. Une tourelle carrée, renfermant l'escalier, flanque la face qui regarde le couchant.

Prenons maintenant la rue Pont-Mortain, et signalons en passant, d'abord, la seconde maison à droite qui est du XVᵉ siècle (malgré la date rapportée au milieu de sa façade), et qui présente

Rue aux Fèvres.

cette particularité d'avoir trois étages, « disposition unique dans les maisons de cette époque »; puis, une jolie façade de la Renaissance, dans la cour du nᵒ 31 ; et nous arrivons, enfin, à la rue aux Fèvres, la plus célèbre des rues de Lisieux. Dès l'entrée, nous apercevons au fond la silhouette du fameux manoir auquel elle doit son renom; mais nous devons d'abord nous arrêter devant la maison qui porte le nᵒ 33 et qui vient, comme ancienneté, immédiatement après la tour de la place Hennuyer; elle est donc de la fin du XIVᵉ siècle. On lui donnait le titre de Manoir Formeville, du nom d'une des familles les plus notables de Lisieux. « Moins brillante que la célèbre maison dont la renommée est universelle, dit encore M. Pannier, elle nous paraît cependant offrir un très grand intérêt. Elle est unique par sa construction. C'est le système d'*empilage*, regardé par M. Viollet-le-Duc comme l'un des modes primitifs de l'emploi du bois. » Deux des anciennes fenêtres subsistent encore; elles étaient partagées par des croisées en bois. Aucune moulure ni sculpture ne s'y voit, l'angle était simplement abattu par un chanfrein; et ici encore nous retrouvons la courbure naturelle des liens du colombage, que nous avons déjà signalée comme un caractère de haute antiquité.

Voici donc enfin devant nous le fameux Manoir dit de François Iᵉʳ (quoique ce roi ne l'ait sans doute jamais visité), celui qui attire chaque année des milliers de curieux et surtout d'Anglais.

Il a été décrit par nombre d'auteurs, dessiné par une foule d'artistes, de sorte qu'il devient presque inutile que nous essayions de l'esquisser; la vue que nous en donnons vaudra mieux, d'ailleurs, que toute description.

Cette maison, ou plutôt ces maisons — car il semble y en avoir deux bien distinctes, accolées l'une à l'autre, — appartiennent réellement au règne de François Iᵉʳ, mais le gothique y domine encore. Portes et fenêtres sont couronnées par l'ogive en accolade, avec son feuillage capricieusement fouillé. Les gros piliers qui divisent la façade sont garnis de colonnettes et de consoles d'un

CARREFOUR DE LA RUE DE LA BOUCHERIE, À LISIEUX

travail très varié, qui supportent des statues de sauvages et de singes dans des attitudes diverses, « ce qui prouve combien les récits des premiers explorateurs de l'Amérique avaient frappé nos ancêtres ». Les deux étages s'avancent en encorbellement, et les potences qui les supportent sont recouvertes de gracieuses arabesques et terminées par des têtes fantastiques et grimaçantes. La salamandre se montre à divers endroits, et notamment sur les consoles qui soutiennent les potences; ce qui fait donner aussi à ce manoir le nom de Maison de la Salamandre. « Au-dessus du second étage règne, dit un auteur, une jolie guirlande en bas-relief, formant frise, dont le dessin ondulé est d'un goût charmant. Enfin, deux petits pignons, rompant la ligne du toit, font une élégante silhouette et contribuent à l'harmonie et à la grâce pittoresque de l'ensemble. » La situation du vieux manoir ajoute encore à l'effet qu'il produit; la rue, fort étroite en cet endroit, comme elle était il y a trois cents ans, lui forme un cadre parfaitement en rapport avec le tableau.

Si le Manoir François Ier, tel qu'il est présentement, mérite sa réputation et la curiosité dont il est l'objet, que serait-ce s'il eût conservé sa première splendeur? Sans parler de l'intérieur, il semble bien, en effet, que les parties de la façade, qui n'offrent plus maintenant qu'un simple colombage en losange, dussent être primitivement couvertes de panneaux sculptés qui devaient rehausser singulièrement la beauté du gracieux édifice. Il n'en reste malheureusement aucun vestige. Ces panneaux ont sans doute été arrachés au moment où le vandalisme révolutionnaire détruisait tant d'œuvres remarquables, et l'on ignore ce qu'ils sont devenus.

Plus haut, dans la même rue, il existe encore une maison qui serait plus remarquée si elle était ailleurs. Les rues d'Orbiquet et d'Ouville elles-mêmes mériteraient une visite; dans la seconde, on distingue surtout l'hôtel de Grieu, qui présente de riches sculptures de la Renaissance. La rue de la Paix possède, en plus de la maison dont nous avons déjà parlé, quelques parties de façade du XVe siècle, et notamment plusieurs portes qui ont conservé leur forme et leurs ornements.

Sur la place du Marché, près de Saint-Jacques, nous signalerons la maison n° 12 qui, tout en ayant subi de fâcheuses modifications, a conservé, au-dessus de ses lucarnes, deux magnifiques épis du XVIe siècle.

Lorsqu'on descend la rue qui longe le flanc méridional de Saint-Jacques, on jouit d'une perspective des plus séduisantes. C'est d'abord, au premier plan, la jolie maison de bois, avec lucarne et pignon, qui termine la rue au Char; un peu plus loin on aperçoit la belle façade de la maison qui marque l'entrée de la rue d'Orbiquet. Puis, c'est la rue aux Fèvres qui s'ouvre entre deux vieilles constructions et se déroule tout entière devant les yeux avec le charmant profil de ses fameux manoirs; et, dans le lointain, entre les maisons, une gracieuse échappée de verdure. Tout cet ensemble présente l'un des plus jolis coups d'œil qui se puissent imaginer.

Terminons notre petite excursion par la rue des Boucheries, qui s'ouvre tout près d'ici, à l'extrémité de la rue aux Fèvres. Cette rue ne compte pas moins d'une douzaine de maisons intéressantes, indépendamment de celles qui touchent à la Grand'Rue et dont nous avons parlé précédemment.

La maison qui nous semble tenir le premier rang est celle qui porte le n° 22. La saillie de ses étages et son vaste pignon ogival attirent tout d'abord les regards. Dans son ensemble, cette construction porte tous les caractères du XVe siècle, et le rez-de-chaussée possède encore une porte surmontée de l'ogive en accolade. Mais, au premier étage, on trouve une décoration de la Renaissance très accentuée, qui se compose de pentes de fruits sur les poteaux, de consoles feuillagées, de pilastres à chapiteaux fantaisistes. « C'est évidemment une reprise en sous-œuvre, et rien n'est si facile à exécuter dans les constructions de bois. » Il ne reste aucun vestige des fenêtres primitives.

Sur la même ligne, on remarque aussi les maisons qui portent les n⁰ˢ 48 et 52. « Leurs façades sont plates et sans encorbellement; on a évité toute saillie, sans doute pour se conformer à l'ordonnance d'Orléans de 1560, mais la décoration en est gracieuse; les sablières déguisées en entablement sont terminées par des rinceaux, et les colombages sont taillés en pilastres ioniques. Une grande lucarne dentelée s'élève au-dessus du comble. »

Presque en face, de l'autre côté de la rue, le n⁰ 37 doit dater aussi du règne de François Iᵉʳ, et mérite d'attirer l'attention. Quoiqu'il soit à moitié couvert d'ardoises, « on voit encore sur un de ses poteaux une jolie accolade ornée de feuillage, d'un ciseau habile. La porte de l'allée est garnie de quatre panneaux à dessins flamboyants également forts délicats ». La maison est connue sous le nom de Manoir des Douze-Livres. Les Douze-Livres étaient des officiers du chœur (sans doute des chantres) de la cathédrale, ainsi nommés du chiffre de leur revenu.

Que d'autres maisons nous aurions encore à décrire, si nous voulions nous étendre davantage! que de charmants détails nous aurions à signaler! Nous avons du moins, nous l'espérons, indiqué les points les plus intéressants. Le lecteur qui voudra en connaître davantage pourra se reporter aux ouvrages spéciaux qui traitent des antiquités lexoviennes.

Nous ne pouvons cependant passer entièrement sous silence les anciennes fortifications de la ville, dont il reste encore quelques vestiges importants.

Il est certain qu'au moyen âge et plus récemment, Lisieux était protégé par de puissantes murailles. Lorsque Henri IV se fut emparé de la ville (janvier 1590), il écrivit lui-même à la comtesse de Grammont, que c'était la plus forte place qui fût encore tombée en son pouvoir.

Les murs étaient flanqués de dix-sept tours, dont cinq existent encore, du moins en grande partie. Une seule est remarquable, « sa construction est due à l'habile maître-maçon qui nous a laissé Saint-Jacques ». Commencée en 1491, elle ne fut terminée qu'en 1510; mais elle dut subir depuis plus d'une réparation à la suite des assauts qu'elle eut à soutenir; elle a été notamment restaurée en 1587, comme l'indique une inscription qu'on y lit encore.

L'intérieur est divisé en deux étages voûtés en ogive, avec clefs ornées de blasons. « L'un de ces blasons est celui du cardinal Le Veneur, qui occupa le siège de Lisieux de 1505 à 1543. »

L'Abbé Marie.

CHÂTEAU D'OUILLY-LE-VICOMTE

OUILLY-LE-VICOMTE ET ROCQUES

A la porte de Lisieux, sur la ligne du chemin de fer qui relie cette ville aux côtes de Normandie et à quelques kilomètres de la mer, se trouve la commune d'Ouilly-le-Vicomte.

Deux cours d'eau traversent cette commune : la Touques, qui coule capricieusement au milieu d'une vallée assez large, et la Paquine, qui se réunit à la Touques près de la vieille église d'Ouilly. La vallée de la Touques est limitée, à l'est et à l'ouest, par des coteaux assez élevés, plantés d'arbres fruitiers et couronnés de bois; en un point les coteaux s'abaissent pour faire place, à droite et à gauche, à des vallées plus petites : c'est l'une d'elles, la vallée de Rocques, qui a resserré jusqu'à Ouilly les eaux rapides de la Paquine.

Le paysage est riant : on devine le pays d'Auge avec ses prairies où des troupeaux paissent en liberté, avec ses chemins creux et ses grands arbres, ses chaumières et ses vieux pommiers que le printemps couvre de fleurs à perte de vue.

Aucun document précis ne permet de remonter dans l'histoire d'Ouilly au delà du VIIe siècle, époque probable de la construction de son église; et la légende, seule, raconte que dans les forêts des alentours, là où se trouvent encore les bois d'Ouilly et de Rocques, un chef gaulois tenait ses assises au temps de la conquête romaine; qu'après une lutte héroïque, il serait tombé avec les siens aux abords de la forêt en défendant la liberté de son pays. Une autre légende, que la configuration du terrain semble démentir, dit aussi qu'au moyen âge, sous ces mêmes bois, existaient de longs souterrains conduisant au château voisin de Fauguernon, château-fort dont il ne subsiste aujourd'hui, dans la paroisse de ce nom, que des ruines intéressantes.

Ce qui est certain, c'est qu'à Ouilly comme à Rocques, la commune voisine, l'occupation romaine a laissé sa marque. A Ouilly, on peut encore suivre par places une voie romaine (De Caumont, *Statistique monumentale de l'arrondissement de Lisieux*), qui, venant de Lisieux, se dirigeait vers la mer en traversant la paroisse d'Ouilly. Sur la rive gauche de la Touques se découvre le camp retranché du Helcry (De Caumont, *Cours d'antiquité monumentale*, t. II, p. 3a3), destiné, à l'époque de son établissement par les Romains, à maintenir en respect les peuples nouvellement conquis. Ce camp commandait la vallée; il permit, plus tard, de surveiller les incursions des pirates (Louis Du Bois, *Histoire de Lisieux*). A Rocques, aux environs du large plateau qui s'étend en arrière des bois, la charrue a mis au jour les traces d'un combat; quelques pièces d'équipement ont été retrouvées, témoins qui ne nous ont livré qu'imparfaitement le sanglant souvenir.

Le nom d'Ouilly, ou mieux Ouillie-le-Vicomte, doit son origine au mot latin *Ovile*, bergerie, et au nom de la famille Le Vicomte ou Le Viconte à laquelle son territoire semble avoir été fieffé. On ne peut préciser à quelle époque les Le Vicomte reçurent les terres d'Ouilly. Ils en étaient

La Touques à Ouilly-le-Vicomte.

D'après une photographie de M. Desmare-Desserez.

Vallée de la Touques à Ouilly-le-Vicomte.

D'après une photographie de M. Desmare-Desserez.

encore possesseurs au XV⁰ siècle (*Statistique monumentale*), et un registre d'inscription de la Charité de la paroisse de Rocques, fait mention des noms de plusieurs des Le Vicomte au commencement du XVII⁰ siècle. Cette famille paraît être celle du chevalier Robert Le Vicomte qui était vicomte de Lisieux en 1178 (*Statistique monumentale*) et qui, malgré ses donations de l'année précédente à l'église des Vaux (Louis Du Bois, *Histoire de Lisieux*), fut évincé de ses droits sur Lisieux, en 1199, par Jean sans Terre, roi d'Angleterre et duc de Normandie, sur l'instance de Guillaume de Rupierre, évêque de Lisieux (*Histoire de Lisieux*). La famille des Le Vicomte qui a possédé la terre seigneuriale d'Ouilly doit être la souche de la famille Le Vicomte de Blangy (*Statistique monumentale*), sieur de Saint-Hilaire, seigneur de Villy et de Fréville, qui portait d'*azur à trois coquilles d'or* (De Magny, *Nobiliaire de Normandie*). Un membre de la famille Le Vicomte, G. Le Vicomte, fut l'un des cent dix-neuf gentilshommes qui, en 1423, défendirent le Mont-Saint-Michel contre les Anglais (De Magny, *Nobiliaire de Normandie*). Des alliances successives firent passer les terres d'Ouilly aux mains de la famille de Rupierre, puis de la famille Le Forestier et très probablement aussi de la famille De Bence.

Le territoire de la paroisse, outre la terre seigneuriale dont on ne connaît pas l'importance, était occupé par des domaines ecclésiastiques considérables. De grands biens faisaient partie de la mense épiscopale, qui comprenait aussi les bois d'Ouilly et de Rocques. Il y avait à Ouilly, où l'évêque de Lisieux séjournait fréquemment, trois prébendes du chapitre de Lisieux : la Pluvière, le Pré et le Val-au-Seigneur. L'abbaye de Saint-Désir, la Maison-Dieu et les Lépreux reçurent à Ouilly une donation de Raoul Le Carpentier, en 1217 (*Statistique monumentale*). En 1218, l'évêque Jourdain de Hommet fait don, sur Ouilly, de nouvelles terres à l'Hôtel ou Maison-Dieu, hôpital de Lisieux, à la tête duquel il place les chanoines réguliers des Mathurins ou Trinitaires, fondés par Catalan Jean de Matha, en 1197. L'ordre avait pris pour mission de délivrer « les captifs faits par les Sarrasins et les autres sectateurs de Mahomet » (*Histoire de Lisieux*). C'est ainsi que les Mathurins furent mis en possession des terres sur lesquelles ils construisirent, au XVI⁰ siècle, un édifice, sorte de manoir qui conserve encore leur nom.

Assis sur l'ancienne voie romaine qui se dirigeait de Lisieux vers la mer, cet édifice a été cons-
truit à une époque voisine de Henri II. Long d'une trentaine de mètres, il se compose d'un corps central et d'un pavillon à chaque extrémité. A l'extérieur, c'est-à-dire du côté du chemin, il ne présente d'ouvertures que sur les pavillons, à la hauteur du premier étage ; « c'est un long mur construit en échiquier de pierres et de briques jusqu'à l'étage supérieur qui est en bois. A l'intérieur, c'est-à-dire du côté du jardin, il se compose des deux pavillons, reliés ensemble par une galerie ouverte. Cette galerie comprend onze travées soutenues par des piliers de bois taillés en forme de colonnes ioniques » (*Statistique monumentale*). Sur les toitures se trouvaient cinq épis en terre émaillée de la poterie célèbre du Pré-d'Auge ; par suite de leur mauvais état, ces épis ont dû être enlevés afin d'éviter leur disparition complète. L'un d'eux, en terre émaillée verte, reposait sur la lucarne nord ; les autres, très remarquables, dans le goût des œuvres de Bernard Palissy, en terre émaillée polychrome, étaient disposés deux par deux sur chaque pavillon ; on y remarquait une

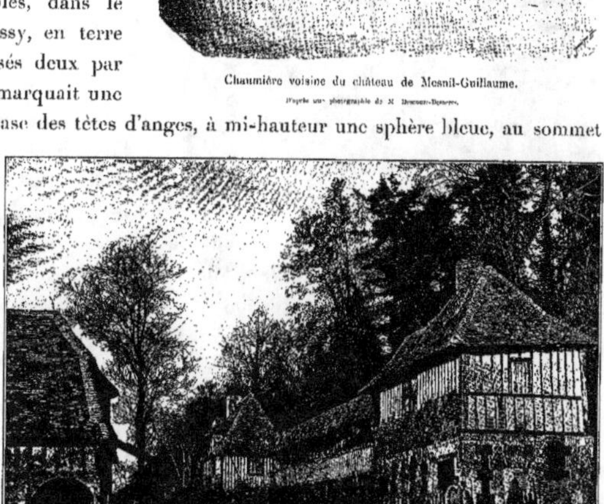

Chaumière voisine du château de Mesnil-Guillaume.

D'après une photographie de M. Bruneau-Duverne.

ornementation de guirlandes ; à la base des têtes d'anges, à mi-hauteur une sphère bleue, au sommet un croissant. Le couronnement en croissants n'est, sans doute, que l'indication de l'époque de construction de l'édifice ; on a dit cependant qu'il avait une autre cause, qu'il rappelait les charitables entreprises des Mathurins. Les Mathurins, en effet, signalaient volontiers leur mission à l'attention publique et conduisaient même processionnellement leurs captifs dans les villes afin d'exciter la bienfaisance (*Histoire de Lisieux*).

Sur la même voie romaine, quelques centaines de pas plus

Le Manoir des Mathurins, à Ouilly-le-Vicomte.

D'après une photographie de M. Bruneau-Duverne.

loin, a été édifiée, vers le VIIe ou VIIIe siècle, l'église d'Ouilly, l'une des plus anciennes de l'arrondissement de Lisieux. Le portail, le mur du midi et le chœur ont seuls conservé intact leur appareil primitif; c'est un blocage régulier dans lequel on retrouve des réminiscences du petit appareil cubique des Romains (*Statistique monumentale*). A signaler particulièrement les parties dites en arêtes de poisson et les briques longues romaines qui s'aperçoivent dans tout l'appareil. Les dimensions du chœur sont très restreintes par rapport à la nef qui est double de largeur et beaucoup plus élevée. A l'intérieur : des fonts baptismaux du XV⁰ siècle, cuve octogone en pierre; dans les murs, deux piscines, l'une du XIV⁰ et l'autre du XVI⁰ siècle; un lutrin en bois sculpté du XV⁰ siècle, d'un travail remarquable; un maître-autel également en bois sculpté, d'une date antérieure ; une croix en argent massif d'une ornementation intéressante, appartenant à la confrérie de la Charité d'Ouilly et datée de 1500. L'église d'Ouilly faisait partie du doyenné de Lisieux et le patronage en appartenait au chanoine prébendé de la Pluvière (*Statistique monumentale*).

Près de l'église, au delà du cimetière, se devinent les vestiges d'une construction sans doute fortifiée; tout souvenir en est aujourd'hui perdu. Des recherches sur ce point donneraient probablement d'intéressants résultats.

Sur l'ancienne route de Lisieux à Honfleur, au sommet des coteaux Est de la vallée, s'élève le château d'Ouilly-le-Vicomte. C'est un édifice élégant, en briques et pierres, de style Louis XIII très pur. De construction moderne, bâti pour Achille Descours-Desacres sur les plans de l'architecte J. Baumier, qui a laissé dans le Calvados tant d'œuvres magistrales, ce château est adossé aux bois d'Ouilly et de Rocques; il est entouré, du côté des bois qui sont enclavés dans le parc, de rampes d'accès dans le goût de l'époque; de la plate-forme où s'élèvent les constructions, la vue s'étend au loin sur les vallées des environs.

Le Lutrin de l'église d'Ouilly-le-Vicomte.

D'après une photographie de M. Boutrouë-Hennecot.

Le domaine sur lequel a été élevé le château, ne comprenait à l'origine que la petite terre d'Ecquemauville, cédée pour partie, en 1597, par Jean de Goutimesnil à Alexandre-Florentin Gosset des Acres, sr de la Cousture et sr de Vaux, fils de Claude-Robert; elle fut donnée, en 1698, par Pierre-Jacques-Guillaume, chanoine de Verson, à son neveu Olivier-Jacques, et n'a pas cessé d'appartenir à la même famille.

Les bois de Rocques ont fait partie, jusqu'à ces dernières années, des biens de la famille des comtes d'Amphernet de Pont-Bellanger, et sont aujourd'hui réunis en partie au domaine d'Ouilly.

Sur la même voie romaine où nous avons rencontré le manoir des Mathurins, l'église d'Ouilly, et les traces d'une construction fortifiée, on rencontre encore, plus bas dans la vallée, le château de Bouttemont ou Botemont, près duquel s'élevait une église, aujourd'hui disparue, l'église de la paroisse de Bouttemont.

Le château, protégé par des fossés, formait un quadrilatère entourant une large cour. Les bâtiments Ouest n'existent plus. L'entrée est au Nord, c'est un large pavillon, en pierres à sa base, en briques et pierres à l'étage supérieur, percé d'une porte et d'une poterne étroite. Un pont-levis, dont les passages de chaîne subsistent dans la maçonnerie du pavillon, donnait accès dans le château. Sur la porte, un blason effacé, sans doute celui de Jean de Botemont, qui portait *de noir à trois tourteaux d'argent* (sic) (Dumoulin, *Catalogue des seigneurs normands*), ou celui du sieur de Villers de Bouttemont qui portait *d'azur au chevron d'argent chargé de trois glands de sinople* (de Magny, *Nobiliaire de Normandie*). Au-dessus, une corniche à mâchicoulis; la couverture est en tuiles vernissées rouges et noires. Le reste du château, flanqué de tourelles, est du style Louis XIV, puis du style Louis XV. Les constructions actuelles ont succédé à des constructions beaucoup plus anciennes. Au XII° siècle le château, existant à cette époque, était déjà aux mains des de Bouttemont. A la date de 1258, les olim du Parlement de Paris relatent le résultat d'une enquête au sujet du rapt de Maheline de Bouttemont (*Statistique monumentale*), qui est peut-être de cette famille. En 1751, le curé de la paroisse de Bouttemont, aujourd'hui réunie à Ouilly, reconnaît encore pour patronne Françoise-Gabrielle d'Abos, épouse de David Gueroult, sieur de Villers, de Bouttemont (*Statistique monumentale*). Aujourd'hui, le château de Bouttemont est passé, par droit d'héritage, à la famille des marquis de Lespinay.

En remontant la vallée de la Paquine on arrive à l'église de Roques ou Rocques, assez curieuse dans son ensemble. La partie la plus ancienne de cette église appartient au XIII° siècle. Le porche, du XVI° siècle, se compose de pieds-droits portant écu; sur l'un d'eux, une crosse posée en pal derrière l'écu, armoiries de Jean IV Le Veneur, évêque de Lisieux, 1505-1543. Au-dessus des pieds-droits, formant poinçon, une salamandre indiquant l'époque de François I⁰ᵉ et rappelant peut-être le passage du dauphin à Lisieux (13 mars 1531). A remarquer, une fenêtre à meneaux finement travaillée. Sur la première marche de l'autel se voyaient encore, il y a quelques années, des armoiries gravées : deux écussons accolés sous une couronne de comte et entourés d'une jarretière, puis d'une cordelière de veuve. On ignore la provenance de ces armoiries, aujourd'hui recouvertes d'un parquet.

La paroisse de Rocques possède une confrérie de charité fondée à la même époque que la Charité d'Ouilly, vers 1503. « Cette confrérie possède un trésor intéressant qui se compose d'une paix d'argent Renaissance, de dix-huit mereaux ou jetons d'assistance, de douze torchères en bois de l'époque de Louis XIII et d'un registre d'inscription des confrères de 1516 et 1758; on y voit figurer beaucoup de curés des paroisses environnantes et une foule de gentilshommes. » (*Statistique monumentale.*)

D. D.

LE CHATEAU D'OUILLYE-DU-HOULLEY

Il n'est point dans l'arrondissement de Lisieux d'ancien château qui offre un aspect plus pittoresque et plus saisissant qu'Ouillye-du-Houlley. Son heureuse situation, son air de vieille forteresse, jusqu'à l'assemblage singulier de constructions d'époques diverses, associées les unes aux autres sans le moindre souci de la symétrie, éveillent l'intérêt et excitent la curiosité. D'ailleurs ce château, complètement délaissé depuis plus d'un siècle, n'a subi aucune de ces retouches, de ces restaurations qui, même exécutées avec le goût le plus pur, le soin le plus scrupuleux de respecter les styles, font cependant perdre à un édifice quelque chose de son cachet primitif. Par un privilège bien rare, abandonnée et cependant respectée, cette noble demeure a échappé à la ruine; elle n'a pas souffert de la main des hommes et a résisté aux injures du temps. Elle subsiste encore intacte, sans que le siècle qui s'est écoulé et qui partout ailleurs a produit tant de changements, ait en rien altéré son aspect extérieur.

Le château d'Ouillye occupe l'extrémité d'une sorte de promontoire peu élevé, mais dont les pentes rapides lui permettent de dominer d'une manière assez imposante les vallons qui l'entourent de trois côtés. Au midi s'étend l'étroite vallée qu'arrose le cours d'eau prenant naissance à Saint-Hippolyte-de-Canteloup pour aller se jeter dans la Touque à Ouillye-le-Vicomte. Au nord et à l'ouest, un frais et sinueux vallon se déroule gracieusement, encadré par des futaies de hêtres. Au levant, le terrain s'élevant en pente douce jusqu'à un bois nommé la forêt d'Ouillye, non en raison de son étendue qui est médiocre, mais à cause des belles futaies qui le couvraient autrefois, était, il y a trente-cinq ans, orné d'une majestueuse avenue d'ormes séculaires, dont l'ombrage dominait le vieux château et formait, par le contraste de cette sombre verdure avec les tons chauds de ses murailles, le tableau le plus achevé.

L'origine du château d'Ouillye remontait sans doute à une époque reculée; mais, comme tant d'autres, il avait essuyé le désastre le plus complet lors des guerres des Anglais. Un aveu de la baronnie de Tillières, dont il était la dépendance, rendu le 20 novembre 1455 par Philippe Le Veneur, fait mention de « la place, motte et fossés, où souloit estre anciennement le chastel d'Ouillye-le-Ribault, où de présent est la chapelle ». Cette chapelle, rasée il y a soixante ans, se trouvait dans la cour intérieure du château actuel. Nous savons donc par un témoignage certain que rien de ce qui subsiste ne remonte à une époque aussi ancienne que celle de l'expulsion des Anglais. Une partie cependant de la construction existante doit dater du XVe siècle. C'est d'abord le mur extérieur de l'ouest, que caractérise la présence de plusieurs tours rondes, la plupart de médiocre dimension; la maçonnerie en est peu soignée. La tour placée à l'angle sud-ouest de la cour intérieure, bâtie à pans coupés avec plus de soin, et dont le toit, jadis aigu, a été depuis couronné d'un lanternon, le corps de logis adjacent à celle-ci du côté du nord, où se voient des arcs en accolade, doivent appartenir l'un et l'autre aux dernières années du même siècle ou au commencement du suivant. La portion du corps de logis faisant face au midi, voisine des tours et, comme elles, construite en pierres de taille, peut dater de la première moitié du XVIe siècle. Telles sont, avec le mur extérieur du nord peut-être, car il est trop grossièrement construit pour offrir de caractère certain, les parties les plus anciennes du château; elles se distinguent nettement des constructions plus récentes par l'absence complète de la brique.

La réédification des autres parties du château fut nécessitée par un grave désastre subi pendant les guerres de la Ligue. Ouillye, qui avait reçu une garnison royaliste, fut assaillie, le 15 août 1592, par un corps de troupes espagnoles sous les ordres du capitaine Antunez, sorti à cet effet de Pont-Audemer. Les aggresseurs pénétrèrent dans la place par une brusque attaque,

Vue d'ensemble.

D'après une photographie de M. Dracave-Doustrec.

et mirent le feu aux portions dont ils s'étaient emparés. Le château fut aux trois quarts détruit. Entreprit-on de suite de le rétablir? Ne fut-ce qu'après l'an 1605, où il passa par vente en de nouvelles mains, qu'il en fut question? Nous ne saurions le dire. M. de Longchamp, l'acquéreur, habitant le château voisin de Fumichon, n'avait pas de motif bien urgent pour en hâter la reconstruction. C'est toutefois au règne d'Henri IV qu'il faut attribuer l'érection du pavillon du pont-levis, qui occupe le centre de la façade orientale, et celle du bâtiment de dépendance placé au nord-ouest, à la suite du plus ancien corps de logis. Ces parties, par l'harmonie de leurs proportions, la gracieuse disposition de la pierre et de la brique, qui entrent par moitiés assez égales dans le revêtement de leurs murailles, l'emportent de beaucoup en bonne grâce sur celles de date postérieure, qui ont pourtant dû les suivre d'assez près. Peut-être faut-il y voir l'œuvre de M. de Longchamp. Peut-être, après sa mort, fut-ce à M. d'Oraison, devenu, par suite de son mariage, possesseur d'Ouillye, qu'incomba la tâche d'en achever la reconstruction; il faudrait en ce cas lui attribuer le surplus des faces orientale et méridionale du château. Le long bâtiment de dépendance placé au nord avec retour sur le côté de l'est, porte les caractères d'une date plus récente : il n'est certainement pas plus ancien que le règne de Louis XIV; il peut être l'œuvre de M. d'Oraison, ou plutôt d'un de ses successeurs. Il est à remarquer qu'à l'intérieur de la cour, les parties qui s'étendent entre le corps de logis du XVIe siècle et le pavillon du pont-levis, sont simplement bâties en colombage. Comme elles étaient complètement masquées par la chapelle alors existante dans la cour, à gauche de ce dernier pavillon en entrant, on avait cru pouvoir en négliger ainsi la structure. Tout le reste de ces constructions est en bon appareil de pierre et brique.

L'intérieur de l'édifice est aujourd'hui dépouillé de tous les ornements qui servaient autrefois à le décorer. On remarque dans une salle basse de la partie la plus ancienne, un puits alimenté par une source d'eau vive. Un même défaut dépare la totalité des appartements : ils sont démesurément bas d'étage. Il se trouve deux vastes salles au rez-de-chaussée et autant au premier ; tout le reste du château se compose de très petites pièces placées à la file, sans aucun moyen de dégagement et sans autre accès indépendant que des escaliers donnant dans la cour. Cette distribution déplorable est, avec le peu de hauteur d'étage, le motif qui a sans doute empêché de rendre de nouveau habitable un château dont la situation est si heureuse et l'aspect si intéressant.

Ouillye-du-Houlley était autrefois nommée Ouillye-la-Ribauld. Il ne faudrait pas chercher, comme l'a fait un historien de Lisieux plus affirmatif que véridique, l'origine de ce qualificatif mal sonnant dans les désordres dont ce lieu aurait été le théâtre. Ce vocable n'était qu'une altération du nom propre d'un ancien seigneur, Ribauld, fils de Gislebert Crespin, châtelain de Tillières, et d'Hersende son épouse ; il figura dans une charte de l'an 1109. La famille Crespin, une des plus puissantes en Normandie aux XIe et XIIe siècles, possédait, outre les baronnies du Bec-Crespin au pays de Caux, d'Étrépagny, de Neaufle et de Dangu en Vexin, celles de Blangy, de Livarot, et plusieurs autres seigneuries dans le pays de Lisieux ; Ouillye-la-Ribauld, aussi nommée Saint-Martin-d'Ouillye, et Saint-Léger-d'Ouillye, paroisse limitrophe, étaient du nombre. Gislebert Crespin, le premier ancêtre connu de cette race, reçut vers l'an 1030 la garde de la forteresse de Tillières, de grande importance pour la défense des frontières normandes vers le sud. Tillières devint une des principales baronnies de la famille Crespin, et, malgré la distance, les deux seigneuries d'Ouillye en devinrent une partie intégrante ; elles appartinrent, à ce titre, jusqu'au XIVe siècle, à la branche des Crespin qui portait exclusivement le nom de Tillières.

Le roi Charles V, ayant acquis en 1370 de Gilbert de Tillières la baronnie de ce nom, en fit don, en 1376, à un de ses chevaliers, Guy Le Baveux, issu d'une branche de la maison de Garancières. Le fils de celui-ci, Robert Le Baveux, laissa de son mariage avec Agnès Paynel, sœur de la dame de Courcy, trois fils qui moururent sans postérité, et trois filles dont les fils se partagèrent la baronnie. Philippe Le Veneur, issu de l'aînée, Jeanne Le Baveux, eut le tiers formé par la châtellenie de Tillières, que ses descendants ont conservé sous le titre de comté jusqu'à la Révolution de 1789. Philippe de Magneville, né de la seconde sœur, eut la châtellenie d'Ouillye-la-Ribauld, et Saint-Léger-d'Ouillye échut à la plus jeune, Catherine Le Baveux, et à Pierre Lestendart, son fils, ainsi qu'il résulte de l'aveu de Tillières rendu au roi par Philippe Le Veneur, le 20 décembre 1455.

Ouillye-la-Ribauld, après avoir appartenu, en 1469, à Jean de Magneville, chevalier, se trouva réunie, par vente ou succession, au troisième lot de la baronnie, celui de Saint-Léger-d'Ouillye, entre les mains de la famille Lestendart. C'est à elle que doit être attribuée la reconstruction première du château d'Ouillye. Jean Lestendart, chevalier, était, en 1523, seigneur d'Ouillye-la-Ribauld où il résidait. Il eut pour successeur, avant 1536, René de Maintenon, d'une famille ayant porté le nom de Loresse, et puis plus tard celui du célèbre château de Maintenon au pays chartrain, qu'elle avait possédé. Ce seigneur fut constamment désigné sous le titre de baron d'Ouillye, de même que son fils, Gaston de Maintenon, qui épousa une demoiselle de Nollent de Sassey. Mais celui-ci obéra sa fortune, et, en 1589, la terre d'Ouillye fut saisie par ses créanciers et adjugée à Charles de Carvoisin d'Achy, marié à l'héritière de Sassey, Marguerite de Nollent. Quelques années après, cette terre se trouvait entre les mains de sa mère, Marguerite de l'Isle, veuve de Jean de Carvoisin, seigneur d'Achy, mais elle lui survécut peu, et la baronnie fut de nouveau décrétée par des créanciers, c'est-à-dire vendue par expropriation, en 1605. Cette fois, l'acquéreur était le seigneur de la terre voisine nommée Fumichon, Jean de Longchamp, qui avait figuré à la tête des seigneurs de la contrée pendant la guerre civile, et n'en avait pas moins reçu du roi Henri IV la charge de gouverneur de Lisieux. Il mourut vers 1632, laissant de son mariage avec Marie de Frotté, deux filles qui se partagèrent sa succession : Marie de Longchamp, mariée à Louis de Rabodanges, et Catherine de Longchamp, qui avait épousé, selon contrat reçu par les tabellions de Thiberville, le 8 septembre 1625, César d'Oraison, seigneur de Soleillas et baron de Livarot.

Celui-ci appartenait à une des premières familles de la Provence, d'origine napolitaine. Philibert d'Aqua, grand chambellan du roi René, avait épousé Louise d'Oraison, héritière d'une ancienne maison, dont ses descendants adoptèrent le nom. Son arrière-petit-fils, André d'Oraison, seigneur de Soleillas et comte de Boulbon, mestre de camp des vieilles bandes françaises, chevalier de l'Ordre, épousa Jeanne d'Arces, seule fille et héritière de Jean d'Arces, seigneur de la Bastie en Dauphiné, baron de Livarot, et sœur de Guy d'Arces-Livarot, un des mignons de Henri III, tué en duel le 4 mai 1581. De ce mariage étaient sortis quatre fils : Louis, l'aîné, mourut jeune, non sans laisser beaucoup de dettes ; le second, Ozias d'Oraison, quitta le monde et la charge de gentilhomme de la chambre de Monsieur, le frère de Louis XIII, Gaston duc d'Orléans, pour se faire jésuite ; Alphonse, le troisième, recueillit les grands domaines paternels de Provence ; César, le plus jeune, quitta l'Ordre de Malte et devint par son mariage seigneur châtelain et baron d'Ouillye, et gouverneur de Lisieux. Il prit le titre de marquis de Livarot ; mais comme la terre de Livarot ne lui avait été laissée que sous la charge de 36,000 livres de dettes, somme alors considérable, il fut toute sa vie un seigneur très malaisé. Il fit du château d'Ouillye son séjour habituel, celui de Livarot étant déjà fort délabré, et mourut en 1673, après avoir, depuis quelques années, remis la jouissance de ses biens personnels et le soin de faire face à ses embarras d'affaires, à son fils aîné, Jean d'Oraison, qui se faisait appeler le marquis de Longchamp. Celui-ci ne survécut à son père qu'un petit nombre d'années, et ne laissa qu'un fils de son mariage, contracté devant les tabellions d'Echanfrey le 8 mars 1636, avec Charlotte Le Conte de Nonant, veuve de Nicolas Heudey, seigneur de Pommainville ; ce premier époux avait été tué dans les rues de Guibray, victime d'une odieuse trahison. Le jeune héritier de la baronnie d'Ouillye, se nomma, comme son aïeul, César d'Oraison, marquis de Livarot, et fut, même du vivant de son père, gouverneur de Lisieux par une disposition spéciale de cet aïeul. Mais quoiqu'il eût aussi recueilli la succession de Catherine de Longchamp, qui avait eu soin de se faire séparer de biens de son époux, sa situation de fortune ne laissait pas que d'être difficile. Un brillant avenir sembla cependant s'ouvrir devant lui ; il fut choisi pour futur époux de Madeleine d'Oraison, sa cousine, unique héritière de la grande fortune des aînés de cette famille, restés en Provence. Le mariage, longtemps différé à cause du jeune âge de la fiancée, allait avoir lieu, quand le marquis de Livarot, grièvement atteint à la bataille de Fleurus, le 1er juillet 1690, succomba deux jours après à ses blessures. Il avait montré les qualités personnelles les plus estimables, et sa mort excita d'unanimes regrets. Madeleine d'Oraison épousa quelques années plus tard le duc de Caderousse, de la maison d'Ancezune, et ruina ce mari par sa passion pour le jeu.

La succession du marquis de Livarot fut recueillie en partie par sa tante, Charlotte-Elisabeth d'Oraison, mariée à Charles Nicolle, seigneur de Briqueville, près Coutances, en partie par un cousin germain, Jean-César de Guerpel, fils de Pierre de Guerpel, seigneur du Mesnil-Monchauvet, et de Marie-Anne d'Oraison. La première, grâce à la fortune de son époux, put conserver la baronnie de Livarot ; le second se contenta de la petite terre d'Héricourt, avec exemption des dettes. Le château et la baronnie d'Ouillye ne purent éviter d'être vendus ; ce ne fut toutefois que plusieurs années après, quand s'éteignit la jouissance de Charlotte Le Conte de Nonant, qui avait survécu à son fils. L'acquéreur était Adrien du Houlley, seigneur de Firfol, paroisse limitrophe d'Ouillye. Il rendit aveu de ses acquisitions en 1699, et obtint, en 1719, l'érection de la terre d'Ouillye en baronnie du Houlley, avec privilège de haute justice, et le changement du nom des paroisses, Ouillye-la-Ribauld et Saint-Léger-d'Ouillye, qui furent désormais appelés Saint-Martin et Saint-Léger-du-Houlley. La baronnie passa successivement à son fils aîné, Jean, baron du Houlley, conseiller au Parlement de Paris, puis à ses deux petits-fils, Adrien-Marie-Jean, baron du Houlley, mousquetaire du roi, et Alexandre-François-Pierre, aussi baron du Houlley, seigneur de Firfol, Fumichon et autres terres. Ce dernier mourut en 1786, laissant son héritage à sa sœur, Anne-Renée-Cécile du Houlley, épouse de Daniel de Loynes de Mazères. Au moment de la Révolution, Saint-Martin-du-Houlley reprit son ancien nom, qu'on écrivit Ouillye-la-Ribauld, tandis que la commune voisine conservait celui de Saint-Léger-du-Houlley ; la réunion de cette dernière à la précédente ayant eu lieu en 1825, on a associé les deux noms pour en faire celui d'Ouillye-du-Houlley.

La succession de Madame de Mazères fut partagée entre plusieurs enfants. Un de ses fils s'appela M. de Loynes du Houlley, nom qu'il a transmis à sa postérité ; mais ce ne fut pas à lui qu'échut la terre d'Ouillye. Possédée par M. de Loynes de Mazères, elle passa ensuite à M. Charles Baguenault et fut vendue par lui en détail, il y a une trentaine d'années. Le château, avec un entourage, de médiocre importance, a été acquis par le propriétaire d'une ferme voisine, M. Pottier, qui a pris à tâche de le préserver de la destruction, donnant ainsi un exemple de respect pour les monuments du passé, digne d'être cité avec éloge. Combien d'édifices du plus haut intérêt, jadis l'ornement de leurs cantons, ont à jamais disparu, faute de trouver chez leurs possesseurs cet esprit de conservation, qui mérite la sympathie de tous les amis éclairés des arts et de l'histoire !

Vte L. RIOULT DE NEUVILLE.

CHÂTEAU DE MESNIL-GUILLAUME

Calvados

Pl. N° 67

LE CHATEAU DU MESNIL-GUILLAUME

Le château du Mesnil-Guillaume est situé à moins de sept kilomètres de Lisieux, au fond de la vallée d'Orbec, dont la rivière l'entoure de ses eaux claires et vives. On peut passer fort près de cet intéressant édifice sans qu'il ait attiré l'attention. A moitié caché et enfoui dans la verdure, il ne décèle pas sa présence par des tours imposantes ou des combles élevés. Mais si l'on se dirigevers le pont qui donne accès dans son enceinte, on est bientôt charmé par son aspect pittoresque et harmonieux.

La construction présente quatre faces entourant une cour intérieure. Un pavillon peu élevé, sans trace du pont-levis qui y a existé jadis, surmonte la porte d'entrée. Quatre tourelles flanquent les angles; celles de la face méridionale sont des poivrières en cul-de-lampe. Les murs sont couronnés d'une corniche vigoureusement accentuée par la saillie des modillons; elle est coupée par l'extrémité supérieure des fenêtres, qui en fait ainsi valoir la puissance et le relief. Le tout présente un ensemble très satisfaisant, et conserve un caractère d'unité remarquable. L'intérieur de la cour répond à l'apparence extérieure, sauf le corps de logis formant le côté de l'ouest. Celui-ci appartient à une époque plus ancienne; c'est une construction en bois, qui peut dater du règne de Louis XII ou de celui de François Ier, tandis que le reste de l'édifice, bâti en pierre et pour lequel la brique n'a été employée que dans une faible proportion, est du temps de Henri III. Mais cette partie, élevée en bois de charpente et colombage, offre un bon modèle de ce genre original et pittoresque, et c'est à peine si l'on peut dire que l'ensemble du château en soit déparé.

Le Mesnil-Guillaume est l'œuvre d'une famille qui a tenu une place considérable, soit à Caen, soit à Lisieux, pendant toute la durée du XVIe siècle, celle des Le Vallois. Un premier Nicolas Le Vallois, fixé à Lisieux dans la seconde moitié du siècle précédent, y accumula une grande fortune par le commerce. Il se rendit acquéreur de la seigneurie du Mesnil-Guillaume, qui était depuis longtemps le patrimoine et la résidence d'une branche de la famille de Trousseauville, distinguée dans la chevalerie normande. Nicolas Le Vallois fit foi et hommage au roi pour ce fief en 1498; il fut aussi seigneur et patron de Putôt, terre importante de la vallée d'Auge, dont il rendit aveu en 1505. Il laissa trois fils; Jean, l'aîné, seigneur du Mesnil-Guillaume, épousa Catherine de la Bigne, fille d'un riche bourgeois de Caen, et fut père d'un second Nicolas Le Vallois, surtout connu comme seigneur d'Ecoville. Celui-ci porta à son comble l'opulence de la famille. Ses contemporains ne pouvant s'expliquer les richesses qu'ils voyaient accumulées entre ses mains, les attribuèrent à ses connaissances dans l'art mystérieux de l'alchimie. Ce fut lui qui fit construire à Caen ce merveilleux hôtel de la Renaissance, encore désigné par son nom, et resté, malgré toutes les dégradations qu'il a subies, un des plus précieux ornements de cette ville.

Nicolas Le Vallois mourut subitement à l'âge de quarante-sept ans, le 6 janvier 1542, frappé d'apoplexie au moment où il commençait son repas. Il avait été marié deux fois, ayant épousé en premières noces, en 1523, Catherine Hennequin, et, en secondes noces, Marie du Val en 1534. De celle-ci naquit le troisième de ses quatre fils, Jean Le Vallois, son successeur dans la terre du Mesnil-Guillaume. Ce fut lui qui fit construire le château existant aujourd'hui. Il mourut sous le règne de Henri IV, laissant de son mariage avec Louise de la Vallette, trois filles entre lesquelles fut partagée sa succession, le 1er février 1606. L'aînée, Marie Le Vallois, avait épousé Charles Le Gouez, seigneur du Port; Marthe Le Vallois, la seconde, était mariée à Hilaire Le Viconte, seigneur de Villy, un des ancêtres des marquis de Blangy; la troisième, Madelaine Le Vallois, épouse de Louis de la Haye, seigneur d'Harville, fils du seigneur de la Pipardière, devait mourir peu après sans postérité.

Ce fut à la dame du Port qu'échurent la seigneurie et le château du Mesnil-Guillaume. Elle eut trois fils : Louis Le Gouez, l'aîné, fut seigneur du Port et du Mesnil-Guillaume; Charles, le second, eut le fief de Mainneville, situé à Saint-Lambert-sur-Dives; Jean Le Gouez, le plus jeune, posséda les seigneuries de Mondeville et d'Ifs; il épousa, en 1634, Claire Boutin, fille du seigneur de Victôt. L'alliance du sieur du Port fut plus brillante encore : il obtint la main de Mademoiselle de Raveton, née du mariage de François de Raveton, seigneur de Chauvigny, chevalier de l'ordre du roi et gentilhomme de sa chambre, et de Marie Bruslart de Genlis, veuve de François, baron de Mailloc et de Cailly, dame d'honneur de la reine-mère. Une situation qui semblait ne lui laisser rien à désirer, ne fut cependant pour lui que l'occasion d'un crime odieux; les souvenirs les plus sinistres sont restés inséparablement attachés à son nom.

Cour intérieure.

D'après une photographie de M. H. Magron.

Le beau-frère de Louis Le Gouez, Pierre de Raveton, seigneur de Chauvigny, était mort prématurément, laissant une fille unique, Marie de Raveton, de son mariage avec Anne de Pigace, héritière de la maison de Carentonne. Cette jeune veuve convola à de secondes noces avec Jean de Mauduit, seigneur de la Rozière, conseiller-maître en la Chambre des Comptes de Normandie, veuf lui-même de Geneviève Halley, dont il avait plusieurs fils. La tutelle de la mineure fut alors confiée au plus proche parent paternel, qui était le sieur du Port. Cependant, quand la jeune fille, destinée à être un jour une riche héritière, approcha de l'âge où l'on pourrait disposer de son sort, l'inquiétude s'empara de plusieurs de ses parents. Louis Le Gouez avait trois fils parvenus à l'âge d'homme; il passait pour peu scrupuleux, et l'on crut qu'il ne négligerait rien pour assurer à sa famille l'opulente succession qui se trouvait en quelque sorte entre ses mains. Une délibération des parents confia d'abord la garde de la pupille à une tante, Marie de Raveton, abbesse de Lisieux; puis on la remit à l'abbesse de Saint-Amand de Rouen; enfin, en 1643, un jugement, rendu sur nouvel avis du conseil de famille, destitua le sieur du Port de ses fonctions de tuteur et les fit passer à M. de la Rozière. Peu de temps après, l'héritière des Raveton épousait un fils du premier lit de celui-ci, Jacques Mauduit, seigneur du Renouard-sur-Coquainvilliers.

Frustré dans ses plus chères espérances, humilié d'une si amère déception, menacé d'un règlement de compte de tutelle, où il avait, disait-on, plus de 30,000 livres à rapporter, le seigneur du Mesnil-Guillaume livra son cœur à la rage. Accompagné de ses deux plus jeunes fils, il pénétra à main armée chez le sieur de la Rozière et l'immola à sa fureur, ainsi que Jacques de Mauduit, son fils. La jeune épouse elle-même, Marie de Raveton, ne fut pas épargnée; elle reçut des blessures mortelles, auxquelles elle ne tarda pas à succomber. Ce triple assassinat, accompli avec la plus atroce barbarie, se termina par une scène de pillage; la maison des victimes fut saccagée, les meurtriers enlevèrent des meubles dont l'estimation fut portée à 12,000 livres. Mais le châtiment ne se fit pas longtemps attendre; tombés aux mains de la justice, les Le Gouez, père et fils, expièrent leur abominable forfait par la mort la plus ignominieuse.

Le fils aîné du sieur du Port restait seul survivant; lieutenant d'une compagnie de chevau-légers au régiment de la Meilleraye, François Le Gouez était aux armées pendant que s'accomplissait cette affreuse tragédie, et ne pouvait en être rendu responsable. La confiscation lui fut épargnée, mais il n'en était pas moins ruiné par les restitutions et dommages qui tombaient à sa charge. La terre du Mesnil-Guillaume fut expropriée par décret et adjugée à Louis, marquis de Rabodanges, en 1646. François Le Gouez n'eut d'autre ressource que de réclamer l'héritage de la cousine que les siens avaient si cruellement égorgée. Anne de Pigace y avait renoncé au nom de son fils mineur du second lit, Alexandre de Mauduit de Carentonne; mais des collatéraux plus éloignés le revendiquèrent comme à eux dévolu par l'indignité des plus proches héritiers. Après un long procès, le Parlement de Paris prononça, par arrêt du 18 janvier 1652, que François Le Gouez, n'ayant pas participé au crime, n'avait pas encouru l'indignité, bien qu'il représentât ceux qui l'avaient commis. Accablé par de si douloureux souvenirs, ce nouveau seigneur de Chauvigny quitta l'épée pour embrasser l'état ecclésiastique et devint curé de Crulay, dans les environs de Laigle.

La terre du Mesnil-Guillaume ne resta pas longtemps dans la maison de Rabodanges. Elle fut vendue à Yves de Mailloc, sieur de Toutteville, le second des quatre fils de Philippe de Mailloc, seigneur des Éteux. Il mourut en 1694, à l'âge de cinquante-sept ans, et François de Mailloc-Toutteville, son fils, l'aliéna, en 1720, au profit de Joseph Durey de Sauroy, alors seigneur de Noinville et plus tard de Damville. Celui-ci mourut en 1752, et le Mesnil-Guillaume fut de nouveau vendu par son fils, Joseph Durey, marquis du Terrail, maréchal de camp. Le nouvel acquéreur était M. Lemercier, ancien commandant de l'artillerie au Canada; cet officier estimé fut le dernier seigneur de cette terre. Depuis la Révolution, elle a passé à la famille de Margeot, et a été rarement habitée par les propriétaires. Divers locataires en ont été, pendant de nombreuses années, les seuls occupants; parmi eux l'on peut citer la duchesse de Valmy, qui a passé plusieurs étés dans cette charmante habitation. Elle appartient aujourd'hui à Madame la comtesse Le Bel de Penguilly, née de Margeot, qui est venue y fixer sa demeure.

Vte L. RIOULT DE NEUVILLE.

LE CHATEAU DE BEUVILLERS

La commune de Beuvillers est située au milieu d'une vallée plantureuse, arrosée par la petite rivière d'Orbec, « l'Orbiquet ». Le territoire de cette commune comprend l'ancien fief de Beuviller, ou Bosviller (1180), ou Busviler (1195), ou Beuviler (1213), du latin *boum villa*, ferme ou métairie des bœufs.

On ignore les noms des possesseurs de ce fief jusqu'au XVIe siècle ; à cette époque il appartenait à la famille d'Osmont ; il passait ensuite, par droit d'héritage, aux mains de la famille de Franqueville, qui le détenait encore à la fin du XVIIIe siècle.

Porte du château de Beuvillers, près Lisieux.

Un château ou manoir féodal commandait le fief du seigneur de Beuvillers ; il ne reste de cette construction, sans doute importante, qu'un petit mur d'enceinte et une poterne flanquée de deux tourelles.

La rivière entourait complètement le château dont le pont-levis seul pouvait relier les deux rives de l'Orbiquet.

Le rez-de-chaussée de la poterne est construit en damier de pierres et briques ; l'étage supérieur est en bois. Dans une chambre du premier étage se trouve un pavage vernissé, en bon état, décoré de fleurons verts et jaunes. Le pavillon de la poterne était autrefois couronné d'épis provenant de la poterie du Pré-d'Auge.

Les recherches faites n'ont pas permis de reconstituer l'enceinte du château et nul n'en sait l'histoire. Ni conte, ni chanson ne nous en ont transmis le poétique souvenir, et la légende ne dit pas même ici, comme ailleurs, que pendant les nuits sereines, au milieu des vapeurs de la vallée, on voit se relever les vieilles murailles et apparaître au clair de lune un château de brouillard.

D. D.

LE CHATEAU DE LIVET

Le château de Livet se trouve presqu'à l'entrée d'un étroit vallon, affluent de la Touque, à cinq kilomètres de Lisieux, dans la commune et en face de la porte de l'église de Saint-Germain de Livet. Il est entouré de larges fossés, remplis d'une eau limpide et profonde. Il se compose de deux parties bien distinctes : un manoir en bois, construit au XVe siècle, et des bâtiments en pierres et briques, datant d'une période avancée de la Renaissance, mais conservant le cachet d'élégance de cette époque. Entre ces deux parties le contraste est frappant; on peut se placer devant l'entrée de manière à ne distinguer que les édifices les plus ornés, et se croire devant une charmante résidence seigneuriale du XVIe siècle; mais en pénétrant dans la cour, on trouverait des désillusions. Celui qui a élevé les gracieuses constructions qui précèdent et dissimulent le manoir, projetait, sans doute, de le remplacer par un château en rapport avec de telles dépendances. Pourquoi son plan est-il resté sans exécution? Les circonstances l'expliquent suffisamment : les travaux furent interrompus au début des troubles de la Ligue.

Il serait difficile de décrire ces constructions d'une manière plus précise et plus claire qu'elles ne l'ont été en quelques lignes consacrées par la *Statistique monumentale* de M. de Caumont au château de Livet : « Son plan est un pentagone régulier. Le pavillon d'entrée, qui regarde l'Orient, est bâti en échiquier de pierres et de briques vernissées, alternativement rouges et vertes. Deux sveltes tourelles à toit conique flanquent ses angles. La porte, accompagnée d'un portique d'ordre corinthien, porte la date de 1584. Une fenêtre à fronton triangulaire, accostée de niches pour des statues, éclaire la salle supérieure. Le toit rapide, en ardoises, est coupé par une lucarne en pierre. Un grand bâtiment de construction identique fait suite au pavillon vers le midi, remplissant le second côté du pentagone. Le rez-de-chaussée, consacré à des magasins, ne reçoit la lumière que par trois petites ouvertures circulaires. L'étage supérieur est percé de trois belles fenêtres, semblables à celles des tourelles du pavillon, qui alternent avec les niches dont les statues ont disparu à la Révolution. A l'extrémité de ce bâtiment s'élève une tour toujours construite avec les mêmes matériaux, revêtue de la même ornementation. Sa corniche est garnie de mâchicoulis. » Notons que sur la cour intérieure, un cartel donne la date de 1588.

Le manoir, construit en bois de chêne de fortes dimensions, est, à l'extérieur, dépourvu d'ornementation sculpturale. L'intérieur, qui abondait autrefois en détails caractéristiques et curieux, a été complètement remanié par un des précédents propriétaires, et ne mérite plus d'être examiné.

L'église qui fait face au château, était, il y a trente-cinq ans, avant d'avoir subi un remaniement complet, une des plus intéressantes de la contrée. Un porche en bois la précédait. Sous son abri, on voyait encore, soigneusement conservée, une affiche officielle de 1789, relative aux opérations préparatoires de l'élection des députés aux États Généraux. L'église était romane, percée toutefois de fenêtres plus modernes. Le chœur, qui ne faisait guère moins de la moitié de l'édifice, était accompagné, du côté du midi, par une chapelle seigneuriale construite au XVIe siècle dans d'aussi larges dimensions. On y voyait trois belles statues tombales, représentant des personnages à genoux, dans le costume de leur temps, deux contemporains des derniers Valois, le troisième de la première partie du siècle suivant : c'étaient Jean de Tournebu, seigneur de Livet; Marie de Croismare, son épouse, et Robert de Tournebu, leur fils. Par le naturel et la grâce de leur attitude, par la vie qui semblait les animer, ces statues révélaient la main d'un artiste consommé. Rien de tout cela n'a été épargné. Les fortes têtes de la localité se persuadèrent un jour qu'il était au-dessous de la dignité de leur commune de posséder une église ressemblant si peu à celles du voisinage. Ils la firent remanier sous la direction d'un agent-voyer, et l'opération fut tellement complète qu'il ne reste plus à

Château de Livet.

D'après une photographie de M. Paul Robert.

Saint-Germain de Livet de motif de porter envie à la plus banale des églises de campagne. Les statues, confiées aux bons soins d'un jardinier du château, ont servi quelque temps d'épouvantail pour les oiseaux; après deux ou trois hivers, les pluies et les gelées les avaient complètement métamorphosées en moellons informes.

Saint-Germain de Livet a été connu autrefois sous les noms de Livet-le-Baudouin et de Livet-Tournebu, l'un et l'autre tirés de ses anciens seigneurs. Celui qui remonte à la date la plus reculée, vient de Baudouin Tyrel, vivant vers le milieu du XIIe siècle. Sa famille est la première que l'on trouve en possession de la seigneurie de Livet; était-elle une branche des Tyrel, sires de Poix? C'est assez vraisemblable, mais non exactement prouvé. Elle s'éteignit en Nicole Tyrel, héritière de Livet, qui fut mariée, le 7 mai 1352, à Ancel Louvet, issu d'une famille qui a donné son nom à Bonneville-la-Louvet, et à Fontaine-la-Louvet, dans le Lieuvin. Leur arrière-petite-fille, Jeanne Louvet, épousa, un siècle plus tard, Pierre de Tournebu et lui apporta en héritage la terre de Livet, à laquelle son nom de famille devait rester longtemps attaché; sa postérité l'a possédée jusque dans le siècle présent. Les Tournebu, connus depuis le temps de Guillaume le Conquérant, ont compté parmi les bannerets normands; ils figuraient à l'Échiquier de la province, tant à cause de leur baronnie du Bec-Thomas que de celle de Tournebu. Les aînés de cette maison se sont éteints, au milieu du XV° siècle, dans la personne d'Alix, qui porta en mariage la baronnie de Tournebu à Jean de Thère, gentilhomme du Cotentin. Il s'était formé de nombreuses branches collatérales dont une seule, établie depuis le XIV° siècle jusqu'au XVIII° à Clécy, sur les bords de l'Orne, subsiste de nos jours.

Pierre de Tournebu, qui devint par son mariage seigneur de Livet, était le propre oncle d'Alix. Après lui Jean, son fils, marié à Jeanne de Betheville, et Jacques, son petit-fils, époux de Geneviève Pillois, dame du Pont-Mauvoisin, restèrent fixés dans le vieux manoir que l'on voit encore à Livet. Le dernier fut père de Jean de Tournebu, qui épousa, en 1555, Marie de Croismare; c'est le seigneur qui fit construire la partie monumentale du château de Livet et la chapelle seigneuriale, où se trouvaient, avec sa statue tombale, celles de son épouse et de son fils, Robert de Tournebu, mort en 1614. Celui-ci laissa de son mariage avec Madeleine Seghizzo, dame châtelaine de Bouges, grande terre située entre Châteauroux et Valençay, deux fils et plusieurs filles. Le fils aîné, Anne de Tournebu, fut seigneur de Livet et président aux requêtes du Parlement de Normandie; il épousa Françoise de Prunelé, héritière de la baronnie d'Esneval. Ses deux fils moururent sans postérité et ce fut par sa fille, Madeleine de Tournebu, mariée à Claude Le Roux de Cambremont, en 1644, que cette baronnie fut transmise à la famille Le Roux d'Esneval.

Antoine de Tournebu, second fils de Robert, fut seigneur de Bouges, du Mesnil-Eudes et du Pont-Mauvoisin. Marié deux fois, d'abord à Jeanne de Courtarvel, en 1618, puis à Jacqueline Gruel de la Frette, il eut huit enfants de ces deux mariages. Il termina ses jours d'une étrange manière : poursuivant, un bâton à la main, une servante contre laquelle s'était allumée sa colère, il tomba dans son escalier si malheureusement qu'il se tua. C'est au Pont-Mauvoisin, curieux petit château du XV° siècle, encore subsistant à Saint-Hippolyte-du-Bout-des-Prés, dans la vallée de la Touque à égale distance de Livet et de Lisieux, qu'il rencontra ce triste sort. Son fils aîné, François de Tournebu, ayant épousé la riche héritière d'un maître de forges, Marie de Guitton, put, en exerçant le droit de retrait lignager, rentrer en possession de la terre de Livet, dont les créanciers de ses cousins avaient exigé la vente. Pierre de Tournebu, l'aîné de ses fils, épousa Élisabeth Le Couteulx, et acquit à son tour, en 1701, du Rhingrave de Salm, la baronnie de Tournebu, ancien patrimoine de ses ancêtres. Mais il eut l'affliction de survivre à son fils unique, Jean-Henri, marquis Tournebu, et, à sa mort, en 1735, sa succession passa à une nièce, en qui devait s'éteindre la ligne des seigneurs de Livet-Tournebu. Cette dame n'eut point d'enfants d'un premier mariage avec M. de Bernières de Mondrainville; elle était sexagénaire quand elle se remaria avec M. Louvel de Janville, président à la Cour des comptes de Normandie. Elle a vécu jusqu'en 1811, et a légué ses biens à plusieurs membres de la famille de Foucault, ses parents en ligne collatérale qui descendaient d'une demoiselle de Tournebu. La terre de Livet fut morcelée. Madame Dubuisson, née de Foucault, ayant eu dans sa part le château, y fit exécuter des travaux d'un effet regrettable; elle l'a vendu quelques années après à Madame veuve Gobley, qui le possède aujourd'hui.

LE CHATEAU DE LA HOUBLONNIÈRE

Le voyageur partant de Lisieux par le train de Caen n'a dépassé que depuis quelques instants le tunnel de la Motte, quand il aperçoit à peu de distance un groupe d'anciennes constructions formant un assemblage pittoresque. Elles commandent l'entrée d'un vallon resserré, au pied d'une pente rapide, et présentent une singulière diversité d'édifices de toutes sortes, se faisant voir sous les angles les plus variés. Ce sont l'église, le château et les dépendances du manoir de la Houblonnière. Peut-être le terme de château pourrait-il paraître ambitieux, appliqué à la maison d'habitation; mais il est consacré par un usage immémorial. Dès le moyen âge, il y était d'un emploi constant; la seigneurie de la Houblonnière est désignée dans les documents les plus authentiques sous le nom de fief du Chastel : ce mot ne désignait alors qu'une enceinte fortifiée. Il est surprenant qu'on ait songé à faire une place de défense d'un lieu dominé d'une façon aussi complète, et où, d'ailleurs, on ne pouvait même pas compter sur le genre de protection que procuraient souvent des fossés pleins d'une eau profonde. A la Houblonnière, ils auraient été aussi difficiles à remplir qu'aisés à mettre à sec. On s'explique sans peine pourquoi, dès le début du XV° siècle, il n'est plus question de ce château comme lieu fortifié.

Dans son état actuel, la Houblonnière présente cependant un peu l'apparence d'un château-fort. La grande porte, la poterne qui l'accompagne, surmontées d'arcs en accolade, décorées de crosses sculptées dans la pierre, semblent réclamer encore l'adjonction d'un pont-levis. Une grosse tour ronde faisant saillie à côté de cette porte, en commande l'entrée; dépouillée de son toit, elle n'en possède qu'à plus haut degré un certain air de forteresse. Ayant dans les temps ordinaires la destination pacifique de colombier, elle pouvait cependant, en cas de besoin, servir de place de refuge aux habitants du manoir. La maison d'habitation elle-même a peu de caractère et offre un médiocre intérêt. Plus près de l'église, un édifice à toit aigu montre à son pignon une fenêtre ogivale; il a l'aspect d'une chapelle abandonnée; mais il le doit à la fantaisie d'un des précédents propriétaires, qui a inséré cette tracerie ogivale de provenance étrangère dans un mur auquel elle n'avait pas été destinée.

L'histoire de la Houblonnière est des plus obscures pour tous les temps antérieurs à l'expulsion des Anglais. On trouve, au XIII° siècle, un évêque de Paris et un chanoine de Lisieux qui en portaient le nom, mais aucun document ne révèle leurs rapports avec cette localité. A cette époque les membres du clergé prenaient souvent le nom des lieux où ils avaient reçu le jour, lors même que leur famille en portait un autre. Une tradition veut que le château de la Houblonnière ait appartenu aux Templiers; mais elle ne s'appuie sur aucun document et reste fort suspecte. De pareils récits ont cours dans plusieurs autres lieux, sans avoir le plus léger fondement. L'ordre de Saint-Jeande-Jérusalem, qui a été l'héritier du Temple à titre universel, n'a jamais possédé la terre de la Houblonnière. Il est permis toutefois de soupçonner qu'à une époque éloignée, elle a pu être l'objet d'une confiscation, car sa mouvance féodale, après avoir appartenu à l'évêché de Lisieux sous le règne de Philippe-Auguste, ne s'exerçait plus qu'au profit de la couronne dès les temps antérieurs à celui de Charles VII.

C'est à ce règne que commencent sur la Houblonnière les renseignements positifs. La seigneurie du lieu appartenait alors, et longtemps avant peut-être, à une famille Guérin, dont les membres ont été les seuls possesseurs de ce château qui en aient fait leur résidence habituelle. Jean Guérin rendit aveu au roi, le 28 avril 1458, pour ce plein fief de chevalier; il déclare avoir droit de présentation à la première et à la seconde portion de la cure de la paroisse, comme aussi don des écoles qui y avaient leur siège. Alors, en effet, deux titulaires se partageaient le service religieux de la paroisse, et au XVᵉ siècle, les moindres localités du pays d'Auge possédaient des écoles. Les seigneurs s'étaient le plus souvent réservé le droit de pourvoir à la nomination des maîtres qui y distribuaient un enseignement dont leurs propres enfants étaient les premiers à profiter. Jean Guérin revendiqua aussi le droit d'inspecter les voies, chemins et cours d'eau. Guillaume Guérin rendit un aveu semblable en 1519. Peu d'années après, la terre de la Houblonnière était passée en d'autres mains. Le 1ᵉʳ avril 1529, c'était Jean d'Oynville, seigneur de Saint-Simon en Beauce, qui en rendit aveu au nom d'Antoinette de Tessé, son épouse. Mais, le 17 février 1585, un autre Jean d'Oynville, seigneur de Saint-Simon et de Carbonnières, apparemment un petit-fils du premier, vendait la Houblonnière à Corbeyran de Cardillac, seigneur de Sarlabous, premier gentilhomme de la chambre du roi, pour le prix de 64,507 livres, somme énorme à cette époque. Sur ce prix, il n'y avait pour ainsi dire rien à toucher par le vendeur : il fallait auparavant rembourser de nombreuses rentes, constituées au prix de bien des milliers d'écus; il fallait désintéresser divers acheteurs ayant acquis à titre d'engagement plusieurs des parties les plus importantes de la seigneurie, comme Robert Lambert, seigneur d'Herbigny, qui détenait le moulin, la maison et les terres les plus voisines; Jean de Hautemer, seigneur du Mesnil-Tison; Antoine de Hautemer, curé de Saint-Eugène, son frère; Guillaume de Reviers, seigneur d'Anisy et d'Ingremare; Pierre Morel, seigneur de Brucourt et de Morières, qui disposait des rentes féodales et casuelles. Le domaine entier comprenait 336 acres.

Sarlabous était un capitaine gascon qui s'était signalé à la guerre, de même que son frère Raymond, dit le jeune Sarlabous. Brantôme a dit : « Ces deux frères Sarlabous ont eu l'estime d'avoir esté deux fort bons capitaines de gens de pied; mais l'on estimait plus le jeune. L'aisné fut pourtant gouverneur du Hâvre, pour y avoir très bien hasardé sa vie à la reprise. » Celui-ci laissa une mémoire entachée par la part qu'il prit à la Saint-Barthélemy, où il figura personnellement parmi les meurtriers de Coligny. Ce fut sans doute le séjour du Havre qui amena son mariage avec une riche veuve du pays d'Auge, Marguerite Le Vallois, dame de Gouvix, à Courtonne-la-Meurdrac, fille du seigneur de Putôt; elle avait épousé en premières noces, l'an 1552, Jean d'Annebault, seigneur du Mesnil-Cordelier, issu d'une branche séparée, au XIVᵉ siècle, de celle de l'amiral d'Annebault. Corbeyran eut pour successeur Jean de Cardillac, seigneur de Sarlabous et de la Houblonnière, qui florissait pendant le premier quart du XVIIᵉ siècle; il eut une fille nommée Jacqueline de Cardillac. Jeanne de Cardillac, épouse de Constant d'Aubigné et mère de Madame de Maintenon, appartenait sans doute à une autre branche de la même famille.

Après les Cardillac, on trouve comme seigneur de la Houblonnière, au moins de 1632 à 1659,

François Le Georgelier, d'une famille parlementaire qui a possédé la terre de la Motte-en-Tanney. Mais, dès 1669, c'est Guy du Val de Bonneval, président à mortier au parlement de Normandie, qui figure comme châtelain de la Houblonnière. Ses descendants, possesseurs de très grands biens dans la province, surtout au pays d'Auge, où les belles terres de Bonnebosc, de Manneville-la-Pipard et autres leur appartenaient, se sont transmis de père en fils, pendant plusieurs générations, la charge de président à mortier et la seigneurie de la Houblonnière. Ce n'est qu'en 1860 que M. le comte de Bonneval a vendu le château de la Houblonnière à M. Malhéné, qui y a fait exécuter divers travaux d'un mérite contestable. Cette terre, de nouveau mise en vente, a été acquise par M. Alexandre Poussin, d'Elbeuf; elle est aujourd'hui le siège d'une importante industrie beurrière.

Vte L. Rioult de Neuville.

LE CHATEAU DE FUMICHON

A l'extrémité d'une plaine froide et monotone, fermée du côté du midi par des bois, s'élève, à peu de distance de la frontière du département de l'Eure, le vieux château de Fumichon. Son aspect n'est point en désaccord trop marqué avec celui du site mélancolique qu'il occupe. Une vaste cour le précède, flanquée aux deux angles, du côté de l'entrée, par deux lourds pavillons sans étage, auxquels des tourelles en encorbellement ne réussissent pas à donner quelque légèreté. Au fond de la cour s'étend le principal corps de logis, construit également sans étage et surmonté d'un toit dont la surface est beaucoup plus considérable que celle des murailles. A l'extrémité, du côté de l'est, s'élève un pavillon de bonne hauteur, orné d'une tourelle en encorbellement, et pourtant incomplètement exempt de ce cachet de pesanteur qui semble destiné à régner en ces lieux. Le tout est en pierre et brique; mais la brique domine dans une très forte

Vue d'ensemble.

proportion. Pour achever le tableau, il faut dire qu'une petite partie de la façade basse ayant été dévorée par un incendie, il y a plus de cinquante ans, le propriétaire d'alors a eu la fantaisie bizarre de remplacer ce que le feu avait détruit par un édifice en pierre, à deux étages, dans le style le plus orné du temps de Louis-Philippe. La plupart de nos villes de quatrième ordre possèdent quelque monument de ce genre d'architecture, occupé habituellement par le café à la mode de la localité.

Mais tournons les yeux vers l'angle nord-ouest du château. Dominant de très haut les longs bâtiments qui semblent ramper sur le sol, un toit conique s'élance dans les airs, portant à son sommet une svelte et gracieuse lanterne. Nous sortons de la cour; nous contournons les dépendances qui la ferment du côté du couchant, et nous contemplons dans sa robuste et sévère beauté la grosse tour de Fumichon.

Entourée d'une enceinte de fossés qui la sépare du château et ne permet l'entrée que par un pont volant, se dresse une énorme masse cylindrique que couronne une corniche de mâchicoulis surmontés d'un large bandeau. La construction tout entière n'a d'autre caractère que celui de la force; mais telle est l'heureuse proportion du toit élevé qui la domine, que l'édifice dans son ensemble produit l'effet le plus satisfaisant. L'œil ne se lasse pas de le considérer; plus on s'y arrête, plus on admire, et mieux on ressent l'impression saisissante obtenue par la combinaison la plus parfaite des éléments d'architecture les plus opposés. Cette tour, comme tout le reste du château, date de fort près de l'an 1600; elle a été évidemment destinée à servir de lieu de refuge et de place de défense aux habitants de ce château; mais comme tout y a été subordonné au désir d'opposer une vigoureuse résistance à l'attaque d'une force armée, il ne s'y trouve que des ouvertures de minime dimension. Il eût donc été presque impraticable d'y habiter en temps ordinaire; elle avait alors pour emploi de servir de colombier.

On reste confondu en pensant que les mêmes hommes ont pu élever les lourdes et disgracieuses constructions du château et cet édifice d'un si heureux effet et de si harmonieuses proportions. Le fait ne paraît cependant pas de nature à faire l'objet d'un doute.

La seigneurie de Fumichon, longtemps possédée par une famille de ce nom, qui n'a jamais marqué, passa, au XVᵉ siècle, dans la maison de Longchamp, aussi ancienne que distinguée. Elle apparaît dès le temps du duc Richard II, et a joué un rôle important aux XIIᵉ et XIIIᵉ siècles. Étienne de Longchamp combattit à Bouvines en qualité de chevalier banneret. Plusieurs Longchamp ont porté, au XVᵉ siècle, le surnom de Brunet; l'un d'eux fut député de la noblesse aux États de Normandie. Jean de Longchamp dit Brunet était seigneur de Fumichon sous le règne de Louis XI. Il eut pour fils Geoffroy, et pour petit-fils Guillaume de Longchamp, qui épousa Jeanne de Raveton, et fut père de Guy de Longchamp, seigneur de Fumichon, nommé capitaine et gouverneur de Lisieux en 1554. Quoique, à plusieurs reprises pendant les guerres de religion, le commandement de cette ville eût été remis en d'autres mains, Guy de Longchamp conserva sa charge en titre jusqu'en 1587, où il s'en démit en faveur de son fils, Jean de Longchamp. Il avait épousé Marie des Buats qui, outre ce fils, lui donna plusieurs filles, mariées dans les familles Thiesse de la Fontaine, Le Fort de Bonnebosc et Labbey de Lombelon.

Jean de Longchamp, seigneur de Fumichon, se jeta déterminément dans le parti de la Ligue, dont il devint le principal chef dans le pays de Lisieux. Chassé de cette ville par le roi Henri IV, il se retrancha dans la vieille forteresse que les évêques de Lisieux possédaient à Courtonne-la-Meurdrac et en fit le centre de mille déprédations. Expulsé en 1590 de ce refuge, que le Parlement royaliste siégeant à Caen se hâta de faire raser, Longchamp s'établit à Beaumont-le-Roger, où il maintenait les communications entre les ligueurs de Rouen, que dirigeait Villars, et ceux de Verneuil où commandait Médavy. De cette nouvelle place d'armes partaient sans cesse des détachements qui parcouraient les environs de Lisieux, emmenant prisonniers tous ceux dont on pouvait espérer une rançon, et ceux-ci ne sortaient des mains de Longchamp qu'après avoir dûment contribué; ses proches parents eux-mêmes n'étaient pas épargnés. Il faut pourtant que ce chef ait inspiré à ses adversaires un certain degré d'estime, car, dès 1597, le roi Henri IV le remit en possession de la charge de gouverneur de Lisieux, qu'il conserva jusqu'à sa mort, survenue plus de trente-cinq ans après, et qu'il transmit à ses héritiers. Il reçut même, sous le règne suivant, les titres de chevalier de l'ordre et de conseiller du roi en ses Conseils d'État et Privé.

Jean de Longchamp, n'ayant pas eu d'enfants d'un premier mariage contracté en 1584 avec Jeanne Dumoulin, fille du seigneur de Saint-Aubin-de-Scellon et de Barbe de Lyée, épousa en secondes noces une veuve, Marie de Frotté, qui lui donna deux filles entre lesquelles fut partagée sa succession. Catherine, l'aînée, mariée en 1625 à César d'Oraison, baron de Livarot, choisit la châtellenie d'Ouillye-la-Ribault, acquise en 1605 par son père. Fumichon échut à la plus jeune, Marie de Longchamp, qu'avait épousée, en 1635, Louis de Rabodanges, baron de Culey-sur-Orne. Ce seigneur était le descendant, au cinquième degré, de Jean de Rabodanges, gentilhomme des environs de Saint-Omer, que Marie de Clèves, duchesse d'Orléans, mère du roi Louis XII, avait pris pour maître d'hôtel, et dont elle finit même par faire son mari. Le prince, son fils, vit d'abord de fort mauvais œil le sire de Rabodanges; mais celui-ci sut, à force de prudence et grâce aux marques de profond respect qu'il ne cessa de prodiguer à la duchesse, se faire pardonner sa témérité.

Louis de Rabodanges obtint, en 1649, l'érection de sa belle terre de Culey en marquisat de Rabodanges. Lui et ses descendants ne parurent plus à Fumichon qu'à de rares intervalles. Ces successeurs furent : Guy, marquis de Rabodanges, fils de Marie de Longchamp, marié en 1660 à Charlotte Lescalopier; Louis-César, marquis de Rabodanges, époux de Cécile-Adélaïde de la Ferté-Senneterre en 1693; Henri-François, marquis de Rabodanges, qui épousa, en 1731, Élisabeth-Thérèse de Neufville-Cléray; enfin Jean-Louis, marquis de Rabodanges, colonel du régiment de Bourbon, mort sans postérité. Il avait vendu Fumichon à Jeanne-Anne Hermant, veuve de Jean, baron du Houlley, qui nomma, en 1761, à la cure de cette paroisse M. Michel-Louis Haudard. Mais le dernier fils de cette dame, Alexandre-François-Pierre, baron du Houlley, seigneur de Fumichon, étant mort en 1786 sans avoir été marié, cette terre passa à sa sœur, Madame de Loynes, puis à un de ses enfants qu'on nommait le baron de Fumichon. Celui-ci résida quelque temps en ce château, il y a environ quatre-vingts ans. A sa mort, Fumichon passa par vente à M. Thulou de la Bectière, président du tribunal de Bernay, qui mourut le 5 juillet 1833, laissant cette terre à son fils, mort plusieurs années après sans postérité. Elle a été acquise depuis par M. Méry-Samson qui, par les améliorations agricoles les mieux entendues, a complètement transformé ce domaine.

Vte L. RIOULT DE NEUVILLE.

LE MOULIN DE FAUGUERNON

Celui qui parcourt en touriste les environs de Lisieux, apercevant à chaque pas de vastes usines, d'élégantes habitations, ou tout au moins de propres et coquettes maisons, est peu porté à soupçonner qu'on puisse également trouver à peu de distance de cette ville quelques-uns des recoins les plus déserts et des sites les plus solitaires que renferme le pays d'Auge. Il pourra cependant s'en convaincre s'il prend le chemin, ou pour mieux dire le sentier le plus court pour se rendre de l'église de Roques à celle de Fauguernon.

Un vallon étroit, qui finit par ressembler à une gorge, sert d'issue à un ruisseau perdu par intervalles au fond d'un ravin. Une longue lisière de prairie sans clôtures, qui semble livrée à un complet abandon, serpente entre des bouquets de bois touffus sous lesquels se cachent les pentes qui la dominent. Le sentier lui-même ne porte que peu de traces du pied des passants. Quelques rares chasseurs parcourent de temps à autre ce défilé, où les journées se terminent souvent sans que le pas de l'homme en ait troublé la solitude.

Dans le lieu le plus sauvage de ce site retiré, on aperçoit les vieux murs d'un édifice surplombant au-dessus du ravin. Il porte les marques d'un abandon séculaire. La construction est des plus rustiques; les dimensions très médiocres. L'aspect ne semble pouvoir provoquer que des idées lugubres. Cependant ces murailles sont singulièrement chères aux archéologues. Ce modeste édifice a été élevé au XIIe siècle pour servir de moulin banal à la seigneurie de Fauguernon. Quand 1789 fit disparaître, avec tant d'autres vestiges du passé, le droit féodal de « moulte verte et sèche », le moulin de Fauguernon perdit sa clientèle obligée, et fut bientôt livré à l'abandon. Depuis plus d'un siècle, les cultivateurs du voisinage en ont oublié le chemin, et, si ses vieux murs sont encore debout, c'est que personne n'a eu besoin des matériaux qui les composent. Leur solidité témoigne d'ailleurs de la manière consciencieuse dont les maçons du pays s'acquittaient de leur tâche au temps des Croisades. Il est vraiment surprenant que les pierres qui en font partie, n'aient pas déjà disparu dans la profondeur du ravin, ou ne gisent pas disséminées sur le gazon de ses berges.

Il sera intéressant de suivre jusqu'à sa source le ruisseau qui fit si longtemps tourner la roue de ce moulin. En arrivant à la naissance du vallon, un peu au-dessous d'une grosse ferme qui préside à la culture d'une plaine fertile, se rencontre une enceinte de fossés profonds environnant un énorme amas de ruines. Ce sont les restes du vieux château-fort de Fauguernon. D'épaisses et robustes murailles s'élèvent par places à la hauteur d'un étage; ailleurs, elles sont presque entièrement dégradées et disparaissent à moitié sous les monceaux de pierres qui en ont été détachées. Tous ces débris accumulés émergent avec peine d'un fouillis de ronces, d'épines et d'arbustes de toute espèce, qui s'est emparé de cette enceinte. Il est très difficile de se faire une idée, même approximative, de ce qu'était le château avant sa destruction. Cependant, ce qui en subsiste est assez considérable, et si ces ruines étaient déblayées et explorées, on y retrouverait sans doute des appartements presque entiers, et l'on pourrait obtenir un aperçu assez exact des dispositions intérieures de la place. C'est une éventualité que nous ne hâterons pas de nos vœux, trop certain que le résultat d'un semblable travail d'autopsie serait la subversion totale de ces restes intéressants.

Quand, en janvier 1871, les premières colonnes de l'armée prussienne pénétrèrent dans l'arrondissement de Lisieux, on remarqua souvent, non sans surprise, l'insistance avec laquelle les officiers allemands s'informaient de la direction et de la distance de Fauguernon, une des communes les moins peuplées du canton, d'ailleurs située en dehors de toute voie de communication. Il est fort probable qu'ils avaient entre les mains un document signalant l'existence en ce lieu d'un château-fort dont ils pouvaient s'exagérer l'importance actuelle, tandis que ceux auxquels ils s'adressaient ignoraient absolument, pour la plupart, que Fauguernon eût jamais possédé chose semblable. Cette conjecture peut trouver un appui dans un fait analogue. En 1814, l'armée anglaise, sous les ordres de Wellington, se dirigeant vers Toulouse, fit un détour considérable pour détacher une forte division sur une très petite ville de la Gascogne, nommée Samatan. L'état-major anglais faisait usage d'un manuel géographique où se trouvait l'indication suivante : Samatan, place très forte. Quel fut l'étonnement des généraux anglais quand, après avoir fait des prodiges de travail et de patience pour y amener leur artillerie par des chemins impraticables, ils se trouvèrent en présence d'une bourgade dépourvue de tout moyen de défense! Le manuel avait oublié de dire que les fortifications en étaient rasées depuis plusieurs siècles. Nous n'irons pas jusqu'à supposer que les officiers prussiens se soient attendus à mettre le siège devant Fauguernon.

Cet endroit est du très petit nombre des localités de la province dont l'histoire plonge dans le passé, au delà de ce déluge de sang et de feu, dont les invasions normandes de la fin du IXᵉ siècle furent la date. Elles n'étaient qu'à leur début quand, en 846, un seigneur franc des environs de Lisieux, nommé Hervé, se rendit à Bayeux, d'où il enleva les reliques de saint Regnobert et de saint Zénon pour éviter leur destruction par les mains des païens. Il les transporta à Norolles, est-il dit, puis à Saint-Victor-d'Épine, d'où elles furent plus tard transférées hors de la province. Norolles est certainement mentionnée ici pour Fauguernon, qui faisait alors partie de cette paroisse, son église n'ayant eu jusqu'au XIIᵉ siècle que le titre de chapelle sous le vocable de Saint-Regnobert, donné sans doute en mémoire de l'asile qu'y avaient trouvé les reliques de ce saint. Norolles a toujours été une dépendance de la seigneurie de Fauguernon.

Un siècle après l'invasion normande, ce fief était possédé par un seigneur très puissant nommé Toustain de Bastebourg. On l'a dit issu d'Anslech, un des principaux lieutenants de Rollon, ou, suivant d'autres, de Hrollager, frère naturel de ce premier duc des Normands; mais ces assertions ne reposent sur aucune autorité. Bastebourg, dont Toustain reçut le nom, est un sommet qui ne se rattache aux hauteurs voisines que par une étroite issue; il domine la vallée de la Dives, celle de Dozulé, la mer et la plaine de Caen, jusqu'à une grande distance; c'est un des plus remarquables points de vue dont la Normandie puisse s'enorgueillir. Ce lieu, qui prêtait à la défense, avait un moment servi de quartier général au redoutable pirate danois Hasting pendant les ravages du IXᵉ siècle. Toustain y fonda, en 996, une église collégiale dont il ne reste plus vestige. Ce seigneur établit sa résidence au château de Montfort-sur-Rille, qui, à sa mort, fut le partage de son fils aîné, Hugues dit à la Barbe, avec les fiefs de Coquainvilliers et de Dozulé; Bertran, le cadet, reçut la baronnie de Briquebec en Cotentin, et les vicomtés de Roncheville et de Fauguernon.

Hugues de Montfort eut pour successeurs un fils du même nom, qui se signala à la conquête de l'Angleterre, et deux petits-fils, Hugues et Robert, connétable de Normandie, dont il ne resta pas de postérité. Leur sœur Alix, ayant épousé Gislebert de Gand, transmit l'héritage et le nom de sa famille à ses descendants. Cette seconde maison de Montfort s'éteignit sous le règne de Louis XI, n'ayant conservé de ses anciens domaines que la seule seigneurie de Dozulé.

La postérité de Bertran adopta le nom de cet aïeul, et tint un très haut rang parmi les principaux barons normands. On trouve les Bertran à la conquête de l'Angleterre, où ils ont possédé les châteaux de Warkworth et de Bothall en Northumberland. Ils figurèrent aussi, mais à leurs dépens, dans les guerres civiles dont la Normandie fut le théâtre. Un Robert Bertran, nom que ces seigneurs portaient de père en fils, ce qui rend facile de les confondre, ayant pris parti pour Étienne de Boulogne contre Geoffroy d'Anjou, vit son château de Fauguernon assiégé par les Angevins, en 1137; la place fut prise et complètement détruite; Robert lui-même fut tué dans un combat l'année suivante. Son fils fit reconstruire le château, celui-là même dont on voit aujourd'hui les débris. Deux générations plus tard, un autre Robert Bertran prit part à la croisade de Simon de Montfort contre les Albigeois; il se signala, en 1213, à la bataille de Muret, où fut tué Pierre, roi d'Aragon. On répéta longtemps en Normandie, à la gloire de Bertran, ces deux vers détestables :

Le chevalier au vert lion
Vainquit le roi d'Aragon.

Un lion vert, ou de sinople, sur champ d'or, était l'insigne héraldique de ces seigneurs. Le petit-fils de celui-ci, toujours un Robert Bertran, épousa Alix de Tancarville et en eut deux fils qui partagèrent sa succession en 1274. Robert, l'aîné, eut la baronnie de Briquebec et la vicomté de Roncheville; Guillaume, le cadet, reçut la vicomté de Fauguernon. Ces fiefs ne devaient plus se trouver réunis dans les mêmes mains. Chose étrange, la terre de Roncheville, beaucoup plus importante que celle de Fauguernon, n'avait jamais possédé de château; il ne s'y trouvait qu'un simple manoir; Fauguernon avait toujours été la place d'armes de ses vicomtes, et les principaux vassaux de Roncheville étaient tenus d'en entretenir les fortifications. Cette obligation fut maintenue après le partage, les vassaux restant par exception chargés d'un service féodal envers un seigneur qui leur était devenu étranger. Ce partage, daté de mars 1274, fut autorisé et confirmé par lettres patentes du roi, en juillet 1280.

L'aîné des deux frères eut pour fils, Robert Bertran, maréchal de France, et Guillaume Bertran, qui mourut évêque de Beauvais en 1356, le dernier de sa branche, dont les biens furent partagés entre trois filles. Guillaume Bertran de Fauguernon épousa l'héritière des vicomtes de Fontenay-le-Marmion; il eut deux fils, Guy qui vécut peu, et Robert Bertran, vicomte de Fauguernon et de Fontenay, marié à une Tilly, dame de Druval, qui lui donna un fils et une fille. Mais Jean Bertran, vicomte de Fauguernon et Fontenay, mourut sans avoir eu d'enfants de son mariage avec Isabeau de Craon, déjà veuve de Guy de Laval, et depuis remariée à Louis de Sully. Fauguernon, avec tout le reste de ses biens, échut alors à sa sœur Marie Bertran, épouse d'Yvon de Garencières, et, à la mort de celle-ci, un peu avant 1392, à Jeanne de Garencières, sa fille. Cette héritière fut mariée trois fois, d'abord à Bertrand Paynel de Hambye, puis à Jean de Montenay, enfin à Jean de la Ferté, baron de la Ferté-Fresnel, de Gacé et du Neubourg. Elle n'eut d'enfants que de son second mari. Son fils, Guillaume de Montenay, fut vicomte de Fauguernon et de Fontenay-le-Marmion, baron du Hommet, seigneur de Garencières et de plusieurs autres terres; mais tous ces biens furent confisqués par le roi d'Angleterre en 1417, et donnés par ce prince au sénéchal de sa maison, Walter Hungerford. Pendant toute la durée de l'occupation anglaise, le château de Fauguernon reçut garnison de soldats insulaires; on cite parmi les capitaines qui en eurent le commandement, John Saint-Albans, et, en 1444, Jean Sanxon.

Fauguernon fut repris par les Français au mois d'août 1449, presque en même temps que la ville de Lisieux. Jean de Montenay, fils de Guillaume et de Jeanne de Ferrières, en recouvra la possession. Mais ce seigneur dilapida plus tard la grande fortune qui était revenue en ses mains, et, vers la fin de sa vie, aliéna successivement la plupart des belles terres que son aïeule avait fait entrer dans sa maison. Christophe de Cerisay, baron de la Haye-du-Puits, chambellan du roi, devint acquéreur de Fauguernon avant 1493. Ce fut en vain qu'un petit-fils du vendeur, Jacques de Montenay, époux d'Isabelle d'Estouteville-Villebon, tenta de revendiquer ce fief et prit le titre de vicomte de Fauguernon : l'aliénation resta irrévocable. Les Montenay, héritiers des anciens seigneurs, s'éteignirent sous le règne de Louis XIV par une fille, Marie-Césarine de Montenay, mariée en 1656 à Paul-Tanneguy de la Luzerne, seigneur de Beuseville.

Christophe de Cerisay, vicomte de Fauguernon, laissa cette terre à sa fille unique Marie de Cerisay, qui épousa Gaston de Brézé, troisième fils du comte de Maulevrier, et lui-même seigneur de Plânes et d'Auvrecher, maréchal héréditaire de Normandie. Leur fils, Louis de Brézé, évêque de Meaux, grand aumônier de France, lui succéda comme vicomte de Fauguernon; il mourut en 1589. Ses sœurs n'ayant point laissé de postérité, cette terre fut divisée entre les cousines germaines du prélat, filles de Louis de Brézé, comte de Maulevrier, et de Diane de Poitiers. Louise de Brézé, duchesse d'Aumale, céda sa part à M. de Saint-Germain d'Asnebec, descendant d'une Brézé. L'autre moitié resta à la maison de la Marck, en vertu du mariage de Robert de la Marck, maréchal de France, avec Françoise de Brézé, sœur aînée de la duchesse. Un de ses petits-fils, Louis de la Marck, marquis de Mauny, capitaine des gardes du corps et chevalier des ordres du roi, fut vicomte de Fauguernon pendant la première moitié du règne de Louis XIII; mais il mourut en 1626, sans avoir eu d'enfants de son mariage avec Charlotte des Ursins. Fauguernon fut de nouveau vendu, et les deux parts se réunirent entre les mains d'un même acquéreur.

Le vieux château des Bertran n'était plus, depuis bien des années, qu'un monceau de ruines. La guerre de la Ligue avait été la cause de sa destruction. Une troupe de partisans de la Sainte-Union, plus pillards que soldats, s'en était emparée, et en avait fait le centre d'un système de déprédations, dont le pays voisin avait grandement à souffrir. Le duc de Montpensier, gouverneur de Normandie, forma la résolution d'en purger la contrée, et vint investir la place. Sommés à deux reprises de l'évacuer, les ligueurs ne répondirent à cette intimation que par des bravades. Montpensier fit venir des canons qui les contraignirent bientôt à se rendre, le 12 juin 1590. Il n'y avait parmi eux aucun homme de quelque réputation : aussi furent-ils traités avec peu d'indulgence; quatorze d'entre eux furent conduits à la potence. Pour empêcher le retour des ravages que la vieille forteresse avait facilités, on en prononça la destruction. Les habitants des paroisses voisines furent mis en réquisition, et durent travailler par corvées à en démolir les murailles. C'est ainsi qu'elle a été réduite à l'état où elle se trouve aujourd'hui.

La vente de la vicomté de Fauguernon eut lieu au profit d'un gentilhomme des environs, Nicolas Le Mire, seigneur d'Angerville, fief situé à très petite distance, en la paroisse de Saint-Philibert-des-Champs, contiguë à celle de Fauguernon. Il mourut en 1649, laissant pour héritière sa fille unique Françoise Le Mire d'Angerville, qui épousa, l'année suivante, Paul de Mathan, conseiller au Parlement de Normandie. Devenue veuve, elle convola à de secondes noces avec Louis-Jacques Le Conte de Nonant, marquis de Pierrecourt, dont elle eut deux enfants; il mourut en 1668. La dame de Fauguernon, qui possédait aussi les seigneuries du Coudray, de Betteville, de Silly-Pierrefite, d'Angerville, de Forges, du Beschet, du Bois-Ravenot, de la Queurie, de la Pinterie, du Brévedent, de Carsix, de Sourdeval, lui survécut jusqu'en 1698. Elle avait rendu aveu de la vicomté de Fauguernon, le 27 avril 1679, à la grande Mademoiselle, duchesse de Montpensier, en sa qualité de vicomtesse de Roncheville. La terre de Fauguernon comprenait alors 280 acres en domaines; quinze fiefs nobles lui rendaient hommage; le privilège de haute justice y était attaché, et, pour garder la tradition d'un état de choses depuis longtemps tombé en désuétude, on déclarait que « les nobles tenans et vavasseurs étaient tenus d'y comparoir aux jours, qui se tenaient après Pâques et après la moisson, pour aider à rendre la justice ».

Le fils ainé de Françoise Le Mire, Jean-François Le Conte de Nonant, marquis de Pierrecourt, fut après elle vicomte de Fauguernon. Il épousa Marie-Lucie de Lancy, dame de Rarey. Il habitait ordinairement le manoir de la Pinterie, en la paroisse du Pin, et faisait sa joie et son orgueil d'une meute de chiens courants, qui passait pour la meilleure de la contrée. Son petit-fils, Jean-Joseph Le Conte de Nonant, marquis de Rarey, était seigneur de Fauguernon dans la seconde moitié du XVIIIᵉ siècle; cette terre appartenait encore à ses représentants à une date très récente. Elle n'est plus considérée que comme une simple ferme, et les habitants du voisinage le plus rapproché ont à peine une vague notion du rôle important qu'elle a rempli dans les siècles passés.

Vᵗᵉ L. RIOULT DE NEUVILLE.

HERMIVAL-LES-VAUX

Cette commune, qui dépend du canton de Lisieux, première section, a été connue successivement, dans les anciennes chartes, sous les noms de *Hermevilla, Hermieval, Hermevallis.*

Quelques antiquaires ont vu dans cette appellation un dérivé de *Hermes vallis,* ou val d'Hermès ou de Mercure. A-t-il existé en cet endroit un temple élevé à cette divinité païenne? Rien ne vient justifier cette affirmation, mais rien non plus ne s'oppose à cette supposition, si l'on considère surtout le nombre considérable d'objets antiques trouvés sur le territoire de cette commune où, du reste, passe la voie romaine.

Il existe à Hermival un manoir connu sous le nom de Saint-Laurent et un château placé agréablement entre deux cours d'eau.

Le château, composé d'un corps de bâtiment en pierres de taille, surmonté d'un fronton triangulaire, a été bâti sous le règne de Louis XV pour remplacer une construction antérieure.

Château d'Hermival.
D'après une photographie de M. Brunong-Devieres.

A chaque extrémité s'élève un pavillon massif, restes de l'ancien château. Les murs sont construits en briques et pierres de taille formant échiquier et dont les toitures élevées, recouvertes en tuiles, sont supportées par un rang de mâchicoulis. Deux beaux épis, en poterie dite de Manerbe, surmontent la crête de la toiture.

C'est à la moitié du XVIe siècle qu'il faut faire remonter l'édification de ce château.

De magnifiques jardins ornent la propriété et l'on peut y admirer des bananiers d'une taille inusitée dans nos climats.

Le château d'Hermival fut jadis la propriété des du Bosch, seigneurs de Hermival, qui firent alliance avec la famille de Moges; aujourd'hui il appartient à M. Fleuriot.

Élie de Souderne.

LE CHATEAU DE MERVILLY

La terre de Mervilly, située en la commune de la Vespière près d'Orbec, a longtemps appartenu à une famille Haupoix, originaire de cette ville. Robert Haupoix était qualifié sieur de Mervilly en 1627. L'ancien manoir fut remplacé, en 1740, par un joli château en briques et pierres que fit construire Jacques-François Haupoix de Mervilly, époux d'Anne-Louise du Merle. Le fils de celui-ci ne laissa de son mariage avec Mademoiselle Lambert d'Argences qu'une fille unique, Charlotte-Pétronille Haupoix de Mervilly, décédée en 1833. A sa mort, Mervilly échut en partage à une de ses filles du second lit, Madame de Graveron, née de Folleville, qui, ayant survécu à ses enfants, laissa cette terre à sa petite fille, Madame de Toulmon, fille unique de M. Gustave de Graveron et de Mademoiselle de Marescot. M. de Toulmon, homme de goût et archéologue distingué, était issu de la famille Bottée de Toulmon, qui a possédé en Vermandois les terres de Bouffier, de Vacquerelle et de Torcy. Il fit en partie reconstruire et considérablement agrandir le château de Mervilly, qui est devenu ainsi une des plus belles habitations de l'arrondissement. Ce château appartient aujourd'hui à sa fille, mariée en 1892 à M. le comte de Falandre, dont le père, M. le marquis de Falandre, chef de la famille Férault de Falandre, possède dans le département de l'Orne le vieux château dont il porte le nom.

CHÂTEAU DE MAILLOC

LE CHATEAU DE MAILLOC

Au centre de la riche vallée d'Orbec, suite presque continue de riants villages et de massives usines, témoignage d'une industrie naguère florissante, aujourd'hui bien déchue, le vieux château de Mailloc présente sur toutes les faces sa masse imposante. Son aspect ne fait pas un contraste trop violent avec l'air moderne et plein de vie des sites animés qui l'entourent. Ses murs de pierre ont conservé en grande partie leur primitive blancheur; le jardin anglais, les bouquets de plantations qui l'environnent, l'absence un peu trop complète des alentours ordinaires d'une vieille habitation, la suppression des douves profondes dont la ceinture était autrefois son accompagnement obligé, semblent conspirer à lui donner l'apparence d'une création récente. En même temps, ses quatre tours aux dimensions puissantes, aux corniches fortement accusées, couronnées d'un bandeau de mâchicoulis, lui conservent quelque chose du caractère d'un château-fort, malgré toutes les modifications à l'aide desquelles on s'était efforcé de le faire disparaître.

Si le château de Mailloc a été modernisé, infiniment plus que ne le souhaiteraient les amis de l'art et les amateurs du pittoresque, c'est le XVIII⁰ siècle, et nullement l'ère contemporaine, qui en est responsable. Le propriétaire actuel, M. le comte de Colbert-Laplace, député de l'arrondissement de Lisieux, fait au contraire les plus louables efforts pour rendre à cette belle habitation sa véritable physionomie, et déjà Mailloc a repris une partie du cachet artistique dont on s'était précédemment si soigneusement appliqué à le dépouiller.

Tel que de prétendues restaurations l'avaient laissé, ce château offrait une véritable énigme en architecture. Le corps de logis portait les indices de dispositions propres au début du règne de Louis XIV, tandis que les tours semblaient appartenir au XVI⁰ siècle, peut-être même au temps de François I⁰ʳ. Cependant aucune trace de reconstruction ne permet d'admettre, entre la partie centrale de l'édifice et les tours qui l'accompagnent d'une manière si heureuse, une différence de date aussi importante. Nous croyons donc qu'on doit regarder la construction comme remontant tout entière au XVI⁰ siècle, dont cependant le caractère a complètement disparu du grand corps de logis par suite d'un remaniement des plus exagérés. S'il ne s'est pas étendu aux quatre tours, c'est qu'on a reconnu combien il était impossible de leur donner une apparence plus moderne et plus conforme aux goûts désastreux du possesseur qui entreprit cette œuvre mal inspirée.

Mailloc n'a d'ailleurs, il faut en convenir, jamais répondu à l'idée qu'on peut se faire d'un château du siècle de la Renaissance. On y chercherait vainement la moindre trace d'une sculpture. La sobriété de son ornementation est des plus austères. Mais il ne faut point oublier que l'art bien entendu consiste, dans l'architecte, à tirer parti des circonstances en présence desquelles il se trouve, et non à violenter la nature pour la forcer à se plier à des idées préconçues. La qualité de la pierre dont est construit l'édifice, ne se serait pas prêtée au travail du sculpteur, et l'état des chemins ne permettait pas alors de faire venir des matériaux empruntés à distance : on a donc agi fort sagement en renonçant à ce genre d'embellissement.

Le château de Mailloc est entouré de quatre communes qui portent aujourd'hui ce nom; ce sont : Saint-Julien, Saint-Pierre, Saint-Martin et Saint-Denis-de-Mailloc. On racontait autrefois que chacune des quatre tours de la demeure seigneuriale était construite sur le territoire d'une de ces quatre paroisses. Rien n'est moins fondé; le château a toujours appartenu exclusivement à Saint-Pierre-de-Mailloc, anciennement nommé Saint-Pierre-du-Tertre. La paroisse de Saint-Julien a longtemps été seule à porter le nom de Mailloc; Saint-Martin et Saint-Denis étaient dits du Val-d'Orbec. Saint-Denis a changé ce nom en celui de Mailloc, l'an 1680; Saint-Martin et Saint-Pierre ont reçu cette dernière désignation en 1729.

La terre de Mailloc doit son nom à la famille des seigneurs qui l'ont possédée dès une époque sur laquelle les documents précis nous font absolument défaut. Mais Mailloc est un nom d'homme et, chose étrange, il appartient exclusivement à la langue gaélique. Le même phénomène apparaît dans un nom resté attaché à celui d'une commune du voisinage, Courtonne-la-Meurdrac. Voici la seule explication qui semble pouvoir être donnée à cette circonstance bizarre : il est avéré que Rollon, après avoir été banni de Norvège, séjourna pendant plusieurs années dans les îles voisines de l'Écosse; rien d'étonnant à ce qu'en quittant cet archipel infertile et désolé, pour de plus fructueuses conquêtes, il ait entraîné à sa suite quelques guerriers aventureux, ayant appris, peut-être à leurs dépens, quelles chances de succès étaient attachées à son commandement. De ce nombre se trouvèrent sans doute Mallioch et Murdach, aux noms desquels nous restituons leur orthographe écossaise; ils firent en sorte, on peut le supposer, de s'établir, en bons frères d'armes, à proximité l'un de l'autre.

Quoi qu'il en soit, Mailloc fut possédé de père en fils, pendant plusieurs siècles, par une longue suite de chevaliers qui maintinrent honorablement leur rang, sans toutefois parvenir à graver leur nom dans les annales de l'histoire; il ne paraît pas qu'aucun d'eux ait jamais porté bannière. De nombreuses branches collatérales sortirent de cette antique souche. De celle des seigneurs de Sacquenville était issu Louis de Mailloc-Sacquenville, commandeur de l'ordre de Malte au XVI⁰ siècle. S'étant fait remarquer par sa participation à une révolte dirigée contre le Grand-Maître, Jean de la Cassière, il fut envoyé à Rome par les chevaliers rebelles pour soutenir leur cause auprès du Saint-Siège. Il reçut un mauvais accueil du cardinal Montalte, depuis pape sous le nom de Sixte-Quint. « Si j'étais le Saint-Père, lui dit le fougueux prélat, je vous aurais déjà fait trancher la tête. »

La branche aînée, dépouillée de la terre de Mailloc et de ses autres fiefs pendant l'occupation anglaise, en raison de la fidélité de Jean de Mailloc à la cause nationale, en avait recouvré la possession quand Charles VII eut expulsé les envahisseurs. Mais le château-fort qui, de temps immémorial, était le séjour de cette ancienne race, avait été détruit pendant la guerre, et il s'écoula près d'un siècle avant que les seigneurs de Mailloc eussent recouvré les ressources nécessaires pour en entreprendre l'entière reconstruction. Enfin la fortune entra dans cette maison, sous la forme de deux riches héritières. Nicolas de Mailloc épousa, vers l'an 1500, Suzanne de Mannoury; elle était fille d'Étienne de Mannoury du Tremblay, seigneur du Mont-de-la-Vigne, capitaine de Lisieux, Évreux et Exmes, et d'Austreberte de Dreux, issue elle-même d'une branche éloignée de la maison royale de France. Mais Suzanne ne semblait point destinée à recueillir l'opulente succession de sa famille, enrichie par la faveur de Louis XI; elle avait deux frères et deux sœurs. L'un des frères embrassa l'état ecclésiastique ; l'autre ne laissa, de son mariage avec Marguerite Le Veneur, qu'un fils, Louis de Mannoury, lequel mourut sans postérité, et Suzanne eut à partager avec ses sœurs l'héritage de ce neveu. La terre du Mont-de-la-Vigne entra ainsi dans la maison de Mailloc.

De Nicolas de Mailloc et de Suzanne de Mannoury étaient nés trois fils : Jean, seigneur de Mailloc, Charles et Pierre, seigneurs de Saint-Denis et de Monteilles, personnages turbulents, qui eurent à se reprocher assez d'actes de violence pour avoir besoin de bénéficier du privilège de Saint-Romain. Charles se distingua comme capitaine de mille légionnaires. Après lui, Jean, seigneur de Saint-Denis, époux d'Antoinette de Mézières, fut père d'Hamon de Mailloc, célèbre dans les guerres de la Ligue sous le nom de Saint-Denis-Mailloc. Ayant embrassé la cause royale, il la servit avec ardeur à la tête d'un corps d'arquebusiers à cheval; mais ni le chef, ni les soldats ne brillaient par une discipline scrupuleuse; et leurs déprédations qui n'épargnaient amis ni ennemis, excitèrent beaucoup de plaintes. Commandant à Lisieux, puis gouverneur de Conches, ayant le rang de mestre de camp, le seigneur de Saint-Denis n'avait pas à se plaindre de la fortune; mais il était d'une trempe à se plaire davantage dans le désordre des dissensions civiles que sous le règne pacifique des lois. Ne recevant pas toutes les satisfactions auxquelles il prétendait, il se rangea parmi les mécontents, quitta la France et se retira à Bruxelles pour se mettre au service de l'Espagne. Cette incartade, qui lui valut la perte de ses charges, fut suivie de plusieurs autres. Enfin il se trouva compromis d'une façon tellement grave que sa tête fut en péril, et s'il parvint à se mettre en sûreté, il encourut la confiscation de ses biens, que toutefois la munificence royale concéda à un de ses alliés les plus proches, le comte de la Suze, de la maison de Champagne, l'an 1621. Saint-Denis-Mailloc n'eut qu'une fille de son mariage avec Madeleine de Melun, dame des Landes et de Normanville; ce fut Madeleine de Mailloc, mariée, en 1618, à François de Lyée, seigneur du Coudray, Heurtevent et Saint-Jean de Livet. De cette union naquit une fille unique, Madeleine de Lyée, qui, étant veuve de MM. de Vieupont et de Braque, épousa, par admiration pour ses talents littéraires, Gautier de Costes, sieur de la Calprenède, auteur alors célèbre de longs romans qui firent les délices du public au temps de Mazarin.

Il est temps de revenir à Jean de Mailloc, l'aîné des trois frères. Il éleva au plus haut point la fortune de sa famille en épousant, en 1537, Louise Quiéret, héritière d'une famille de Ponthieu ancienne et même illustre. Elle lui apporta, du chef de son père, les seigneuries de Tours-en-Vimeu, le Quesnoy, Bouricourt, Neuville-sur-Eaulne, Caurroy, Hamicourt, la Porte-Montreuil, Saint-Nicolas, Esquincourt, Saint-Martin, et la baronnie de Bosc-Geoffroy; du côté d'Antoinette de Boissay, sa mère, la baronnie de Cailly, la châtellenie de Saint-Germain, et une vingtaine d'autres seigneuries que nous nous dispenserons d'énumérer. Jean de Mailloc profita de cette opulence pour faire construire sur sa terre patrimoniale le château actuellement existant; dès lors, il joignit au titre de seigneur de Mailloc celui de châtelain du lieu. Il laissa, outre plusieurs filles, deux fils dont le plus jeune fut seigneur du Mont-de-la-Vigne, terre que sa fille unique apporta en mariage, en 1583, à Guy d'Aché, seigneur de Marbeuf, vicomte de Fontenay-le-Marmion. L'aîné, Nicolas de Mailloc, baron de Cailly, seigneur châtelain de Mailloc, épousa, en 1563, Charlotte de Monchy-Moncavrel, qui fut dame d'honneur de la reine Catherine de Médicis, et le rendit père de François de Mailloc, aussi baron de Cailly et châtelain de Mailloc, chevalier de l'ordre du roi, marié, en 1587, à Marie Bruslart de Genlis, que la reine Marie de Médicis prit à son tour pour dame d'honneur. Un second François de Mailloc, né de cette union, épousa, en 1610, Françoise Le Brun, héritière des seigneurs de Sallenelles, et obtint l'érection en baronnie de la terre de Mailloc; il était en même temps baron de Cailly, de Tours-en-Vimeu, chevalier de l'ordre et gentilhomme de la chambre du roi. Son fils, Gabriel de Mailloc, baron de Mailloc et de Cailly, premier veneur de Gaston duc d'Orléans, épousa, en 1641, Renée de Créquy-Berniculles et mourut en 1681, laissant neuf enfants et des affaires un peu obérées. Mais de ses six filles, quatre furent destinées au cloître; deux fils moururent prématurément; il ne resta que Gabriel-René de Mailloc, en qui allait s'éteindre cette brillante lignée, après être parvenue au comble de la prospérité. Il joignit, en effet, à une bonne part des biens paternels, l'héritage de son oncle de Créquy, qui lui laissa le comté de Cléry-Créquy, la baronnie de Combon, moitié de celle du Neubourg, et la belle terre du Champ-de-Bataille. Ce fut en sa faveur que la baronnie de Mailloc fut érigée en marquisat, en 1695. N'ayant pas eu d'enfants d'un premier mariage avec une veuve déjà mûre, mais fort riche, Marie Henry de Cheusses, le marquis de Mailloc, parvenu à l'âge de soixante-quatorze ans, épousa, en 1720, Claude-Lydie, fille du maréchal duc d'Harcourt; elle n'avait que vingt-trois ans. Nul ne pouvait se tromper sur les motifs d'une union aussi disproportionnée. « Il lui fait de grands avantages en l'épousant, dit le *Journal de Dangeau*. Il avait épousé en premières noces, ajoute-t-il, Madame de Loury, qui était fort vieille et fort riche, et qui lui avait fait de grands avantages. »

Ce mariage mal assorti d'un vieillard et d'une jeune et jolie personne ne promettait le bonheur à aucun des deux époux : les prévisions ne se trouvèrent point trompées. Le marquis de Mailloc passa pour être horriblement jaloux. Il n'est cependant pas exact qu'il ait fait enfermer sa femme par lettre de cachet, comme le raconte l'auteur des prétendus *Souvenirs de la marquise de Créquy*. D'ailleurs au bout de quatre ans, en 1724, sa mort lui rendit l'indépendance, et lui permit de jouir d'une grande fortune, qu'elle eut pourtant à disputer devant les tribunaux aux héritiers naturels du marquis. C'était Catherine de Mailloc, sa seconde sœur, qui, déjà avancée en âge, avait épousé, en 1717, Jacques Bonnet de Montgommery, marquis de la Tour, gentilhomme muni de beaucoup plus de prétentions que de patrimoine; puis les enfants et petits-enfants de sa sœur aînée, Renée de Mailloc, mariée, en 1669, à Philippe Toustain, marquis de Carency, et morte avant son frère. Pendant nombre d'années on plaida avec acharnement; on fit tant et si bien que cette riche succession s'évanouit pour la plus grande partie en frais de procédure.

Claude-Lydie d'Harcourt conserva cependant la jouissance des terres de Mailloc et du Champ-de-Bataille jusqu'à sa mort, survenue en 1750; mais comme elle préférait la dernière de ses résidences, le château de Mailloc se trouva bien délaissé. Après elle, il passa en la possession de son frère, Anne-Pierre, duc d'Harcourt, qui vendit quelques années après le marquisat de Mailloc à César-Louis-Marie-François-Ange, vicomte d'Houdetot. Celui-ci n'était qu'un fils de famille, mais il avait trouvé les ressources nécessaires à cette acquisition dans son mariage avec une riche héritière, Louise Périnet de Faugnes. Cependant, en 1785, il revendit cette terre à Louis-François-Charlemagne de Couvert de Coulons, président à mortier au Parlement de Normandie. Ce nouvel acquéreur n'habita jamais le château de Mailloc; le trouvant trop délabré, il préféra résider au château qui existait alors à Saint-Denis-de-Mailloc, demeure moins spacieuse, mais plus agréablement située. Propriétaire éclairé, bienveillant et généreux, le président de Coulons semblait ne devoir rencontrer que la sympathie universelle. Il fut pourtant le premier dans le pays à ressentir, en 1789, le contre-coup des événements révolutionnaires; son château de Saint-Denis fut saccagé, incendié et complètement détruit. Le motif qui excita contre lui les passions populaires, mérite d'être rapporté : il s'était appliqué à propager dans la contrée la culture de la pomme de terre, et c'était, disait-on, traiter le peuple en bête de somme que de lui destiner une nourriture ne convenant évidemment qu'aux bestiaux. Une partie de ses biens lui fut toutefois conservée. A sa mort, qui survint en 1801, Mailloc appartint à son fils, Charlemagne-Armand-Timoléon de Couvert de Coulons, décédé en 1812. Les deux sœurs de ce dernier, mariées l'une au comte de Couvert, son cousin, l'autre à M. de Grimouville de Cussy, firent vente de cette terre, en 1813, à la marquise de Portes, née Laplace, fille de l'illustre astronome. Mailloc passa après elle à sa fille unique, épouse du marquis de Colbert-Chabanais, député au Corps législatif, dont le propriétaire actuel est le fils. De même que ses parents, celui-ci fait sa résidence favorite de cette monumentale demeure, qu'il a beaucoup contribué à restaurer et à embellir.

Vte L. Rioult de Neuville.

LE CHATEAU DE BIENFAITE

La terre de Bienfaite est une de celles dont le nom appartient à l'histoire. Dès le XIe siècle, Richard de Bienfaite était un des principaux personnages du duché de Normandie; il était fils de Gislebert, comte de Brionne, et petit-fils de Godefroy, comte d'Eu, enfant naturel du duc Richard Ier. Le seigneur de Bienfaite suivit Guillaume à la conquête de l'Angleterre et devint grand justicier de ce royaume, où il posséda des biens immenses. Son fils aîné fut l'auteur des comtes de Clare, de Hertford et de Glocester, éteints au XIVe siècle. Un second fils, Roger, fut seigneur d'Orbec et de Bienfaite; mais il mourut sans postérité, vers 1130, laissant ces terres à un fils cadet de son frère aîné, Gilbert, qui devint comte de Pembroke, en Angleterre. Un fils puîné de celui-ci, nommé Landric, laissa lui-même deux fils, Guillaume et Hugues d'Orbec, ancêtre des seigneurs du Plessis-d'Orbec. Guillaume peut être regardé comme l'aïeul d'Étienne de Bienfaite, qui reçut du roi saint Louis d'importantes concessions dans Orbec. Un second Étienne de Bienfaite fut grand-maître des Eaux et Forêts et un des principaux conseillers de Philippe le Bel.

La ligne directe des seigneurs de Bienfaite se termina par une fille, qui épousa, vers 1437, un parent éloigné, Jean d'Orbec, seigneur du Plessis-d'Orbec. Le château de Bienfaite resta l'apanage de la maison d'Orbec, et sa principale résidence jusqu'à son extinction, en 1610. Louis, dernier baron d'Orbec et de Bienfaite, laissait deux sœurs; Louise, l'aînée, épouse de Jean du Merle, eut en partage le Plessis-d'Orbec; Bienfaite échut à la cadette, Esther d'Orbec, mariée à Jean de Bouquetot. Cette terre fut ensuite transmise à Louise de Bouquetot, sa fille, qui épousa Henri de Chaumont-Guitry, baron de Lesques. Elle est restée dans la famille de Chaumont-Guitry jusqu'en 1840. Mise en vente, elle fut alors acquise par le comte Durcy de Noinville; M. le comte de Noinville, son petit-fils, capitaine au 24e régiment d'infanterie, en est aujourd'hui le propriétaire.

Le château primitif de Bienfaite, situé sur la pointe escarpée qui domine, d'un côté, la vallée d'Orbec et, de l'autre, celle de la Cressonnière, fut détruit et rasé jusqu'aux fondements, dans les guerres du règne de Charles V. Un nouveau château fut construit peu après, au fond de la vallée qu'arrose le cours d'eau venant de la Cressonnière. C'était une enceinte carrée; le principal corps de logis était situé à l'ouest. Il reste à peine quelques traces des trois autres faces du château; mais une tour et quelques appartements intérieurs de celui-ci ont été conservés dans la reconstruction du château, qui eut lieu vers le commencement du siècle dernier. En 1883, M. le comte Paul de Noinville, père du propriétaire actuel, y a fait ajouter un grand pavillon, d'un style très orné, à combles élevés, qui forme l'extrémité nord de cette importante habitation.

LE CHATEAU DE LA VESPIÈRE

A la porte de la ville d'Orbec, mais sur le territoire de la commune voisine de la Vespière, le château de ce nom occupe une situation charmante à l'entrée d'un joli vallon. Adossé à une masse de grands arbres, dominant un étang alimenté par des eaux courantes, il se compose d'un pavillon carré que fit construire, en 1828, M. le comte du Merle, dans des proportions plus gracieuses que celles employées souvent par les architectes de cette époque. Le château est aujourd'hui habité par Madame la comtesse Xavier du Merle, née de Pardieu. A peu de distance, au milieu des bâtiments de dépendances, on voit quelques restes de l'ancien manoir seigneurial. Des pièces de charpente, d'énorme dimension, portent encore les écussons des anciens possesseurs.

La seigneurie de la Vespière a appartenu, au XV⁰ siècle, à la famille Fouquet; au XVI⁰, à celle de la Joraye-Saint-Moris; au XVII⁰, aux Le Portier. Madeleine Le Portier la vendit, le 29 avril 1743, à Claude du Merle, seigneur du Plessis-d'Orbec. Cette dernière terre était un héritage de Louise d'Orbec, sœur aînée de Louis, dernier baron d'Orbec de ce nom, mort en 1610. Elle avait épousé, en 1600, Jean du Merle, seigneur du Blancbuisson et du Boisbarbot, un des représentants de l'antique race des barons du Merle-Rault connus dès le commencement du XI⁰ siècle. Parmi ses ancêtres directs comptaient Foulques du Merle, maréchal de France sous le règne de Philippe le Bel, et Guillaume du Merle, sire de Messey, capitaine-général en Basse-Normandie, qui fut un des plus vaillants défenseurs de cette province pendant les guerres des Anglais.

LE CHATEAU DE LA CAUVINIÈRE

Le domaine de la Cauvinière, à Notre-Dame-de-Courson, est situé sur le plateau qui s'étend à l'est de la vallée de la Touque, dans la direction de Cernay. Le manoir paraît dater de la fin du XVIe siècle ou du commencement du siècle suivant. C'est une construction en bois, bâtie en équerre et précédée de deux pavillons de la même époque, dont l'un à destination de chapelle. Le tout est entouré de douves profondes.

La seigneurie de la Cauvinière appartenait, en 1469, à Jean du Vieu. Elle fut acquise, quelques années après, par Geoffroy des Hayes, qui habitait le manoir voisin des Hayes, à Préaux, aujourd'hui nommé Gassart. Son arrière-petit-fils, Gabriel des Hayes, sieur de la Cauvinière, guidon de la compagnie des gendarmes du duc de Montpensier, fut tué à l'attaque de Bernay, quand ce prince prit la ville sur les ligueurs, en 1588. L'aîné de ses fils, aussi nommé Gabriel, obtint en conséquence la protection royale; il devint chevalier de l'ordre du roi, gentilhomme ordinaire de sa chambre, et son écuyer en la petite écurie. Il mourut en 1652, sans avoir eu de postérité de Marie Baudouin, dame de Préaux, veuve de Scipion de Moges, qu'il avait épousée en 1615, mais laissant sept enfants d'un second mariage contracté en 1641 avec Françoise d'Espinay de Campigny. Jean-Baptiste des Hayes de la Cauvinière, son fils aîné, épousa, en 1673, Marguerite d'Avesgo, et devint châtelain de Forval et baron des Moutiers-Hubert. Mais à sa mort, en 1714, ses enfants vendirent la terre de la Cauvinière et le fief des Hayes à Jacques Riquier, habitant de Lisieux. Celui-ci fut le père de Jacques-Damien Riquier, abbé de la Cauvinière, chanoine de Lisieux et conseiller-clerc au Parlement de Normandie, qui survécut à la Révolution. Il vendit sa terre à fonds perdu, le 1er messidor an VI, à demoiselle Agathe Guisier, mineure représentée par Antoine-Adrien Nicole, son tuteur. Cette dame apporta par mariage la terre de la Cauvinière à la famille Ribard; c'est son petit-fils, M. Prosper Ribard, qui en est le propriétaire actuel.

LE CHATEAU DE FERVAQUES

Le château de Fervaques mérite d'être compté parmi les plus belles habitations de l'arrondissement de Lisieux. Il a sur les autres anciennes résidences seigneuriales de la contrée un avantage exceptionnel : il n'a pas connu de longue période de délaissement et a presque toujours servi de demeure à des possesseurs largement pourvus des biens de la fortune. On n'y trouvera pas les traces d'une négligence prolongée, ou les indices de la pénurie des maîtres du logis. Sinon toujours avec un goût parfait, du moins avec les moyens de satisfaire leur goût, ils ont fait de Fervaques ce qui leur a plu et n'ont jamais laissé leurs plans inachevés, ainsi que dans un si grand nombre de vieux édifices on peut en constater les marques.

Le château de Fervaques est au fond de la vallée de la Touque, entouré par les eaux de la rivière qui le sépare du bourg portant le même nom. Il faut traverser le bourg pour pénétrer dans l'enclos du château, que ferme un beau pavillon en brique et pierre destiné à recevoir un pont-levis jeté sur la rivière. En sortant de la voûte, on aperçoit à main droite le château; il se compose de deux parties bien distinctes placées en équerre. Le corps de logis principal, flanqué de deux gros pavillons carrés, date du règne de Henri IV, de même que la tour du pont-levis. L'aile soudée à angle droit, se rapprochant de l'entrée, est plus ancienne d'un siècle; également construite en brique et pierre, elle est loin de présenter les proportions imposantes de la grande façade. Quoique datant d'une époque où l'on savait donner aux édifices un cachet de richesse et de grâce extrême, elle n'a en réalité rien de bien remarquable. Sa porte en accolade, ses fenêtres d'un dessin analogue, les gables qui les surmontent, tout en témoignant de leur érection sous l'influence du dernier art ogival, n'ont point l'élégance qui le caractérise. Ce corps de logis fut pendant tout le cours du XVIe siècle le manoir seigneurial de Fervaques, et quand un château plus important eut été construit, il s'y trouva incorporé à titre de partie secondaire. Il y a soixante ans, ce vieux manoir séparait deux cours intérieures; l'une, placée en arrière du côté de la rivière, renfermait les dépendances du château, et remontait sans doute à l'état primitif; la cour d'honneur, située en avant, était formée par le grand corps de logis, l'aile de construction ancienne, et une seconde aile plus moderne placée parallèlement et correspondant au second des grands pavillons du château. Vers 1834, le marquis de Portes fit démolir cette aile, ainsi que les anciennes dépendances; il remplaça celles-ci par des constructions sans caractère dont l'effet n'est pas heureux. Ces changements ne furent pas les seuls qu'il apporta à son habitation. C'est à lui qu'est dû le grand perron par lequel on accède au premier étage du château; jusque-là on y entrait par le rez-de-chaussée, aujourd'hui enfoui sous ce perron, et l'on ne parvenait au premier que par un escalier intérieur. On ne peut disconvenir de l'agrément de cette innovation pour les principaux appartements; mais elle a eu l'inconvénient d'altérer l'aspect du château, du côté de l'arrivée, aux dépens du caractère monumental du grand corps de logis.

Pour juger de celui-ci d'une manière plus favorable, il faut se mettre devant la façade extérieure qui regarde le nord-ouest. L'effet est alors heureux et imposant. Les murs plongent directement dans l'eau profonde des larges fossés que la Touque alimente de ses eaux vives et limpides. Ils s'élèvent avec un air de solidité et de force, montrant des tranches de brique rouge et de pierre en bossage élégamment combinées. Les deux gros pavillons font pardonner leurs proportions un peu lourdes par leur ensemble majestueux. La hauteur des murailles, qui part du niveau de l'eau et se trouve par suite bien plus considérable que sur la façade intérieure, dissimule le principal défaut de l'édifice, c'est-à-dire la dimension écrasée du rez-de-chaussée; il n'est propre qu'à servir de dépendances. L'étage au-dessus est d'une bonne élévation; l'étage supérieur est engagé dans le toit. Les intérieurs ont été modernisés dans le cours de ce siècle. Une seule pièce assez spacieuse est restée intacte; on la nomme la chambre d'Henri IV et la tradition veut que ce monarque y ait couché, ce qui n'a rien d'invraisemblable. On assure que la chambre a depuis lors conservé les mêmes meubles, mais sur ce point la tradition semblerait moins certaine. D'une origine encore moins authentique est un portrait du bon roi, œuvre d'un barbouilleur plutôt que d'un artiste. Au-dessous on a gravé à la pointe sur le cadre ces deux vers dont la paternité n'est pas imputable au Béarnais :

> Volons, ventre-saint-gris, la dame de Fervaques
> Mérite assurément les plus vives attaques.

Honni soit qui mal y pense! La dame de Fervaques avait atteint la quarantaine quand Henri IV put lui rendre visite en son château, et rien ne permet de supposer qu'elle ait tenu la moindre place dans les fantaisies galantes de ce prince.

La seigneurie de Fervaques, fief de haubert relevant de la baronnie d'Auquainville, a appartenu, du XIIe au XVe siècle, à la famille de Brucourt, une de celles qui, en Normandie, ont possédé le plus de biens, sans avoir jamais gravé son nom dans les pages de l'histoire. Après l'expulsion des Anglais, elle vint entre les mains de Guillaume de Hautemer, seigneur du Fournet, héritier de Jean de Brucourt en vertu d'une parenté dont on ne peut plus retrouver la trace. La famille de Hautemer possédait, depuis le commencement du XIVe siècle, la seigneurie du Fournet; elle y avait succédé à une famille portant le nom du Fournet et portait les mêmes armes. L'origine du nom de Hautemer est restée inconnue; ce n'était celui d'aucun fief noble en Normandie, à moins que ce ne fût une altération de celui de Hautemare, nom d'un petit fief situé au Bourgdun. Les seigneurs de Fervaques ne commencèrent à être connus hors de leur pays natal que sous le règne de François 1er, où Jean de Hautemer, arrière-petit-fils de Guillaume, épousa une grande héritière de Bourgogne, Anne de la Baume-Montrevel, fille d'Anne de Châteauvillain, dame de Grancey. Il prenait les qualités de chevalier, valet-tranchant du roi, enseigne de la compagnie du seigneur de Saint-André. A sa mort, qui eut lieu, non comme on l'a dit, à la bataille de Cerisoles, mais quelques années plus tard, en 1554, son fils Guillaume de Hautemer se trouva à la tête d'une fortune considérable. Il fut de bonne heure la terreur des environs. Les récits traditionnels, quand ils étaient encore en usage dans les populations, lui attribuaient toutes sortes de crimes. Celui qui est le mieux constaté est le sac de la cathédrale de Lisieux, qu'il accomplit, en mai 1562, à l'aide de bandes de huguenots recrutés dans plusieurs villes voisines; pendant que ceux-ci dévastaient l'édifice sacré, mutilant et brisant les statues qui le décoraient, le seigneur de Fervaques mettait la main sur les objets les plus précieux, dont il ne fut jamais possible de lui faire rendre compte. Il exerça quelque temps dans Lisieux la domination la plus absolue; mais à l'approche des troupes royales venant rétablir l'empire des lois, il laissa quelques misérables répondre seuls devant la justice des excès qui avaient été commis, et sut pourvoir à sa propre sûreté. Habile à capter la confiance de ceux dont il avait besoin, il réussit à s'insinuer dans la faveur du duc de Bouillon, gouverneur de Normandie, personnage d'une politique équivoque, qui le couvrit de toute sa protection. Comprenant que les succès des protestants ne pouvaient être de longue durée, Fervaques ne fit pas difficulté de se déclarer catholique. Il reçut le commandement de Lisieux, en 1568, et servit, en 1574, comme maréchal de camp au siège de Domfront, d'où il s'efforça vainement de faire échapper Montgommery, hors d'état de s'y défendre avec succès.

Depuis plusieurs années déjà, Guillaume de Hautemer s'était fait nommer chambellan du plus jeune des membres de la famille royale, François, duc d'Alençon, et plus tard d'Anjou. Il ne tarda pas à acquérir toute la confiance de ce prince médiocre, faible et inconsidéré, dont il fut le conseiller le plus en faveur; il devint premier gentilhomme de sa chambre et surintendant de ses finances, emploi non moins flatteur pour un homme de ce caractère. Il dirigea sa politique, plus tortueuse qu'habile, notamment dans la triste expédition des Flandres, que termina un honteux désastre. Appelé par les Flamands insurgés contre la domination espagnole, pour être le défenseur de leur liberté, le duc d'Anjou parut ne songer qu'à s'assurer les moyens de les pressurer. Enfin, le 17 janvier 1583, il tenta de se saisir par surprise de la ville d'Anvers, où il était reçu en allié, et d'en faire une place de conquête. Cette perfidie reçut son juste châtiment; les habitants coururent aux armes et taillèrent en pièces les troupes françaises du duc, disséminées dans les rues de la cité. Fervaques, lieutenant-général de l'armée, dont les conseils avaient provoqué, croyait-on, cette déplorable entreprise, fut saisi dès le début par les ordres du prince d'Orange, et ne dut la vie qu'à la modération de cet avisé politique. Il ne sortit, toutefois, de ses mains qu'en payant une rançon de 10,000 écus.

Le duc d'Anjou mourut le 12 juin 1584, et Fervaques se trouva déconcerté dans ses calculs de cupidité ou d'ambition; il savait ne pouvoir rien espérer de la faveur royale, Henri III ayant trop appris à le connaître; aussi se hâta-t-il de se jeter dans le parti de la Ligue. Il se rendit en Bourgogne où il possédait le château et le comté de Grancey. Nommé lieutenant-général de cette province, par les ligueurs, il y fit la guerre aux royalistes que commandait le vicomte de Tavannes. Mais la mort d'Henri III apporta un changement subit et complet dans l'attitude politique de Fervaques : inutile de dire que les préoccupations religieuses n'avaient jamais eu la moindre influence sur sa conduite. Il disparut de Bourgogne et vint en Normandie offrir ses services à Henri IV; ce prince, qu'il avait autrefois servi avec zèle, en l'aidant à se soustraire à l'étroite surveillance du dernier roi, accueillit Fervaques à bras ouverts; il lui confia le gouvernement de Lisieux, puis des emplois plus importants; il en fut utilement assisté au siège de Paris en 1590, à celui de Rouen en 1592, à Honfleur en 1594, et devant Amiens en 1597. Le roi récompensa ses services par l'ordre du Saint-Esprit en 1595, par la dignité de maréchal de France en 1597, et par la charge de lieutenant-général au gouvernement de Normandie en 1605.

Fervaques n'oubliait jamais le soin de sa fortune; profitant de ce que l'évêque de Lisieux, Anne d'Escars de Givry, s'était compromis dans le parti de la Ligue, il se mit en jouissance des biens de l'évêché, et même en partie de ceux du Chapitre, et se maintint dans cette usurpation par la faveur du roi, qui gardait rancune à Givry, élevé contre son gré au cardinalat. Ce fut sous le nom de Nicolas Quentin, abbé de Champagne, ancien aumônier du duc d'Anjou, singulier personnage dont

Guillaume de Hautemer avait fait son intendant et son factotum, qu'il s'attribua la possession de ces biens ecclésiastiques ; il en faisait usage pour ses menus plaisirs. Il existe un bail à son profit des dîmes de la paroisse de Courson, propriété des chanoines de la cathédrale, à charge pour le preneur de nourrir la meute et de payer les gages des valets de chiens du maréchal de Fervaques. Ce fut en vain que l'on espéra rendre un évêque au diocèse de Lisieux en y nommant, sur la démission du cardinal Givry, le frère d'un de ses gendres, François Rouxel de Médavy : cette considération ne le décida pas à lâcher sa proie ; le nouveau prélat resta douze ans sans pouvoir entrer en possession de son siège.

Il y eut pourtant un point sur lequel Henri IV ne se résigna pas à satisfaire les désirs ambitieux de Fervaques : celui-ci voulait être duc et pair ; il comptait tellement obtenir cette faveur que, dès 1599, il prenait dans des actes notariés le titre de duc de Grancey, pair de France. Ce qu'il ne put extorquer de la faveur du roi, il se le fit accorder après lui par la reine Marie de Médicis, qui n'avait rien à refuser quand le consentement de Concini était acquis. Les lettres patentes créant le duché-pairie de Grancey, données en décembre 1611, ne furent jamais enregistrées.

Guillaume de Hautemer mourut à Rouen, le 14 novembre 1613. Il laissait trois filles de son premier mariage, contracté en 1558, avec Renée Lévesque de Marconnay. Il n'eut point d'enfants d'Anne d'Alègre, qu'il épousa en 1599 ; cette dame était veuve de Guy-Paul de Coligny, comte de Laval. Elle ne survécut à son second époux que de peu d'années, et mourut ruinée par les folies qu'elle avait faites dans l'espoir de complaire à un jeune prince de la maison de Guise, le duc de Chevreuse, dont elle s'était flattée d'obtenir la main. Des trois filles du maréchal de Fervaques, l'aînée, Jeanne de Hautemer, avait épousé, en 1579, Claude d'Estampes, seigneur de la Ferté-Imbaut, dont elle eut un fils qui devint par la suite maréchal de France ; restée veuve, elle se remaria avec François de Canouville, seigneur de Raffetot, dont elle n'eut pas d'enfants. Conformément au testament de son père, elle n'entra pas en partage avec ses sœurs, et reçut seulement un legs de cent mille livres, en plus de la baronnie de Mauny. Jeanne de Hautemer, la plus jeune, que Pierre Rouxel, baron de Médavy, avait épousée en 1588, eut la terre de Grancey, possédée après elle par le maréchal de Grancey, son fils. La baronnie de Plasnes, avec la terre de Fervaques, que de nombreuses acquisitions avaient considérablement agrandie, et celle du Fournet, formèrent le lot de la seconde des trois sœurs, Louise de Hautemer. Elle avait d'abord été mariée à Jacques de Hellenvilliers, seigneur d'Avrilly, dont elle n'eut pas d'enfants ; en secondes noces, elle épousa, le 23 mars 1593, Aymar de Prie, marquis de Toucy. Ces époux fournirent ensemble une longue carrière ; Aymar de Prie mourut en 1643, et Louise de Hautemer lui survécut. Elle avait eu dans ses vieux jours des procès à soutenir contre les créanciers de François de Valois, duc d'Anjou, qui prétendaient obliger les héritiers du maréchal de Fervaques à fournir les comptes de sa gestion des finances de ce prince. C'eût été sans doute pour eux une tâche bien difficile. La dame de Prie vendit, en 1632, pour acquitter sa part des 100,000 livres dues à sa sœur aînée, la seigneurie du Fournet et Sainte-Eugène, comprenant 250 acres en domaine ; Robert Lambert, seigneur de Formentin et du Mesnil-Simon, s'en rendit acquéreur pour 36,000 livres. De quatre fils qu'elle avait eus, deux moururent encore jeunes ; le cadet, François de Prie, baron de Plasnes, fut l'auteur d'une branche qui a possédé la terre de Coquainvilliers jusqu'à son extinction, peu d'années après la Révolution. Le fils aîné, Louis de Prie, marquis de Toucy, épousa, en 1621, Françoise de Saint-Gelais-Lusignan, et mourut une douzaine d'années plus tard, du vivant de ses parents, ne laissant que deux filles ; sa veuve lui survécut jusqu'en 1673.

Charlotte de Prie, l'aînée de ces filles, hérita de la terre de Fervaques; elle épousa, en 1639, Noël de Bullion, seigneur de Bonnelles et marquis de Gallardon, fils de Claude de Bullion, surintendant des finances. Celui-ci avait arrangé le mariage de son fils avec la fille du chancelier Séguier. Mais il ne convenait pas à la politique soupçonneuse du cardinal de Richelieu, de laisser les familles des ministres placés sous ses ordres s'unir entre elles par des alliances. Il témoigna son mécontentement, voilé du désir qu'il affecta de marier les enfants de ces deux personnages dans des maisons de plus haute qualité; on dut renoncer à l'union projetée; et, grâce à l'entremise du tout-puissant ministre, le fils de Bullion devint l'époux de Mademoiselle de Prie. Cette jeune personne avait été élevée dans un séjour constant à la campagne, d'où ses parents ne sortaient guère, et de plus nourrie dans les principes de la plus rigide économie. Elle n'avait aucun usage du monde, et excita l'étonnement en paraissant chaussée de souliers brodés, soigneusement recouverts de papier pour éviter d'en défraîchir la broderie. Elle conserva toujours les habitudes d'un ordre rigoureux, qu'elle transmit à ses enfants et à ses petits-enfants; aussi l'opulence des Bullion, déjà très considérable, ne cessa-t-elle de s'accroître, tandis que la plupart des grandes fortunes s'effondraient lentement par le luxe ou l'incurie de leurs possesseurs.

La jeune sœur de Madame de Bullion, Louise de Prie, dame de Toucy, était d'une rare beauté. On lui fit épouser, en 1640, un mari déjà avancé en âge, Philippe de la Mothe-Houdancourt, maréchal de France et duc de Cardonne. Elle mourut en 1709, à l'âge de quatre-vingt-cinq ans, ayant encore la charge de gouvernante des enfants de France, qu'elle avait exercée auprès de trois générations de princes; elle la transmit à sa fille, la duchesse de Ventadour, qui donna ses soins à l'enfance du roi Louis XV. La maréchale de la Mothe-Houdancourt a possédé la seigneurie de Cheffreville et le fief du Verger, dépendances de Fervaques.

Charlotte de Prie, dame de Bullion, mourut en 1700. « Elle laisse, écrivait Dangeau, 80,000 livres de rente à M. de Bullion, son fils, qui en avait déjà plus de 150,000; elle était tombée en enfance. » La seigneurie de Fervaques, accrue par des acquisitions, passa au seul de ses trois fils alors survivant. Les deux aînés étaient morts sans s'être mariés, Armand-Claude de Bullion, marquis de Gallardon, en 1671, un an après son père; Alphonse-Noël, marquis de Fervaques, gouverneur du Maine et Perche, en 1698. Toute la fortune de la famille se trouva ainsi concentrée dans les mains du plus jeune, Charles-Denis de Bullion, qui ne cessa de l'augmenter. Aux titres de marquis de Gallardon et de Fervaques, de seigneur de Bonnelles, Vitteville, Cheffreville, le Croupte, Saint-Aubin, Prestreville, et de beaucoup d'autres terres, il joignait ceux de prévôt de Paris et de gouverneur du Maine et Perche. Il épousa, en 1677, Marie-Anne Rouillé de Meslay et mourut en 1721, laissant quatre filles et trois fils survivants. Un aîné, Jean-Claude, marquis de Bonnelles, avait été tué à la bataille de Turin, en 1706. Deux des filles furent religieuses. Les autres entrèrent dans deux des plus grandes familles de France : Charles de Crussol, duc d'Uzès, épousa, en 1706, Anne-Marie-Marguerite de Bullion, et l'année suivante, sa sœur Élisabeth-Anne-Antoinette, était mariée à Frédéric-Guillaume de la Trémoille, prince de Talmont. Le plus jeune des fils, Gabriel-Gérard, chevalier de Malte, comte d'Esclimont, seigneur de Vitteville, fut prévôt de Paris, maréchal de camp, et mourut en 1752. L'aîné de ses frères, Anne-Jacques de Bullion, marquis de Fervaques, gouverneur du Maine et Perche, chevalier des ordres du roi, épousa, en 1708, Marie-Madeleine-Hortense Gigault de Bellefonds, et mourut en 1745, laissant trois filles très grandement mariées. L'aînée, Marie-Anne-Étiennette de Bullion, avait épousé, en 1734, Charles-Anne-Sigismond de Montmorency-Luxembourg, duc d'Olonne; Joséphine-Hortense, la seconde, fut mariée, en 1749, à Guy-André-Pierre de Montmorency-Laval, qui fut créé duc de Laval en 1758 et maréchal de France en 1783; la plus jeune, Auguste-Léonine-Olympe-Nicole, venait tout récemment d'épouser Paul-Louis, duc de Beauvilliers. Mais le marquis de Fervaques n'avait jamais possédé la terre de ce nom; elle appartenait à son frère cadet, Auguste-Léon de Bullion, marquis de Bonnelles, lieutenant-général au gouvernement de Guyenne. Reçu dans sa jeunesse chevalier de Malte, celui-ci ne se maria jamais. Il accrut encore l'importance de la terre de Fervaques par l'adjonction de la baronnie d'Auquainville, qu'il fit démembrer de celle de Ferrières, en l'achetant du comte de Broglie, en 1728, au prix de 100,000 livres; Fervaques n'avait été jusque-là qu'un arrière-fief de cette baronnie.

Le nom de Bullion s'éteignit dans ce marquis de Bonnelles, mort très âgé, vers 1771. Sa nièce, la duchesse de Laval, hérita de la terre de Fervaques, qui fut conservée intacte pendant la Révolution ; elle mourut le 30 janvier 1795. Ses enfants, le duc et le vicomte de Laval, et la duchesse de Luynes, mirent en vente, vers la fin de l'année 1802, cette terre restée en indivision. Elle fut morcelée ; le château, avec une masse de biens encore considérable, fut acheté par Madame de Custine, fille de la comtesse de Sabran, célèbre par sa liaison avec le chevalier de Boufflers. La nouvelle châtelaine de Fervaques était veuve du fils du général de Custine, qui périt avec son père sur l'échafaud révolutionnaire, victime de passions que les plus utiles services n'avaient pu conjurer. Douée elle-même d'une imagination romanesque et d'une vive sensibilité, Madame de Custine se fit remarquer par son admiration enthousiaste pour l'auteur du *Génie du Christianisme*. Chateaubriand vint à Fervaques, et y séjourna un peu; il ne tarda toutefois pas à se lasser d'une amitié dévouée, mais à laquelle il n'était pas disposé à faire de sacrifices. Le château de Fervaques passa de Madame de Custine à son fils, le marquis de Custine, connu dans le monde littéraire par plusieurs livres qui eurent un grand succès, tels que : *l'Espagne sous Ferdinand VII* et *la Russie en 1839*. Ayant perdu sa mère, sa jeune femme et son fils au berceau, M. de Custine prit Fervaques en dégoût, et vendit en détail cette terre à un prix double de celui auquel sa mère l'avait achetée. Le château et une partie des domaines furent acquis, en 1831, par M. le marquis de Portes, mort sénateur de l'Empire; ils appartiennent aujourd'hui à une de ses filles, Madame la comtesse de Montgommery. Le nom de Fervaques a souvent retenti dans les réunions hippiques, du vivant de son mari, dont l'écurie de courses obtint deux fois le grand prix de Paris. Encore aujourd'hui, à titre de location, M. le comte de Berteux possède, dans une dépendance de la terre de Fervaques, le haras de Cheffreville, destiné à l'élevage des chevaux de courses.

Vte L. RIOULT DE NEUVILLE.

ÉGLISE DE SAINT-PIERRE-SUR-DIVES

L'ÉGLISE DE SAINT-PIERRE-SUR-DIVE

L'étranger qui parcourt la jolie petite ville de Saint-Pierre-sur-Dive, — on peut sans flatterie lui donner ce nom, — est frappé tout d'abord par l'importance de ce chef-lieu de canton de l'arrondissement de Lisieux. Bientôt, il constate qu'elle se compose de deux parties juxtaposées et d'aspect assez différent : l'une, toute moderne, avec des rues bien percées et de coquettes habitations; l'autre, offrant encore de nombreux traits d'un bourg du moyen-âge, parsemé de maisons anciennes et groupé autour de l'église abbatiale, aujourd'hui paroissiale, et des dépendances du monastère auquel il dut son développement et sa prospérité.

Saint-Pierre-sur-Dive, jadis *Espinetum, Sanctus Petrus super Divam, Sanctus Petrus Divensis* ou *Cœnobium Divense,* doit son origine à une importante abbaye de Bénédictins; toutefois, avant la fondation de celle-ci, il existait déjà une paroisse dite de Lépinay et dont un desservant, le prêtre Vambert, fut, disent les chroniques, massacré par une bande de pirates normands. Il faut se reporter à quelques siècles plus tard pour trouver des renseignements sur cette localité.

A la fin du XIe siècle, le territoire de Saint-Pierre-sur-Dive appartenait à Guillaume, fils de Richard Ier Sans Peur, duc de Normandie et de Gonnor, qui se maria avec Lesceline, fille de Turketil de Harcourt, gouverneur de Rouen. Ce seigneur eut avec son frère, le duc Richard II, de longues querelles, puis en reçut le comté d'Eu, le gouvernement du pays d'Auge et la confirmation du comté d'Hiesmois ou d'Exmes, qui lui avait été donné par son père.

On trouve dans le *Gallia Christiana* des détails curieux relatifs à la fondation du monastère de Saint-Pierre-sur-Dive, d'après un fragment de chronique reproduit par le cartulaire de l'abbaye (1). Ils ont été habilement mis en œuvre par ceux qui ont étudié cette localité, ainsi que la lettre écrite, vers 1145, par l'abbé Haimon sur les circonstances merveilleuses qui accompagnèrent la construction de cet édifice (2). C'est d'après ces divers documents et les travaux de mes savants devanciers, que je vais dire quelques mots du célèbre monastère et de ses imposants vestiges.

(1) Sur Saint-Pierre-sur-Dive et son abbaye, voir : *Gallia Christiana,* t. XI; — J.-M. Hurel, *Le Cicerone de Saint-Pierre ou Recherches historiques sur Saint-Pierre-sur-Dive et son abbaye,* 1840, in-8°; — Florent Richomme, *Notice sur l'église et l'abbaye de Saint-Pierre-sur-Dive et sur les associations pieuses pour la construction des églises au XIIe siècle;* Falaise, 1858, in-8°; — A. de Caumont, *Statistique monumentale du Calvados,* t. V; — l'abbé J. Denis, *L'Église de Saint-Pierre-sur-Dive en 1145;* Caen, 1867, in-8°; — Dr J. Pépin, *Saint-Pierre-sur-Dive,* Caen, 1879, in-8°; — un article du comte de Beaurepaire-Louvagny, inséré, en 1850, dans la *Revue de Rouen;* — etc.

(2) Un fragment de cette relation avait été publié par D. Mabillon dans les *Annales ordinis sancti Benedicti,* t. VI. On ne possède malheureusement plus le texte complet en latin de ce précieux document, mais une traduction en a été donnée par le R. P. D. Planchette, religieux bénédictin de la Congrégation de Saint-Maur, sous ce titre : *Histoire des Miracles qui se sont faicts par l'entremise de la Sainte-Vierge, dans la première restauration de l'église de Saint-Pierre-sur-Dives, environ l'an 1140. Tirée d'un ancien manuscrit latin de Haymon, abbé de la mesme abbaye;* Caen, Poisson le jeune, 1671 (ou 1674), pet. in-12. M. L. de Glanville a réédité, en 1851, à Rouen, la traduction rarissime du D. Planchette et il y a joint une introduction, des chartes et de nombreuses notes.

Après être rentré en grâce auprès de Richard II et s'être marié à Lesceline, le comte Guillaume semble s'être fixé à Saint-Pierre-sur-Dive, au centre des contrées dont il était le possesseur ou qu'il était appelé à gouverner pour le duc son frère. Il y faisait bâtir un château-fort sur le bord de la rivière, lorsqu'une femme du village de Vaux, qui se rendait à Courcy pour implorer saint Ferréol, dont le pèlerinage était alors très fréquenté, s'arrêta près des murailles qui sortaient de terre, s'agenouilla et, après avoir prié, déposa une offrande en se relevant.

Les ouvriers étonnés lui dirent : « O femme, qu'as-tu voulu faire ? Ce n'est pas une église que nous bâtissons ; c'est la demeure du comte Guillaume. » Elle leur répondit : « Je sais, je sais ce que je fais, et vous, sachez ce que vous faites. Moi, j'ai consacré en ce lieu au nom du Seigneur et en l'honneur de la bienheureuse Marie, mère de Dieu et toujours vierge, l'offrande que je portais à saint Ferréol, et je ne veux pas aller plus loin. » Elle retourna chez elle, laissant les ouvriers tout émus et se disant que c'était peut-être à une église qu'ils travaillaient. Ils ne se trompaient pas.

La prédiction de cette femme, celle d'un prêtre nommé Gislemare, fameux par sa piété et ses vertus, avaient fait une grande impression sur l'esprit du peuple et sur celui de la comtesse Lesceline. Celle-ci, à la mort de son mari, établit, vers 1012, dans le château de Saint-Pierre-sur-Dive, une communauté de religieuses bénédictines sous le vocable de la Sainte-Vierge (1).

Ce monastère ne subsista qu'une trentaine d'années. Les religieuses, ayant eu des difficultés avec les habitants du pays, furent, vers 1046, transférées, sur leur demande, à Saint-Désir de Lisieux, où Lesceline possédait des terres et où leur monastère exista jusqu'à la Révolution.

Lesceline s'occupa aussitôt de remplacer les religieuses par des moines. Isambert, abbé du Mont-Sainte-Catherine de Rouen, lui envoya quelques bénédictins qui s'établirent à Notre-Dame-de-Lépinay de Saint-Pierre-sur-Dive, sous la direction d'Ainard, né à Wurtzbourg en Allemagne. L'installation eut lieu en présence de Guillaume, duc de Normandie, d'Henri Ier, roi de France, et d'une foule de seigneurs et de prêtres. Quelques années plus tard, la comtesse Lesceline prit le voile à Saint-Désir, des mains de son fils Hugues, évêque de Lisieux ; elle y mourut pieusement le 26 janvier 1057 (V. S.) et fut enterrée dans l'église de l'abbaye de Saint-Pierre-sur-Dive, où son tombeau est aujourd'hui indiqué par une dalle tumulaire du XVIIe siècle et d'un goût assez médiocre (2).

L'abbaye de Saint-Pierre-sur-Dive reçut promptement de nouveaux accroissements. Dès le 1er mai 1067, elle fut établie dans des constructions plus importantes et une nouvelle église fut consacrée par Maurille, archevêque de Rouen, en présence de ses suffragants et du duc de Normandie qui, l'année précédente, était devenu roi d'Angleterre et avait fait au monastère des donations considérables.

Ainard, premier abbé de Saint-Pierre-sur-Dive, fut un des hommes les plus distingués de son temps. Orderic Vital le met sur le même rang que Durand de Troarn et que Gerbert de Fontenelle et les compare à trois étoiles rayonnantes, qui jetèrent le plus grand éclat dans les cieux. Très versé dans les connaissances humaines, savant musicien, habile versificateur, il avait composé nombre d'œuvres malheureusement perdues et, entre autres, des hymnes en l'honneur de la Vierge, des apôtres et des martyrs, des vies de saint Kilian, évêque de Wurtzbourg, et de sainte Catherine. Sa

(1) Lesceline, avec l'aide de ses fils et principalement du plus jeune, Hugues, évêque de Lisieux, fonda aussi les abbayes d'Eu, du Tréport, de Foucarmont, etc.

(1) Une plaque de cuivre, arrachée pendant la période révolutionnaire, portait l'inscription suivante :

Hic jacet illustris et potens Domina Lescelina, quondam Sancti Petri supra Divam comitissa, hujusce monasterii fundatrix devotissima, quæ obiit anno Domini millesimo quinquagesimo septimo. Ejus animæ det solamen Cælorum Conditor. Amen.

piété et son habile direction contribuèrent beaucoup à la prospérité rapide de l'abbaye, qu'il gouverna jusqu'au 14 janvier 1078, date de sa mort.

Durand, abbé de Troarn, présida aux funérailles de son ami, puis composa et fit graver sur son tombeau l'épitaphe suivante dans laquelle, ainsi que le constate Orderic Vital, il célèbre éloquemment les bonnes mœurs, les vertus et les grâces divines de ce pieux personnage.

HIC JACET AINARDUS REDOLENS UT PISTICA NARDUS,
VIRTUTUM MULTIS FLORIBUS ET MERITIS.
A QUO FUNDATUS LOCUS EST HIC ÆDIFICATUS,
INGENTI STUDIO, NEC MODICO PRETIO.
VIR FUIT HIC MAGNUS PROBITATE, SUAVIS UT AGNUS,
VITA CONSPICUUS, DOGMATE PRÆCIPUUS.
SOBRIUS ET CASTUS, PRUDENS SEMPER ET HONESTUS,
POLLENS CONSILIO, CLARUS IN OFFICIO.
MENTIS HUIC GRAVITAS INERAT, ET MATURIOR ÆTAS
CANAQUE CÆSARIES, ET TENUIS FACIES.
QUEM NONAS DECIMAS FEBRUO PROMENTE CALENDAS,
ABSTULIT ULTIMA SORS, ET RAPUIT CITA MORS.
PRO QUO, QUI TRANSIS, SUPPLEX ORARE MEMOR SIS,
UT SIT EI SATIES, CLARA DEI FACIES. AMEN.

Ainard eut d'abord pour successeur des hommes renommés par leur savoir, leur piété et leur zèle, puis un certain Robert qui mit l'abbaye à deux doigts de sa perte. Ce Robert, religieux de Saint-Denis, acheta à prix d'or, du duc de Normandie, le titre d'abbé, chassa les moines, dépouilla l'église de ses ornements et de ses richesses et fit du monastère un véritable repaire de brigands. En 1105, il attira à Saint-Pierre-sur-Dive Henri 1er, roi d'Angleterre, pour le livrer à son frère Robert Courte-Heuse. S'apercevant de la trahison, le monarque fit battre en brèche les murs du cloître et mettre le feu au monastère où s'étaient réfugiés les partisans de Robert.

L'incendie gagna l'église et sa tour; il ne resta plus que quelques pans de murailles croûlantes et noircies. Mais Henri 1er regretta vivement la destruction de l'abbaye à la fondation de laquelle son père avait si largement contribué et, bientôt après, il confirma et augmenta, par une charte datée d'Argentan, vers 1108, les donations précédemment accordées à Saint-Pierre-sur-Dive.

Par les ordres du roi d'Angleterre, une nouvelle église fut rebâtie sur les ruines de l'ancienne. Haimon, devenu abbé vers 1140, rapporte, dans la lettre que j'ai déjà citée et qu'il adressait aux bénédictins du prieuré de Tewkesbury en Angleterre, dépendant de son abbaye, d'intéressants détails sur le zèle édifiant des populations qui participèrent à cette époque à la reconstruction de l'abbaye et à celle de nombreuses églises normandes.

« Qui a jamais vu, dit-il, qui a jamais lu, dans les annales des siècles passés, que des princes, des seigneurs, des hommes puissants sur la terre par leurs dignités, enflés d'orgueil par leurs richesses, des personnes nobles de l'un et de l'autre sexe, voulussent courber leur tête fière et superbe sous le joug des courroies aux chariots remplis de vin, d'huile, de chaux, de pierres, de bois et des autres choses nécessaires pour vivre ou pour bâtir les églises, et les traîner comme de vils animaux jusqu'au temple de Jésus-Christ? Pendant le trajet, c'était une merveille de voir quelquefois mille personnes, hommes et femmes, souvent même en nombre plus considérable, tirer ensemble un char qui joint à une grandeur énorme une charge d'un poids immense. Le voyage se fait avec un si profond silence qu'on n'entend ni une parole ni un léger murmure; en sorte que, sans le témoignage des yeux, on croirait qu'il n'y a aucun être vivant dans toute cette multitude. Quand on s'arrête en chemin, le seul bruit qui se fasse entendre c'est la voix des pécheurs confessant leurs crimes et adressant à Dieu une prière humble et pure pour en obtenir le pardon. Aux exhortations des prêtres du Seigneur qui prêchent la paix, la haine s'éteint, la discorde est bannie, les dettes sont remises, l'union se rétablit dans tous les cœurs. Se trouve-t-il un pécheur tellement obstiné dans le mal qu'il refuse de pardonner à ses ennemis et d'obéir aux pieuses remontrances des prêtres, son offrande est sur-le-champ rejetée du char comme impure, et lui-même, couvert de honte et de confusion, se voit séparé de la société d'un peuple si saint. La prière des fidèles obtient la guérison de tous les infirmes placés sur les chariots : les malades se relèvent pleins de force et de santé; les muets recouvrent l'usage de la parole pour chanter les louanges de Dieu; les possédés sont délivrés des esprits malfaisants qui troublaient leur raison... Le nombre des miracles semble même dépasser tout ce que l'imagination peut concevoir. »

Les travaux de reconstruction de l'abbaye, quoique poussés avec vigueur, ne furent achevés que vers la fin du XIII⁰ siècle, puisque l'archevêque de Rouen, Odon Rigaud, dans la visite qu'il y fit en 1255, constata que les trente-huit moines de Saint-Pierre-sur-Dive ne pouvaient exactement observer la clôture à cause des ouvriers qui rebâtissaient l'église et le monastère. *Claustrum non bene servatur propter operarios.*

De nombreuses réparations et des additions importantes furent exécutées plus tard, au XIV⁰ siècle et au commencement du siècle suivant.

En 1562, l'abbaye fut pillée par les Calvinistes qui y firent beaucoup de ravages et massacrèrent un certain nombre de moines. Le chartrier fut en partie brûlé et beaucoup d'objets précieux furent anéantis.

A la Révolution, l'église abbatiale de Saint-Pierre-sur-Dive eut à subir de tristes actes de vandalisme, mais elle fut sauvée par la municipalité, qui obtint de la transformer en église paroissiale.

*
* *

L'église abbatiale de Saint-Pierre-sur-Dive offre un aspect imposant et majestueux. Elle se compose d'une grande nef avec deux bas-côtés, de transepts et d'un chœur, le long duquel se prolongent les bas-côtés qui donnent accès à cinq chapelles rayonnant autour de l'abside. Trois tours sont placées, deux en façade et la dernière au-dessus de la croisée du transept.

A l'extérieur, la façade est remarquable. En y comprenant les tours, elle doit être de trois époques. La tour du sud, ou de saint Michel, remonte sans doute au XII⁰ siècle, mais sa flèche de pierre, plusieurs fois retouchée, semble d'une date un peu postérieure. La tour du nord est du XIV⁰ siècle.

L'entre-deux des tours a été refait au XIV⁰ siècle. Au-dessus du portail s'ouvre une vaste fenêtre de style flamboyant. On remarque aussi une niche élégante, ajoutée au XVI⁰ siècle et destinée à recevoir une statue de la Vierge.

A signaler encore, à l'extérieur, dans le mur du bas-côté nord, une porte basse avec tympan encadré dans une belle arcade en plein cintre décorée de zigzags et dont l'archivolte repose sur de très élégants chapiteaux.

A l'intérieur, l'entre-deux des tours présente des arcatures charmantes avec colonnettes à doubles bouquets de feuillages caractéristiques du XIVᵉ siècle, mais dont une partie est malencontreusement masquée par la tribune et la boiserie de l'orgue, de même que la belle fenêtre gothique du portail.

Les parties basses de la nef, y compris le triforium, sont du XIIIᵉ siècle, et les parties supérieures de la fin du XVᵉ ou du premier tiers du XVIᵉ siècle. Les fenêtres du clérestory, qui offrent de l'élégance et une certaine variété de dessins, sont divisées en quatre baies par de minces colonnettes.

Le chœur et les chapelles qui l'entourent dénotent le XIIIᵉ siècle comme la nef. Mais toutes les voûtes de l'édifice et les fenêtres des deux chapelles voisines de la chapelle absidale, appartiennent à la grande reconstruction entreprise cent ou cinquante ans plus tard. Quant à la tour élevée au centre du transept et terminée, ainsi que la tour septentrionale de la façade, par un toit d'ardoise, elle appartient également au XIIIᵉ siècle.

La partie sculpturale a été traitée avec une grande sobriété. Il faut signaler cependant la décoration simple et assez rare des colonnes qui ornent les piliers de la nef; les chapiteaux sont décorés d'une seule feuille de vigne.

Ensemble Sud-Est.

D'après une photographie de la Collection des Monuments historiques.

Que reste-t-il aujourd'hui de la construction primitive de l'abbé Haimon? Bien peu de chose : la tour dite de Saint-Michel; car je serais disposé à voir, avec Arcisse de Caumont, des restes de l'église bâtie par Ainard dans certains restes de maçonnerie à larges joints du chœur et dans quelques colonnes romanes du passage qui fait communiquer cette partie de l'édifice avec le transept septentrional.

Comme je l'ai dit plus haut, les travaux se continuèrent longtemps après Haimon. Il y eut, en outre, d'importantes réfections au XIIIᵉ siècle, réfections dont on trouve à chaque pas de nombreuses traces. Puis vint la reconstruction presque complète de l'église à la fin du XIVᵉ siècle, achevée par Jacques de Silly, abbé de 1501 à 1530. « Il fit faire, dit A. de Caumont, des travaux d'une grande importance, tant pour la consolidation de l'édifice que pour son embellissement. Aussi ses armes se voient-elles de tous côtés; elles sont reproduites sur les deux premières croisées du clérestory de la nef, et elles s'y trouvaient primitivement huit fois; il y avait un écusson dans chaque baie. On remarque le même écusson sur la clef de voûte de la deuxième travée de la nef, parce que ce fut lui qui fit édifier ces voûtes. A la troisième, quatrième et cinquième clef de voûte, ce sont les armes de personnes mariées appartenant à la famille de Silly, qui ont été bienfaitrices de l'abbaye. »

Il faut signaler encore à l'intérieur de l'église : dans le chœur, du côté de l'Évangile, la dalle tumulaire de la comtesse Lesceline, citée plus haut; quelques inscriptions indiquant la sépulture de divers religieux; dans le transept méridional, un monument funéraire du XIVe siècle, en forme d'enfeu et sans épitaphe ni statue; un Christ colossal, d'une bonne facture, mais faussement attribué à Jean Goujon (1); quelques tableaux; une belle chaire de la fin du XVIIe siècle, une cloche, au timbre magnifique, qui, avant la Révolution, faisait partie d'une sonnerie renommée.

Quant aux vitraux, aux stalles et au pavé émaillé de l'église de Saint-Pierre-sur-Dive, ils méritent une mention spéciale.

*
* *

Toutes les fenêtres de l'église abbatiale étaient jadis garnies de vitraux qui dataient de deux époques. Quatre fenêtres du bas-côté nord et celles du transept sud en montrent encore quelques fragments, des grisailles du XIIIe siècle, bien mutilées, où l'on peut reconnaître, dans le bas de chaque panneau, l'image du donateur à genoux et quelques lettres de l'inscription qui l'accompagnait. Les bordures, mieux conservées, sont formées de crochets jaunes, bleus ou verts sur fond rouge ou des emblèmes héraldiques de France et de Castille, fleurs de lis d'or sur azur et châteaux à trois tours d'or sur gueules. En outre, presque tous les panneaux ont une seconde bordure concentrique à la première et composée en général de cercles blancs contigus.

Très endommagées, et réparées maladroitement, ces verrières n'offrent plus grand intérêt. A peine si l'on peut y déchiffrer le nom d'un *Robertus de Tievilla*, d'un *Gervasius de Dunvilla*, d'un Richard et d'un moine qui s'appelait peut-être Robert Patry.

Les cinq chapelles qui rayonnent autour du chœur offrent : la seconde, consacrée à saint Sébastien, le supplice de ce martyr, dans les trois compartiments de la fenêtre flamboyante du milieu, en vitraux du XVIe siècle; et la troisième, dite de la Vierge, dans deux de ses baies, les armoiries de l'abbé Robert de Rupierre, mort en 1447 : *palé d'or et d'azur;* et celles du cardinal Charles de Bourbon, archevêque de Rouen, le roi de la Ligue, qui fut abbé de Saint-Pierre-sur-Dive de 1558 à 1573 : *d'azur à trois fleurs de lis d'or, à la bande de gueules.*

D'autres fenêtres du chœur et de la sacristie présentent encore des débris de vitraux et divers écussons reproduits sur des clefs de voûte. Ce sont assurément les blasons des personnages qui ont fait construire ces parties de l'église et établir les verrières; mais ils sont fort détériorés et il serait difficile de les identifier.

*
* *

« Les stalles, dit A. de Caumont, sont remarquables par leur bel état de conservation; elles sont couronnées de leurs dais..... Ces stalles, qui garnissent les deux côtés du chœur jusqu'à la belle rosace du sanctuaire, ont 8 mètres de longueur, 1 m. 68 de profondeur et 2 m. 70 de hauteur.

---

(1) L'auteur de ce Christ et d'une statue de la Vierge était un habile sculpteur né à Argentan, qu'en Basse-Normandie on confond souvent avec le Phidias français. M. l'abbé J. Denis n'est pas tombé dans cette erreur.

« Elles offrent deux rangs de sièges de chaque côté; on accède au rang supérieur par trois portes, une médiane et deux latérales. Il y avait primitivement douze sièges et onze seulement au rang inférieur. Mais, au siècle dernier, les religieux eurent la fâcheuse idée de supprimer quatre sièges pour faire élever deux pyramides tronquées, surmontées de boules, à la mémoire de leur premier abbé.

« Ces applications sur les piliers qui supportent la tour, à l'entrée du chœur, sont du plus mauvais goût et de l'effet le plus déplorable.

« On se demande ce que signifient les attributs de la musique sur ces espèces d'obélisques; il paraît que l'on a voulu rappeler par là que l'abbé Ainard était musicien.

« Les stalles sont séparées les unes des autres par des accotoirs. Le dossier des sièges supérieurs est orné d'une arcade trilobée, reposant sur une colonnette carrée, qui indique la séparation de chaque place. Les sièges des quatre extrémités étaient autrefois plus larges que les autres et deux arcades trilobées étaient figurées sur un seul panneau.

« Le couronnement, en forme de dais, est surmonté d'une galerie à jour dans le style gothique flamboyant.

« Les sièges inférieurs sont moins larges que les précédents : leur séparation est la même; un animal fantastique ailé se voit sur le premier accotoir à droite et à gauche.

« Dix panneaux différents ornent les côtés des entrées. Sur deux panneaux qui se trouvent à l'entrée du chœur, on voit les armes de l'abbé qui les fit construire (Jacques de Silly), surmontées d'une rosace tournée en dedans, qui sont : *d'hermine à la fasce vivrée de gueules surmontée en chef de trois tourteaux du même.*

« Quatre statuettes se voient aux extrémités des stalles, dans une arcade à plein cintre :

« A droite en entrant, saint Benoît est représenté debout, la figure austère, tenant de la main droite un livre qu'il appuie contre sa poitrine; de la main gauche, il tient une crosse qui a été brisée. Il est vêtu d'une tunique recouverte d'un manteau à larges plis.

« A gauche, la Sainte-Vierge (décapitée), tenant de son bras gauche l'Enfant Jésus endormi sur son sein; de la droite, elle soutient une draperie qui lui recouvre les épaules.

« Dans le fond à droite, sainte Marguerite, la tête voilée, terrasse un dragon ailé, en appuyant son genou gauche et le pied droit sur le dos du monstre, qui se retourne pour la mordre (le bras, qui tenait une lance, a été brisé).

« La statue de saint Paul lui fait pendant, elle est de plus grande dimension que les trois précédentes. La tête chauve est ornée d'une longue barbe, divisée symétriquement en deux parties égales; il appuie ses deux mains sur une longue épée.

« Les miséricordes offrent de l'intérêt par la variété des sujets. »

*
* *

Ce que l'église de Saint-Pierre-sur-Dive présente de plus intéressant à l'archéologue, c'est assurément le magnifique pavé en briques émaillées qui occupe le sanctuaire, splendide spécimen de la céramique au XIIIe siècle. Nulle part, en France, on n'en trouve de plus beau.

Cette mosaïque a la forme d'un carré dans lequel est inscrite une rosace formée de neuf cercles concentriques et divisée en quatre parties égales par une croix tracée au moyen de deux bandes de pierre calcaire. Les pierres souvent frustes des neuf cercles présentent, en allant de l'extérieur au centre : 1° des cerfs passants et des ornements empruntés à des étoffes orientales ou au règne végétal; 2° des aigles à deux têtes et des lions rampants; 3° des enroulements semblables à ceux des étoffes du moyen âge; 4° des griffons ailés; 5° et 6° des enroulements; 7° des lions passants; 8° des fleurs de lis fort élégantes; 9° enfin, au centre, d'autres fleurs de lis. Tels sont les principaux dessins de cette mosaïque; tous sont du meilleur goût.

Les couleurs qui dominent sont le jaune, le rouge brun, le noir, et, parfois, un vert jaunâtre, dont l'effet n'est pas heureux; mais les teintes, peut-être par suite de l'usure, présentent aujourd'hui quelques variétés qui n'existaient pas à l'origine.

Ces pavés offrent une grande analogie avec ceux que l'on a retrouvés en grand nombre dans la province de Champagne. Il y a tout lieu de croire cependant qu'ils sont sortis des ateliers de la Normandie, sans doute de ceux de Noron ou des environs de Bayeux, qui ont fourni, au moyen âge, des carrelages si remarquables pour les châteaux et les abbayes. Comme ces derniers, en effet, les diverses pièces de la mosaïque de Saint-Pierre-sur-Dive ont été fabriquées d'après le procédé alors en usage dans toute la France et en Angleterre, procédé qui consiste dans l'emploi d'un moule en bois présentant un dessin en relief, de sorte que l'argile reçoit une empreinte en creux que l'on

Salle capitulaire.

D'après une photographie de la Collection des Monuments historiques.

remplit, après que l'argile a pris de la consistance à l'air, avec une substance argileuse à laquelle la cuisson donne une couleur différente de celle du fond. On sait qu'en Basse-Normandie l'argile oxfordienne est fort répandue et que celle de certaines couches prend, après la cuisson, soit la couleur blanche, soit la couleur rouge.

Les coins de la rosace sont occupés par des pavés octogonaux ornés, séparés par de petits pavés carrés et unis. Les pavés qui composent cet encadrement offrent à peu près les mêmes sujets que la rosace (1).

* *

La salle capitulaire, qui remonte probablement au XIIIe siècle comme le chœur de l'église, est accolée au transept méridional, à l'est du cloître. Elle est à peu près intacte.

La forme de cette salle est rectangulaire; un étage qui surmonte la voûte est ajouré, du côté de l'est, par trois étroites fenêtres lancéolées. Au

(1) Sur cette mosaïque, voir A. DE CAUMONT, op. cit., p. 543-547; PÉPIN, La Rosace de Saint-Pierre-sur-Dive, dans l'Annuaire normand, 1869, p. 510-513; et un article de RAMÉ dans les Annales archéologiques de Didron.

rez-de-chaussée, du même côté, trois fenêtres plus larges et cintrées éclairent la salle capitulaire proprement dite.

A l'intérieur, la salle capitulaire, qui a trop longtemps servi de grange et d'écurie et à laquelle ce vandalisme a fait subir de regrettables dégradations, était percée de deux fenêtres entre lesquelles se trouvait une porte donnant accès au cloître. Au centre, trois colonnes monocylindriques avec chapiteaux à crochets reçoivent la retombée des ogives de la voûte. Sur les murs se voient encore des restes d'arcatures en pierre qui surmontaient les sièges où se plaçaient les moines pour tenir leur chapitre.

Les bâtiments de l'abbaye se trouvent accolés au côté sud de l'église. Ils ont été entièrement réédifiés à la fin du XVIII° siècle par les religieux réformés de la congrégation de Saint-Maur, que l'abbé Georges Dunot appela de Saint-Étienne de Caen à Saint-Pierre-sur-Dive, au mois de juin 1668. Quoique fort mutilées par suite de leur division entre de nombreux propriétaires généralement peu aisés, ces constructions présentent encore un bon spécimen de l'architecture bénédictine de la dernière période. La disposition était la même que dans les autres monastères du même ordre.

En rebâtissant cette partie de l'abbaye, on avait conservé les fondations et la plus grande partie des murailles inférieures ainsi que des contreforts du XIII° siècle régulièrement espacés. Des trente-deux arcades en plein cintre, qui formaient le cloître, il ne reste plus que celles de la partie adossée à l'église. Lorsque l'on est au milieu du préau, on remarque des vestiges de murs en blocage qui paraissent romans; ce qui montre, ainsi que le dit A. de Caumont, que les constructions du XIII° siècle avaient elles-mêmes été soudées sur des constructions plus anciennes.

* *
*

Saint-Pierre-sur-Dive avait, outre l'église abbatiale, deux autres églises : celle de la paroisse, sous le vocable de saint Pierre, qui s'élevait tout près du chevet de l'église du monastère et a été détruite pendant la Révolution, et celle de l'hôpital, datant de la seconde moitié du XIII° siècle et démolie il y a environ soixante-dix ans.

Outre les vestiges peu importants de cet hôpital, on remarque encore quelques maisons anciennes dans la rue de Caen et dans celle de Lisieux, une maison de l'époque de Louis XIV avec trois jolies lucarnes sculptées, dans la rue de Falaise; enfin, sur le bord de la rivière, la Cour Lelu. Ce petit manoir carré, partie en bois, partie en pierre, est percé de fenêtres dont quelques-unes sont divisées par une croix de pierre. Les diverses ouvertures sont ornées de sculptures assez élégantes. Aux angles du bâtiment sont des contreforts surmontés de pyramides à crochets. L'intérieur offre un escalier de pierre en spirale dans une tourelle à pans coupés, une belle cheminée garnie de tores et de fortes poutres dont l'une est engoulée à chaque extrémité par une tête de crocodile. Le manoir de la Cour Lelu, aujourd'hui dépendance d'une tannerie, servait d'habitation à l'intendant des moulins de l'abbaye et avait été bâti probablement sous François Ier.

Enfin, un dernier édifice, les Halles, sollicitent à Saint-Pierre-sur-Dive l'examen de l'archéologue. « Les Halles, assez remarquables, dit A. de Caumont, qui existent sur la grande place, appartiennent à deux époques : à la fin du XIII° siècle, je crois, pour les parties les plus anciennes orientées au nord; au XVI° siècle, pour le prolongement s'étendant du côté du sud. Des ouvertures ont été percées, à diverses époques, dans les murs anciens. Toutefois, dans leur état actuel, avec leurs charpentes et leur grand toit, les Halles de Saint-Pierre sont encore très intéressantes et nous offrent un spécimen des halles et des granges du moyen âge, que l'on rencontre maintenant très rarement dans un si bel état de conservation. Elles sont divisées en trois nefs par les deux rangs de poteaux qui portent la charpente au centre de l'édifice. » J'ajouterai que cette charpente colossale avait servi d'échafaudage pour la réfection des voûtes de l'église du monastère. Jacques de Silly en disposa ensuite en faveur des halles, et ce fut un service de plus rendu à ses vassaux par le comte-abbé de Saint-Pierre-sur-Dive.

ÉMILE TRAVERS.

ÉGLISE DE VIEUX-PONT, EN AUGE

L'ÉGLISE DE VIEUXPONT

L'église de Vieuxpont est située sur le versant d'un coteau d'élévation médiocre qui domine la vallée de l'Oudon, affluent de la Dives. La commune qu'elle dessert est d'assez grande étendue, mais fort peu peuplée, le territoire en étant presque exclusivement occupé par des herbages. Il ne s'y trouve, du reste, aucune agglomération d'habitants. Cependant cette église mérite au plus haut degré l'attention et l'intérêt; elle est certainement la plus ancienne de la Normandie entière, datant pour la plus grande partie de l'époque mérovingienne. Pour voir, sans trop s'éloigner des limites de la province, un monument qui puisse lui être comparé, il faut aller jusqu'à Beauvais, et visiter l'église dite de la Basse-Œuvre.

Pour juger de l'état primitif de l'édifice, qui a subi de sévères épreuves, on doit se mettre en face du mur méridional de la nef. Il est bâti régulièrement, à larges joints du mortier le plus solide, en pierres de petit appareil, avec chaînes de briques. Cette maçonnerie ne diffère en rien de celle qui était en usage dans la dernière période gallo-romaine. Assurément, les ouvriers qui y ont travaillé étaient habitués à avoir sous les yeux des monuments élevés par les Romains et encore debout; ils se sont efforcés de les copier aussi fidèlement que possible. Cette belle muraille, qui sans cela serait en parfait état de conservation, a éprouvé dans la première moitié de ce siècle une cruelle mutilation. On l'a sans pitié éventrée à intervalles réguliers pour y pratiquer de larges fenêtres carrées, afin d'obtenir à l'intérieur ce grand jour auquel les habitants du pays attachent tant de prix. Les anciennes ouvertures, aujourd'hui murées, sont très visibles du dehors; elles sont étroites, cintrées, sans pilastres ni colonnettes, et bordées d'un triple cordon de briques. Leur caractère répond parfaitement à celui du mur lui-même.

A n'envisager que cette partie de l'édifice, on pourrait être tenté de le faire remonter à l'époque gallo-romaine elle-même. On peut en dire autant de la façade ouest, bien que le travail de maçonnerie, d'un dessin plus compliqué, n'ait pas été exécuté d'une manière aussi correcte. Il y a certainement des murailles de la dernière période gallo-romaine plus irrégulièrement construites, et l'appareil offre bien le caractère de cette époque. Il faut cependant regarder comme certain que l'édifice n'est pas antérieur au VIᵉ siècle de notre ère. Il n'a pu être construit que pour servir d'église chrétienne : ses proportions le démontrent jusqu'à l'évidence. On ne saurait admettre que, dans la première moitié du IVᵉ siècle, où le Christianisme pénétrait à peine dans les campagnes de la Gaule, il pût élever un édifice de pareille importance en un lieu où ne se trouve aucun vestige d'une agglomération d'habitants. Bien moins encore peut-il dater de la fin du IVᵉ ou du Vᵉ siècle. Vieuxpont se trouvait alors ouvert sans défense du côté de la mer aux incursions des Barbares les plus féroces, dont les flottilles dévastaient sans relâche le littoral de la Manche. Une ligne de postes, fortifiés suivant les règles de la castramétation romaine, défendait l'intérieur du pays ; quatre de ces petits camps se trouvent, il est vrai, sur les hauteurs qui dominent Vieuxpont, mais tout à fait en arrière ; on n'aurait pas choisi pour site d'une église importante un lieu placé précisément en dehors de leur protection. Ce n'est donc qu'après le retour d'un ordre de choses donnant aux campagnes paix et sécurité, quand la nation franque eut adopté tout entière la foi chrétienne, c'est-à-dire sous les successeurs de Clovis, qu'on a pu songer à élever une pareille construction. Mais il est improbable qu'il y eût un temps plus considérable d'écoulé depuis la chute de la domination romaine, car la tradition des méthodes d'architecture qui y étaient usitées n'aurait pas été conservée avec une si parfaite exactitude.

Pour en revenir à la façade occidentale de l'église de Vieuxpont, qui est certainement contemporaine du mur méridional de la nef, elle présente un appareil très varié et fort curieux, mais d'un goût moins pur que ce dernier. Elle a subi, elle aussi, de graves altérations. La plus choquante est de date assez récente : c'est une porte d'un élégant style roman du XII° siècle, qu'on a insérée au milieu de cette façade dans l'intention d'embellir l'église. Telle est la manière habituelle de procéder dans nos campagnes, même de la part des hommes réputés les plus instruits et les plus habiles. On veut faire quelque chose qui soit trouvé joli ; on s'adresse à un architecte : il déclare qu'une église antérieure au gothique ne peut être que romane et qu'il va fournir un projet appartenant au style roman le plus authentique ; chacun reste persuadé qu'on ne pouvait rien faire de mieux. Il n'y a d'ailleurs pas lieu de beaucoup regretter la porte ainsi remplacée : elle n'était pas de la première construction et datait probablement du X° siècle, où l'église dut subir des réparations considérables ; percée après coup, elle était assez étroite et n'occupait pas exactement le milieu de la façade. La porte primitive s'ouvrait sans doute dans le mur du nord avant sa reconstruction. A gauche de cette entrée actuelle, on voit les traces d'une reprise en sous-œuvre d'un travail fort barbare. Il est facile de reconnaître que le gable a été surélevé pour donner plus d'inclinaison au toit ; mais on ne saurait dire à quelle époque. Enfin une niche en accolade a été pratiquée au centre du mur vers le commencement du XVI° siècle.

Passons maintenant au mur méridional du chœur. Il a une ressemblance générale avec celui de la nef ; mais l'appareil en est moins régulier et plus maladroitement exécuté. On ne copiait plus les œuvres des Romains ; on imitait la maçonnerie voisine sans une grande habitude d'un travail aussi soigné. Le chœur est donc postérieur en date à la nef, quoique appartenant à une époque assez rapprochée. Il est fort probable qu'une fouille dans le bas du chœur ferait découvrir les fondations d'une abside semi-circulaire qui a dû exister dans la construction primitive. Nos églises n'avaient pas alors de chœur, mais seulement un sanctuaire de faible dimension, car les laïques n'y prenaient point place. Les usages s'étant modifiés, l'adjonction d'un chœur fut considérée comme nécessaire. Voilà une seconde époque dans l'histoire de l'église de Vieuxpont.

Une troisième époque se manifeste dans la base de la tour. L'appareil avec chainage de briques diffère sensiblement de celui des murs voisins, et est évidemment postérieur à la construction du chœur. Il existe dans plusieurs églises du bassin de la Loire des œuvres de maçonnerie d'un pareil modèle ; on les attribue généralement à la période carlovingienne. Mais à Vieuxpont il existe un élément d'indication bien rare et bien précieux : c'est une inscription gravée sur une pierre encastrée dans le mur. Les caractères sont bien ceux de l'époque carlovingienne ; ils sont assez irrégulièrement tracés et il y a des incorrections dans le texte. En voici le sens : « Le sept des Ides de Février mourut Ranold. Il était né de la race des Francs. Que son âme repose en paix. A. M. (Ave Maria). Il fit cette œuvre en l'église. » D'autres lisent : « Il fit cette église », sens qu'il serait bien difficile de mettre d'accord avec les faits. La lecture d'une seule lettre un peu endommagée fait toute la différence. N'oublions pas le nom de ce Ranold, car il n'est pas sans quelque rapport avec l'histoire de la seigneurie de Vieuxpont.

On ne peut douter que les invasions des hommes du Nord ne se soient cruellement fait sentir dans un canton aussi exposé à leur servir de passage. L'église de Vieuxpont dut se ressentir de leur visite, ou du moins de la période de désorganisation qui en fut la suite. Pour y rétablir le culte, il fut probablement trouvé nécessaire de refaire dans la nef le mur du nord. Il ne présente plus l'appareil régulier du reste de l'édifice, mais un blocage grossier, où se montrent par places les briques de la muraille qu'il fallait remplacer. Ce genre de maçonnerie est celui des plus anciennes églises normandes, de celles qu'on peut attribuer au Xe siècle. Le mur qui se trouve entre le côté nord de la nef et le chœur, faisant face à l'est, mérite d'être soigneusement examiné à cause de curieux *graffiti*, encore visibles sur les pierres. Il y a des têtes de guerriers, coiffées du casque à nasal, tel que le fait connaître la tapisserie de Bayeux. Il se trouve une représentation humaine tellement rudimentaire et barbare, que la pareille ne s'est rencontrée qu'auprès de caractères runiques d'origine scandinave. Ce mur, comme quelques parties de celui du nord, pourrait n'avoir été l'objet que d'une reprise après les ravages des Normands.

Nous arrivons enfin au XIe siècle, peut-être même au commencement du XIIe, dans la belle tour romane édifiée sur la base où s'attache le nom de Ranold. Par son élévation, par ses belles proportions et son ornementation sobre mais élégante, elle n'a pas de rivale dans les églises de campagne de l'arrondissement. Sa conservation a été longtemps mise en péril par une circonstance bizarre. Un petit ormeau avait pris racine dans une fissure de la muraille, à l'étage supérieur de la tour ; il y avait si bien prospéré qu'il était en voie de devenir un véritable arbre, aux dépens de la solidité du clocher, qui s'entr'ouvrait de plus en plus. C'était un objet d'admiration de la part des habitants, et, malgré les réclamations les mieux fondées, personne ne voulait prêter la main à la destruction du phénomène. Il a fallu les démarches les plus insistantes pour obtenir que l'existence de la tour ne fût pas sacrifiée à la faveur dont jouissait cet arbuste.

L'intérieur de l'église n'offre guère d'intérêt. Les murailles, soigneusement recrépies, ne révèlent rien qui puisse renseigner sur leur structure. Dans le côté nord, un enfeu abrite une pierre tombale encastrée dans le mur ; aucun indice ne permet de donner une date à cette sépulture. La nef est spacieuse et élevée ; ses dimensions dépassent celles de presque toutes les églises rurales de construction moins ancienne. Ce n'est certainement pas ce qu'on aurait volontiers présumé d'un édifice de ce genre, qui peut, sans invraisemblance, être attribué aux temps des fils ou des petits-fils de Clovis.

Le nom de Vieuxpont appartient à l'histoire. Ce fut celui d'une famille de grande et ancienne illustration, la seule peut-être en Normandie qui pût revendiquer avec apparence de raison une origine antérieure à l'invasion des Normands. Elle avait pour ancêtre très avéré Guillaume de Vieuxpont, qui figura à la bataille d'Hastings. Wace le cite comme ayant porté secours à Guillaume Malet, démonté dans le combat. Il était déjà avancé en âge, et semble bien être le même que Guillaume, fils de Ranold, témoin à une charte par laquelle le duc Guillaume confirme la donation des îles de Serck et d'Aurigny, et de la moitié de Guernesey, faite à l'abbaye du Mont-Saint-Michel par son père, Robert le Magnifique. M. Léopold Delisle place la date de cette charte vers 1042. Ranold, père de Guillaume de Vieuxpont, devait donc vivre vers l'an 1000. Est-il le même que le Ranold mentionné dans l'inscription de l'église de Vieuxpont ? Assurément non : ce n'était point un temps où il fût à propos de se vanter en Normandie d'une origine franque. Mais il est bon de se rappeler qu'il était alors de l'usage le plus habituel de conserver dans les familles les noms de baptême des aïeux. Ranold, nommé dans l'inscription, était donc probablement un ancêtre des seigneurs de Vieuxpont, dont le second Ranold, père de Guillaume, faisait revivre le nom.

Une partie de la postérité de Guillaume de Vieuxpont se fixa en Angleterre, d'où, au siècle suivant, elle passa en Écosse. Elle y figura avec honneur : un Guillaume de Vieuxpont fut tué, en 1314, à la bataille de Bannockburn, dans les rangs de l'armée écossaise, et Allan de Vieuxpont s'illustra en défendant avec succès contre les Anglais le château de Lochleven, en 1333.

Le successeur du vieux Guillaume de Vieuxpont dans la terre de son nom, fut Robert de Vieuxpont, l'un des chefs de l'armée normande employée à la conquête du Maine, en 1078. Il fut tué dans un combat contre les Manceaux, en 1084. Il avait épousé une sœur d'Yves de Courville, seigneur de cette terre, située dans le comté de Chartres; il eut un fils, nommé aussi Robert, et une fille, mariée au seigneur du Torquesne. Le second Robert de Vieuxpont se signala parmi les Croisés; ce fut à lui que la principauté d'Antioche dut son salut après le désastre du prince Roger, en 1119. De retour en France, il retira des mains de Thibault, comte de Chartres, la terre possédée à Courville par son oncle maternel, Yves de Courville, que celui-ci avait engagée pour 200 marcs d'argent, en prenant l'habit monastique. Guillaume de Vieuxpont, un de ses fils, fut père d'Yves, d'un autre Guillaume, et de Robert, qui vivaient en 1185. Robert de Vieuxpont, seigneur de Chailloué, continua seul cette lignée, ses deux frères n'ayant pas laissé de postérité, non plus que Foulques de Vieuxpont, son cousin. Il mourut de bonne heure, laissant un fils unique sous la tutelle de sa veuve, Mathilde de Courville, héritière d'une autre branche des seigneurs de ce lieu. Ce fut Yves, seigneur de Vieuxpont, de Chailloué, de Courville, et de plusieurs autres grandes terres du Pays-Chartrain, où ses descendants résidèrent beaucoup plus qu'en Normandie pendant le XIIIᵉ et le XIVᵉ siècle; il épousa Isabelle de la Ferté-Bernard et mourut après 1257. Ses deux fils, Robert et Guillaume, ses petits-fils, Jean et Philippe de Vieuxpont, eurent chacun une part des seigneuries de Courville. De Robert et d'Isabelle, sa femme, sortit une première branche de seigneurs de Chailloué, qui s'éteignit à la cinquième génération. Guillaume de Vieuxpont, fils aîné d'Yves, épousa une dame nommée Mabile, et fut seigneur de Vieuxpont et de Courville, de même que son fils Jean, marié à Gillette de Digny, Guillaume son petit-fils, époux de Mabile, et Robert de Vieuxpont, son arrière-petit-fils, marié à Catherine de Tilly. Celui-ci demeurait au château de la Forêt, près Rémalard; il eut pour fils Jean de Vieuxpont, qui rendit aveu de Courville en 1366 et mourut avant 1371, laissant un fils en bas âge et deux filles, de son mariage avec Jeanne de Vendôme, depuis remariée à Charles d'Ivry. Son fils, Yves de Vieuxpont, chambellan du roi, seigneur de Vieuxpont et de Courville, acquit la seigneurie de Chailloué de Jean de Vieuxpont, dernier de la branche, en 1392, et reçut en 1400 donation de la baronnie du Neubourg, de Jean de la Ferté-Fresnel. Il épousa, le 14 mars 1400, Blanche de Harcourt, fille du sire de Bonnétable, et fut tué à la bataille d'Azincourt. M. Charles de Beaurepaire a édité l'inventaire des meubles trouvés après sa mort dans son château de Chailloué. Il laissait quatre fils : Jean, l'aîné, mourut encore jeune; Laurent, le second, fut baron du Neubourg et de Vieuxpont; Louis fut seigneur de Courville, que sa fille unique, Louise de Vieuxpont, fit passer à la famille de Billy par son mariage avec Perceval de Billy, en 1475; Guillaume eut en partage la seigneurie de Chailloué, et fut l'auteur d'une branche qui s'éteignit sous le règne de Louis XIV. Son fils, Jean de Vieuxpont, seigneur de Chailloué, ayant épousé Anne d'Annebault, sœur de l'amiral de ce nom, cette alliance valut à sa postérité une large part dans l'opulente succession de cette famille.

La baronnie d'Annebault échut à Charlotte de Vieuxpont, nièce de Jean de Vieuxpont, évêque de Meaux, mariée, en 1600, à Bernard Potier, marquis de Blérancourt; mais après elle, sa fortune, disputée par de nombreux collatéraux, s'évanouit en procès et en portions minuscules. Sa cousine germaine, Françoise de Vieuxpont, dame de Messcy, vendit, en 1662, sa terre et châtellenie de Chailloué, à Jacques de la Roche de Sommaire, pour 250,000 livres.

Revenons aux seigneurs de Vieuxpont en Auge. Le fils d'Yves, Laurent de Vieuxpont, baron du Neubourg, chambellan du roi, épousa, en 1442, Marie de Husson, fille de Marguerite de Châlons, comtesse de Tonnerre. Il fut père de Jean de Vieuxpont, baron du Neubourg, marié, en 1479, à Françoise de Roncherolles, dont la mère était une Châtillon. Deux fils, issus de ce mariage, partagèrent sa succession; Laurent, l'aîné, eut la baronnie du Neubourg; Jean, son frère, la terre de Vieuxpont, qu'on trouve dès lors qualifiée de baronnie. Le petit-fils de Laurent, Alexandre de Vieuxpont, fut marquis du Neubourg par érection de 1619, et vice-amiral de Bretagne; il avait épousé, en 1593, Renée de Tournemine, dont la mère, Lucrèce de Rohan, était sœur du duc de Montbazon. Il en eut quatre filles; Jeanne de Vieuxpont fut abbesse du Neubourg. L'antique baronnie du Neubourg fut divisée entre les trois autres sœurs; l'aînée, Louise de Vieuxpont, avait été mariée, en 1617, à Guy de Rieux-Sourdéac; Renée, la seconde, à Jean-Baptiste de Créquy-Bernieulles, en 1624; Catherine, la plus jeune, épousa son cousin Henri, baron de Vieuxpont, fils de Jean de Vieuxpont et de Catherine de Baufremont. Celui-ci vivait encore en 1690 et exerçait le droit de patronage sur la chapelle de Sainte-Vaubourg, dépendance de son tiers de la baronnie du Neubourg. Ce lot, dit seigneurie de Sainte-Vaubourg, comprenait, à lui seul, 2,246 acres de terre en domaine.

Le prénom de Jean était celui des trois premiers barons de Vieuxpont; le chef de cette branche avait épousé Françoise de Villette, et son fils, Françoise de Vaulx. Du mariage d'Henri et de Catherine de Vieuxpont naquit un fils unique, Alexandre, qui porta le titre de marquis de Vieuxpont et du Neubourg. Il épousa, en 1656, Henriette Aubéry, dont il eut deux fils. L'un d'eux, François-Alexandre, marquis de Vieuxpont, venait d'être reçu colonel du régiment de Bourbon, quand il fut tué dans une reconnaissance faite la veille de la bataille de Staffarde, en 1690. Le régiment fut donné à son frère, Guillaume-Alexandre marquis de Vieuxpont, quoiqu'il eût jusque-là servi dans la marine; sa carrière dans l'armée de terre n'en fut pas moins brillante. Brigadier d'infanterie en 1702, maréchal de camp en 1704, lieutenant-général en 1710, il ne perdit aucune occasion de se signaler et mérita d'être regardé comme un des meilleurs officiers généraux de l'armée française. Il eut une grande part à la victoire de Denain et à la prise de Douai, en 1712. Le marquis de Vieuxpont paraissait destiné au bâton de maréchal de France, qui ne pouvait être placé en de plus dignes mains. Mais pendant la minorité de Louis XV, il encourut la disgrâce du Régent, et fut même quelque temps enfermé à la Bastille pour avoir, dans une requête présentée de concert avec d'autres gentilshommes, invoqué l'autorité des États-Généraux. L'avenir pouvait lui réserver une meilleure récompense, mais la mort la prévint : elle l'atteignit en 1728.

Héritier d'un nom antique auquel il avait ajouté une illustration nouvelle, possesseur d'une belle fortune, accrue de la grande terre de Seneccy, que lui avait laissée, en 1714, la mort de son cousin le duc de Foix-Randan, le marquis de Vieuxpont était destiné à être le dernier de sa race. Ce n'est pas que le désir de la perpétuer lui eût fait défaut; il s'était marié quatre fois. Déjà veuf, il épousa, en 1704, Françoise-Chrétienne Dauvet des Marets, qu'il perdit en 1707. Il se remaria, en 1709, avec Mademoiselle d'Argouges de Rânes; mais elle mourut en 1711, lui laissant une petite fille qui vécut peu. Enfin, il contracta un dernier mariage, en 1713, avec Marie-Louise de Béringhen, qui lui survécut jusqu'en 1746. Il n'en avait pas eu d'enfants; sa succession passa, pour la plus grande partie, à des cousins du côté maternel, les Aubéry de Vatan. La baronnie de Vieuxpont fut ensuite possédée, sans doute à titre d'acquêt, par Bernard-Ennemond de Bressac, chevalier de Saint-Louis, lieutenant pour le roi des villes et châteaux d'Honfleur, Pont-l'Évêque et Pays d'Auge; puis par sa veuve, Élisabeth-Amable-Françoise de Bailleul. Quelques années avant la Révolution, elle fut vendue à Jean-Alexandre Dunot de Saint-Maclou, né à l'île Marie-Galante, qui en a été le dernier seigneur.

Celui qui, après avoir visité l'église de Vieuxpont, voudrait voir le lieu où s'éleva le château des anciens seigneurs, serait exposé à un complet désappointement. Il ne réussirait probablement pas à en découvrir le moindre vestige. Le site en est occupé par un taillis touffu, recouvrant un monticule informe, seul reste de ce qui fut la demeure des barons de Vieuxpont. Le sol lui-même ne trahit la présence d'un ancien séjour de l'homme que par quelques rares débris de tuiles. Cependant ce château était, à ce qu'assurent les habitants du voisinage, encore debout au temps de la Révolution. L'œuvre de la destruction a été vite accomplie dans toute sa plénitude. Dans ce quartier où tous les matériaux solides font défaut, et où les chemins impraticables rendaient impossible, il y a quatre-vingts ans, d'en apporter du dehors, on se disputait avidement les moindres restes de pierre et de brique. Les fondations elles-mêmes étaient soigneusement fouillées; on ne renonçait à en sonder la profondeur, que certain d'avoir épuisé tout ce qu'elles pouvaient contenir. Aussi tout a-t-il disparu. *Etiam periere ruinæ.* Jamais cette vive expression du complet anéantissement n'a reçu une réalisation plus absolue. Rien ne reste d'une demeure où se rattachaient tant de lointains souvenirs. Mais la vieille église de Vieuxpont est toujours debout, témoin de si étranges vicissitudes, et les habitants du hameau viennent encore s'y agenouiller, comme l'ont fait leurs pères depuis quarante générations.

Vte L. RIOULT DE NEUVILLE.

ÉGLISE DE PONT-L'ÉVÊQUE

ARRONDISSEMENT DE PONT-L'ÉVÊQUE

L'ÉGLISE DE PONT-L'ÉVÊQUE

L'église Saint-Michel de Pont-l'Évêque est certainement un des plus curieux monuments du pays d'Auge.

Décrivons-la tout d'abord, nous dirons ensuite son âge probable et quelques particularités sur sa construction.

Élevé à peu près au centre de la ville actuelle, entre la grande rue et la rivière la Touques, au fond d'une place qui était autrefois son cimetière, ce monument présente dès l'abord un aspect imposant.

Il se compose d'une tour massive, située à l'ouest, flanquée d'énormes contreforts et qui, hélas! — c'est là la partie faible de l'édifice, — se termine brusquement par un toit couvert en ardoises, surbaissé et du plus disgracieux effet.

Cette grosse tour contient trois cloches dont la plus forte a été refondue successivement en 1863 et en 1874; leur ensemble donne un son grave et harmonieux.

Quant à l'église, à la suite de la tour ayant son chœur à l'est, c'est un grand vaisseau avec bas-côtés, mais sans transept ni chapelles latérales; le chevet du chœur, formant simplement sanctuaire, se termine par une sacristie moderne mais bien aménagée dans le style de l'ensemble et pour les besoins du culte.

Ce chœur est garni de six magnifiques verrières représentant des sujets tirés de l'Ancien et du Nouveau Testament; ces verrières, et deux autres se trouvant dans les bas-côtés, vers le nord, sont anciennes et du plus bel effet. Les autres fenêtres des bas-côtés sont garnies de vitraux modernes.

Saint-Michel de Pont-l'Évêque fut, à deux reprises différentes, en 1867 et en 1888, l'objet de restaurations importantes. Malheureusement, la première de ces restaurations a complètement fait disparaître le caractère des deux façades du nord et du sud, refaites sur un plan tout autre que l'ancien. Quant à la dernière, qui a porté surtout sur l'intérieur de l'église, elle a été faite avec beaucoup de goût et de souci du style du monument. C'est à cette dernière restauration — on pourrait presque dire réédification — que sont dus la voûte en pierre de la grande nef et du chœur et le triforium qui n'avait jamais existé, quoique le plan de l'édifice le comportât.

Un orgue monumental, venu vers 1760 d'une église conventuelle de Rouen, se trouve sous la tour; des autels gothiques ont été placés il y a une trentaine d'années au fond des bas-côtés, vers le chœur; quant au maître-autel, d'un goût déplorable, il est en marbre de différentes couleurs, mais déjà entouré de lambris gothiques au-dessous des verrières du sanctuaire. Espérons qu'on ne s'arrêtera pas là!

La tour était autrefois environnée de bâtiments servant de presbytère et de chambre du trésor; elle est maintenant isolée ainsi que l'église, et entourée seulement de la place et du jardin du presbytère actuel, et le tout se détache admirablement dans ce vide sur les grands peupliers bordant la Touques vers le nord.

Vers le chœur, où se prolonge maintenant la place, était jadis un quai où s'amarraient, il y a quelque quarante ans, les gabares ou bateaux plats transportant le cidre à Roncheville et à l'embouchure de la Touques. C'est de ce côté que l'église se montre le plus avantageusement, offrant au regard son chevet si élancé avec ses six belles fenêtres aux gracieux contours.

Les anciens comptes, conservés au trésor de la fabrique et remontant à l'année 1483, indiquent que, dès cette époque, on travaillait à « l'œuvre et réparation » de notre édifice religieux, et que tout n'était pas encore terminé en 1530.

Vue d'ensemble.

D'après une photographie de M. H. Magron.

Ces expressions « d'œuvre et réparation » font supposer que l'église avait été commencée longtemps auparavant et non entièrement achevée, ou bien qu'elle avait été détruite soit par le temps, soit par suite des troubles qui avaient eu lieu antérieurement. Ce qui est certain, c'est que, dès 1483 et depuis, les habitants d'alors — ceux de ce temps-ci ont continué ces heureuses traditions de générosité — contribuèrent volontairement à la construction, au moyen de leurs offrandes et deniers perçus chaque année par les trésoriers, qui faisaient exécuter les travaux au fur et à mesure des ressources, et avaient quelquefois bien de la peine « à faire besongner les machons ».

En 1487, le compte porte : « Item pour deux peaulx de perchemin pour avoir couché le devis de l'œuvre de l'église, 3 sols tournois ».

En 1494, « à maistre Guillaume Le Franc, machon et maistre de l'œuvre de machonnerie de ladite église, et à ses gens et serviteurs, a esté baillé et paié par les dits trésoriers sur l'aleu et marchié a lui faict pour ladite œuvre pour tout le dit an, 7 livres 3 sols 9 deniers ».

En 1500, les trésoriers paient « à Jehan Menart, machon, pour l'œuvre qu'il a commencée à faire pour ladicte église, 5 livres 10 sols ».

Les comptes des années suivantes mentionnent, bien entendu, d'autres paiements faits à divers entrepreneurs.

La majeure partie de la pierre employée pour la construction était prise dans le pays, car on voit plusieurs achats de pierres venant de la Flammanguerie, d'autres de la « Carrière Georges Le Feuvre »; cependant on en faisait aussi venir de Caen et, en 1494, il en fut apporté un grand nombre de « tonneaulx » au prix de 15 sols le « tonnel » rendu sur le quai de Roncheville.

Il fut alors payé « à ung nommé Sorey, batellier, pour avoir apporté ladicte pierre de Caen jusqu'à Trouville, auquel lieu son batel, par fortune, fut rompu et péry et devait rendre ladicte pierre pour le prix de 9 livres, dont il n'a eu que 15 sols 6 deniers ».

Cet accident causa naturellement de grands embarras aux bons trésoriers et de nombreuses dépenses « pour ce que la dicte pierre était pesante, mal maniable et en dangier d'être perdue, observant qu'elle était presque couverte de sablons et vazes ».

On voit aussi, à cette occasion, une preuve de l'esprit charitable et bienfaisant qui, dès lors, animait la population de Pont-l'Évêque. La pierre naufragée, rendue à Roncheville, il fallut « l'amener à ceste ville du Pont-l'Évesque », et l'un des ouvriers fut blessé dans ce transport. « Par le commandement d'aulcuns des paroissiens, il fut baillé X sols à Alix Boudin pour aucunement le recompencer et se medeciner d'une main, laquelle il avait eue blessée en aydant à charger ladicte pierre audict lieu de Roncheville. »

De 1496 à 1500, on voit encore figurer de fortes dépenses de « machonnerie » et de charpente; on couvre l'église ou au moins quelques parties, et, pour cela, on achète de grandes quantités de tuiles prises chez divers fournisseurs.

Les « vitres » sont posées en 1498 et 1499. Cette dernière année, on paie « à Allexandre Duboys, vervenier, pour le dernier vitre, XX livres », on établit les « chacys », les garnitures en fil de « laton ».

Les belles verrières qui subsistent encore et ornent si magnifiquement le chevet de l'église sont sans doute celles dont il est question dans ces comptes, car leur

Vue de l'Abside.
D'après une photographie de M. H. Magne.

perfection accuse bien l'époque du XVe siècle, et elles sont, en effet, des plus remarquables de la Normandie.

En 1519, les travaux extérieurs paraissent terminés ou à peu près, puisque cette année il fut « baillé aux couvreurs, lesquels ont couvert la tour et la nef de ladicte église, XVIII livres ».

« Item baillé au plombeur qui a plombé la tour, IV livres. »

L'église est surtout remarquable par l'élévation de la grande nef et du chœur, et l'ornementation des voûtes des bas-côtés garnies d'arceaux multiples et de beaux pendentifs accusant le commencement du XVIe siècle.

La voûte principale était originairement en pierre, comme celle des collatéraux; mais en 1590, la ville fut assiégée par Henri IV, et les huguenots se réfugièrent dans la tour, qui porte encore la trace des biscayens et fut incendiée. Il est probable que la voûte dut beaucoup souffrir à cette époque;

aussi, plus tard, Mademoiselle de Montpensier, vicomtesse d'Auge, donna-t-elle cent chênes de sa forêt de Touques pour en faire une nouvelle : c'est cette voûte de bois, recouverte de plâtre et ornée de très courts pendentifs du XVII⁰ siècle, qui fut remplacée par une voûte en pierre lors de la très remarquable restauration de 1888.

On trouve encore aux comptes du trésor d'intéressants renseignements sur les offices et le mobilier d'église.

En 1484, il fut « baillé à Pol Meslier pour le service qu'il a faict de jouer des ogres en ladicte église, XXXVIII sols ».

Vue latérale.

En 1486, il fut « paié à Mᵉ Gilles de Poctiers qui prescha la sepmaine des Rovoisons (Rogations) entière, VII sols VI deniers ».

« Au prédicateur qui prescha la Passion et la Résurrection, V sols. »

La même année, il fut reçu « de la damoiselle veufve de feu Jehan Duval pour le service de la Croix dict par le maistre et enffants de l'Escolle, ainsy que led. feu Duval l'ordonna en son vivant, XXX sols ».

En 1496, il fut payé « à ung paintre pour sa payne d'avoir paint le petit Michelot, VII sols IV deniers ».

C'était, il nous semble, traiter un peu sans cérémonie saint Michel, patron de l'église!

En 1500, les trésoriers paient « pour avoir faict troys aubes et le fil, X sols ».

En 1506, sont fondues les trois cloches pour le prix de « CCCXXXIV livres IV sols IV deniers ».

En cette même année, on fait recette « a raison de la vente des porceaulx donnés à saint Anthoyne durant ceste dicte année, lesquels ont esté vendus au proffict dud. trésor, de XXIX sols, 1 denier ».

En 1510, il est payé « XV livres pour les ornements de veloux ».

En 1526, il est fondu une nouvelle cloche.

En 1663, et par acte notarié, il fut fait marché moyennant « XC livres et C sols de vin » pour la refonte de la grosse cloche.

Avant la Révolution, plusieurs confréries existaient en l'église, celle de la Charité, fondée sous Thomas Bazin, évêque de Lisieux, au XVᵉ siècle; celles du Rosaire, du Saint-Sacrement et de Saint-Michel. Les deux premières ont subsisté jusqu'à nos jours. Il fallait, pour faire partie de la dernière, fondée au XVIII⁰ siècle, avoir fait, au moins une fois, le pèlerinage du Mont-Saint-Michel « au péril de la mer ».

Aussi, avant 1789, les comptes du trésor, qui touchait un droit de « terrage », en font foi, une grande partie des habitants de Pont-l'Évêque se faisaient enterrer dans l'église, les uns dans la nef, les bas-côtés de la chapelle de la Vierge, et les autres, surtout les nobles, dans le chœur. C'est ainsi que le nouveau pavage de cette partie de l'église, posé en 1868, recouvre les tombeaux de plusieurs membres des familles Le Jumel de Lisores, Le Cordier de Maloisel, de Cheron de Beauchesne et du Fresney, Boistard de Premagny et de Glanville, des plus notables de la ville et des environs.

En 1793, l'édifice subit de très graves mutilations, notamment les vitraux : toutes les verrières des façades du nord et du sud furent cassées; les statues qui surmontaient la porte principale disparurent de leurs niches pour n'y plus rentrer, car la restauration de 1867 a fait malheureusement disparaître ces ornements, et aussi l'inscription déjà à moitié effacée par le temps et tracée en 1794 :

LE PEUPLE FRANÇAIS RECONNAIT L'EXISTENCE DE L'ÊTRE SUPRÊME ET L'IMMORTALITÉ DE L'AME.

Le Commandeur HENRY LE COURT.

LA SOUS-PRÉFECTURE DE PONT-L'ÉVÊQUE

(ANCIEN HOTEL DE BRILLY)

Sauf sa remarquable église et la maison dite de Montpensier, qui fait l'objet de la notice suivante, Pont-l'Évêque possède peu de monuments. Cependant, il nous est impossible de passer sous silence l'hôtel de la Sous-Préfecture.

Cet édifice, parfaitement approprié à sa destination actuelle par la grandeur de ses appartements, sa disposition intérieure et aussi son aspect, a été bâti, dans la première moitié du XVIIIe siècle, par une noble famille dont les derniers membres ont occupé, avant et depuis la Révolution, les premières charges de judicature de la ville.

Nous voulons parler de la famille de la Rocque, qui paraît originaire du pays de Vire et vint ensuite s'établir, d'abord aux environs de Lisieux, puis à Pont-l'Évêque.

C'est Pierre de la Rocque, escuyer, seigneur de Bernières, lieutenant général du bailliage d'Auge, ou — comme on disait alors — vicomte d'Auge (1), qui fit bâtir l'hôtel actuel; il mourut en 1772.

Il eut plusieurs enfants de son mariage avec Jeanne-Esther de Hébert de Bailleul, parmi lesquels Félix-Hippolyte de la Rocque, escuyer, seigneur de Brilly, lieutenant général du bailliage d'Auge après son père et ensuite président du Tribunal civil de Pont-l'Évêque, mort en cette ville en 1817.

Sous-Préfecture.

D'après une photographie de M. H. Magron.

Ce dernier eut deux fils dont la postérité s'est éteinte en ligne masculine, et qui, en 1839, vendirent l'hôtel de Brilly au département du Calvados.

La sous-préfecture y installa dès lors ses services, mais d'abord dans la moitié de l'hôtel seulement; l'autre moitié n'y fut affectée qu'en 1849, au décès de M. Angot, avocat, qui en était usufruitier.

(1) Avant lui, Vincent-Louis Le Court, escuyer, seigneur de Noirval, mort en 1731, et Adrien-Louis Le Court, escuyer, aussi seigneur de Noirval, son fils, avaient occupé successivement les mêmes fonctions.

Cet édifice, de style Louis XV, bâti en brique et pierre, est précédé d'un perron monumental avec escalier; il se compose d'un corps de logis principal, avec fronton fort élégant, et de deux ailes ou tourelles carrées terminées par des toits d'ardoise en pointe : il comprend un rez-de-chaussée et deux étages.

Du côté de la rue, au nord, l'hôtel ouvre sur une cour, avec portail extérieur, dans le style du bâtiment principal; vers la vallée, un très beau jardin va jusqu'à la rivière d'Ivie, qui le sépare de l'herbage des Hunières : la vue sur la vallée est splendide.

A l'intérieur se trouvent un très bel escalier avec rampe en fer ouvragé, de magnifiques boiseries, et plusieurs appartements sont garnis de panneaux d'anciennes tapisseries.

C'est, en somme, une très belle demeure du siècle dernier et tout à fait en rapport avec le train de maison de ceux qui l'habitaient alors, et dont un écrit contemporain nous a laissé la curieuse description que voici; nous en respectons l'orthographe :

« M. et Madame de Bernières, 5 enfants petits. Brillante représentation, même table ouverte;
« deux superbes domestiques, 1 femme de chambre, 1 gouvernante des enfans, 1 bonne cuisinière,
« deux beaux cheveaux de monture, une belle chaise de poste et une chaise à porteur et par
« suite, un carosse » (1).

Le Commandeur Henry Le Court.

(1) *Nobles ou vivant noblement à Pont-l'Évêque depuis 1742*, in-8°, 1888, p. 28.

LA MAISON DE LA MISÉRICORDE, A PONT-L'ÉVÊQUE

(DITE MAISON MONTPENSIER)

Il existe à Pont-l'Évêque, au fond d'une cour donnant sur la rue principale, au centre de la ville, un vieil hôtel Louis XIII qui passe pour avoir appartenu à la grande Mademoiselle, duchesse de Montpensier.

Jetons d'abord un coup d'œil sur cet édifice, et puis nous dirons ce qu'il faut penser de la tradition qui s'y rattache.

C'est un grand bâtiment en brique et pierre avec corps principal, précédé, vers la cour, d'un perron surmonté de quatre colonnes rondes soutenant un toit d'ardoises formant porche; de chaque côté sont deux tourelles carrées, des ailes un peu lourdes terminées par des toits en poivrière; l'édifice entier est couvert en ardoise; le toit central affecte la forme d'une coque de navire, l'ensemble, quoique un peu massif, offre pourtant un certain caractère.

L'intérieur présente des cheminées monumentales quoique simples; il a souffert de sa disposition actuelle, car cet hôtel sert maintenant de crèche, ouvroir et dispensaire aux

Maison dite de Mademoiselle de Montpensier.

D'après une photographie de M. H. Magron.

sœurs de la Miséricorde, chargées du service du Bureau de bienfaisance de la ville.

En arrière se trouve un jardin dont les murs sont baignés par les eaux du canal Breban, joignant la Touques à l'Ivie.

Parlons maintenant de la tradition locale à laquelle nous venons de faire allusion.

« Un mot sur cette maison, si vous le voulez bien » — dit l'auteur des *Esquisses sur Pont-*

l'*Évêque et ses monuments* (1), « — on croit généralement, on l'a même imprimé, qu'elle a appartenu à Mademoiselle de Montpensier, la grande Mademoiselle, qui, comme on sait, était dame d'Auge. Eh bien, il n'est pas douteux qu'on se trompe en cela.

« En ma qualité de dénicheur de vieux papiers, j'en ai trouvé d'authentiques, qui ne disent pas du tout que la maison dont je parle ait appartenu à Mademoiselle, et prouvent au contraire qu'elle avait une qualification beaucoup plus modeste que celle de maison princière.

« On voit, en effet, dans un contrat passé en 1710, — le 30 décembre, — devant les notaires de Pont-l'Évêque, qu'elle fut vendue par M. Chéron du Fresney à M. Chauffer, et, pour ne laisser aucun doute dans les esprits sur ce point, j'en transcris ici la désignation prise sur l'acte même :

« Une maison située en la paroisse de Pont-l'Évêque, consistant en cave et caveaux, cuisine à côté « de la dite cave, salles, chambres et cabinets à côté et greniers au-dessus; écurie joignant les dits « lieux qui sont bâtis de briques et pierre de taille, couverts d'ardoises et de plomb. Cour devant « ladite maison, jardin sur le derrière d'icelle, *laquelle maison était anciennement appelée : le Bâtiment* « *du Fresney,* bornée en sa totalité, d'un côté par le pavé du roi en partie et en l'autre partie les « représentants Coquet, prêtre, et d'autre bout le mort Buit ou la Petite Rivière. »

« L'année 1710 n'était pas si loin de l'époque où avait vécu Mademoiselle de Montpensier, pour qu'on eût pu substituer le nom de Bâtiment du Fresney à celui de l'Hôtel de la Princesse.

« Tout cela est assez clair et que devons-nous en dire ?

« Rien de plus, si ce n'est qu'il ne faut pas toujours ajouter aux traditions une confiance aveugle. »

Disons, de notre côté, qu'il résulte d'un acte passé devant les notaires de Pont-l'Évêque, le 13 mai 1624, que « la Cour du Bâtiment » appartenait déjà alors à Nicolas Cheron, escuyer, seigneur du Fresney; on voit ainsi que cette maison n'a jamais cessé d'être désignée autrement ni d'appartenir à cette famille, d'où elle n'est sortie qu'en 1710.

Le Commandeur HENRY LE COURT.

(1) M. C.-V. LE COURT, avoué à Pont-l'Évêque, père de l'auteur de ces lignes ; ce manuscrit n'a jamais été imprimé.

LE MANOIR DE CANAPVILLE

M. de Caumont cite comme un type curieux des habitations rurales en Normandie aux XV⁰ et XVIᵉ siècles, le manoir de Canapville, sis en la commune de ce nom (canton de Pont-l'Évêque), sur le bord de la route de Pont-l'Évêque à Trouville. Ce qui reste aujourd'hui de cette ancienne demeure, malgré les injures du temps et des hommes, attire encore les regards des passants.

Les bâtiments d'habitation et d'exploitation étaient construits autour d'une cour carrée au milieu de laquelle s'élevait le colombier, emblème d'un droit féodal important au moyen âge. Cet ensemble formait un *manoir* ou *hostel* qui, avec les terres en dépendant, constituait une franche et noble vavassorerie, ainsi qualifiée dans un grand nombre d'actes authentiques et d'aveux féodaux existant encore. Le plus ancien de ces actes remonte au 8 avril 1448. A cette date, Benest de Launoy vend à Guillaume de Berteville la franche vavassorerie de Canapville, avec l'hostel, la cousture, les terres, les dignités, hommes, hommaiges, etc., en dépendant. Deux ans plus tard, Guillaume de Berteville vend ce domaine à Iehan du Fossey, prêtre, qui le transmet à son frère Étienne.

Depuis lors, le manoir de Canapville n'a pas cessé d'appartenir à la descendance d'Étienne du Fossey en ligne masculine ou féminine.

De l'hostel, dont parle l'acte de 1448, il subsiste le corps principal de logis et, peut-être, le colombier. Le logis se compose de deux bâtiments construits en pierre jusqu'à une hauteur de un ou deux mètres, et en colombage pour la partie supérieure, à droite et à gauche d'une masse considérable de maçonnerie, consistant en trois cheminées colossales accolées les unes aux autres, et en une tourelle d'escalier. A ce logis primitif vinrent s'ajouter, du milieu du XVᵉ au milieu du XVIᵉ siècle, d'autres bâtiments en colombage, aux formes irrégulières, mais pittoresques, dont un dessin seul peut donner une idée.

Nous signalerons, cependant, à l'attention des curieux, le porche qui donne accès dans la cave; la cage de l'escalier du pressoir; les lucarnes qui découpent le toit d'une si étrange façon; les logettes qui fermaient la cour du côté du jardin, et dont il reste encore quelques travées; enfin, le colombier carré au toit pointu dont les bords légèrement relevés rappellent de loin l'architecture de l'Extrême-Orient.

Ce manoir fut longtemps la demeure de seigneurs opulents, dont quelques-uns même jouèrent un rôle considérable dans le pays, comme Jean du Fossey, qui, en 1635, leva et mit sur pied cent hommes de guerre. Il sert aujourd'hui de logement à un gardien d'herbages; on peut juger par là des transformations survenues et des progrès accomplis dans la vie de nos populations rurales.

ENTRÉE DU CHÂTEAU DE BONNEVILLE-SUR-TOUQUES

Ancienne résidence de Guillaume-le-Conquérant

LE CHATEAU DE BONNEVILLE-SUR-TOUQUES

NOTICE DESCRIPTIVE

> Standing with half its battlements alone
> And with two thousand years of ivy grown.
> The garland of eternity, where wave
> The green leaves over all by time o'erthrown.
>
> (Childe Harold, Canto IV, 99.)

Élevé sur une éminence, aux portes mêmes de Touques, à l'entrée d'une superbe vallée, le château de Bonneville était admirablement situé pour embrasser d'un seul coup d'œil les larges plaines qui s'étendent à l'ouest et au midi vers Pont-l'Évêque, et pour scruter vers le nord, à travers les nombreux méandres de la Touques, le rivage et jusqu'à l'horizon de la mer.

Il serait difficile, à l'aide de ce qui reste du vieux castel, de se faire une idée exacte de ce qu'il était jadis; aussi bien à cause de l'état de délabrement dans lequel il se trouve, que par suite du peu d'unité que présente l'ensemble des ruines. Plusieurs tours, en effet, ne paraissent pas avoir été construites en même temps que les murailles du château auxquelles elles sont reliées; et, tandis que la tour de Rollon, par exemple, peut dater du XI⁰ siècle, la porte ogivale qui servait d'entrée semble n'appartenir qu'à la fin du XII⁰ ou au commencement du XIII⁰ siècle. D'autres ouvrages remontent aux guerres de religion.

Il est visible que chaque âge a apporté ses travaux de défense appropriés à des procédés d'attaque plus perfectionnés.

Vu les difficultés presque insurmontables qui s'opposent à tout travail de restitution, nous n'essaierons point de dépeindre le château de Bonneville tel qu'il a dû être à l'origine, notre intention n'étant, du reste, que de donner une rapide description de ses ruines, qui serve en quelque sorte d'introduction et de complément à la notice qui va suivre.

*
* *

La plus ancienne description qu'on ait du château de Bonneville, ou du moins de ce que la Révolution en avait laissé, ne date guère que de 1828. A cette époque, d'après M. de Caumont, « l'enceinte se trouvait remplie de pierres et de débris jetés sans ordre, provenant de la démolition des murs; les logements intérieurs avaient disparu ».

« Le niveau actuel, ajoutait-il, est élevé de dix pieds au-dessus de l'ancien, ainsi que des excavations l'ont prouvé, et le rez-de-chaussée tout entier de l'ancien château se trouve sous terre.

« Il ne reste plus que le mur d'enceinte, qui a 8 à 10 pieds d'épaisseur.

« Les tours ne paraissent pas se lier au mur primitif; ce sont, quelques-unes du moins, des applications postérieures. »

« Si, dit-il en terminant, les murs du château de Bonneville sont délabrés et dans un état de ruine très avancé, les fossés au contraire, avec leur contrescarpe, sont à peu près intacts, et j'en recommande la visite à qui voudrait voir un retranchement entier, tel que l'avaient autour de leur enceinte murale nos châteaux-forts du XIIIe siècle les plus importants. Je ne connais pas de fossés plus complets que ceux-là. »

S'il y a lieu de retenir cette dernière appréciation de M. de Caumont, il convient cependant de n'admettre que sous toutes réserves l'opinion d'après laquelle le niveau actuel de la cour intérieure serait surélevé d'un étage ; de nombreux indices laissent, en effet, supposer que le sol de l'enceinte est demeuré ce qu'il fut primitivement.

Vue des Fossés.

D'après une photographie de M. H. Magron.

Tel était le château en 1828, tel il est encore aujourd'hui à quelques dégradations près, car, en dépit des travaux de conservation effectués, le temps poursuit lentement son œuvre de destruction.

L'enceinte, autrefois garnie de huit tours, n'en possède plus aujourd'hui que cinq et un puissant donjon; elle n'avait qu'une seule porte précédée d'un pont-levis dont on a retrouvé les fondations.

Cette porte, d'une belle ogive, qui daterait tout au plus de la fin du XIIe siècle, n'est plus aujourd'hui la seule donnant accès dans le château : d'une poterne existant jadis à l'extrémité opposée, dans le rempart qui regarde le village de Bonneville, on a fait, en l'agrandissant, l'entrée principale.

C'est par cette ancienne poterne que l'on pénètre aujourd'hui dans l'enceinte.

Ces deux entrées sont chacune précédées d'ouvrages de défense élevés probablement au XVIe siècle.

Quant aux différentes tours, leur hauteur, à en juger par leur base, devait être considérable.

Ce sont, en suivant le mur d'enceinte de droite à gauche, d'après une appellation fantaisiste : les tours de Robert-le-Diable, du roi Jean, du Serment ou du Conseil, de la Chapelle et enfin de Rollon.

La tour de Robert-le-Diable, la mieux conservée, a encore sa hauteur normale; elle possède encore ses sièges de pierre pour les archers, ses créneaux et son lanternon de sortie sur la plate-forme.

Elle est reliée à celle du roi Jean par une longue muraille, aujourd'hui dépourvue d'appui, dont une faible partie est encore revêtue du vieux dallage du chemin de ronde.

En bas, les fossés larges et profonds.

La tour du roi Jean sans Terre, envahie extérieurement par les lierres, contient, au niveau de la cour, une vaste chambre voûtée, éclairée, comme du reste toutes les autres tours, par trois meurtrières, et, sous cette pièce, un large caveau de même élévation et proportion. Elle est flanquée, dans toute sa hauteur, d'une tourelle carrée (guette) qui la domine et avec laquelle elle communique.

De la tour du roi Jean, pour gagner celle du Conseil ou du Serment, il faut passer devant l'ancienne porte du château, dont nous avons parlé plus haut. Celle-ci a perdu sa tour et ses ouvrages de défense.

Un terre-plein remplace le pont-levis qui jadis donnait accès dans le château. A gauche de cette porte se trouve un escalier auquel

Intérieur de la Tour Sud-Ouest.
D'après une photographie de M. R. Heyren.

on accède par une poterne; jadis dissimulé dans une tourelle aujourd'hui ruinée, il servait à effectuer des sorties secrètes.

La tour du Serment ou du Conseil, dite aussi de la reine Mathilde, qui vient ensuite, présente au niveau du sol, comme celle du roi Jean, une salle assez spacieuse et bien conservée, éclairée par une antique meurtrière élargie.

La muraille, après avoir fait un coude, est limitée, avant de prendre la direction nord-est, par la tour dite par erreur de la Chapelle, qui ne s'élève guère aujourd'hui au-dessus du niveau de la cour. Elle gardait le barrage par où s'écoulait l'eau des fossés.

Vient enfin la tour de Rollon, la plus délabrée mais aussi la plus ancienne du château. Celle-ci n'offre plus aujourd'hui qu'un amas informe de pierres et de débris recouverts de broussailles. Il semblerait, vu la conformation qu'elle présentait il y a encore vingt ans, qu'elle ait dû jadis contenir la chapelle de Bonneville. A moitié ruinée, en effet, elle formait avec une partie de sa voûte encore existante une sorte d'abside qu'on avait étayée et qui depuis s'est écroulée.

Rappelons ici que la « capella Castri de Touqua » dépendante du doyenné de Toucques, était placée sous les vocables de Saint-Gervais et Saint-Pierre. Ses chapelains, nommés jusqu'au XV° siècle par les rois de France, puis par les comtes d'Auge jusqu'au XVI°, appartinrent en dernier lieu au Chapitre de Cléry, qui conservait encore, à la veille de la Révolution, le privilège de desservir la chapelle de Bonneville.

Quant au donjon, par lequel nous terminerons cette description, il devait, à en juger par la masse imposante de ses assises, s'élever à une grande hauteur (24 mètres). Il défendait le point le plus vulnérable de la place, qui se trouvait, au nord, dominée par une éminence voisine.

Un puits, aujourd'hui desséché, existe encore dans l'énorme épaisseur des murs.

Vue de la Tour du Midi.
D'après une photographie de M. R. Magron.

*
* *

Chacun regrettera comme nous que l'œuvre de destruction, entreprise dès avant la Révolution par des spéculateurs avides, ait été à ce point acharnée, qu'il soit aujourd'hui presque impossible de reconstituer d'une manière exacte la résidence favorite du Conquérant, asile ensuite de tant de grands princes, qui, plus de huit fois centenaire, jouit pendant six cents ans d'une réelle importance militaire, comme on le verra ci-après.

CHÂTEAU DE BONNEVILLE SUR TOUQUES.—LA TOUR DU NORD

Ancienne Résidence de Guillaume-le-Conquérant.

NOTICE HISTORIQUE

> And chiefless castles breathing stern farewells
> From grey but leafy walls, where Ruin greenly dwells,
> . . . .
> For Time hath not rebuilt them, but uprear'd
> Barbaric dwellings on their shatter'd site
> Which only make more mourned and more endear'd
> The few last rays of their far-scatter'd light,
> And the crush'd relics of their vanish'd might.
>
> (CHILDE HAROLD, Canto III, 46, et IV, 45.)

Du château de Bonneville nous ne savons rien, ou peu de chose, avant le commencement du XIe siècle.

Par qui et à quelle époque fut-il élevé ? — Les fondements en furent-ils jetés par Guillaume le Conquérant, comme le veut la tradition ? — Nul ne saurait le dire avec certitude.

Pour les uns, des indices certains permettent d'affirmer l'existence du château neuf années avant la naissance du duc Guillaume. Selon d'autres, il aurait pour origine quelque fortification (tulco), élevée en hâte sur les ordres de Charlemagne pour repousser les incursions des Normands.

Si le plan, fort archaïque, témoigne de l'antiquité de la forteresse et rend cette dernière opinion vraisemblable, le château ne semble cependant pas remonter, dans ses parties les plus anciennes, à une période antérieure au XIe siècle.

Les premiers documents qui en fassent mention sont relatifs au serment que le duc Guillaume y fit prêter à Harold, son compétiteur au trône d'Angleterre.

Le roi Édouard, en effet, n'ayant pas d'enfant, avait désigné pour lui succéder, Guillaume le Bastard, au détriment du Saxon Harold.

Ce dernier ayant, à la suite d'un naufrage, échoué sur les côtes de Normandie, tomba entre les mains de son compétiteur.

Dans la crainte qu'il ne fût pas le seul que « le roy Édouard eut eslu à Roy après sa mort », le duc ne fut pas plus tôt en possession d'Harold, qu'il s'évertua à obtenir de lui une renonciation en bonne et due forme à ses prétentions au trône d'Angleterre.

Il le fit d'abord garder étroitement, puis, lorsqu'il crut l'avoir suffisamment effrayé, il consentit à une entrevue au cours de laquelle Harold promit tout ce qu'il voulut.

Réconciliation s'ensuivit :

> Eissi fut Héraut (Harold) délivré
> L'en amena li dux ad Sei
> Por aler essilier Bretons
> Vers lui torcenos et felons. . . . .

Chemin faisant :

> ... mena li dux sou concile
> Ce lui lisant, à Bone Vile.

Ce fut là, au château de Touques, que Guillaume mit Harold en demeure de renoncer au trône d'Angleterre, et de l'aider à le conquérir à la mort du roi Édouard.

Telles sont, du moins, les versions de Guillaume de Poitiers et de Benoît, le trouvère anglo-normand :

> La fu li serremenz jurez
> Que Héraut meisme a devisez
> Que tant cum Ewart vivret mais,
> Le regne li tendreit en pais. . .
>
> . . . .
>
> Et après qu'il sereit finiz
> Ci que del regne fust saisiz,
> Li tendreit vers toz homes nez
> De ci qu'il i fust coronez. . . . .
>
> . . . .

Si l'on en croit les récits de Wace et d'Orderic Vital, la prestation de ce serment fut entourée d'un cortège de circonstances calculées de manière à le rendre plus solennel ; le duc Guillaume avait fait placer les reliques des saints les plus vénérés de la contrée sous l'autel dressé pour la circonstance, et les avait fait dissimuler sous un large drap d'or.

« Le serment fait sur les Évangiles, le duc leva le drap, afin que Harold voyant les reliques des Saints, témoins irréprochables de ses promesses, eût plus d'affection de les garder inviolables. »

Chacun sait ce qu'il advint par la suite : le roi Edwart mourut, et Guillaume, confiant dans la bonne foi d'Harold, s'apprêtait à prendre possession de la couronne d'Angleterre lorsqu'il apprit qu'il avait un compétiteur.

« A cette nouvelle, il donne ordre aux choses nécessaires pour la guerre estrangère, et ayant soin de la paix domestique, tient conseil à Bonneville-sur-Touque, par lequel la duchesse Mathilde est déclarée Régente de Normandie, lieutenans nommez pour demeurer avec elle, maintenir les Normands dans le devoir et aller au-devant des entreprises des voisins » (1).

Ce fut du château de Bonneville, la plus centrale et la préférée de ses résidences, que Guillaume surveilla et accéléra la construction de sa flotte ; c'est de là qu'il partit rejoindre ses troupes qui s'embarquaient à Dives.

Bientôt après, il abordait en Angleterre et anéantissait les espérances d'Harold à la bataille d'Hastings, où le prince félon trouva la mort (1066).

Roi d'Angleterre, Guillaume n'oublia pas la Normandie, et chaque voyage le ramenait à son château favori.

Nous l'y voyons malade en 1080 et datant de Bonneville le legs qu'il fit à son fils du duché de Normandie.

Lorsque la nouvelle de sa mort parvint à son fils Guillaume (1087), celui-ci résidait au château de Bonneville (2).

Il s'empressa de prendre aussitôt la mer au port de Touques, et ayant abordé en Angleterre, il courut à Londres, où il se fit couronner à Westminster, par Lanfranc, archevêque de Cantorbéry.

Dix ans plus tard (1098), Guillaume le Roux, roi d'Angleterre, appelé en l'absence de son frère Robert à réprimer la révolte des Manceaux, débarquait à Touques. « Monté sur la haquenée d'un

(1) Ord. Vital. III, 494. — Dumoulin, p. 175. — Goube, I, 214.
(2) Rob. de Torigni et *Hist. Norm.*, lib. 8. — Will. Calc. *Gemet. Monachi.*

prêtre, dit Orderic Vital, il gagna Bonneville au milieu d'une grande affluence de clercs et de paysans qui, marchant à ses côtés, l'acclamaient bruyamment » (1).

Henri Ier, dit Beauclerc, y séjourna à son tour en 1112, pendant la guerre qu'il soutint contre le comte Foulques d'Anjou, le comte de Flandre et Louis le Gros (2). Ce fut là qu'il reçut l'envoyé du roi de France, Robert de Bellesme, surnommé Talvas (4 novembre 1112).

« Ce seigneur, d'abord au service du roi d'Angleterre, s'était rangé du parti de l'Angevin, luy aidant de forces et de conseil. » Confiant dans l'immunité que lui conférait son caractère de parlementaire, Robert de Bellesme, chargé d'une mission de Louis le Gros, se présenta au château de Bonneville. Le roi d'Angleterre lui donna audience, puis lorsqu'il eut fait entendre le « sujet de sa légation, et demandé à être compris dans l'amnistie qu'il réclamait au nom du roi de France pour tous ceux qui avaient pris les armes contre lui, on luy demanda pourquoy il avait trahi son seigneur, pourquoi adjourné par trois fois il n'avait comparu en sa cour ; n'ayant peu respondre à ces demandes, il fut arrêté, jugé à Bonneville par la Cour royale et condamné à tenir prison perpétuelle ».

Enfermé d'abord au château de Bonneville, puis à Cherbourg, il fut enfin transféré au château de Warham (Norfolk) où il finit ses jours dans les fers.

Henri Ier étant mort en Normandie (1135), quelques jours après « plusieurs chapelains avec troupes de gens de guerre, tous les gentilhommes et serviteurs domestiques conduisirent son corps à Bonneville-sur-Touques, où toute la troupe logea, mais, la mer s'étant trouvée trop agitée, le corps fut envoyé à Caen où il fut gardé bien un mois dans l'église de Saint-Estienne, attendant qu'un vent favorable le portast en Angleterre » (3).

Trois ans après (1138, novembre) Bonneville était attaqué par Geoffroy V Plantagenet dit le Bel, comte d'Anjou, que le roi d'Angleterre avait désigné pour lui succéder. Geoffroy se préparait à passer en Angleterre, lorsqu'il apprit qu'Étienne, comte de Boulogne, mettant à profit les circonstances, s'était fait couronner roi. La Normandie s'offrait en compensation au prince dépossédé, il résolut donc de tenter la fortune des armes, et porta aussitôt la guerre au sein du duché.

Au mois de novembre 1139, il est devant le bourg de Touques dont il s'empare sans coup férir. Mais, la nuit venue, Guillaume, surnommé Troussebot, gouverneur du château de Bonneville, profitant du peu de vigilance des Angevins, fait mettre le feu aux quatre coins de Touques.

« Affolés par le terrible crépitement des flammes et les cris des sentinelles, ceux-ci s'enfuirent frappés de terreur, abandonnant armes, chevaux et jusqu'aux choses les plus nécessaires. »

« Guillaume Troussebot parut alors avec ses hommes d'armes pour courir sus aux ennemis. Mais l'épaisseur de la fumée qui se dégageait de l'incendie était telle, qu'amis et ennemis ne purent ni se voir ni se reconnaître.

« Le comte Geoffroy épouvanté, s'arrêta enfin dans un cimetière où, ayant rassemblé les siens, il attendit, tremblant et confus, le retour du jour. Dès qu'il parut, il s'empressa de fuir jusqu'à Argentan » (4).

En 1170, nous retrouvons au château de Bonneville, d'où il date plusieurs chartes (5), le fils de Geoffroy Plantagenet, Henri II, devenu roi d'Angleterre et duc de Normandie à la mort d'Étienne de Boulogne.

(1) Ord. Vit. IV, 46.
(2) Ord. Vit. IV, 305. — Dumoulin, 299.
(3) Dumoulin, 340. — Ord. Vit. V, 53.
(4) Ord. Vit. V, 116.
(5) *Tr. des Ch. Rouen*, 1, C{on} J, 212. — *Coul. de Dieppe*, f° 63. — *Cart. Norm.*, n° 14.

Trois ans après (1173), son fils, qu'il avait fait sacrer roi de son vivant (1172), venant sur son ordre en Normandie, passait les fêtes de Noël à Bonneville (1), en compagnie de la reine Marguerite, sa femme.

L'année suivante (1174), le roi d'Angleterre y fait encore un long séjour; il y convoque même en assemblée tous les gouverneurs de ses places fortes de Normandie. Son fils Henri, auquel il avait assigné le château comme séjour en punition de ses révoltes, débarquant à Touques à cette époque, arriva à Bonneville dans le temps où se tenait ce grand conseil (2).

Les rois d'Angleterre ne négligèrent rien pour faire du château de Bonneville, dont ils avaient apprécié l'heureuse situation, la plus belle comme la plus agréable de leurs résidences en Normandie.

Les événements les appelaient-ils dans le duché? — Ils débarquaient au château de Touques, toujours prêt à les recevoir, et ils se trouvaient immédiatement au centre même du pays, au besoin à l'abri derrière de fortes murailles et pouvant goûter à loisir les plaisirs de la chasse dans la vaste forêt de Touques.

Se trouvaient-ils, au contraire, en Normandie et les affaires exigeaient-elles leur présence en Angleterre? — Ils trouvaient la mer à proximité du castel et pouvaient sans retard s'embarquer à la première alerte.

Aussi Bonneville était-il, par les soins de son capitaine, Gaufridus (1170-1180), fils de Guillaume Troussebot, le vainqueur de Geoffroy Plantagenet, soigneusement approvisionné de toutes choses, et prêt à toute heure, aussi bien à recevoir ses hôtes royaux qu'à soutenir le plus long siège.

Le château devait toujours contenir la même quantité de vivres; blés, vins, fromages, céréales de toutes sortes, encombraient les greniers. De 1176 à 1180, les sommes affectées à son approvisionnement restent les mêmes pour chaque année (3).

A cette époque, Henri II vint séjourner quelque temps à Bonneville, il y tint même une cour fort brillante, à ce qu'on en peut juger par les dépenses relevées dans les rôles de l'Échiquier de Normandie (4).

Il ne revint à Bonneville qu'en 1189, un an avant sa mort (5).

Dès le début de son règne, Richard Ier, Cœur de Lion, attribua à la reine Bérengère, sa femme, à titre de douaire, quelques domaines en Normandie, parmi lesquels se trouvaient ceux de Falaise, Domfront et Bonneville-sur-Touques; mais la jouissance en fut réservée, sa vie durant, à la reine-mère, Éléonore de Guyenne, épouse du feu roi Henri II.

Jusqu'à sa mort, Éléonore eut une préférence marquée pour le séjour de Bonneville, qu'elle embellit et fortifia. Elle y venait souvent chercher le repos que réclamait son existence agitée : aussi sa présence y est-elle plus d'une fois signalée par les chroniques (6).

Ce fut là qu'elle reçut, entre autres, la visite de la sœur du roi de France (7).

Sur ces entrefaites (1196), la guerre éclata. Philippe-Auguste, désireux de réunir la Normandie à la couronne, ayant envahi le duché, Richard se hâta de passer aussitôt la mer avec une armée.

Au cours de la lutte, « Hugues de Chaumont, favori du François, fut fait prisonnier ».

« Richard le donna en garde à Robert de Ros et cestuy-ci à Guillaume de l'Espinay pour l'enfermer dans le château de Bonneville-sur-Touque, d'où il se sauva de nuict par dessus les murailles.

---

(1) *Chron. Rob. de Torigni*, p. 34. — *Rec. des Hist.*, XIII, p. 316. — Dumoulin, p. 393.
(2) *Recueil des Hist.*, XIII, 194, E.
(3) *Mag. Rot. Scacc. Norm.*, 1180-1195-1198, memb. 6-7.
(4) *Mag. Rot. Scacc. Norm.*, 1180, memb. 6.
(5) J. 212, Rouen, 1, n° 1.
(6) Roger de Hovenden, 1192.
(7) *Mag. Rot.*, 1195.

Pour ce sujet, de l'Espinay fut pendu et de Ros contraint de payer à Richard 12,000 livres » (1). Il vit, en outre, sa capitainerie de Touques donnée (1198) à Philippe Mimican.

Le roi Richard étant mort (1199), le duc de Normandie, Jean sans Terre, monta sur le trône d'Angleterre.

« Or, la Royne Éléonore, vesve du feu roi Henri II, demeuroit lors en Normandie, et tenoit en doüaire Falaise, Domfront et Bonneville-sur-Touque » (2).

Dans le but de s'attirer les bonnes grâces de sa mère, qui, par ses intrigues, pouvait lui susciter de sérieux embarras, Jean sans Terre s'empressa de venir lui rendre visite (5 juillet 1199).

Frappé de l'heureuse situation du château et désireux d'autre part « d'esloigner un si gênant témoin », il entama avec elle des négociations qui aboutirent l'année suivante. Il fit accord avec elle (1200), « et pour ces places luy donna quelques récompenses au pays du Maine » (3).

A dater de ce moment, Jean sans Terre se trouve sans cesse au château de Bonneville d'où il dirige la guerre contre Philippe-Auguste.

De 1200 à 1203, nous pouvons compter jusqu'à vingt-cinq chartes du roi Jean datées de Bonneville. En 1202, ayant enlevé et épousé Isabelle d'Angoulême, fiancée du comte de la Marche, il l'amène et séjourne avec elle au château. Il n'en partit que le 14 novembre 1203, pour rentrer en Angleterre; et, le jour même de son départ, Philippe-Auguste s'emparait du « castiel de Buene-ville-sor-Touke » (4).

Mais Éléonore de Guyenne étant morte depuis peu (5) (le 31 mars 1203), la reine Bérengère, veuve du roi Richard, ne manqua pas de réclamer à Philippe-Auguste la jouissance de son douaire, auquel elle avait droit depuis la mort de la reine-mère, et qu'elle perdait avant même d'en avoir pu prendre possession.

Maître de Bonneville par droit de conquête, le roi de France agit en cette circonstance avec une noble courtoisie : il offrit à Bérengère, en dédommagement, quelques biens « en pays de Maine » qu'elle accepta (6).

Ce fut sans doute à l'occasion de cette cession qu'eut lieu une enquête sur la valeur des revenus de Bonneville, de laquelle il résulta qu'Éléonore de Guyenne tirait de ce domaine 160 livres de revenu par an (7).

Lorsque, deux ans après (1206), Philippe-Auguste vint séjourner à Bonneville (8), il put constater que si le château possédait un gouverneur (Jean de la Porte), il n'avait en revanche encore reçu ni garnison française, ni munitions.

Devenu la possession des rois de France, Bonneville passa de fait entre les mains des évêques de Lisieux, barons de Touques, qui fréquemment y venaient résider (9). Mais si la royauté se désista de la jouissance effective du château, il n'en fut pas de même du domaine y attenant : c'étaient les gens du roi qui passaient les baux des terres (10), qui conféraient des droits d'usage dans la forêt; c'était le Parlement de Paris qui tranchait les difficultés nées de leur gestion (11).

(1) Dumoulin, 486. — *Rec. des Hist.*, XVII, 579, ex Rog. de Hoveden, *Annaliis*. — *Et Chron. Maj. Matt. Parisiensis*, II, 120.

(2) Dumoulin, 504. — Duchesne. *Hist. d'Angl.*

(3) *Rot. Norm. in Turri Lond.*, 1200-1204.

(4) *Hist. des Ducs de Norm.*, par Sarrazin, trouvère du XIII⁰ siècle.

(5) *Mag. Rot. Norm.*, 1203.

(6) Martens. *Ampl. Coll.*, 1, 1046. — *Mss. Colb.*, 8408, f° 8.

(7) Mss. de la Bibl. du Vatican. Le premier registre de Philippe-Auguste, f⁰⁰ 40, 90. — *Mém. de la Société des Antiq. de Norm.*, XIII, 19.

(8) *Cart. de Norm.* f° 58, et *Cart. normand*, p. 290, n° 138.

(9) *Tr. des Ch.*, reg., 1, n° 75, cart. J, 346.

(10) *Arch. norm.*, II, 300. — *Olim*, I, f° 102, 2° (1260). — *Actes Norm. Ch. des Comptes*, p. 194.

(11) *Inv. et Documents Boutaric* (1260).

Pendant plus de cent ans (1204-1323), sauf deux séjours qu'y fit Saint-Louis en 1254 et 1259, et quelques jours qu'y passa Philippe le Hardi au cours de l'année 1281, le castel de Touques ne fut guère habité que par les évêques de Lisieux. A la longue, en dépit des chartes des rois (1) les rappelant à la réalité, ils finirent par regarder Bonneville comme une dépendance de leur baronnie.

Mais si l'éloignement de ce domaine ne permettait guère aux rois de France d'en jouir effectivement, tous leurs efforts n'en tendaient pas moins à conserver intacte, et même à agrandir cette partie de leur patrimoine; faisant de nouvelles acquisitions de terre et de bois (2), veillant surtout à la conservation de la chasse de la forêt, châtiant indistinctement et sans pitié vilains et nobles, évêques de Lisieux même, qui se permettaient « de courre à cor à chasse » sur ses domaines (3).

Ce fut en vain que les évêques de Lisieux, non contents d'avoir la jouissance de Bonneville, essayèrent encore d'en obtenir la toute propriété. Quelque effort qu'ils firent pour démontrer son peu d'importance, son inutilité même en temps de guerre, il ne semble pas qu'ils soient parvenus à convaincre les commissaires de Saint-Louis (4).

Philippe le Bel rendit (1290) une ordonnance en vertu de laquelle il décidait que Bonneville-sur-Touques serait un des quatre châteaux-forts qui seuls désormais devraient être entretenus aux frais du trésor du roi en Basse-Normandie.

Il y avait plus d'un siècle qu'une tête couronnée ne s'était reposée au château de Touques, lorsque Charles IV le Bel y vint séjourner au cours de l'année 1323 (5) (juillet-août). Les chroniques ne disent pas s'il s'adonna à la chasse dans la forêt de Bonneville; elles sont moins silencieuses, en revanche, sur certaines intrigues qu'il y mena de concert avec sa sœur, lors des démêlés qu'il eut avec Édouard III d'Angleterre, son beau-frère.

Déjà, en effet, les souverains anglais cherchaient des prétextes de guerre pour motiver une nouvelle descente en Normandie; déjà commençait à gronder sourdement l'orage qui devait sévir sur cette belle province et sur la France pendant plus de cent ans (1337-1453). Il ne devait pas tarder à éclater.

Vingt ans plus tard (1346), mettant ses projets à exécution, Édouard III Plantagenet envahissait le duché et s'en emparait après la bataille de Crécy.

De 1346 à 1417, en dépit d'attaques continuelles, Bonneville, ravitaillé sans cesse par mer (6), semble être parvenu à se maintenir en plein pays occupé sans subir le joug des Anglais.

Après Poitiers, lorsqu'il fallut traiter de la paix, ceux-ci se souvinrent du tort que leur avait causé le chastel de Bonneville-sur-Touques et stipulèrent, dans un projet de traité (21 mars 1359), que le roi Jean le leur livrerait aussitôt après sa mise en liberté. On sait que ce projet revisé devint le texte même d'un traité conclu à Londres entre les deux rois de France et d'Angleterre, lequel fut repoussé à l'unanimité par les États Généraux (mai 1359).

L'année suivante, se signait le traité de Brétigny, et Bonneville, oublié dans le nouveau texte, continua à tenir garnison française.

Sur ces entrefaites mourut Jean le Bon (1364); Charles V, son fils et successeur, s'efforça pendant seize années de réparer, dans la mesure du possible, les désastres du règne précédent.

Ayant reconquis la Normandie sur les Anglais, il prit toutes ses précautions pour rendre leur

(1) *Chart. S⁰ Elbrulfi*, II, f° 1, n° 676. — *Cart. norm.*, n° 1212.
(2) *Cart. norm.*, n° 1046, t. 16. — *Tr. des Ch. Auge et Eu*, n° 3, I, 221.
(3) 1316, *Boutaric*, 1332. — *Criminel*, I, f° 152, v°.
(4) *Rec. des Hist.*, XXIII, 615.
(5) *Id.* XXI, 490.
(6) *Actes Norm.*, Ch. des Comptes, 274-275, v°. — *Arch. Nat.* K, 36, pièce 43.

retour impossible : élevant, réparant les forteresses, doublant les garnisons, accumulant dans les châteaux vivres et provisions.

Le château de Bonneville ne fut pas oublié; ordre fut donné de le réparer et ravitailler.

Dès 1366, Charles V, dans une ordonnance « sur le fait des aides ordenez pour la provision et défense du royaume », fait transporter au chastel de Touques « six muis de blé, trente lars, six tonneaux de cidre, deux tonneaux de vin d'Espagne, et une poise de sel » (1).

La garnison se trouvait alors de quarante lances, non compris les servants; elle était commandée par le chevalier le Baudrain de la Heuse, chambellan du roi (2).

« Étant acertenez que Edwart avait à très grant force et puissance de gens d'armes, entencion de passer la mer et entrer en le royaume », Charles V vivait dans la crainte continuelle d'un retour des Anglais, aussi s'informait-il sans cesse de l'état de ses « chasteaux et forteresses », et en particulier du chastel de Touques, « clef et chief de Basse-Normandie »; mandant à Bertrand à la Dent, « receveur général des aides, de faire bailler au vicomte dudit chasteau, des deniers de sa recepte, et tout ce qu'il fallait pour garnir ycel chasteau de tous vivres et abillemens nécessaires » (3).

Charles V perdit, pendant près de trois ans, la possession de Bonneville, à la suite d'un échange qu'il conclut avec les comtes d'Alençon et du Perche.

Ces derniers, en effet, possédaient en Bretagne le célèbre château de Jocelin que Charles V désirait fort acquérir. Il leur fit proposer, en échange, ceux d'Exmes et de Caniel et 4,000 livrées de terre ou de rente. Ces propositions furent acceptées, et acte passé au mois de juin 1370.

Peu de temps après, un mandement du roi donnait avis que « les chastel, chastellenies et toutes les revenues de Touque étaient données aux dits comtes, en gages de ces 4,000 livrées et en garantie de la complète réalisation de l'échange ». En outre, mandement était fait « à Beaudrain de la Heuse, capitaine et garde en le chastel de Touque, de bailler et délivrer la possession desdits chasteaux et chastellenies » (4).

Peu de temps après cet échange, Charles V, craignant sans doute que l'entretien de la place ne souffrit de cet engagement, rendait une ordonnance aux termes de laquelle, après avoir rappelé les conditions de l'échange..... « il ottroyait pour considération de bons et agréables services que son dict cousin lui avoit faiz..... et pour lui aidier à garder en seureté et tenir en estat de reparacions et coutrement le ditz chastel de Toucque, le tiers des aides ordonnées pour la guerre, qui se lèveront en sadicte comté du Perche » (5).

Mais les Anglais ne reparurent que sous Charles VI.

Après de longs préparatifs employés à rassembler hommes et vaisseaux, ils firent voile vers la Normandie. Laissons ici la parole aux chroniqueurs :

COMMENT LE ROY D'ANGLETERRE ATOUT GRANT PUISSANCE DE GENS DARMES VINT PRENDRE TERRE A TOUCQUE EN NORTHMANDIE, OU ON LUY RENDY A SA VENUE LE CHASTEL PAR TRAITIE.

« Tant nagèrent les Anglais à vent et à voiles qu'ils prindrent port à Touques (le 1er août) en Normandie ; et eulx venus devant led. lieu où ilz veyrent le chastel estre moult..... (puissant), ils

(1) Ch. Roy, t. IV, n° 3.
(2) Coll. Fontanieu, 92, n° 49, 1er décembre 1369. — Ch. Roy, t. VIII, 541. — Cab. des Titres, 1re série, dossier Heuze (1369-1375).
(3) *Fds Français*, 22469, p. 49, 8 juillet 1378.
(4) *Fds Français*, 20458, p. 23, 8 juillet 1370.
(5) Ch. Roy, t. VII, n° 198, 22 août 1370.

l'asseyèrent de toutes pars, car sans nulle résistance descendirent à terre du tout à leur plaisir en belle ordonnance; si se logea le Roy au village, et les autres chascun au mieulz qu'ilz peurent, en tentes, feuillies et pavillons. »

Le débarquement eut donc lieu sans obstacle le dimanche 1er août. « A cette nouvelle (1), quelques vassaux, au nombre de 50 environ, tenant fiefs du roi de France, à cause de son château de Touques, quittèrent leurs manoirs et essayèrent de se jeter dans la place; mais ils en furent empêchés par les Anglais qui en prirent quelques-uns et dispersèrent les autres (2).

« Prestement fit le Roi dréschier ses engiens et tous habillemens propices à assault furnir et donna au duc de Clarence le commandement de son armée » (3).

« Le cappitaine, appelé messire Jan de Jennes (d'Angennes), voiant les apparaulz dreschiés, le chastel ainsi aigrement avironné, et sachant que secours luy estoit bien longtain apparent, demanda trève de six jours pour quérir aide, après lesquels, n'ayant pu être sucurrez, il rendit le chastel, le lundy nœfvisme jour Daugust, en lobéissance du Roy d'Angleterre, moiennant les corps et biens saulfz, de lui et de ses gens; si eut trois jours d'induisse de les uidier, lui et ses cent hommes d'armes, et ainsi furent recheus du roy d'Angleterre quy bien leur tint sa promesse et leur bailla sauf-conduits » (4).

Le capitaine d'Angennes et Guillaume Le Conte, son lieutenant, furent, dit-on, mais le fait est discuté, peu après jugés à Paris et condamnés à mort, pour n'avoir pas, selon les uns, fait une assez longue résistance ; pour s'être, selon d'autres, laissé éblouir par l'argent du roi d'Angleterre.

Maître de Bonneville, Henri V le donna au duc de Clarence sa vie durant et y mit garnison anglaise sous les ordres du capitaine Sir John Kykelly (5).

Celui-ci conserva la garde du château jusqu'en 1421. A cette époque, ayant été envoyé à Rouen, le duc de Bedford le remplaça par Sir John Seynt, puis en 1422, par Andrieu Ogard (6). La garnison, après avoir été réduite de cent à vingt-quatre hommes d'armes, ne comptait guère, en 1425, que douze défenseurs.

Quatre ans plus tard (1429), lorsque les Français vinrent assiéger le château de Bonneville, le bâtard Jean de Crécy, qui en était alors capitaine, se laissa gagner, ainsi que son lieutenant, Étienne Pites, par les promesses des Français, auxquels ils livrèrent la place contre récompense.

Lorsque, peu de temps après (avril 1430), les Anglais, à leur tour, parvinrent à s'emparer de Bonneville, ils trouvèrent réfugiés dans le château ces deux officiers, qui furent aussitôt exécutés (7).

Vingt lances et soixante archers, par la suite réduits à deux lances et six archers, furent laissés à la garde du château. Le commandement en fut confié à Johannes Feribie (8), auquel succéda, en 1437, un vaillant soldat, Andrieu Ogard (9), qui déjà avait occupé ce poste quinze ans auparavant. Il le conserva neuf ans encore et fut remplacé (1446) par Jean Neufau (10), qui demeura capitaine du château de Bonneville jusqu'en 1448. Edward Bromfyld lui succéda (11).

(1) Th. Basin. *Breviloquium*, cap. XI-XVIII.

(2) *Ypod. Neustriæ*, 477, 321, et Th. Walsingham, 1, 26-27.

(3) *Mag. Rot.*, 1417, memb. 27, et *Antiq. de Norm.*, XV, 263-273.

(4) *Rec. des Chron. d'Angl.*, V, livre 1er.— *Chron. de Jean Le Fèvre.*— *Chron. d'Enguerrand de Monstrelet*, p. 188, et C. 180, p. 406.— *Ypod. Neustriæ*, 447, 331.— Goube.— Pierre Cauchon, *Chron. Norm.*— Vallet de Viriville, 1, 56.— *Chron. de Saint-Denis*, II, 100, cap. XII.— *Hist. de Charles VII*, par Alain Chartier, p. 39. — *Inv. de Norm.*, p. 125. — Père Daniel, VI, 528. — Masseville, IV, p. 60.

(5) *Bibl. Harl.*, 782, f° 49.

(6) A. N. K. 62, nᵒˢ 73-75.

(7) B. N. IV, mss. quittances, 1313-1314.

(8) *Worc. Coll.*, p. 544.

(9) A. N. K. 64, n° 12.

(10) *Id.* 68, nᵒˢ 12⁹⁵, 27ᵘ.

(11) *Worc. Coll.*

A cette époque, le comte de Dunois, qui guerroyait en pays d'Auge, ayant donné ordre au sire de Blainville, grand maître des arbalétriers de France, d'aller assiéger Touques (1), celui-ci investit le château. Bromfyld le défendit trois jours durant et le rendit enfin par composition (27 septembre 1449) (2). Blainville en fut créé gouverneur. Le sieur de Brézé, grand sénéchal de Normandie, lui succéda en 1451, et Jean d'Annebault, à ce dernier, en 1469.

A partir de cette époque, Bonneville ne cessa plus d'appartenir à la France.

Pendant quatre-vingts ans, il fit partie comme autrefois du domaine royal, mais il en fut distrait en 1529. Voici dans quelles circonstances :

François Ier ayant été fait prisonnier à Pavie (1525), il fut stipulé, lorsqu'il fut traité de la rançon du roi, que les terres de Lens et de Condé devraient être remises à Charles-Quint (3). Or celles-ci appartenaient à la princesse de Bourbon, dame de la Roche-sur-Yon. Échange fut alors passé (11 avril 1529), aux termes duquel François cédait à cette princesse, contre lesdites terres, les comtés de Mortain et d'Auge, avec faculté de réméré pendant six ans (4).

Cette faculté n'ayant pas été invoquée pendant le laps de temps convenu, la vicomté d'Auge et avec elle le château de Bonneville, passèrent aux mains de la maison de Bourbon-Montpensier, la souveraineté et l'hommage-lige demeurant au roi.

Au cours d'un différend qu'il eut avec l'Angleterre, en 1545, François Ier songea un instant à effectuer un débarquement en Angleterre. S'étant rendu en Normandie pour en activer les préparatifs, il poussa jusqu'au château de Touques, où il demeura six jours (28 juin au 4 juillet 1545) (5).

Par la suite, Bonneville n'abrita plus jamais de tête couronnée.

Nous ne nous attarderons pas à relater ici les différends qui surgirent à cette époque entre les vicomtes d'Auge et l'autorité royale, au sujet de la nomination du capitaine du château de Touques. Qu'il nous suffise de signaler qu'après de longs procès, au cours desquels chaque partie pourvut de son côté à l'office devenu vacant, le litige fut enfin, eu égard aux termes de l'acte d'échange de 1529, tranché (1551-1552) au profit de Louis de Bourbon, duc de Montpensier et vicomte d'Auge, héritier de la princesse de Bourbon. Le sieur de Bléville, nommé par lettres royales, dut remettre ses fonctions aux mains de Jean Servin d'Artigny, capitaine pour le vicomte d'Auge (6). Ce dernier et ses successeurs, ducs de Montpensier, puis d'Orléans, ne cessèrent plus désormais de procéder à la nomination des châtelains.

Comme bien on pense, une fois hors des mains du roi, le château de Guillaume vit rarement les revenus de Bonneville affectés à son entretien. Aussi, lorsque dix ans plus tard des complications politiques firent craindre un nouveau débarquement des Anglais (1563), le capitaine de Bonneville, Nicolas des Buats, seigneur du Noyer, ne crut pas devoir s'adresser à d'autres qu'à la reine Catherine de Médicis, pour lui faire part de l'état de délabrement du château. Celle-ci écrivit alors (4 janvier 1562) à M. de Gonnor, conseiller du roi, « le pryant de donner tout l'ordre qu'il pourrait pour faire bailler quelque argent en actendant myeulx affin que cette place ne demeurât point destituée de force » (7).

Il ne semble pas qu'on se soit empressé de faire droit aux réclamations du capitaine-gouverneur;

(1) Enguer. de Monstrelet. — Masseville, 4, 202. — Goube, 2, 226. — Chartier, II, 130.

(2) Worc. Coll.

(3) Hist. de France. Daniel, VIII, 242.

(4) A. N. R^4. 1501.

(5) A. N., décembre 1556, f° 124. — Id. 8615, f° 174. — K. 956, n° 3. — V. 757, 2me partie. — Z^{1a} 330, f° 6. — B. N. Fontanieu, 254, f° 168.

(6) A. N. R^4. 1102, f° 194 à 196. — A. du Calv., 12 août 1552.

(7) B. N. F. Fr. 3219, 1°.

aussi, lorsqu'éclata la guerre civile dont le massacre de Vassy fut le signal (1562), Touques, comme Rouen et nombre de villes normandes, tomba sans coup férir (1) aux mains de Condé et de l'amiral de Coligny, qui ravitaillèrent son château.

La possession de cette place fut utile au parti protestant pour se tenir en rapports faciles avec l'Angleterre, qui lui fournissait argent et secours. C'est de Touques que Coligny correspond avec Warwick (2) : « Si l'amiral n'avait pas eu en son pouvoir Touques, Caen et Honfleur, dit Smith, il n'eût pas pu recevoir l'argent destiné à payer ses reîtres prêts à se mutiner. »

La paix d'Amboise (1563) ayant rétabli l'ordre, Bonneville fut rendu aux troupes royales.

Réparé en 1580, le château n'en tombe pas moins, neuf ans plus tard, aux mains des ligueurs commandés par le chevalier de Crillon.

L'année suivante, tandis que Lisieux, Pont-l'Évêque, Bayeux et tant d'autres grosses villes se séparent de la Ligue et ouvrent leurs portes aux troupes royales, Bonneville, sommé de se rendre, résiste, et fait une composition avantageuse « pour ce que le Roi, pressé de se trouver ailleurs, ne s'y veut point amuser » (3).

Ayant été avisé du départ des troupes royales, le chevalier de Crillon dépêcha aussitôt quelques gens d'armes pour occuper le château ; mais à la nouvelle que les sieurs de Fervaques et de Haillot s'y étaient jetés et l'avaient prévenu, il se retira sans rien tenter (1591).

Sur les remontrances réitérées du sieur Darères ou Dareretz, créé capitaine en 1591, Bonneville, qui n'avait plus que des garnisons de passage (4), fut réparé une première fois en 1592 (5), époque à laquelle on contruisit notamment un moulin dans le donjon, puis au cours de l'année 1610 (6).

Grâce aux mesures qui furent prises alors, l'antique forteresse put encore être conservée près de cent ans ; mais il eût fallu un entretien incessant pour la sauver d'une ruine complète.

Les vicomtes d'Auge se gardèrent bien de consacrer à une œuvre de conservation les revenus qu'ils tiraient du pays même. Loin de restaurer, ils semblent, au contraire, avoir pris à tâche d'accélérer l'œuvre du temps, autorisant même par deux fois (1649 et 1672) l'utilisation des pierres du château pour la reconstruction de l'église de Bonneville.

Ils ne cessèrent jusqu'à la Révolution de nommer les capitaines-gouverneurs de Touques.

Les derniers bénéficiaires de ce titre, qui comportait tout à la fois honneurs et revenus sans obliger à de bien notables devoirs, furent : MM. de Manerbe (1750) et de Saint-Léger (1789).

Ce dernier, lassé d'exercer sur les lieux mêmes son honorable sinécure, avait, dès 1784, déserté à l'intérieur et s'était retiré sur sa terre du Plein-Chêne, près Saint-Gatien.

Au reste, le château en ruine était, en 1780, abandonné depuis si longtemps, que les vieillards, à cette époque, ne se souvenaient pas l'avoir jamais vu occupé par une garnison. La garde en fut assurée jusqu'en 1792 par les habitants de Touques et de Bonneville.

A cette époque, ayant été vendu par Philippe-Égalité, il fut exploité pendant plusieurs années comme carrière à pierre.

Quand l'œuvre de destruction s'arrêta, il ne subsistait plus, en témoignage de l'ancienne importance de Bonneville, que les ruines encore imposantes que l'on peut voir de nos jours.

ANDRÉ GILBERT.

(1) *St. Pap. Foreign*, 1563, n° 323.
(2) *St. Pap. Foreign*, 9 et 10 février, n°° 277, 281, 289, 476.
(3) *Inv. de Norm.*, p. 197.
(4) *C°° des Rois*, K, 993, n° 16.
(5) A. N. R². 1102, f° 127.
(6) *Ch. des C. de Norm.*, Reg. 69, f° 153.

LE CHATEAU DE REUX

Situé à mi-côte, au pied du grand bois de sapins qui porte son nom, « la Sapée de Reux » comme on dit dans le pays, en avant d'un étang dans les eaux limpides duquel se mirent de vieux peupliers, le château de Reux, par sa position pittoresque et aussi par sa construction, est certainement un des plus curieux monuments des environs de Pont-l'Évêque.

Avant les travaux, très importants, de restauration et surtout d'agrandissement qu'y a fait exécuter son dernier possesseur, M. Borel, si connu comme ingénieur du canal de Suez, et dont la veuve — fille de M. de Formeville, le savant historien de l'ancien diocèse de Lisieux — l'habite encore actuellement, le château de Reux se composait d'une unique tour, remontant à la fin du moyen âge, tombant presque en ruines et s'élevant au milieu de douves alimentées par les eaux de l'étang voisin.

Cette tour est bâtie en pierres extraites d'une carrière qui se voit encore à côté du château, sous le coteau qui porte l'église.

Qu'on nous permette de citer ici la description que faisait de ces constructions antiques un document judiciaire du milieu du XVIIe siècle, que le hasard — cette providence des chercheurs — a mis en nos mains, il y a quelques années, *L'État du décret de la terre et châtellenie de Reux en* 1641 (1). Cette description était encore, avant les restaurations actuelles, de la plus grande exactitude :

« Une pièce de terre en court et plant sur laquelle est construict le chasteau et maisons encloses dedans les murailles et mottes dudict chasteau, consistant de present icelluy chasteau en une tour a laquelle ledict sieur de Reux faict de present sa demeure, un autre corps-de-logis y joignant consistant en écuryes, chambre, greniers couverts de thuille et autres aistres du tout en ruinne, ne paroissant de present que les murailles et deux cheminées estant encor debout, le tout estant dans l'enclos dudict chasteau ; et hors l'enclos dudict chasteau il y a dans ladicte court un jardin à porée, trois corps de logis, l'un à usaige de chapelle couvert en thuille, l'autre à usaige de four et l'autre à usaige de grange et tasserye couverts en chaume. »

Aujourd'hui, tout est changé. Les murailles branlantes sont relevées ; un magnifique jardin les entoure et le luxe des appartements répond à celui de l'extérieur. Du reste, le cadre est digne de l'édifice. Au sud, le bois ; à l'ouest, l'église de Reux dominant le château ; au nord, le mont Canisy, Trouville, Deauville, la mer et son horizon infini ; à l'est, la vallée de la Touques, dont la forêt de Saint-Gatien couronne les verdoyants coteaux, Pont-l'Évêque, la vallée de la Calonne, Saint-Julien et Manneville ; tel est le panorama splendide qu'on découvre du château.

Disons maintenant quelques mots des possesseurs de la terre de Reux qui avait encore, au siècle dernier, une grande importance.

(1) Mss. in-4°, sur parchemin, original, Archives de Lierremout.

Elle fut d'abord la propriété d'une famille portant son nom qui, sans doute, la posséda dès l'origine des fiefs jusqu'à la fin du XIVe siècle.

C'est le savant auteur de l'*Histoire de la maison d'Harcourt*, qui nous révèle cette particularité, en relatant le différend qui avait surgi au sujet de la terre de « Reux », en 1459, entre Jean de Boileau et Jean Ier de Murdrac dit Bobois. Alors intervint un arrêt en faveur de ce dernier, qui fut déclaré « seigneur et châtelain de Reux » du chef de sa bisaïeule, Marie de Reux, femme de Nicolas de Grosparmy (1).

Nous ignorons si Reux demeura à cette famille Murdrac; mais, en 1551, le 30 octobre, nous trouvons Jacques Carbonnel, chevalier, seigneur et châtelain de Reux, qui en avait sans doute hérité de François de Murdrac, vivant en 1523, issu au troisième degré de Jean II Murdrac et de Perrine Carbonnel (2).

A la fin du même siècle, les Carbonnel étaient remplacés à Reux par Jacques du Saussey (on écrivait aussi du Saulcey), fils de Jean et de Marie de Thieuville.

Cette famille du Saussey, originaire de la presqu'île du Cotentin, vint sans doute à Reux par acquisition et s'y maintint même plus d'un demi-siècle.

Notre Jacques du Saussey avait épousé Antoinette Le Marquetel, fille de Jean, escuyer, seigneur et patron de Saint-Denis-le-Gast en Cotentin et de Marguerite Martel, et tante du fameux philosophe Saint-Évremond. Après la mort de son mari, elle épousa Jean Le Thenneur, sieur de Quartemont, d'une famille ancienne de Pont-l'Évêque, puis François de Borel, escuyer, seigneur de la Viparderye (3).

A Jacques du Saussey succéda Josué, son fils; il fut seigneur et châtelain de Reux, pendant que son frère, Me Antoine du Saussey, était curé de la paroisse (4).

C'est sur Josué du Saussey que fut décrétée la terre de Reux, en 1641. Et alors elle passa par acquêt dans la famille Marc de la Ferté; en 1668, Charles Marc de la Ferté était seigneur de Reux : il descendait par les femmes des Baudouin, et par ceux-ci des ducs de Bourgogne (5).

Madame de Staal-Delaunay, qui vint à Reux (qu'elle appelle Roux) avec Mademoiselle de la Ferté dans les premières années du XVIIIe siècle, nous a laissé dans ses mémoires, une description assez exacte du château et de ses environs.

Au milieu de ce siècle, l'héritière de cette famille de la Ferté porta la terre de Reux dans celle de la Myre-Mory : ce sont les héritiers de Madame de Wissel, née de la Myre-Mory, qui ont vendu le château et ses dépendances à M. Borel en 1868; et M. le comte de Laurencin-Beaufort, neveu de cette dame, possède encore actuellement une très importante portion de l'ancienne seigneurie de Reux.

En 1760, la branche de la famille du Saussey qui avait possédé la terre de Reux, existait encore au pays d'Auge; car, à cette époque, Jean du Saussey, escuyer, seigneur de la Chapelle, conseiller d'honneur au Parlement de Bretagne, demeurant à Pont-l'Évêque, épousait Marie-Anne Prentout de Villerville : il descendait de Jacques du Saussey, deuxième fils de Jean et de Marie de Thieuville (6).

Parmi les rentes féodales de la terre de Reux, on remarquait deux tenanciers qui devaient au seigneur « un bœuf blanc quand ils se mariaient pour la première fois », singulière redevance qui existait encore au milieu du XVIIe siècle (7).

Le Commandeur Henry Le Court.

(1) *Maison d'Harcourt*, II, 1541.
(2) *Dict. de la noblesse*, XIV, 742.
(3) Décret de Reux. Généalogie des familles Le Marquetel et Le Tenneur. Archives de Lierremont.
(4) Décret de Reux. Les du Saussey étaient protestants, ainsi que les Poisson, seigneurs du Mesnil à Clarbec, leurs parents par les Marquetel.
(5) Recherche de 1668. Mss. Archives de Lierremont, et P. Anselme, I.
(6) Insinuations de Lisieux, t. IV.
(7) Décret de Reux, 1642.

Cliché Paul Robert

Héliog. P. Dujardin

Calvados

Pl. N° 74

CHÂTEAU DE GASSARD

LE CHATEAU DE GASSART

Quand on quitte Pont-l'Évêque par la route de Lisieux en face du Palais de Justice, on arrive bientôt au vieux hameau du Poirier de Chio, où se trouvait autrefois, dit-on, une statue de la Sainte-Vierge rapportée de la croisade.

Là on rencontre, à droite, la route de Cambremer.

Après avoir fait quelques kilomètres sur cette voie, on constate que la petite vallée de la rivière d'Ivie, qu'elle côtoie, se resserre peu à peu et reçoit de minces ruisseaux; au sud, dans le premier des vallons ainsi formés, apparaît l'église de Saint-Hymer avec ses anciens bâtiments claustraux, tandis qu'un peu plus loin, au nord-ouest, sur une éminence qui sépare les deux petites vallées de Valsemey et de Clarbec, s'élève le château de Gassart.

Ainsi placé, cet ancien édifice, dont nous allons en peu de mots retracer l'histoire, domine la vallée inférieure de l'Ivie, et l'altitude du mamelon où il est situé laisse apercevoir en avant la grande vallée de la Touques et ses coteaux de l'est : Saint-Julien-sur-Calonne, puis Hébertot, Surville, le Vieux-Bourg, dominés par la forêt de Touques et le château de Drumare qui s'élève juste en face de celui de Gassart.

Le château actuel, qui paraît dater du règne de Louis XIII, a certainement remplacé une construction beaucoup plus ancienne, car il existe encore, formant le pavillon nord, une vieille chapelle en pierres et petites briques dont l'emploi remonte à une époque reculée.

Outre cette chapelle, les seigneurs de Gassart obtinrent, en 1635, une autre chapelle dans l'église même de Saint-Hymer, où on en voit encore actuellement l'emplacement (1).

Gassart a été, il y a une quinzaine d'années, l'objet de très importantes restaurations intérieures et extérieures, qui, loin d'en changer le caractère, ont redonné à ce vieux monument l'aspect qu'il avait autrefois.

Le château est entouré d'une futaie d'arbres séculaires de toute beauté, et d'eaux vives, des plus belles des environs.

L'histoire des seigneurs de Gassart est intimement liée à celle du Prieuré de Saint-Hymer, son voisin, relevant de l'ancienne et célèbre abbaye du Bec-Hellouin. Vers 1680, nous trouvons sur la paroisse de Saint-Hymer, outre le fief de la Flammanguerie, qui appartenait au prieuré et possédait une carrière dont on a tiré, au XVᵉ siècle, des pierres pour la construction de l'église de Pont-l'Évêque (2), trois autres fiefs : Gassart, huitième de fief de haubert; la Fontaine, tiers de demi-fief de chevalier, et le fief Ymer-Allain, communément appelé Myrallan : ces trois derniers

(1) Minutes de Bonnebosq, 1635.
(2) *Normandie monumentale et pittoresque* : Église de Pont-l'Évêque.

appartenaient, à cette époque, au seigneur de Gassart, possesseur, en outre, du fief Dasnières sur la paroisse voisine de Pierrefite (1).

La terre de Gassart est certainement fort ancienne; mais nous ne trouvons pas mention de ses seigneurs dans notre histoire locale avant le milieu du XVe siècle, et encore n'est-ce que d'une façon indirecte. C'est Montfaut, l'auteur de la célèbre recherche de la noblesse de ces temps, qui nous la fournit en maintenant noble, à Rumesnil, Philippe Goulaffre : il en résulte qu'alors le château de Gassart, déjà possédé par cette famille Goulaffre, devait être inhabité (2).

Mais au siècle suivant, lors de la recherche par les élus de Lisieux, en 1540, nous trouvons à Saint-Hymer, Guillaume Goulaffre et son frère Jacques, descendus de Hue Goulaffre, seigneur de Gassart, qui avait, le 22 décembre 1341, reçu des lettres de Jean de France, duc de Normandie, lettres que ses descendants représentèrent alors (3).

Nous ignorons par quelle voie, alliance ou acquisition, la terre de Gassart était entrée dans cette famille Goulaffre, fort ancienne d'ailleurs, puisqu'un de ses membres, Guillaume Ier, prit part à la conquête d'Angleterre, en 1066.

Mais déjà, Roger Ier Goulaffre, vivant en 1050 et 1074, vraisemblablement père de ce Guillaume, était seigneur de la paroisse du Mesnil-Bernard-en-Ouche (diocèse de Lisieux) et y avait fait de nombreux dons à l'abbaye voisine de Saint-Evroult. Cette paroisse prit, dès lors, le nom de la Goulafrière, qu'elle a conservé (4).

Nous trouvons ensuite Osmond, Roger II, Renauld, Raoul-Guillaume II et Gauthier Goulaffre, ce dernier vivant en 1307, tous successivement seigneurs de la Goulafrière. Au XVIe siècle, cette terre appartenait à la famille Le Cornu (5).

Le 7 décembre 1414, par contrat passé au Sap, Robine Goulaffre épousa Jehan Ier de Mallevoue, esc., seigneur et patron de Saint-Germain-d'Aulnay (6).

Comme nous l'avons dit, la branche de la famille Goulaffre, établie à Gassart, s'y trouvait encore en 1540; mais le moment approchait où elle allait céder sa place à un nom nouveau, et ce nom était d'ailleurs loin d'être inconnu et d'elle-même et des annales normandes.

Nous trouvons, en effet, dès le milieu du XVe siècle, Jacqueline Goulaffre, mariée à Pierre Ier des Hays; car c'est cette famille des Hays qui possède encore Gassart actuellement.

Et c'est par le mariage, constaté par un contrat du 14 septembre 1556 que possède la famille, de Jacques II des Hays, esc., seigneur de la chapelle Yvon, avec Jeanne Goulaffre, fille de Guillaume, l'un des maintenus de 1540, que la terre de Gassart est entrée dans cette nouvelle famille (7) : Jacques II des Hays avait pour trisaïeux Pierre Ier et Jacqueline Goulaffre.

Ce nom de des Hays est illustre et anciennement connu dans les fastes de la province.

Après le comte Roger des Hays accompagnant Philippe-Auguste en Normandie, nous trouvons Guillaume Ier des Hays, appartenant à cet antique lignage chevaleresque, habitant en 1321 aux environs d'Orbec; Robert, son frère, était alors prieur de la Madeleine de Rouen.

Au milieu du XVIe siècle, la famille des Hays se partage en quatre branches : l'aînée, celle des

(1) *Rôle des fiefs du Pays et Vicomté d'Auge*, mss. Archives de Lierremont.
(2) *Recherche de Montfaut*, mss. du XVIIIe siècle. Archives de Lierremont.
(3) *Recherche de 1540*, mss. du XVIIe siècle. Archives de Lierremont.
(4) *Dict. de l'Eure*, t. I.
(5) *Généalogie de la famille Le Cornu*, mss. Archives de Lierremont.
(6) *Généalogie de la famille de Mallevoue*, mss. Ibid.
(7) A l'acte d'érection de la charité de Saint-Hymer, 19 mars 1539, figure ce Guillaume Goulaffre. Les renseignements qui suivent nous ont été communiqués par la famille ou proviennent des archives de Lierremont.

seigneurs de la Cauvinière, puis barons de Forval, vient tout récemment de s'éteindre; la seconde, dont Jacques II et Jeanne Goulaffre furent les auteurs, existe encore de nos jours; nous allons la retrouver plus loin; quant aux branches de Launay et de Chiffretot, qui ont produit de nombreux chevaliers de Saint-Louis, elles sont éteintes.

Cette seconde branche, dite de Gassart, est actuellement représentée par Raymond-Jules, comte des Hays de Gassart, qui a rendu au château son ancien aspect, et par son frère, le vicomte Didier de Gassart, ancien guide pontifical en 1860, issus au Xe degré de Jeanne Goulaffre.

Cette branche a pris ses alliances notamment dans les familles de Malherbe, de Nocey (seigneurs de la paroisse voisine du Torquesne), le Gallois, Onfroy, Gaspard, de Foucque de la Pillette, de Cacqueray, de Belleau de Courtonne, de Labbey, de Grimoult du Plessis, maison illustre, de Saint-Léger, de Puységur et de la Rivière-Pré-d'Auge.

Quant aux nombreuses filles des seigneurs de Gassart de la maison des Hays, du moins celles que nous connaissons, elles sont entrées dans les familles de Pellegars-Malhortie, du Crottay de Clyenville, de Bonnechose, de Bouquetot, de Brevedent-Saint-Nicol, Le Sepvrey des Aulnées, de Bellemare Saint-Cyr et de Labbey de Druval, noms tous bien connus parmi la vieille noblesse normande.

Les seigneurs de Gassart habitaient leur château quand ils ne servaient pas avec distinction dans les armées de nos rois pour la gloire de leur pays.

Notons ici une particularité intéressante :

Il a suffi du séjour de François Sébastien IV des Hays, vers 1745, à un manoir situé à Saint-Samson-en-Auge, qu'il tenait de Thérèse Onfroy, sa mère, pour que ce lieu prît dès lors le nom de Gassart qu'il porte encore actuellement.

Lors de la tourmente révolutionnaire, le château de Gassart fut épargné; mais, en même temps que le gouvernement faisait vendre en détail la seigneurie de Clarbec dont l'importance égalait celle de Gassart et qui avait été acquise, avec tous ses droits, des Borel comtes de Clarbec, la municipalité de Saint-Hymer s'emparait de tous les titres et portraits de famille de M. de Gassart et les brûlait publiquement; il ne resta que le procès-verbal de cet autodafé, et le mandataire de Gassart en reçut copie.

On ne saurait trop déplorer un tel procédé, qui a privé complètement l'histoire locale de ressources et de documents sans doute fort précieux. Pareille chose, mais sur un autre théâtre, eut alors lieu pour l'antique abbaye voisine du Val-Richer. On racontait encore, il y a quarante ans, qu'une forge des environs fut chauffée pendant plus de six mois avec les livres de la bibliothèque du monastère. De pareils actes étonnent profondément, surtout en Normandie, le « Pays de sapience » et aussi de bon sens par excellence.

Le Commandeur Henry Le Court.

LES ÉGLISES DE HONFLEUR

Antérieurement à la Révolution, la ville de Honfleur dépendait du diocèse de Lisieux et de l'archidiaconé de Pont-Audemer; elle était le siège d'un doyenné qui s'étendait sur un territoire comprenant trente-huit cures, chapelles et établissements religieux. La ville possédait quatre paroisses : Saint-Étienne, Sainte-Catherine, Notre-Dame et Saint-Léonard. Ces paroisses n'avaient cependant que deux curés, quoique chaque église eût sa fabrique et ses confréries.

Notre-Dame et Saint-Étienne étaient dans la ville proprement dite; Saint-Catherine et Saint-Léonard dans les faubourgs.

Indépendamment de ces églises, Honfleur comptait un couvent de capucins composé de douze à quatorze religieux, un couvent de religieuses de la Congrégation de Notre-Dame, un couvent de religieuses sœurs hospitalières qui desservaient l'hôpital ou Maison-Dieu, établissement construit et édifié au milieu du XVIe siècle, « hors la porte de la Grande-Rue, près la Roque », agrandi au XVIIe siècle, époque où il reçut le nom d'Hôtel-Dieu ou Hôpital général. Une chapelle est attenante à cette maison hospitalière; elle a dû être anciennement sous l'invocation de Saint-Firmin.

Nous ajouterons qu'on trouve les traces d'un hôpital dit de Saint-Antoine qui existait dans l'enceinte de la ville, aux XIVe et XVe siècles; il a laissé son nom à une rue.

On aurait ici à rechercher dans les anciens titres et les cartulaires de l'évêché de Lisieux les indications qui feraient connaître les églises primitives fondées à Honfleur, et l'étendue des circonscriptions paroissiales. Mais nous croyons que ces recherches seraient vaines; la naissance de ces églises est inconnue. On présume qu'à l'origine une seule église existait pour la population groupée dans un village situé sur les bords de la rivière nommée la Claire. Cette église était Saint-Étienne, la plus anciennement instituée, celle dont le titulaire fut plus tard revêtu de la dignité de doyen. Il est bien entendu qu'il ne s'agit pas de l'édifice aujourd'hui à usage de magasin et que l'on voit encore à l'est du Vieux-Bassin. Nous voulons parler d'une église fondée sous le même vocable et primitivement édifiée au milieu de prairies marécageuses qui s'étendaient dans la vallée de la Claire. Nous n'avons pu retrouver l'emplacement exact de cet édifice. Une tradition désigne un lieu de la rue des Prés où deux maisons portant les n°s 6, 8 ont été bâties.

Aucun monument écrit, connu jusqu'à ce jour, ne fait mention de l'église de Saint-Étienne avant le milieu du XIe siècle, et encore ne peut-on citer qu'un seul document. C'est une charte sans date, de l'an 1035 à 1060 environ, portant donation par Robert Bertran et Suzanne, son épouse, à l'abbaye de Saint-Ouen de Rouen, de diverses propriétés, de la chapelle de Saint-Nicolas-au-Bourg, d'une fosse à Touques pour prendre le poisson de mer, et d'une église à Honfleur; c'était l'église de Saint-Étienne : *et ecclesiam sancti Stephani de Hunnefloth.* Il s'ensuit que les moines bénédictins de

Saint-Ouen ont été les premiers patrons de cette église, fondée, selon toute probabilité, par Robert Bertran.

L'église Saint-Étienne est désignée de nouveau dans deux actes souscrits en 1221 et 1254 en confirmation des libéralités de Robert Bertran.

Mais à partir du XIII° siècle, il faut franchir d'un saut cent vingt-quatre années pour rencontrer le nom de Saint-Étienne de Honfleur. On le trouve dans des rôles de dépenses faites, aux années 1378-1380, pour le transport d'engins de guerre, construits à Rouen, à Conches et à Évreux, acheminés vers Cherbourg par voie de mer sur une nef qui, « par fortune de temps et de mer », coula bas devant le port de Honfleur. Les engins destinés à battre les murailles de Cherbourg furent débarqués et on les mit à couvert dans le « moustier de Saint-Étienne », édifice qui « depuis grant temps avait esté desclos », et dans lequel on ne faisait plus de service.

On peut conjecturer avec quelque certitude, que la ruine de l'église datait de trente ans environ ; elle peut être reportée au temps où Honfleur fut occupé par les Anglo-Navarrais, et où les Français, sous les ordres de Louis de Harcourt, firent une tentative pour reprendre cette ville (1357-1361).

A l'époque de l'occupation anglaise (1419), l'église Saint-Étienne était en un état de destruction complète. Le roi d'Angleterre ordonna qu'elle fût réparée, mais le service paroissial s'en fit pendant quelque temps dans une chapelle édifiée dans l'intérieur de la ville. Cette chapelle, bâtie au commencement du XV° siècle, existait en 1421. Au mois d'octobre de cette année-là, Henri V d'Angleterre fit don à un Anglais de terrains bornés par une ruelle conduisant à l'église Saint-Étienne et aboutissant au port. En 1432, la chapelle fut agrandie, et l'autorité anglaise déclara que l'office divin y serait fait désormais, perpétuellement, par deux chapelains. On a les lettres patentes de Henri VI de Windsor, roi d'Angleterre, accordant quarante saluts d'or, par an, pour la fondation de ce service. Nous en donnons un extrait : « Henry, par la grace de Dieu, roy de France et d'Angleterre..... à la louange de Dieu le tout-puissant, de la glorieuse Vierge Marie sa mère, de sainct Pierre le prince des apostres, et de sainct Étienne, premier des martyrs..... nous avons donné en pure aumosne et don, à l'usage du service divin estre fait désormais en perpétuel par deux chapelains prestres, en nostre ville de Honnefleu, en la chapelle puis aucun temps en ça édifiée dedans icelle ville en la paroisse de Sainct-Estienne dudit Honnefleu, laquelle église parrochiale avec le cimetière estoit assise et de présent est dehors ladite ville de Honnefleu mais par aucun temps a esté en démolition totalle parce que le service divin a esté fait dedans ladite chapelle dedans ycelle ville de Honnefleu, et depuis par nostre plaisir a esté réparée audit lieu ancien de dehors..... c'est assacvoir la somme de quarante salutz d'or par chascun an, à quatre termes en l'an..... à prendre sur la coustume et prevosté de nostre dite ville de Honnefleu à nous appartenant à présent..... Donné à Rouen, le unziesme jour de janvier, l'an de grace mil quatre cens trente-et-ung, et de nostre règne, le dixiesme. »

L'extrait qui précède fait connaître que Saint-Étienne-le-Vieil fut abandonné en 1432, mais que les débris de ses ruines existaient encore à cette date.

En 1437, le 10 juillet, un Geoffroy Acton, anglais résidant à Honfleur, laissa par testament à la nouvelle église Saint-Étienne, cinq sols de rente.

L'édifice qui subsiste au centre de la cité paraît avoir été construit à deux époques. Les murs latéraux, bâtis en grand appareil, sont soutenus par des contreforts peu saillants. La première travée n'offre aucune ouverture, excepté au midi, où l'on aperçoit les vestiges d'une petite porte à cintre surbaissé. Chacune des trois autres travées est percée d'une fenêtre à compartiments flamboyants, partagée en deux baies par un meneau vertical. La dernière travée et le chevet, qui est à pans coupés, offrent de larges ouvertures à plein cintre entourées de moulures. Le portail, flanqué de deux contreforts sur les angles, était percé d'une grande fenêtre en tiers-point dont on aperçoit encore la trace. Il était surmonté d'un clocher en charpente avec une flèche peu élevée : d'anciennes gravures nous en ont conservé l'aspect.

L'église Saint-Étienne était la plus petite des quatre églises paroissiales de Honfleur, réduites à deux, lors de la nouvelle délimitation des paroisses en 1791. Elle mesurait soixante-dix-sept pieds de longueur sur vingt et un de largeur. C'était néanmoins l'église principale.

Nous ne séparerons pas de l'église Saint-Étienne, sa voisine l'église Notre-Dame, qui a entièrement disparu. C'était une église ancienne qui avait été élevée au centre de l'enclos de la ville, et qui se composait d'une longue nef avec bas-côtés, d'une tour en pierre placée en avant-corps et formant porche. Aucun témoignage précis ne permet d'indiquer l'époque de sa construction; on a peu de détails certains sur son architecture.

On a déjà observé que les premiers temps de ces églises sont assez obscurs; on remarquera qu'il en est de même pour les deux autres édifices sur lesquels nous nous arrêterons plus longtemps.

CHARLES BRÉARD.

ÉGLISE SAINT-LÉONARD, À HONFLEUR

L'ÉGLISE SAINT-LÉONARD

Nous savons déjà que la ville de Honfleur eut sa première église paroissiale sous l'invocation de Saint-Étienne, et qu'il est fait mention de cette église dans une charte dont la date peut être rapportée au milieu du XIe siècle.

C'est seulement à la fin du siècle suivant que deux autres églises de Honfleur, Notre-Dame et Saint-Léonard, apparaissent dans les textes.

L'église Notre-Dame, la seule qui fût originairement située dans l'enceinte des murs et dont il ne subsiste aucun vestige, était alors le siège de la paroisse; l'église Saint-Léonard n'était qu'une succursale dans laquelle un prêtre venait dire la messe pour la commodité des habitants.

L'église Saint-Léonard est citée pour la première fois dans l'acte d'une donation faite à l'abbaye de Grestain par un archidiacre de Lisieux. Nous remarquons dans ce titre qu'au temps de Raoul, sixième abbé de Grestain (1186-1197), Guillaume de Cheray, « Willelmus de Cheraio », archidiacre, abandonna aux religieux de Grestain le droit de disposer des revenus territoriaux et du casuel des églises Notre-Dame et Saint-Léonard de Honfleur. Le pape Célestin III confirma cette donation.

L'acte dont nous parlons réunit les noms des deux églises Notre-Dame et Saint-Léonard, il constate ainsi l'union des deux paroisses en une seule cure, un seul bénéfice, dès le XIIe siècle.

L'église Saint-Léonard existait donc à cette époque, mais plusieurs siècles s'écoulent sans que nous trouvions aucun fait la concernant.

Nous savons que l'édifice primitif fut détruit plusieurs fois. On est autorisé à croire qu'il fut brûlé partiellement vers 1357, lorsque les Anglais, après la prise de Pont-Audemer, s'emparèrent de Honfleur et qu'à la fin de la même année, Louis de Harcourt, Robert de Clermont et Robert d'Houdetot, avec huit cents hommes d'armes et six cents gens de commune et arbalétriers, tentèrent sans succès d'enlever cette place.

Si l'on examine avec attention les documents du XVe siècle, il est impossible de ne pas reconnaître que, plus tard, l'occupation anglaise dut de nouveau être fatale à l'édifice qui se trouvait précisément dominer une des deux portes de la ville, la porte de Rouen. Il subit les conséquences de sa situation. C'est de ce côté, c'est-à-dire à l'est de la ville, que se porta l'effort des troupes anglaises aux ordres du comte de Salisbury, en 1419. On sait que Honfleur assiégé capitula le 25 février et que, faute de secours, la ville se rendit le 16 mars.

La première église Saint-Léonard n'est donc pas venue jusqu'à nous. Elle fut rebâtie à une date qui n'est écrite dans aucun document. Mais le style du portail, la délicatesse des moulures et la richesse de la décoration annoncent que les murs sortirent de terre dans la seconde moitié du XVe siècle, pour être achevés seulement au commencement du siècle suivant.

Mais, au cours de ce siècle, durant la période qui va de l'année 1560 à 1594, Honfleur eut à supporter ce que la guerre a de plus cruel; la ville n'échappa ni à l'incendie, ni au pillage, ni à la famine. L'église Saint-Léonard souffrit de la première des guerres civiles de ce temps.

En 1562, le 26 avril, un des principaux d'entre les bourgeois de Honfleur, le capitaine de navire Hélie Chaudet, sieur de Saint-Nicol, du Bocage et de Manneville-Daubeuf, se mit à la tête des réformés, se rendit maître de la ville par un coup de main et en chassa Robert Beschard, lieutenant et maréchal de la place, ancien capitaine du château de Touque. Trois églises furent alors dévastées. Dans la quatrième, Saint-Léonard, les habitants du faubourg avaient eu le temps de se barricader; ils s'y défendirent pendant plus de deux mois. Mais les calvinistes du Havre envoyèrent à l'aide de leurs coréligionnaires des troupes qui s'établirent sur les hauteurs, battirent à coups de canon l'église Saint-Léonard, tandis que le capitaine Chaudet faisait incendier les maisons voisines. L'église fut évacuée. Après s'en être saisis, les réformés la pillèrent et la convertirent en un poste militaire. Comme Dieppe et Rouen, la ville de Honfleur était tombée aux mains du parti qui alors négociait la remise par trahison du port du Havre aux Anglais.

Sur ces entrefaites, Claude de Lorraine, duc d'Aumale, nommé récemment lieutenant-général en Normandie, et investi des plus grands pouvoirs, accourut avec les forces royales. Le capitaine Chaudet fit un semblant de défense; quelques coups de canon le forcèrent à cesser toute résistance. Alors, pressé dans ses mouvements de retraite sur le Havre, il détruisit par le feu l'église Saint-Léonard et réduisit en cendres trois cents maisons du faubourg.

Au mois de septembre 1589, une partie de la tour de pierre de la même église fut démolie suivant les ordres du capitaine Osias de Boniface, lieutenant du gouverneur. La ville avait été reprise par les calvinistes le 10 août précédent.

En 1594, durant le siège dont l'historien Davila nous a retracé les opérations, l'église Saint-Léonard, placée sous le feu des canons de Henri IV mis en batterie sur le versant de la côte Vassal, devint un théâtre de combats et un centre de barricades.

Pour réparer ces désastres, on entreprit la réparation et la réédification de l'église Saint-Léonard dès les premières années du XVIIe siècle. Il paraît même que les travaux furent entrepris, pour la plus grande partie, avec les seules ressources de la paroisse. On a plusieurs actes où il est question des « directeurs » élus par la communauté des paroissiens, à l'effet d'achever l'église et le clocher.

La nef et le chœur furent donc réédifiés de fond en comble. L'œuvre, très solide, fut faite de pierre. A l'extérieur, au côté méridional du chevet, une inscription indique la date de la reconstruction du chœur. Elle est inspirée par cette pensée de charité chrétienne : « Dans quelque maison que vous entriez, dites d'abord : Paix à cette maison. »

PAX. HUIC.

DOMUI.

1625.

Nous ne savons au juste à quelle époque les réparations furent terminées. On adjugeait encore des travaux de maçonnerie en 1636.

Le plan de l'église est assez simple. Il comprend une nef flanquée de deux bas-côtés et d'un chœur à trois pans. Les bas-côtés se terminent carrément à la naissance du sanctuaire, de manière à former une chapelle. Le transept a été sacrifié, sans doute à cause de l'exiguïté du terrain.

Les principales dimensions sont les suivantes :

Longueur dans l'œuvre : 49 mètres.

Largeur de la nef, les bas-côtés y compris : 16 m. 25 cent.

L'extérieur de l'église Saint-Léonard, sauf le portail, est sans intérêt.

La façade est la partie la plus élégante de l'édifice.

Elle se compose d'une porte formée d'une haute arcade en tiers-point, à plusieurs voussures, reposant sur des pieds-droits garnis chacun d'une niche minutieusement taillée et creusée, dont le socle est décoré d'arcatures, mais ne supporte plus aucune statue. D'élégants festons à jour et des feuillages délicatement sculptés ornent l'arc extérieur, en avant duquel une série de niches et de dais flamboyants superposés forme un cordon de sculptures servant d'archivoltes. Ces niches abritent un rang de statuettes qui ont été mutilées au temps des guerres civiles et religieuses du XVIe siècle.

La porte, en arc surbaissé, est partagée en deux baies par un contrefort, décoré à la base de légères petites arcades et couronné d'un dais richement orné. Le tympan de chaque baie a reçu pour ornementation, dans sa partie médiane, deux socles que surmontent deux dais décorés avec la même richesse.

Au-dessus de l'arcade centrale, des arcatures simulées remplissent les espaces vides.

De chaque côté des portes s'élèvent deux contreforts qui épaulent la partie supérieure de la façade. Ils portent sur trois faces des niches et des dais de style flamboyant.

Deux portes latérales en arc surbaissé donnent accès dans les bas-côtés. Elles sont surmontées d'une fenêtre en tiers-point partagée par un meneau. Le tympan en est garni de compartiments de forme ovale. Les portes et les fenêtres sont encadrées par des contreforts peu saillants, reliés au-dessus de l'arc par des arcatures en application.

Toutes les parties de la façade dont on vient de parler appartiennent au XVe siècle, au style de la dernière période gothique. L'ensemble attire le regard par l'élégance de sa décoration; de toute cette ornementation, il résulte un effet harmonieux et distingué.

La partie supérieure doit correspondre aux vingt premières années du XVIe siècle. Il y règne une galerie dont la balustrade est formée de huit cercles tréflés. Au-dessus se trouve un cadran d'horloge appliqué sous une arcade en plein cintre ornée d'une gorge festonnée. Mais une horloge n'est qu'un accessoire dans un édifice religieux, l'architecte a fait trop d'honneur à ce cadran et à son encadrement en les plaçant à l'endroit le plus en vue.

Un clocher octogone en pierre, divisé à l'extérieur en deux étages, surmonte le portail. Il est percé à la base d'ouvertures carrées garnies d'évents, et, plus haut, dans chacun des huit pans dont les angles sont dissimulés par des contreforts, s'ouvrent des fenêtres en cintre surbaissé, également garnies d'évents et décorées de cartouches emblématiques. Au sommet, une calotte hémisphérique, offrant des œils-de-bœuf coiffés d'un petit toit, sert de couverture.

Comme dans la plupart des clochers élevés au XVIIe siècle, l'aspect est lourd; cette tour, sous le rapport de l'ornementation et de l'élégance, ne s'harmonise aucunement avec le portail.

A l'intérieur, l'église Saint-Léonard se compose d'une longue nef accompagnée de bas-côtés. La nef principale, terminée par un chevet à trois pans, est séparée des collatéraux par huit arcades en tiers-point reposant sur des piliers qui sont de lourds cylindres. Les fenêtres, tant celles qui éclairent la partie haute de la nef que les ouvertures des bas-côtés, sont en plein cintre et ébrasées à l'intérieur; elles sont très rapprochées l'une de l'autre et correspondent à chaque travée.

Des voûtes, celle de la nef est en bois, en forme de berceau, avec entraits et poinçons; celle des bas-côtés est en quart de sphère, et la voûte de la tour est appareillée sur croisées d'ogives dont le profil se compose de gorges et de filets qui se prolongent sur les pieds-droits.

Après avoir décrit l'édifice à l'extérieur et à l'intérieur, nous arrivons tout naturellement à parler du mobilier et des objets qui le composent. L'énumération de ces objets ne sera pas longue : l'église n'a conservé aucun meuble ancien. Les quelques tableaux appendus aux murs sont des ouvrages modernes qui ne méritent pas une description.

Lutrin de Saint-Léonard.

D'après une photographie de M. Paul Robert.

On passera également sous silence le badigeonnage dont la nef, les piliers, les bas-côtés et les voûtes ont été revêtus il y a peu d'années. Son état actuel est déplorable. On a eu la prétention de reproduire les peintures murales de Saint-Germain-des-Prés pour décorer des murs qui datent du XVIIe siècle.

Au-dessus des deux baies à linteau qui donnent accès dans la nef, était placée une toile représentant l'*Adoration des Bergers;* elle a été déplacée récemment. Dans le chœur, la *Fuite en Égypte* et *saint Léonard délivrant les captifs,* sont deux tableaux qui datent de 1837; c'est un don d'une ancienne famille de Honfleur, la famille Pestel, dont un des membres a été curé de la paroisse. Faisant face à ces tableaux, en est placé un autre représentant *Pie IX proclamant le dogme de l'Immaculée Conception.* C'est une vaste composition mollement exécutée et d'une couleur conventionnelle.

On remarque dans le chœur un beau lutrin en cuivre qui se compose de trois parties bien distinctes : un aigle tenant un serpent dans ses serres semble être l'emblème de la lutte du bien contre le mal; la tige, ornée de fleurs et couverte d'ornements en style rocaille, est renflée vers le milieu et présente la forme d'un vase; le pied, de forme rectangulaire, se termine par des griffes de lion. Au-dessous du globe sur lequel l'aigle est posé, on lit l'inscription suivante, en lettres capitales :

CE PUPITRE A ÉTÉ FAIT POSER EN CESTE ÉGLISE DE ST.-LÉONARD PAR
JEAN-BAPTISTE AUBERT TRÉSORIER COMPTABLE, EN L'ANNÉE 1791.
FAIT PAR BÉATRIX FRÈRES FONDEURS A VILLEDIEU.

Une inscription obituaire est encastrée dans le mur du bas-côté septentrional. Elle est relative à un service fondé par les frères Marais, et elle indique que ceux-ci ont contribué à l'achèvement de cette partie de l'édifice. Voici le texte de l'inscription :

CY DEVANT GISENT M[ros] FRANCOY ET
MICHEL. MARAYS. FRÈRES. QUI. ONT. FAICT
CLORRE. ET. ORNER. CESTE. CHAPELLE. ET
FONDÉ A PERPÉTUITÉ. EN CESTE ÉGLISE
DEUX OBITS A NEUF LEÇONS ET TROIS

GRANDES. MESSES A NOTTES. DIACRES ET
SOUSDIACRE LE PREMIER. LE LUNDY ET MA
RDY DERNIERS DE CARESME. LE SECOND
LE SEPT ET HUIT^{ie} DE MAY. EN OUTRE UN SAL
UE A LA FIN DES VESPRES. DES CINQ FESTES
DE LA VIERGE. DEUX HAULTS LIBERAS. UN A
PRÈS LES VESPRES DE LA FESTE DE TOUS
LES SAINCTS. ET. L'AUTRE APRÈS LA GRANDE
MESSE. LE. LENDEMAIN. IOUR DES TRESPASSEZ
AVEC UN SALUE. SOLEMNEL LA FESTE DE SAINCT MI
CHEL. LE TOUT DANS CESTE CHAPELLE. AVEC
LES PLUS BEAUX ORNEMENTS DU TRÉSOR.
POUR LESQUELLES FONDATIONS LESDICTS SI
EURS FRÈRES ONT DONNÉ DIX LIVRES DE
RENTE FONDIÈRE SUR TOUT LEUR BIEN AVEC SIX
VINGT LIVRES D'ENTRÉE ET DIX LIVRES CINQ
SOLS. DEMY CHAPPON DE RENTE PAREILLEMENT
FONDIÈRE A PRENDRE SUR LES SURNOMMEZ
DE LOMONE. LESDICTS CONTRATS DE FO
NDATIONS PASSEZ A GRESTAIN LE 5e JUIN
1633. ET. LE. 3e NOVEMBRE 1652. PRIEZ
DIEU POUR EUX.

On ne sait si l'église Saint-Léonard a originairement possédé des vitraux. Dans tous les cas, ils ont disparu et on les a remplacés par des verrières modernes sorties des ateliers d'un peintre-verrier d'Évreux.

Les trois fenêtres en tiers-point qui s'ouvrent dans le chevet ont reçu des vitraux qui représentent les saints suivants : *sainte Catherine, saint Louis, saint Léonard* et épisodes de sa vie, *saint Valérien* et *sainte Julienne*. Dans la partie supérieure, on voit, de droite à gauche : *saint Gilles, sainte Geneviève, sainte Anne* et *saint Roch*. Au-dessous du vitrail dédié à saint Valérien, on lit les lignes qui suivent, consacrées à la mémoire de l'un des curés de la paroisse :

D. O. M.

AD. PERPETVAM. VENERABILIS. PRESBYTERI. MEMORIAM.

IOH. BAPT. VALERIANI PESTEL.

HVIVS. ECCLESIAE. RECTORIS. ET. BAIOCENSIS. CANONICI.

QVI. OBIIT. DIE. XIII. DECEMBRIS. ANNO. MDCCCXXXII.

AETATIS. SVAE. LXX.

MONVMENTVM. PIETATIS.

ERIGI. CVRAVERVNT. NEPOTES.

ANNO. DOMINI. MDCCCLXIX.

Depuis le commencement du siècle, l'intérieur de la nef est garni de deux rangées de bancs, ainsi que cela se voit aussi dans l'église Sainte-Catherine. Le prix que l'on retirait de leur concession et que l'on retire aujourd'hui de leur location, est une des branches du revenu de l'église. Cet usage des bancs ne remonte pas très haut, car tout le monde sait que, pendant des siècles, il n'était pas permis de s'asseoir dans les églises ; le seul soulagement qui fut accordé était de s'appuyer sur un bâton et personne n'ignore la véhémence avec laquelle de saints personnages se sont élevés contre l'établissement des *miséricordes*. Ce fut seulement au cours du XVe siècle qu'il fut toléré de s'asseoir par terre dans le lieu saint ; de là l'usage de couvrir le pavé de feurre et de paille que l'on renouvelait chaque semaine. Les bancs qui occupent de nos jours la nef et les bas-côtés de l'église Saint-Léonard ont été confectionnés par les familles des paroissiens vers l'année 1802, après la réouverture de l'église ; la façon en fut payée par elles. Au-dessus de la porte principale sont placées les orgues, dont la tribune, soutenue par des colonnes en bois, forme une espèce de péristyle intérieur. Ces orgues ont été inaugurées le 11 septembre 1854.

Comme il a été dit, la tour, primitivement carrée, fut refaite octogone, et elle resta pendant de longues années en réparation. Dans le principe, la charpente du beffroi n'avait point été destinée à recevoir un grand nombre de cloches ; il n'y en avait que trois en 1656, mais le désir d'avoir une plus belle sonnerie fit porter le nombre des cloches à quatre en 1701. La bénédiction de ces quatre cloches eut lieu le 19 novembre 1701. La charpente du beffroi fut renouvelée en 1752, de façon à recevoir cinq cloches, lesquelles furent bénites en 1753 et 1756. La plus grosse subsiste encore. L'inscription nous apprend qu'elle a été nommée *Joseph-Félicité* par Marie-Joseph, chevalier, marquis de Matharel, seigneur et patron de Cesny-aux-Vignes, gouverneur de Honfleur, et par Adélaïde-Félicité de Fiennes, son épouse. Le marquis de Matharel fut gouverneur de Honfleur de 1731 à 1777. La seconde cloche, refondue en 1842, se nomme *Antoinette ;* elle avait été donnée par la confrérie de la Charité. Les trois plus petites cloches ont été fondues à Rouen. La plus grosse de ces trois cloches, bénite le 8 mai 1827 par M. le chanoine Postel, curé de la paroisse, est nommée *Scholastique ;* les deux autres, fondues en 1829, sont nommées *Alexandrine* et *Agathe.*

Au XVIIe siècle, plusieurs confréries de fondation ancienne étaient florissantes dans l'église de Saint-Léonard. Telles étaient : la confrérie de la Charité ; la confrérie du Rosaire ; la confrérie du Saint-Nom de Jésus ; la Société de la Sainte-Famille de Jésus Enfant.

Les archives de la fabrique ont conservé le registre de la confrérie de la Charité dont la fondation remonte à l'année 1524. C'est un manuscrit in-folio formé de cent trente-neuf feuillets de parchemin, avec une reliure en ais de bois recouverts de peau gauffrée sur laquelle figure un chiffre composé de deux S et de deux L entrelacés. Voici le titre transcrit sur le premier feuillet : « Matriloge des noms et surnoms des frères et sœurs de la Charité de la benoiste et individue Trinité de la glorieuse Vierge Marie et de Monsieur sainct Léonard, fondée et establie en l'esglise parochial de sainct Léonard de Honnefleu en l'an mil cinq cents vingt et quatre, le vingt septiesme jour de may : laquelle fut érigée et commencée le troisiesme jour de juillet premier dymence dudict moys audict an. Auquel jour fust esleu eschevin pour ledict an honorable homme Pierre Cecire, advocat du roy, et Guillaume Hobbé, prevost. »

Au XIVe siècle, l'église Saint-Léonard était à la collation de l'évêque de Lisieux ; le patronage en passa plus tard à l'abbé de Notre-Dame de Grestain.

Tels sont les renseignements que l'on a pu rassembler sur les églises de Honfleur ; ils ne modifieront guère ce que l'on en savait. En les offrant néanmoins au public, qu'il nous soit permis d'ajouter que le nom de ces églises a été très peu retenu par l'histoire et que les documents relatifs à ces modestes monuments sont et resteront probablement peu nombreux.   CHARLES BRÉARD.

Cliché Paul Robert   Héliog. P. Dujardin

ÉGLISE SAINTE-CATHERINE, À HONFLEUR

L'ÉGLISE SAINTE-CATHERINE

Le nom de l'église Sainte-Catherine ne se rencontre dans aucun document ancien; il n'est même pas porté au pouillé primitif du diocèse de Lisieux. Aucun monument ne constate l'établissement de cette église, qui existait déjà à une époque très reculée et qui a été rebâtie dans le cours du XVe siècle, avec additions au siècle suivant. On ignore donc la date de sa fondation. Un sentiment qui peut être admis non sans quelque vraisemblance, reporterait celle-ci au XIIe siècle, mais on ne connaît point de textes que l'on puisse alléguer en faveur de cette opinion; cependant plusieurs fragments de colonnes, d'archivoltes et de cercueils de pierre, mis à découvert en 1872, semblent la favoriser.

Quoi qu'il en soit de l'origine de cette église, les soins que l'on a depuis longtemps donnés au curieux édifice actuel, classé parmi les monuments historiques, l'attention que les archéologues et les historiens n'ont pas cessé d'y prendre depuis plus d'un demi-siècle, les travaux de restauration dont il est l'objet depuis quinze ans, indiquent assez que l'église Sainte-Catherine ne manque ni d'importance ni d'intérêt.

Rouen, Lisieux, Caen, Bayeux, Falaise, Vire, Coutances, etc., etc., par leurs nombreuses églises, leurs anciennes constructions civiles ou militaires, datant du moyen âge ou de la Renaissance, et qui sont des morceaux dignes d'exercer le crayon des artistes, attirent un grand nombre d'étrangers. Enlevez à Falaise son donjon, à Vire les ruines de son château, ces villes perdront beaucoup de leur intérêt. L'église Sainte-Catherine, qui occupe une situation pittoresque au-dessus des vieilles rues qui descendent à l'avant-port, est, on ne saurait trop le répéter, un des types les plus curieux qui existent du style gothique flamboyant dans sa dernière période, appliqué à un édifice entièrement construit en bois. Sa description mérite, à ce titre, d'être faite.

L'église Sainte-Catherine s'élève sur une place irrégulière, à peu de distance du port. Elle a été entièrement construite en bois, dans la seconde moitié du XVe siècle, selon toute probabilité. Elle conserve dans son style les dispositions architecturales et de décoration de la fin de ce siècle, auxquelles l'ornementation du siècle suivant vient se mélanger.

Le plan de l'église, assez vaste, comprend un parallélogramme divisé en deux nefs parallèles, accompagnées de bas-côtés très étroits, et d'un chœur terminé par un chevet à trois pans.

L'édifice n'a dû avoir dans le principe qu'une nef, celle du nord. Plus tard, mais toujours dans le XVe siècle, on aura élevé la nef méridionale plus large d'un mètre que la première. Ensuite et dans le cours du XVIe siècle, on construisit les bas-côtés.

Chaque nef avait d'abord son toit particulier, dont la charpente intérieure existe encore.

Les principales dimensions sont les suivantes : Longueur dans l'œuvre : 45 mètres; largeur des nefs, les bas-côtés y compris : 22 m. 40 cent.

Ce qui frappait autrefois l'étranger lorsqu'il pénétrait pour la première fois dans l'église Sainte-Catherine par la porte occidentale, — précédée d'un péristyle composé de quatre colonnes doriques supportant un fronton triangulaire, — c'était la voûte en charpente, aujourd'hui défigurée, qui surmonte les deux nefs. Cette double voûte en merrain, apparent dans toutes ses parties, ne manquait pas de légèreté. Elle était maintenue par de nombreuses poutres horizontales ou entraits qui portent des pièces de bois perpendiculaires qu'on appelle poinçons ou aiguilles. Ces poinçons étaient décorés de figures grimaçantes.

Des poteaux en bois à huit pans recevaient les entraits et supportaient le poids de la charpente. On croit qu'une galerie ornée de sculptures à jour reliait entre eux tous les poteaux qui forment la rangée du milieu et séparent les

Vue du côté Nord.

D'après une photographie de la Collection des Monuments historiques.

deux nefs. On a parlé également de boiseries sculptées que l'on aurait ensevelies dans des massifs de plâtre. Il est loin d'être prouvé que la galerie ornée de sculptures ait existé; quant aux « boiseries », il s'agit de quelques têtes d'anges décorant les potences des arcades qui séparent le bas-côté méridional de l'une des nefs : l'intérêt nous en paraît bien secondaire.

Les deux nefs, composées de douze travées, sont séparées des bas-côtés par ces poteaux que l'on transforma en colonnes cylindriques au moyen de douves à tonneau, vers l'année 1827 ou 1829. Cette transformation changea complètement la physionomie de l'édifice.

Les fenêtres qui éclairent les nefs sont placées à l'étage supérieur; on leur a donné des dimensions moyennes. Elles sont carrées et formées de deux ouvertures en tiers-point partagées par un meneau; leur tympan est garni de compartiments flamboyants. A l'étage inférieur, les fenêtres ouvrant sur les bas-côtés sont très simples; elles possèdent un meneau et elles sont légèrement cintrées.

Dans quelques fenêtres à compartiments de bois, il subsiste des fragments de vitraux.

Après avoir dit quelques mots de cet édifice, toujours visité par le voyageur avec intérêt, il convient aussi de parler des travaux de restauration, dont la première partie est achevée.

L'église Sainte-Catherine est aujourd'hui classée au nombre des monuments historiques.

C'est en l'année 1869 que la question relative à la restauration de l'église Sainte-Catherine devint moins vague et acquit de la consistance. M. Millet, architecte et inspecteur général des Beaux-Arts, à qui étaient confiés les importants travaux de l'église Saint-Pierre de Lisieux, s'intéressa vivement à Sainte-Catherine de Honfleur. Cet habile architecte conçut le projet de restituer à l'édifice sa richesse artistique des anciens jours par la construction de porches extérieurs, le remplage des bas-côtés et de la partie supérieure de la double nef au moyen de tuiles ou de briques peu épaisses, offrant à l'extérieur des dessins variés. A l'intérieur, une charpente apparente, en chêne ou en châtaignier, devait être décorée de sculptures et de moulures. Les piliers et les maîtresses pièces qui supportent les voûtes de bois et ces voûtes elles-mêmes devaient être couverts de rinceaux et ornés de gracieux dessins ou d'élégantes découpures en menuiserie.

Les premiers projets furent modifiés en partie lorsque M. Naples, architecte du gouvernement, fut chargé d'examiner l'état de l'église, puis de commencer les travaux préparatoires (mars 1879). Il fut jugé impossible de conserver l'abside de l'église; cette partie de l'édifice a été détruite complètement. De nouvelles fondations ont été pratiquées, et l'abside repose aujourd'hui sur des murs souterrains qui se croisent sous les piliers et se prolongent jusqu'aux murs d'enceinte des deux sacristies.

La restauration, on pourrait peut-être dire la reconstruction de l'église Sainte-Catherine, a été l'objet, dans l'*Annuaire normand*, d'un article auquel nous ferons les emprunts suivants (année 1887, p. 162-170) :

« Les murs d'enceinte des deux cryptes ou sacristies, situées sous les deux grandes absides, ont été construits avec de la pierre de Poissy et des pierres de silex noir fournies par les paroissiens. Les voûtes sont en fer et en briques de Villequier. La charpente, en chêne des Vosges, est venue toute ouvrée de Saint-Germain-en-Laye et a été mise en place par des ouvriers de Honfleur.

« La couverture en ardoise est surmontée, à l'extrémité de l'abside du sud, d'une flèche en bois qui porte une croix en fer forgé.

« Une tourelle en bois, couverte en essente, couronnait le faîte de l'ancien sanctuaire.

« A l'intérieur, les deux chœurs sont pavés en marbre noir de Belgique et pierre de Tonnerre (Yonne).

« Le plafond cintré a été fait au moyen de frises de chêne. Le dessous des grandes fenêtres des absides et les bas-côtés ont été remplis ou galandés avec de la brique de Villequier et recouverts en partie par du bardeau en bois de chêne. »

Les huit grandes fenêtres des deux grandes absides ont reçu des verrières qui représentent :

Côté sud : *Saint Georges, saint Louis, sainte Véronique, sainte Catherine, saint Étienne, saint Exupère.*

Côté nord : *Sainte Sophie, saint François de Sales, saint Joseph, l'Annonciation, l'Assomption, sainte Anne* et *saint Charles Borromée.*

Nous n'avons rien à dire des autels; l'un d'eux est moderne. On se bornera à rappeler qu'avant la restauration de l'église, à l'extrémité de la nef septentrionale, s'élevait un magnifique autel à colonnes torses, qui attirait les regards par la richesse de son ornementation. Il avait été exécuté par Pierre Baudard, sculpteur à Rouen, en 1669-1670, moyennant 650 livres pour tout paiement.

*

L'église Sainte-Catherine ne renferme pas d'objets mobiliers d'une grande valeur artistique; nous signalerons néanmoins les suivants :

Un bénitier en marbre noir légèrement veiné de blanc, formé d'un chapiteau reposant sur un fût de colonne : hauteur, 1 m. 25 cent. Sur le chapiteau, il subsiste le fragment d'une inscription qui paraît avoir été détruite par le creusement de la cuvette; on y lit : .... NANS .... ABLE 1764.

Un petit lutrin en cuivre surmonté d'un aigle. C'est un travail de ciselure qui date du XIIIe siècle. Ce lutrin a figuré à l'exposition rétrospective d'objets d'art en 1889. Le socle triangulaire d'un autre grand lutrin représentant des scènes de la vie de sainte Catherine d'Alexandrie, mérite également d'attirer l'attention.

Deux tableaux estimés sont appendus dans le sanctuaire. Le premier, représentant le *Portement de Croix*, a été attribué à Érasme Quellyn dit le Vieux; à gauche, on lit : E. QUELLINUS. On lui assigne une grande valeur. Le second tableau représente *Jésus au Jardin des Oliviers;* à gauche, près des Apôtres endormis, on lit la signature : J. JORD. F. 1654, qui est le nom de Jacques Jordaens, né à Anvers en 1594, mort en 1678. Ces deux tableaux sont dus à la générosité de M. Louis Le Chanteur qui, entré dans l'administration de la marine en 1784, profita de son service à Anvers, en 1809, pour y faire l'acquisition de magnifiques tableaux. Plusieurs de ces toiles remarquables ornent l'église de Saint-Pierre-Azif (canton de Dozulé), paroisse natale de M. Le Chanteur. Suivant son biographe, cet ancien commissaire principal de la marine aurait fait don à l'église Sainte-Catherine des deux tableaux que l'on y voit, en souvenir des années de sa jeunesse passées à Honfleur, où son père était receveur des aides.

Nous n'avons à signaler ni boiseries sculptées, ni ouvrages de serrurerie. La statuaire en pierre ou en bois digne d'attention fait défaut. Nous serons arrivé au terme de notre tâche lorsque nous aurons parlé du buffet d'orgues.

Dès le milieu du XVIIe siècle, l'église Sainte-Catherine était dotée d'un jeu d'orgues, lequel fut vendu, en 1770, au prieuré de Beaumont-en-Auge, puis remplacé par celui que l'on voit au bas de l'église. Cet orgue fut fait, en 1772, par les frères Lefèvre, célèbres facteurs d'orgues à Rouen. C'est un de ceux que l'on nomme *seize pieds;* il a quatre claviers, un clavier à pédales et se compose de trente-six jeux. Cet instrument est, au dire des connaisseurs, l'un des meilleurs de la région : il possède une grande puissance de son et de nombreux registres de fonds qu'on peut faire parler à la fois ou séparément.

Le buffet est en chêne sculpté dans le caractère particulier au XVIIe siècle. La tribune de l'orgue est dans le style de la seconde moitié du XVIe siècle. La boiserie qui la protège est formée de panneaux décorés de petites arcatures dont les cintres reposent sur des pilastres cannelés d'ordre ionique. Sous chacune de ces arcatures est sculpté un joueur d'instrument. Il ne tiendrait qu'à nous de choisir parmi ces figurines les plus caractéristiques pour montrer que le sujet en est emprunté à la fable ou à la mythologie. On ne sait d'où proviennent ces panneaux. Plusieurs d'entre eux sont sans figures; d'autres sont remplis par des rinceaux semblables à ceux qui ornent la tribune dans l'escalier du nord. On remarquait sur l'un d'eux, avant la Révolution, les armoiries de la famille d'Orléans-Longueville, qui possédait le patronage de l'église Sainte-Catherine au XVIe siècle.

Sous la tribune principale, on voit un plafond plat en bois, à compartiments carrés, soutenu par des colonnettes. Il date du commencement du XVIIe siècle. D'ordinaire, on ne voit des plafonds de ce genre que sous des buffets d'orgue ou des tribunes de peu d'étendue.

A cinquante-six ans d'intervalle, deux grands artistes sont venus toucher l'orgue de Sainte-Catherine de Honfleur, le second attiré par le souvenir du premier.

En 1778, le célèbre compositeur de musique André Grétry vint à Honfleur pour y rétablir sa santé altérée. Il y reçut l'hospitalité chez Madame Rolland, femme de l'ingénieur chargé alors du service du port. L'organiste de l'église Sainte-Catherine, nommé Panseron, s'offrit à Grétry pour être son secrétaire. Cette offre fut acceptée et Panseron écrivit, sous la dictée du maître, les deux opéras : l'*Amant jaloux* et les *Événements imprévus*, représentés en 1778 et 1779. Ce fut pendant ce séjour de Grétry que le célèbre Desmazure, organiste de la cathédrale de Rouen, « dont les doigts d'argent jouaient avec les difficultés », donna, dans l'église Sainte-Catherine, une de ces séances dont il était si avare. C'était le jour de la Pentecôte; Grétry et Desmazure luttèrent, le premier avec son génie de compositeur, le second avec son talent d'organiste. On assure que les deux maîtres n'oublièrent jamais l'accueil cordial que nos pères leur avaient fait en cette circonstance; Grétry surtout n'en parlait jamais qu'avec attendrissement.

Panseron, secrétaire de Grétry, fut bientôt son ami. Il le suivit à Paris et quitta l'orgue de Sainte-Catherine de Honfleur pour manier le clavier de l'orgue de Notre-Dame-de-Lorette.

Conduit par le souvenir de son père et de Grétry, son premier maître de composition, Auguste Panseron, professeur de chant au Conservatoire, vint à Honfleur le 26 septembre 1834. Sa première visite fut pour l'orgue que son père avait fait longtemps résonner. Il y improvisa quelques-unes de ses plus délicieuses mélodies. La seconde visite du musicien fut pour le poète qui lui avait fourni les motifs de ses plus gracieuses compositions, pour Ulric Guttinguer, auteur des romances *Ramons vers le rivage*, l'*Anglaise à Paris*, *Adieu*, etc., dont Auguste Panseron avait composé la musique.

L'orgue de l'église Sainte-Catherine subit de graves détériorations à la suite de la période

Clocher.

D'après une photographie de M. Paul Robert.

révolutionnaire. Lorsque l'église fut rendue au culte catholique, en 1802, il était en si mauvais état que pendant longtemps on ne put le faire entendre. Cet orgue fut réparé alors en partie; il le fut plus complètement en 1829. Plus tard, en 1844, il fallut le relever en entier, réparation achevée en 1845 et qui coûta 6,500 francs.

En jetant à l'extérieur de l'église un nouveau coup d'œil, nous remarquons la petite porte latérale, précédée d'un porche en charpente, laquelle s'ouvre du côté du midi. Les vantaux de la porte ont conservé leurs ornements de médaillons et de moulures dans le style de la Renaissance.

Mais ce qui signalera toujours l'église Sainte-Catherine à la curiosité, voire même à l'étonnement du visiteur, c'est que cette église est séparée de sa tour ou clocher par une rue marchande dont l'effet est assez pittoresque les jours de marché.

Cette tour s'élève à 20 mètres environ du portail. Elle est carrée, bâtie en charpente, recouverte d'aissantes formant dessins et surmontée d'une pyramide octogone en aissante, dont la base quadrangulaire s'appuie sur des soubassements de pierre assez considérables. Elle est étayée au moyen de poutres couvertes d'ardoises. Ces pièces de bois, placées aux angles, relient le clocher au soubassement sur lequel elles s'appuient. Dans la face principale, est percée une porte en arc surbaissé orné de crochets fleuronnés et couronné d'un panache. Une figurine grossièrement sculptée, qui occupe la partie centrale de l'accolade, représente la patronne de l'église, une roue brisée à son côté.

En 1669, une grosse horloge fut posée dans la tour du clocher de l'église Sainte-Catherine. Le marché en avait été passé par un horloger d'Abbeville, moyennant la somme de 475 livres, payée moitié par la ville, moitié par la fabrique.

Nous trouvons encore quelques notes pour terminer la présente notice. Ces notes se rapportent aux confréries.

Il existe un grand registre formé de feuillets de parchemin avec reliure en cuir. Ce volume contient les statuts de la confrérie de Sainte-Cécile, fondée en l'église Sainte-Catherine, et approuvée par Léonor de Matignon, évêque de Lisieux, le 23 juin 1663. Le règlement comprend vingt et un articles, dont voici le premier : « Seront reçus en ladite confrairie les prestres de la ville de Honnefleur et paroisses circonvoisines autant qu'il s'en présentera et les laïques au nombre de douze sans qu'on puisse augmenter... »

Après avoir visité et décrit l'église Sainte-Catherine, il nous est impossible de n'en pas recommander la restauration à tous ceux qui ont, à défaut du culte des croyances anciennes, du moins quelque vénération pour nos monuments. Ne serait-il pas à souhaiter que la vieille église soit rétablie dans son ancien ensemble ? Aujourd'hui, nous sommes obligé d'en rester sur la citation virgilienne : *Pendent opera interrupta.*

CHARLES BRÉARD.

Cliché Lacuelle. Héliog. P. Dujardin.

Calvados. Pl. N° 77

LA LIEUTENANCE. A HONFLEUR

LA LIEUTENANCE, A HONFLEUR

Au commencement de ce siècle, Honfleur ne manquait pas d'un certain effet pittoresque, grâce à la Tour aux Poudres ou Tour ronde et à la Porte de Caen dite la *Lieutenance*, lourde construction qui seule subsiste aujourd'hui. La ville avait été jadis fermée de murailles et fortifiée; la Lieutenance est l'un des vestiges de ces fortifications que le XIV⁰ siècle vit élever.

La ville et le port de Honfleur n'ont pris quelque importance qu'à une époque relativement moderne, lorsque la guerre de Cent ans, éclatant entre la France et l'Angleterre, s'ouvrit par une grande bataille sur mer, qui fut un désastre pour la marine française (24 juin 1340). C'est pendant les années suivantes que la bonne situation du port arrêta spécialement l'attention du gouvernement de Charles V. Le roi fit pourvoir à la sûreté de la place, y envoya de l'artillerie, et fit commencer les ouvrages qui devaient en faire une place de guerre. Ces ouvrages furent continués et développés par Jean de Vienne, habile ingénieur militaire en même temps que vaillant amiral. Sous ses ordres, des bastions, des quais, des tours et des portes furent élevés et munis de canons. Les ingénieurs remplacèrent par de grosses tours rondes ou carrées les vieilles murailles, peu appropriées au nouveau mode d'attaque ou de défense. Honfleur a possédé ce genre de constructions militaires, dans lesquelles on paraît avoir cherché à couvrir les pièces d'artillerie en les disposant au rez-de-chaussée des tours, dans des batteries couvertes, réservant les couronnements des tours et courtines pour les arquebusiers. Il existe encore, dans les caves de plusieurs maisons situées au midi de la place de l'Hôtel-de-Ville, d'épaisses murailles percées d'embrasures pour donner passage à des bouches à feu, destinées à battre le chenal du port et le rivage.

A la suite de ces travaux de défense, la ville de Honfleur se trouva divisée en deux circonscriptions principales. La première formait ce que l'on peut appeler l'ancienne cité, c'est la partie connue aujourd'hui sous le nom de Quartier de la Ville. Entourée d'abord de remparts surmontés d'un terre-plein nommé boulevart, et plus tard flanquée de bastions, l'enceinte était protégée du côté de la mer par deux tours : 1° la *Tour carrée*; 2° la *Tour ronde*, qui, au XV⁰ siècle, se nommait la *Tour Frileuse*.

Du côté de l'ouest, il a existé une autre tour, de dimension moindre, dont les murs étaient en partie engagés dans les ouvrages en briques et en pierres qui formaient la Porte de Caen : c'était le *Fort Fleury* ou *Tour de l'Échauguette*.

Ces diverses constructions sont figurées sur le plan dressé en 1662 par l'ingénieur Gomboust. L'inspection de ce plan permet de voir que deux portes donnaient accès dans la ville. On sait qu'au XIV⁰ siècle, quand on voulait donner une idée de la force d'une place, on disait qu'elle n'avait qu'une ou deux portes. On pénétrait dans Honfleur par la *Porte de Rouen*, qui a disparu vers 1682, lors des premiers aménagements du port ordonnés par Colbert; la *Porte de Caen* y donnait accès du côté de l'ouest. C'est cette dernière qui a pris le nom de *Lieutenance*, parce que les bâtiments qui la surmontent ont été affectés au logement du lieutenant du roi, depuis l'année 1684 jusqu'à la Révolution. Le nom de *Lieutenance* a prévalu dans le langage de la localité sur celui de *porte de Caen* qui lui était primitivement attribué.

La Porte de Caen ou *Lieutenance* formait une sorte d'ouvrage avancé défendant le havre d'échouage qui communiquait avec la mer par un pertuis, large de 15 à 20 mètres au plus, et situé à peu près sur l'emplacement de l'écluse du bassin de l'Ouest.

Ce havre d'échouage, au fond duquel l'eau de la retenue débouchait au moyen d'écluses situées auprès de l'emplacement occupé aujourd'hui par la petite Poissonnerie, était bordé, du côté de l'ouest, par un quai étroit et des maisons; au delà de ces maisons, l'enceinte fortifiée se trouvait sur l'emplacement même où l'on voit aujourd'hui le mur du quai Sainte-Catherine.

La *Lieutenance*, telle qu'elle se présente de nos jours, n'est plus qu'un massif d'épaisses murailles dont l'ensemble a perdu tout caractère. Il n'en était pas de même jadis, lorsque ces murailles se reliaient aux murs d'enceinte, d'une part, et à d'autres constructions qui s'élevaient à l'entrée du havre d'échouage, en avant du pont actuel qui conduit sur la place de l'Hôtel-de-Ville. Il se trouvait là des ouvrages de défense, des bâtiments destinés à recevoir au rez-de-chaussée les appareils qui mettaient en mouvement la chaîne du pont; ces mêmes bâtiments, au premier étage, contenaient un corps-de-garde où les bourgeois faisaient alternativement le guet et qui communiquait avec la partie supérieure de la Porte de Caen.

Maisons situées sur le quai Sainte-Catherine.

D'après une photographie de M. Talocotte.

Dans la construction était ménagé un couloir voûté, d'environ 60 pieds de longueur, dans lequel un réduit ou poste avait été pratiqué. En avant de ce couloir était appliqué un pont-levis avec tablier en charpente qui se relevait sur un axe au moyen de chaînes, leviers et contrepoids. Les ouvertures des chaînes du pont-levis existent au-dessus et de chaque côté de la porte. Aux angles de cette porte, à 15 ou 20 pieds du sol, sont placées deux tourelles ou guérites, munies de meurtrières pour poster les soldats chargés du guet.

Au-dessus de la porte, on voit les traces d'un écusson en demi-bosse sur lequel les armes de France étaient figurées en relief. En 1863, on a encastré dans l'une et l'autre des tourelles une pierre portant les armes de la ville.

Une niche ronde, pratiquée dans l'épaisseur du mur, contient une statuette de la Vierge, vénérée sous le nom de Notre-Dame-du-Port. La statuette est ancienne; retrouvée dans une cave, en 1861, elle a été restaurée, puis replacée solennellement dans sa niche le 3 mai 1863.

On remarque sur la façade des traces de décoration. Ce sont les restes de peintures qui furent exécutées en 1618. Cette année-là, un peintre domicilié au Havre et nommé Baptiste Le Petit, fit marché avec les échevins au gouvernement de Honfleur « de peindre et dorer un cadran en tableau au frontispice de la *Porte de Caen*.

« Premièrement, le soleil toult d'or, le champ d'azur; le champ des lettres d'or et les lettres noires; les filets d'allentour et les fleurs de lys toult d'or; les quatres testes des cornes avec les compartiments toult d'or; le champ de tané; les six consolles dans la frise toult d'or, le champ d'azur; la corniche de bas toult d'or et les feuilles de la frise de bas toultes d'or; les quatre collonnes toultes d'or, le champ de noir et le feuillage coulomnes toultes d'or, le champ tané; les six bases de dessus la corniche toultes d'or; sur l'admortissement les deux coulomnes d'or; les deux rouleaux d'acosté toult d'or; la lune moitié d'or; la corniche enrichie d'or en dessus comme le reste, etc. » Le marché était fait moyennant la somme de 120 livres.

Maisons situées sur le quai Sainte-Catherine.

D'après une photographie de M. Lebourcis.

La partie haute de la Lieutenance a subi des remaniements qui en ont changé la physionomie. L'horloge de la ville y était placée et le toit était surmonté d'un beffroi. Cette petite tour est représentée sur une ancienne gravure parue dans les *Voyages en France*, de J. de Lavallée et Brion (1792). Elle contenait une grosse cloche pour sonner l'alarme, donner le signal du couvre-feu, qui annonçait la fermeture des portes, et pour appeler les bourgeois aux réunions publiques. En outre, au XVIe siècle, un guetteur sonnait et tintait cette cloche à chaque heure de la nuit, pour répondre à une autre cloche placée dans la grosse tour et donner avertissement aux sentinelles. Nous ajouterons qu'à la même époque, en 1550, les assemblées des bourgeois, que l'on nommait « la Chambre de Ville », se tenaient dans les appartements qui existaient au premier étage de la Porte de Caen.

Au nord, la mer baignait le pied de cette porte et s'écoulait sous le pont-levis, au delà duquel elle pénétrait dans les fossés de la place. Du même côté, c'est-à-dire au nord, s'élevait une terrasse plantée d'arbres et formant une sorte de bastion qui dominait le chenal et le havre des Passagers. Cette terrasse existait encore en 1823. On y accédait par la partie haute de la Lieutenance; la porte qui y conduisait s'y voit encore.

Ce fut vers 1684, comme il a été dit, que le lieutenant du roi, qui commandait à Honfleur en l'absence du gouverneur, s'installa dans le logement aménagé dans les constructions de la Porte de Caen. M. du Cup d'Yssel, mousquetaire du roi, occupa le premier ce logement, « de gré ou de force », suivant une lettre du maire de Honfleur. Ses successeurs, MM. Vautier de Volaville et

Bernard de Bressac, au moyen de fonds qu'ils obtinrent de la complaisance des officiers municipaux, agrandirent et approprièrent la maison, mais ne l'habitèrent pas. Ils la louèrent. En 1771, les appartements de la Lieutenance produisaient un revenu de 65o livres. Ils sont aujourd'hui affectés au service des ponts et chaussées.

L'exécution des travaux, ordonnée par la loi du 12 juin 1837, a entraîné la démolition des derniers vestiges des fortifications de Honfleur, de la Tour aux Poudres et des fortifications voisines de la Porte de Caen. Cette dernière porte, avec le bâtiment qui la surmonte, appelé la *Lieutenance*, forme tout ce qui reste de l'ancienne enceinte.

CHARLES BRÉARD.

Cliché Paul Robert

Calvados

CHÂTEAU D'AGUESSEAU

Héliog. P. Dujardin

Pl. N° 78

LE CHÂTEAU D'AGUESSEAU, A TROUVILLE

Le 10 octobre 1599, « le manoir seigurial de Trouville-sur-la-mer » était en fête.

On y signait le « traité de mariage » d'Ysabeau de Nollent, fille d'Hélie de Nollent, « escuyer, seigneur et patron de la paroisse Saint-Jean de Trouville », et de Jehanne de Harcourt avec François Le Paulmier, seigneur de Meautrix (1).

Avant de parler du château actuel, qui a remplacé depuis longtemps le manoir dont il est ici question, disons quelques mots des Nollent et de la terre de Trouville.

Le premier de cette famille qui paraît dans les annales normandes est Raoul de Nollent, dont le fils Guillaume, mari d'Isabelle de Tancarville, de l'illustre famille des connétables héréditaires de Normandie, testa l'an 1070.

Il ne paraît pas y avoir communauté d'origine entre cette maison de Nollent qu'on trouve d'abord en Haute-Normandie, et les Nollent, seigneurs de Bombanville et Saint-Contest en Basse-Normandie, dont la « Maison des Gens d'Armes », à Caen, évoque le souvenir. Les deux familles portent du reste — bien que cela ne soit pas une preuve très concluante — des armes absolument distinctes (2).

L'ancienne paroisse de Trouville comprenait autrefois, outre la vavassorie de Monceaulx, devenue Estimauville, deux fiefs qui se partageaient inégalement son territoire avec le droit de présenter alternativement à la cure de Saint-Jean, — l'église d'alors, actuellement la chapelle de l'hospice de la ville moderne.

Ces deux fiefs, Fatouville, demi-fief de haubert, et Mailloc, tiers de fief, se trouvèrent plus tard réunis dans une même main, celle des Nollent.

En 1292, le premier appartenait à Guillaume de Beaumouchel, écuyer.

Il passa ensuite par alliance dans les familles de Prestreval et de Bellengerville.

Quant à Mailloc, il resta, jusqu'à la fin du XIVe siècle, dans la famille de ce nom, établie à Mailloc, près Orbec, puis il fut aux Franqueville, aux Vipard et aux Grente qui possédaient aux environs Villerville et Saint-Pierre-Azif; Jehan Grente en rendit, vers 1560, aveu au roi.

A la fin du XVIe siècle, Mailloc fut acheté par les Nollent qui, en 1656, obtinrent des lettres d'union des deux fiefs sous le nom de Trouville, déjà antérieurement porté par celui de Fatouville, qu'ils possédaient depuis longtemps.

Robert de Nollent, dit Taupin, issu au neuvième degré de Raoul, dont nous avons parlé, était devenu seigneur de Fatouville par son mariage en secondes noces avec Jehanne de Bellengerville, qui en était

---

(1) Minutes du tabellionnage de Honfleur, 14 octobre 1601.

(2) Nollent, seigneurs de Trouville, Hébertot, etc. : *d'argent à 3 roses de gueules 2 et 1 à la fleur de lys de même en cœur.*

Nollent, seigneurs de Bombanville, Saint-Contest : *de sinople au chef cousu de gueules, à l'aigle d'argent brochant sur le tout.*

héritière, vers 1420. C'est alors que ce fief — il y en avait un autre du même nom à Hébertot, également aux Nollent — prit le nom de Trouville qu'il a conservé.

Robert de Nollent et sa femme devinrent la tige d'une branche des plus importantes de cette famille (1).

A partir de leur petit-fils, Olivier de Nollent, chevalier, seigneur de Trouville, cette branche se divise en trois rameaux. L'aîné reste à Trouville en la personne d'Hélie, qui figure en tête de ces lignes ; le second s'établit à Hébertot ; nous le retrouverons plus loin et aussi en faisant l'histoire de son magnifique château. Quant au dernier, celui du seigneur de Couillarville en Haute-Normandie, il devait, deux cents ans plus tard, hériter de ses aînés.

De son mariage avec Jehanne d'Harcourt, née de l'illustre maison normande dont l'histoire est le plus riche des nobiliaires de la province, Hélie de Nollent eut un fils, Robert, seigneur de Trouville, à qui est peut-être due la construction du château actuel et qui depuis obtint les lettres d'union de 1656. Il fut l'aïeul de Georges de Nollent, époux de Marie de Grieu, puis de Barbe de Crosville.

Celle-ci lui donna pour unique héritière de ses magnifiques domaines, Marie-Madeleine-Angélique de Nollent, qui porta en mariage, en 1698, la terre de Trouville à Jean de Nollent, son cousin au dixième degré, seigneur et marquis d'Hébertot (2).

Mais, de même que la terre de Trouville venait de passer dans une nouvelle branche de la famille de Nollent, elle devait, par une seconde alliance, en sortir pour aller à une maison illustre, mais étrangère et à Trouville et à la Normandie elle-même.

En effet, le marquis et la marquise de Nollent-Hébertot n'eurent, eux aussi, qu'une fille.

Il fallait un grand nom et une noble alliance à Françoise-Marthe-Angélique de Nollent, dame de Trouville et Hébertot ; aussi épousa-t-elle, le 4 avril 1729, Henri-François de Paule Daguesseau, fils aîné du chancelier de France.

C'est dans le Beauvaisis qu'il faut chercher le berceau de la famille d'Aguesseau (3).

Elle fut anoblie seulement en 1597, en François Daguesseau, seigneur de Puiseux, échevin d'Amiens, qui eut pour cinquième descendant Henri-François Daguesseau, seigneur de Fresnes, chancelier de France le 2 février 1717, mari d'Anne Le Fevre d'Ormesson (4).

Henri-François de Paule Daguesseau et Françoise-Marthe-Angélique de Nollent n'eurent pas d'enfants, et celle-ci mourut, le 29 décembre 1784, après vingt années de veuvage.

Sa succession alla à de très nombreux collatéraux qui tous cédèrent leurs droits à Nicolas-Jacques de Nollent, marquis de Couillarville, déjà possesseur de la majeure partie de la terre de Trouville, achetée en 1783 à Madame Daguesseau, moyennant 3,038 livres de rente (5).

Ce fut le marquis de Nollent qui vendit, en 1791, à M. Pimbert, la terre et le château. Après avoir successivement appartenu au comte du Val d'Angoville, à M. Vallée, à la famille de Varin, au prince Murat, à M. Biesta, directeur du Comptoir national d'Escompte de Paris, ils sont actuellement la propriété de Madame Monrival, sa belle-fille, veuve du colonel Monrival.

Madame Monrival a réuni à la terre de Trouville le manoir de L'Épiney, ancienne possession de la famille de Nollent ; la charité habite avec elle ces antiques demeures.

(1) Jacques du Lorens. *Trouville et ses environs.*
(2) Recherche de 1668-1669, vicomté d'Auge, Mss. Archives de Lierremont.
(3) On écrivait alors Daguesseau, mais de nos jours seulement, l'orthographe avec apostrophe a prévalu.
(4) *Histoire généalogique de France*, t. IX bis.
(5) Titres originaux. Archives de Lierremont. Minutes de Deauville.

La famille de Nollent est actuellement éteinte en ligne masculine, mais M. le marquis de Manduit, demeurant au château de Bosc-André à Thevray (Eure), est le petit-fils du marquis de Nollent-Couillarville.

Bien qu'encore fort importante, la terre de Trouville est aujourd'hui considérablement restreinte, auprès de ce qu'elle était aux siècles passés. Tout le vallon de Calanville et les parties basses vers la Touques en ont été détachés à diverses époques; ces dernières, sous le nom de quartier d'Aguesseau, forment même une partie importante de la ville actuelle.

Le château, qui a pris également le nom de la famille d'Aguesseau, de même que la route qui passe devant, occupe certainement l'emplacement du vieux « manoir seurial » des Nollent. Une magnifique avenue d'ormes, actuellement détruite par le chemin et le morcellement du domaine, traversait jadis le vallon vers le nord, en avant de la façade.

Ce bel édifice, en brique et pierre, bâti dans le style Louis XIII, comprend un rez-de-chaussée et un étage surmonté d'un toit d'ardoises très élevé et du plus grand effet; aux angles sont quatre tourelles en poivrière, partant seulement du plafond du rez-de-chaussée et qui donnent à l'ensemble un cachet particulier d'élégance; les deux façades du nord et du sud sont très sobres d'ouvertures; deux ailes de construction moderne, formant plate-forme, se trouvent aux deux extrémités est et ouest du château, qui est placé dans une situation ravissante.

Vers le sud, on découvre Touques, la ville aux deux églises, avec sa magnifique vallée; les coteaux de Reux et de Beaumont-en-Auge ferment l'horizon. A l'ouest, c'est le Mont-Canisy avec sa ruine, que dominent le château de Villers, cette ancienne résidence du marquis de Brunoy, et son avenue de sapins, les hauteurs d'Auberville et Beuzeval. Au nord-ouest, voici la mer, bordée des villas de Deauville, Tourgeville, Villers, Houlgate. Au delà, c'est Cabourg, puis l'embouchure de l'Orne et les côtes du Calvados perdues dans la brume. Trouville paraît enfin au nord en amphithéâtre, comme émergeant du vallon de Calanville qui, à l'est, borne la vue avec les verdoyants sommets de ses collines.

Est-il surprenant, après une telle description, que le château d'Aguesseau fasse l'admiration des nombreux étrangers que les beaux jours amènent à Trouville? Ajoutons à cela des ombrages splendides, de superbes jardins, qui, du côté de Touques, paraissent suspendus au flanc de la colline au pied de laquelle se trouve le vieux manoir de L'Épiney, qui a, lui aussi, conservé son cachet d'ancienneté, mais plus modeste, et nous aurons une idée des charmes de cette ancienne demeure seigneuriale, des plus belles et des plus attrayantes de la Normandie (1).

Le Commandeur Henry Le Court.

(1) Il existe plusieurs lithographies représentant le château d'Aguesseau; citons notamment celle de Mozin, en plusieurs formats, et celle du vicomte du Moncel.

LES RUINES DE SAINT-ARNOULT

Quand on a quitté Deauville par le chemin longeant les tribunes de l'hippodrome et le coteau, on ne tarde pas à apercevoir en face de soi, sur le flanc de la colline du Mont-Canisy, à peu près à mi-côte au-dessus de l'ancien lit de la Touques, un gros bouquet d'arbres du plus gracieux effet.

Ces ombrages, des plus beaux des environs, renferment un monument très remarquable encore malgré les injures que lui ont fait subir et le temps et la main de l'homme, ces deux grands agents de destruction des précieux vestiges du moyen âge.

Nous avons devant nous les ruines du prieuré de Saint-Arnoult, un des principaux buts de promenade des touristes et des étrangers qui fréquentent, dans la belle saison, Trouville et Deauville.

Essayons tout d'abord, avec l'aide de M. de Caumont, la description de l'édifice qui nous intéresse.

« Le chœur de Saint-Arnoult est roman et remonte au XIe siècle.

« Le mur septentrional est flanqué de contreforts plats : l'appareil est en arêtes de poisson; on remarque de ce côté deux petites fenêtres cintrées qui ont été bouchées, en forme de meurtrières.

« Le mur méridional est sans arcatures.

« Le chevet droit est percé de trois fenêtres romanes et flanqué de deux contreforts, dont un paraît du XIIIe siècle.

« A l'intérieur du chœur, les murs sont décorés d'arcatures romanes reposant sur de courtes colonnettes dont les chapiteaux grossièrement sculptés sont formés de feuilles recourbées en volutes.

« Près du sanctuaire est une piscine romane.

« Le chœur repose sur une crypte fort ancienne, établie ici pour racheter la pente rapide du coteau; autrement le chœur n'eût pu être de niveau avec la nef; les voûtes en wagon sont fortifiées par des arceaux parallèles. On a bouché la porte par laquelle on y descendait de l'intérieur de l'église, et il paraît que, depuis longtemps, elle servait de charnier, car j'y ai vu un monceau d'ossements et des têtes de morts.

« La nef, entièrement découverte, datait du même temps que le chœur; puis elle a été en grande partie refaite vers la fin du XVe siècle ou au commencement du XVIe. Plusieurs arbustes et différentes plantes croissent sur le sol et dans les interstices des pierres. Le mur méridional, roman, est percé de deux fenêtres très simples, sans meneaux, de la dernière période ogivale. Le portail occidental, dont le mur est également roman, était flanqué sur les angles de contreforts saillants, une porte à arc surbaissé donnait entrée dans la nef; le gable est percé d'une fenêtre ogivale.

« Il existe, du côté nord, un collatéral qui est séparé de la nef par trois arcades cintrées reposant sur des colonnes dont les chapiteaux sont ornés de feuilles de vigne et de grappes de raisin très bien sculptées. A l'extrémité orientale de ce bas-côté, s'ouvre une chapelle pentagonale faisant saillie au nord et flanquée extérieurement de contreforts sur les angles. Cette chapelle, construite vers la fin du XV⁰ siècle, est éclairée par cinq fenêtres, autrefois divisées par un meneau.

« Au mur méridional de la nef est accolée une tour carrée à deux étages. Le premier étage est percé de deux petites fenêtres cintrées, refaites. Le second étage est éclairé par trois fenêtres à plein cintre, modernes. Le couronnement de la tour est moderne (1). »

L'église de Saint-Arnoult est donc presqu'entièrement détruite; seule, la chapelle du chœur a été un peu relevée, il y a quelque trente ans, par le colonel Langlois, le peintre de panoramas, qui a fait restaurer les ruines et les a ainsi préservées d'une destruction complète.

Saint-Arnoult ne fut jamais, quoi qu'on l'ait prétendu, un prieuré proprement dit, c'est-à-dire habité par plusieurs moines; c'était un simple prieuré-cure ou bénéfice, desservi par un seul prêtre.

D'après M. de Caumont, il dépendait de l'abbaye de Longpont au diocèse de Paris; mais en 1791, lors de la vente qui fut faite, comme bien national, du presbytère et de son enclos contigus aux ruines de l'église, il appartenait à Dom Tonneau, religieux de l'abbaye de Longueville, qui louait le tout au curé de la paroisse.

La fondation du prieuré de Saint-Arnoult ne paraît pas remonter au delà du XI⁰ siècle. D'après les pouillés de Lisieux, la cure était encore, au XIV⁰ siècle, distincte du prieuré

Prieuré de Saint-Arnoult.
D'après une photographie de M. Paul Robert.

et à la nomination du seigneur de la paroisse, qui appartenait alors à la maison de Saint-Cloud; malgré nos recherches, nous n'avons pu retrouver l'époque exacte de réunion de la cure au prieuré.

Mais, d'après un état manuscrit des fiefs de la vicomté d'Auge, de la fin du XVII⁰ siècle, le seigneur temporel de Saint-Arnoult, « plein fief de haubert relevant du domaine d'Auge » — c'était alors messire Pierre Carrel, chevalier, seigneur et châtelain de Vaux, Meautrix et Saint-Arnoult — prétendait encore au bénéfice.

Quoi qu'il en soit, le 6 juin 1625, devant les notaires de Pont-l'Évêque, « Dom Guillaume Le Cordier, fils de M⁰ Jehan Le Cordier, escuyer, seigneur de Maloisel, et religieux de l'abbaye de Saint-Ouen de Rouen, prieur du prieuré de Saint-Arnoult, avoit affermé les maisons, granges, jardin,

(1) *Statistique monumentale du Calvados*, t. IV, p. 233.

terres labourables, dixmes de grains, herbages, fruits, deniers et autres, droit de chauffage en la forêt de Touques et généralement tous les revenus dud. prieuré de Saint-Arnoult ».

Malgré cette description pompeuse, le prix du bail n'était que de 280 livres.

Ce prieur de Saint-Arnoult appartenait à la même famille que le poète Hélie Le Cordier, auteur du « Pont-l'Évesque ».

Le 14 juin 1690, Me René Nouez, prêtre, religieux profès de l'ordre de Cluny, trésorier-titulaire du prieuré de Notre-Dame de Longpont et prieur de Saint-Arnoult-sur-Touques, en afferme les revenus moyennant 300 livres, « plus la charge de faire tenir tous les ans gages pleiges dudit fief et rendre les aveux par les tenants et vassaux et faire dire et célébrer deux messes par semaine dans la chapelle dudit prieuré ».

Le 18 septembre 1666, Me Pierre Fercy, prêtre, était curé de Saint-Arnoult. Sa nièce, Jeanne Fercy, femme de Jean de Gricu, chevalier, seigneur de Beaumouchel, figure avec son mari au « martologe » de la charité de Tourgeville, publié par M. Ch. Vasseur.

On voyait autrefois dans l'église de Saint-Arnoult la tombe d'un ancien curé, M. Lainé; l'épitaphe gravée sur la pierre est effacée.

Non loin de l'église, au chevet du chœur, se trouvent deux fontaines, l'une dédiée à saint Arnoult, en forme de baptistère et entourée de murs, aux eaux de laquelle on attribue la vertu de guérir les enfants « noués » ou retardés dans leur croissance, et l'autre, au pied d'un frène, sous le vocable de saint Clair : on y vient en pèlerinage pour la guérison des maladies de la vue.

On voyait autrefois dans l'église, la statue de ce dernier saint portant, selon la légende, sa tête entre ses mains; elle a été transférée dans l'église voisine de Tourgeville, paroisse à laquelle Saint-Arnoult est actuellement réuni pour le culte.

Le peintre Mozin, dont le remarquable crayon a tant contribué à la fondation de Trouville, et d'autres artistes après lui, ont donné de belles vues de Saint-Arnoult.

Au-dessus des ruines que nous venons de visiter, et dominant la colline — la Butte, comme on dit dans le pays, — voici une autre ruine, moderne celle-là, celle du château de Lassay, contemporain de Louis XV; deux murs, branlants de plus en plus depuis la disparition de la toiture qui les unissait encore il y a quelques années, voilà tout ce qui subsiste de la splendide demeure des Madaillan-Lesparre et des Brancas !

Le Commandeur Henry Le Court.

ÉGLISE SAINT-PIERRE, À TOUQUES

L'ÉGLISE SAINT-PIERRE, A TOUQUES

Vers la mer, à l'extrémité de la belle vallée de Pont-l'Évêque, au pied du coteau qui porte Saint-Arnoult et le château de Lassay, sur la droite de la rivière à laquelle il a peut-être donné son nom, se trouve le bourg de Touques, à trois kilomètres seulement de Trouville, sa jeune et sémillante voisine (1).

Quand même l'histoire normande et les traditions locales ne nous l'auraient pas révélé, les édifices qui subsistent encore dans son enceinte, les deux belles églises de Saint-Pierre et de Saint-Thomas, et plus encore les ruines imposantes de son château-fort dominant la colline vers le sud — qui, malgré son nom ancien, « le chastel de Touque », a gardé celui du Conquérant, et se trouve sur Bonneville — attesteraient à nos yeux l'ancienne splendeur de cette cité, qui portait, au moyen âge, le titre de ville.

Le nom de Touque paraît s'être formé du mot « tulco », genre de retranchement ayant le même sens que « tuldum, taudis », qui s'entendait dans notre pays d'une fortification faite sans ordre et à la hâte (2).

Il n'est pas impossible que l'origine de Touques remonte au temps où les Normands commencèrent leurs incursions dans la Neustrie. Nous savons déjà que c'était par l'embouchure des fleuves qu'ils commençaient leurs conquêtes, les remontant et ravageant le pays à l'intérieur. Et tous les anciens historiens nous apprennent que, dès l'an 807, ces pirates — qui devaient être plus tard nos ancêtres — menacèrent notamment cette partie de la France et que Charlemagne fit construire des vaisseaux, fortifier les estuaires des fleuves et pourvoir les côtes de bonnes garnisons contre leurs fréquentes invasions. En 811, notamment, il fit bâtir la « tour d'ordre » à Boulogne (3). Il est donc permis, et sans témérité aucune, de faire remonter à cette date l'érection du château de Touques, qui ne dut être tout d'abord, comme son nom l'indique, qu'un rempart pour ainsi dire provisoire, « taudissé », sans ordre et à la hâte. Et quand ensuite Rollon pénétra jusqu'à Rouen, dans le siècle suivant, et fit fortifier les châteaux des environs de la Seine, on peut croire que celui de Touques fut du nombre, pour servir aussi à défendre ceux qu'il avait d'abord été destiné à combattre (4).

Cependant les plus anciens faits historiques dont l'histoire nous ait transmis le souvenir comme s'appliquant à Touques ne sont guère antérieurs à Guillaume le Conquérant.

En 947, nous trouvons pourtant, après la bataille de Croissanville, Louis IV d'Outremer, roi de

(1) Autrefois on écrivait Touque. L'orthographe avec *s* finale a prévalu pour la rivière et pour le bourg.

(2) Glossaire de DU CANGE, v° *Tuldum*.

(3) FAUCHET, 545-560. — MÉZERAY, I, 196. — DUPLEIX, I, 374.

(4) FAUCHET, p. 839.

France, prisonnier de Richard Ier, duc de Normandie, qui, s'étant échappé des mains de ses gardes, se réfugia dans la forêt de Touques, où il fut arrêté par un cavalier rouennais (1).

En 1066, Guillaume le Conquérant faisait séjour avec sa cour au château de Touques, surveillant les apprêts de sa grande entreprise contre l'Angleterre; à cette expédition prit même part un sieur de Touque (2). Quelques années plus tard, nous retrouvons le duc-roi à la même résidence; il y était tombé malade et accordait à son fils aîné, Robert Courte-Heuse, l'investiture du duché de Normandie (3).

Comme port de mer, Touques avait déjà alors une certaine importance, que devait encore accroître le séjour dans les murs de son château, de la cour normande. A son lit de mort, le Conquérant manda à Lanfranc, archevêque de Cantorbéry, de couronner roi son second fils, Guillaume le Roux, et ce fut à Touques que ce prince s'embarqua avec Robert Blouet, chapelain et porteur des derniers ordres de son père (4).

Et quand Guillaume le Roux, vers la fin de son règne, en 1099, se jeta dans une barque, sur la côte anglaise, au plus fort de la tempête, pour venir apaiser la révolte des Manceaux, ce fut encore à Touques que le déposa son frêle esquif (5).

Les rois anglais séjournèrent souvent à Touques. Après Henri II, nous voyons Richard Cœur de Lion y établir une foire à la Madeleine (6). Cette ville et son château figurent, en 1200, dans le domaine de sa veuve Bérengère de Navarre (7).

En 1203, Touques et son château se rendent au roi de France, Philippe-Auguste. C'en était fait de la splendeur de l'antique résidence des ducs normands. Les souverains n'y résideront plus; ce ne sera à l'avenir qu'une place forte. Pourtant, nous trouvons, en 1545, François Ier faisant séjour à Touques pour le plaisir de la chasse (8).

Nous avons dit, au début de cette étude, que Touques avait porté le titre de ville. Outre que les gouverneurs, qui y ont été maintenus jusqu'à la Révolution, prenaient le titre de « gouverneur des ville et château de Touque » (9), nous voyons, dès 1367, Charles V permettant aux habitants « de la ville ou bourg de Touque » de réduire l'aune à la mesure de Paris ou de Rouen (10). Touques avait, en effet, une mesure spéciale et pour les grains et pour les terres; cette mesure existait encore au XVIIIe siècle : c'était la « mesure de Touque ou du chastel de Touque », ce qui prouvait d'ailleurs l'importance de cette localité (11).

Si Touques, désormais en France, perdit de sa notoriété comme résidence royale, son port conserva longtemps encore une grande importance.

En 1340, lors de la bataille de l'Écluse, nous voyons Touques armer cinq navires ou « galées », tandis que son voisin Honfleur en arme six, et Leure, actuellement faubourg du Havre, quarante-deux (12).

Le 13 août 1417, Henri V, roi d'Angleterre, débarque à Touques, « à l'endroit du château vers Honnefleu, avec une grande armée navale »; le château lui résiste quatre jours (13).

(1) DUMOULIN, p. 69.
(2) *Ibid.*, p. 184.
(3) ORDERIC VITAL, t. II, p. 380.
(4) *Ibid.*, t. IV, p. 9.
(5) *Ibid.*, t. IV, p. 46.
(6) DU BOIS.
(7) DUMOULIN, p. 504.
(8) DE BRAS, p. 204.
(9) A la fin du XVIe siècle, c'était Nicolas des Buats, mari d'une princesse de la maison de Dreux. — LE COURT. *Généalogie de la maison du Buat*, p. 25.
(10) *Histoire du Pays d'Auge*, p. 120.
(11) Pièces originales. Archives de Lierremout. Minutes de Deauville.
(12) SIMÉON LUCE. *La France pendant la guerre de Cent ans*, p. 7.
(13) *Histoire et chronique de Normandie*, et DE BRAS, p. 86.

Lorsqu'en 1503, le capitaine Binot Paulmier de Gonneville partit, avec son navire l'*Espoir*, de Honfleur, à la découverte des terres australes, un grand nombre de ses compagnons venaient « de Touque ou des environs (1) ».

En 1590, le château de Touque obtint d'Henri IV, pour se rendre à lui, une composition avantageuse (2).

On construisait encore à cette époque, à Touques, des navires importants. « Le 11 mai 1582, Jehan Millet, charpentier de navires à Honfleur, a construit à Touque le *Sainct-Pierre*, navire de 500 thonneaulx, pour une expédition dirigée contre les Espagnols. »

Et depuis :

« Le mardy advant midy cinquiesme de janvier mil six cents douze, en la paroisse de Trouville sur la mer, en la maison où pend pour enseigne la Teste noire.

« Devant de Valsemey et Boudard, tabellions royaulx à Honfleur, fut présent Marseille de Castellane, escuyer, sieur de Vaubourgel, demeurant en son chasteau de Vaubourgel, capitaine de l'*Auguste*, navire de 300 thonnaux, a present au passage de Touque et partant pour le Pérou (3). »

Touques avait encore, au XVIII° siècle, un « maistre des quais » et était le siège d'une amirauté; il avait deux tabellionnages, dont l'un à Pont-l'Évêque « à Nyval ». Jusque vers 1855, les navires y ont remonté; actuellement, depuis les travaux faits à Trouville et à Deauville, le vieux port normand de Touques a cessé d'exister.

En 1218, Jourdain, évêque de Lisieux, donna aux Chartreux du Val-Dieu, XCXVI

Nef et transept sud.

D'après une photographie de la Collection des Monuments historiques.

boisseaux de sel de rente annuelle à la fête de saint Pierre et saint Paul, à prendre sur les salines de Touques (4).

Il existait à Touques, une maladrerie avec chapelle, sur la paroisse Saint-Thomas (5).

Les deux paroisses figurent aux pouillés de Lisieux au XIV° siècle, sous leurs noms actuels, Saint-Pierre et Saint-Thomas. Les deux cures étaient à la nomination de l'évêque-comte de Lisieux, à cause de sa baronnie de Touques; il y avait deux prébendes de chanoines de ce nom à la cathédrale.

Une charte du duc de Normandie, Richard II, en faveur du chapitre de Lisieux, mentionne

(1) D'AVEZAC. *Journal du navire « l'Espoir »*.
(2) DANNEVILLE, p. 197.
(3) Minutes du tabellionnage de Honfleur. — DU LORENS, *Trouville et ses environs*, p. 9.
(4) LÉCHAUDRY D'ANISY. Extrait des Chartes, II, 14.
(5) Archives de Lierremont, titres originaux.

« l'église de Touque avec le marché de la feste Saint-Léger (1). » Il ne peut être ici question de Saint-Pierre, dont la construction paraît antérieure à ce duc, mais seulement de Saint-Thomas. On sait, en effet, que cette dernière église était en construction lors du passage à Touques de saint Thomas de Cantorbéry; elle remplaçait sans doute l'ancienne église Saint-Léger. On sait qu'on demanda à saint Thomas sous quel vocable il fallait la dédier. « Au premier martyr », répondit-il, voulant désigner saint Étienne. Et, quelques jours après, il expirait à Cantorbéry, sous les coups des assassins aux gages d'Henri II. Nos pères virent dans cette parole une prophétie, et saint Thomas devint ainsi le patron de la nouvelle église. Devenue depuis la Révolution la seule paroisse de Touques, cette église a fait, il y a peu d'années, l'objet de grandes réparations.

Quant à Saint-Pierre, située dans la partie sud du bourg, elle affecte la forme d'une croix latine, avec tour octogone sur la croisée. Cette tour, qui a pu avoir jadis une grande élévation, est actuellement surmontée d'un toit d'ardoises, surbaissé. Le portail, situé à l'ouest, est du XVIIe siècle, époque à laquelle une partie de la nef fut supprimée.

A l'est et au nord, ce monument est entouré de maisons dans les jardins desquelles on retrouve encore de nombreux ossements, restes du cimetière qui était là autrefois; à l'ouest et au sud, c'est une place plantée de tilleuls et ouvrant sur la rue principale du bourg.

Ce monument menaçait ruine, depuis la cessation du culte dans ses murs; il y a été fait des réparations importantes. Le chœur seul et les transepts sont voûtés, la voûte de la nef était en bois.

On a prétendu voir dans cette église des parties datant du IXe siècle; d'après M. de Caumont, il n'y aurait rien d'antérieur au XIe siècle.

Une des anciennes cloches de Saint-Pierre de Touques existe encore dans la sonnerie de Saint-Thomas, sa voisine, où elle fut placée après la Révolution. En voici l'inscription :

† IHS MARIE : SVIS NOMMÉE MARIE PAR JACQVES

CARREL ESCVYER SIEUR DE MEAVTRIX ET DE St-ARNOVLT

ET PAR DAMOISELLE MARIE THIRON FEMME DE NOBLE

HOMME PIERRE FEREY SIEVR DV PONT CON[er] DV ROY

LIEVTENANT ESLEV EN L'ELLECTION DV PONTLEVESQVE

† Me PASQVET MAREIS TRESORIER

1633

Sur cette cloche sont trois écussons ovales disposés en triangle, mais qui ne sont pas les armes des Carrel (2).

Le fief de Meautrix était en effet situé sur l'ancienne paroisse Saint-Pierre; il renferme aujourd'hui le haras de MM. de Rothschild (3).

Telle qu'elle est encore actuellement, grâce aux travaux de consolidation dont elle a été l'objet, l'église Saint-Pierre de Touques est un des monuments les plus curieux et les plus anciens du pays d'Auge.

Le Commandeur HENRY LE COURT.

(1) G.-V. LE COURT. *Touques et le château de Bonneville.*

(2) Dr BILLON. *Épigraphie campanaise,* p. 26.

(3) Saint-Pierre de Touques eut pour dernier curé l'abbé Hérault, qui refusa, quoiqu'il eût été élu, en 1790, d'être évêque constitutionnel du Calvados, et mourut curé des deux paroisses réunies en 1819. (Voir *Livre de raison de M. le conseiller Bicherel, s[r] des Enclos,* Mss. et l'abbé PIEL, *Iusin. Eccl. de Lisieux.*)

LE CHATEAU DE DOUVILLE

Très voisine de Dives et aussi de Grangues, la commune de Douville paraît être de fondation ancienne. Elle est située sur le plateau qui se trouve entre la vallée de la Dives à l'ouest, celle de l'Ancre ou de Dozulé au sud, les prolongements de la vallée de la Touques à l'est et au nord le littoral de la mer. Gonneville-sur-Dives et Beuzeval, ses voisines, la séparent de ce rivage.

Son territoire se compose de plaines plantées de pommiers et aussi de très fertiles prairies.

Disons en passant que son église, située non loin de la route de Dives à Annebault, remonte aux XIIe et XIIIe siècles et est à très peu de distance de la vieille Croix de Heulaud, cet antique souvenir du duc Rollon, si célèbre dans les annales normandes.

Quant au château, se trouvant à une très courte distance de l'église, suivant l'usage constant du pays, il est construit en pierres et offre un ensemble imposant. Il appartient au style Louis XIII et possède un escalier monumental en pierres, de l'époque Henri II.

Cet édifice est entouré de hauts arbres, comme la plupart des châteaux des environs, et précédé d'une cour d'honneur.

La porte de cette cour n'existe plus ; elle était de style Louis XIV et surmontée de deux lions tenant dans leurs pattes les écussons des familles Desson et d'Abos.

L'avenue qui est en avant de cette entrée et du château lui-même, a un cachet tout particulier ; elle est plantée de poiriers.

La seigneurie de Douville est fort ancienne.

Nous trouvons aux archives du Calvados, au début de l'histoire de notre province, Robert, Richard et Ranulfe de Douville (1).

Cette famille, portant le nom de la paroisse ou peut être bien lui ayant communiqué le sien — point difficile à éclaircir dans ces temps si reculés, — paraît ne pas avoir possédé longtemps Douville, car, en 1204, lors du recensement qu'il fit des fiefs après la conquête de la Normandie sur le roi Jean, Philippe-Auguste y trouva, en possession du fief seigneurial, « le fils de Robin Trihan » (2).

Nous ignorons de quelle façon la famille de Trihan était dès lors en possession de Douville, mais elle allait s'y maintenir pendant le moyen âge tout entier et même jusqu'au début du XVIIe siècle.

Cette famille paraît avoir occupé un rang très notable dans la noblesse normande ; car, outre Douville, les Trihan étaient encore seigneurs de la paroisse voisine de Bourgeauville, et y ont conservé leurs propriétés jusqu'au XVIIIe siècle.

En 1540, les élus de Lisieux maintinrent noble Jean Ier de Trihan, escuyer, seigneur et patron

(1) Léchaudé d'Anisy, 1, 252, 253.
(2) M. de Caumont. *Statistique monumentale*, t. IV.

de Douville et Bourgeauville, qui déclara descendre par plusieurs degrés de Nicolas Trihan, seigneur de Douville en l'an 1306 (1).

Ce Jean de Trihan, fils lui-même de Guillaume et de Jeanne Labbé, mariés en 1494, — celle-ci de la famille de Colin Labbé, escuyer du connétable du Guesclin, famille nombreuse, distinguée et encore existante en Normandie, — épousa Jeanne de Grieu, d'une maison notable, qui a possédé de grands biens au pays d'Auge et dans le pays de Caux.

De leur fils, Gabriel de Trihan, escuyer, seigneur et patron de Douville, mari de Florence de Pellevé, dont la famille a produit des grands officiers de la couronne et s'est fondue dans la maison comtale de Flers, naquit Jean II de Trihan qui épousa Françoise de Grente, des seigneurs de Villerville et de Saint-Pierre-Azif (2).

Mais ceux-ci allaient voir l'extinction en ligne masculine de la branche des Trihan, seigneurs de Douville, si noblement et depuis si longtemps représentée dans la contrée, car de leur union ne vint qu'une fille qui porta, par mariage, le terre de Douville à Jean Desson, escuyer.

Cette famille Desson est étrangère au pays d'Auge : le Lieuvin, contrée voisine, parait être son berceau; elle y possédait les fiefs et patronage des paroisses du Torpt et de la Chapelle-Bayvel, près Beuzeville. Le père de Jean, autre Jean Desson, conseiller aux aides et tailles à Pont-Audemer, mari d'Anne Blin, avait été anobli en 1574 (3).

Le mariage de Jean Desson avec Françoise de Trihan dut être célébré vers 1620, car Antoine Desson, leur fils, escuyer, seigneur de Douville, maintenu dans sa noblesse en 1668, était né en 1622. Ils eurent ainsi deux filles, dont l'une épousa Noël du Bois, escuyer, seigneur de Bretteville, et l'autre François de Chauvin, escuyer, seigneur de Tonnetuit, célèbre dans les annales de la navigation honfleuraise.

Cet Antoine Desson, marié par contrat du 7 août 1665 à Charlotte de Marguerit, était mort en 1678, et leur fils Guillaume Desson, escuyer, seigneur de Douville, époux de Marie-Madeleine-Hélie de Houtteville, laissait lui-même des enfants en minorité, le 25 octobre 1706.

A cette époque fut donnée, au nom de ceux-ci, une déclaration du « noble fief, terre et rentes seigneuriales de Douville », dans laquelle nous voyons, au domaine non fieffé, contenant environ 75 acres, figurer « une pièce en court, jardin et plant sur laquelle est assis le manoir, le colombier avec les autres maisons de ménage » (4).

Quant au domaine fieffé, c'est-à-dire possédé à charge de rentes et redevances féodales par les tenanciers, il comprenait 420 acres et s'étendait non seulement sur Douville, mais aussi sur les paroisses voisines de Heuland, Gonneville-sur-Dives et Trousseauville.

Signalons, parmi ces tenanciers, damoiselle Barbe de Trihan, sans doute de la branche de Bourgeauville, à laquelle appartenait aussi Anne de Trihan, mariée, en 1585, à François Labbé, escuyer, seigneur de la Roque-Baignard, et les mineurs de Nicolas Grainville, d'une vieille famille de tabellions de Heuland.

Michel-Joseph Desson, chevalier, seigneur de Douville, un des enfants de Guillaume, fut marié, en 1722, avec Charlotte d'Abos, veuve de Louis-Thomas d'Angerville, escuyer, seigneur de Grainville (5).

(1) Recherche de 1540. Mss. Archives de Lierremont.
(2) Notes de M. le vicomte L. RIOULT DE NEUVILLE.
(3) Recherche de 1668-1669. Vicomté d'Auge. Mss. Archives de Lierremont.
(4) Titre original en papier. Archives de Lierremont.
(5) L'abbé PIEL, *Insinuations ecclésiastiques de Lisieux*, pass.

Ils eurent au moins deux fils, François-Charles Desson, prêtre et curé de Douville, qui était mort en 1771 et Joseph-François Desson, escuyer, seigneur et patron de la paroisse, qui épousa, en 1747, Marie-Marguerite de Bosc-Regnoult, d'une famille du Roumois, qui était veuve de son parent, Nicolas Desson, escuyer et patron du Torpt.

Il fut le dernier seigneur de Douville de cette maison, car, avant 1766, il céda cette terre à M. le marquis d'Auvrecher d'Angerville, son frère utérin, dont la famille, une des plus anciennes et des mieux apparentées de notre province — son nom figure à la conquête d'Angleterre et aux croisades, — actuellement représentée par leur descendante Madame la marquise de Goddes de Varennes, la possède encore aujourd'hui (1).

Quant à la famille Desson, dont les membres actuels sont titrés, comtes et vicomtes de Saint-Aignan, au droit d'une terre située dans le Maine, dont Michel-Joseph Desson, seigneur de Douville, hérita, en 1760, de Mademoiselle de Clermont-Gallerande, elle existe encore, et son chef, ancien député de la Seine-Inférieure, habite le château du Gal au pays de Caux.

Disons, en terminant cette notice, que le premier acte du marquis d'Angerville, comme possesseur de la terre de Douville, fut de nommer curé de la paroisse M⁰ Adrien Formeville, d'abord curé du Torpt, puis chapelain du château de Saint-Aignan au Maine et appartenant à une famille notable de Lisieux ; c'était le grand-oncle de M. de Formeville, le savant magistrat et historien normand (2).

Le Commandeur Henry Le Court.

(1) Notes de M. l'abbé de Saint-Aignan, curé de Bénouville-en-Caux.
(2) *Insinuations ecclésiastiques*, pass., et *Généalogie de Formeville*. Mss. Archives de Lierremont.

VILLERS-SUR-MER ET LA SAUVAGÈRE

Villers paraît un lieu ancien; il avait autrefois une certaine importance : la cure était en deux portions sous le vocable de Saint-Martin, l'une à la nomination des Mathurins de Lisieux, et l'autre, du seigneur de la paroisse.

En 1540, la terre de Villers appartenait à la famille d'Émery, alors représentée par Olivier, « escuyer, seigneur de Villers sur la Mer », et Charles, son frère; ils justifièrent aux élus de Lisieux de leur « descente » depuis Jehan d'Émery, à qui cette terre avait été apportée en mariage par Marie de Maussigny, sa femme, en 1394 (1). Cette famille se maintint encore longtemps à Villers; elle y fut de nouveau confirmée dans sa noblesse, en 1668 (2).

Mais le siècle suivant nous montre à Villers de nouveaux seigneurs, ce sont les Paris de Mont-Martel — famille anoblie, on le sait, par la finance, au commencement de ce XVIIIe siècle — qui ont acquis le château des d'Émery auquel leur descendant, le fameux marquis de Brunoy, devait, par ses excentricités, procurer une célébrité d'un nouveau genre.

On sait que ce personnage mourut sans enfants, et, après lui, Villers devint la propriété d'une branche collatérale de sa famille, les Paris d'Illins (3), dont le nom, vénéré dans la contrée, s'est éteint il y a seulement quelques années. Maintenant, le château de Villers, vaste construction du XVIIe siècle, appartient à M. des Cloizeaux, membre de l'Institut, un des gendres de M. Paris d'Illins.

Mais Villers n'avait pas épuisé sa renommée, et devait, au milieu de notre siècle, devenir une des plages les plus connues et les plus fréquentées du littoral normand. C'est vers 1850 que ce mouvement s'est dessiné; toute la partie de Villers entre l'église et la plage s'est couverte de villas.

Parmi ces villas, si agréables à l'œil, et par leur construction pittoresque, et par les ombrages qui les entourent, citons-en une des plus belles, celle que fit bâtir, vers 1865, M. le baron Gombault-Razac — un allié de la famille de Chateaubriand (4) — et qui est devenue, tout récemment, la propriété de M. Loys Brueyre. Cette villa, qui porte le nom de la Sauvagère, compte certainement parmi les plus belles de Villers, tant par son aspect intérieur et extérieur que par la vue magnifique dont on y jouit sur la mer, le coteau du Mont-Canisy et la verte vallée de Blonville. Elle est entourée d'un parc de plus de trois hectares avec pelouses, statues, chênes séculaires et arbres forestiers, parmi lesquels un araucaria des plus grands de la contrée; ses rosiers sont des plus beaux de Villers, qui se distingue par la culture de cette fleur.

Le Commandeur Henry Le Court.

(1) Recherche des Élus de Lisieux. Mss. Archives de Lierremont.
(2) Recherche de 1668-1669, vicomté d'Auge. Mss. Archives de Lierremont.
(3) Papiers de la famille Paris.
(4) Hippolyte de Gombault-Razac a marié, le 25 mai 1872, son fils Gabriel, chef d'escadron, avec Louise-Jeanne-Marie de Chateaubriand, de la branche du Val-Guido (P. Anselme, IX *bis*, p. 194).

LE CHATEAU DE GRANGUES

Il est fait mention, dès le XI° siècle, du château de Grangues (qui s'écrivait alors Grengues) et de son seigneur : Pierre de Grangues était porte-guidon normand à la première croisade, en 1099.

En 1350, le château et la seigneurie de Grangues appartiennent à la famille de Bouquetot; en 1400, aux Cabourg; en 1437, aux des Champs; en 1573, aux Le Sellier; en 1618, aux Murdrac; en 1620, au sieur de Thieuville; en 1630, aux Regnault; en 1640, à la famille de Longaunay. Toutes ces familles faisaient partie de la vieille noblesse normande.

En 1685, le château et la terre de Grangues devenaient un fief de la famille Daniel, en la personne d'Henry-Daniel de Gresens. Le nouveau seigneur de Grangues descendait d'une très ancienne famille normande, dont le chef, Rogier Daniel, fut l'un des chevaliers normands qui accompagnèrent Guillaume, duc de Normandie, à la conquête de l'Angleterre, en 1066.

La flotte normande partit, d'ailleurs, du port de Dives, à six kilomètres de Grangues.

Les descendants de Rogier Daniel tinrent pendant longtemps un très haut rang parmi la noblesse anglaise, et ils s'allièrent aux premières familles du royaume.

La branche des seigneurs de Daresbury fut particulièrement illustre. C'est de cette branche que descendait Henry-Daniel de Gresens, qui revint, avec son frère Guillaume, se fixer en Normandie, en 1635. Il obtint, en février 1675, du roi Louis XIV, avec ses lettres de grande naturalisation, des lettres confirmatives de son antique noblesse, qui l'agrégeait au corps de la noblesse française, après qu'il eut fait ses preuves, et présenté les certificats du roi d'armes d'Angleterre. Il acquit de nombreux fiefs de Normandie, entre autres celui de Moult, qui fut l'apanage de son fils aîné, et qui resta assez longtemps dans sa famille, et celui de Grangues qui y est encore. Ses descendants devinrent marquis de Martragny et de Grangues.

Ce fut son petit-fils, Henry-Daniel de Grangues, marquis de Martragny, président de la Cour des Comptes de Normandie, marié, en 1696, à Catherine Le Maistre de la Bretonnière, qui fit construire, en 1703, le château actuel de Grangues, et tout auprès une chapelle sous le patronage de saint Henri. Cette chapelle fut détruite en 1830.

Le dernier marquis, Daniel de Grangues, mourut en 1876, en laissant sa terre patrimoniale à sa fille unique, Ada d'Eurville de Grangues, mariée au colonel comte Henry Coustant d'Yanville, descendant d'une ancienne famille du Beauvoisis.

Le comte d'Yanville entreprit la restauration du château, et l'on s'aperçut alors, en travaillant dans les sous-sols, qu'avant 1703, le château de Grangues était beaucoup plus important, et d'un tout autre style que le château actuel; car on découvrit des fondations de tour ronde et de tour carrée.

Le comte d'Yanville mourut en 1882, et sa veuve termina les travaux et les embellissements intérieurs, suivant les plans de M. Baumier, architecte de la ville de Caen.

Le château de Grangues appartient actuellement au comte Raymond d'Yanville, chevalier de Malte, marié à Madeleine Waddington, issue d'un rameau français d'une vieille famille de l'aristocratie anglaise.

Le château de Grangues est de style Louis XIV, assez simple, quoiqu'orné de motifs de l'époque. Le toit est à la Mansard. La façade ouest est bordée de petits fossés qui éclairent les sous-sols. La façade est est ornée d'un perron. Le côté nord est précédé d'une cour, où l'on descend par un escalier qui donne accès dans les sous-sols. Enfin une terrasse Louis XIV, d'où l'on jouit d'une vue magnifique, flanque le château du côté du midi et donne accès dans les salons.

Au-dessus des portes d'entrée sont sculptées, d'un côté, les armes des Daniel telles qu'ils les portaient en Angleterre, et, de l'autre, les armes modernes accolées à celles des Coustant d'Yanville.

L'architecte s'est inspiré, pour la décoration du château, du style Louis XIV; seule la salle à manger est du style Louis XII.

On remarque dans cette dernière pièce : les boiseries des murs, la grande porte d'entrée en chêne sculpté, la cheminée monumentale en pierre, rappelant une des cheminées du château de Blois; le plafond à voûtes cintrées et à pendentifs, enfin la frise qui court tout autour de la pièce et qui représente, peinte à fresque, la fin de la tapisserie célèbre de la reine Mathilde, femme de Guillaume le Conquérant, conservée au musée de Bayeux. Les corbeaux qui soutiennent les arceaux des voûtes sont ornés de chimères qui tiennent des écussons aux armoiries des principales familles alliées aux Daniel. Le tout est sculpté dans la pierre.

Les murs du grand salon sont garnis, dans leur partie inférieure, de boiseries, et, dans leur partie supérieure, de tapisseries anciennes. Le plafond est à grands caissons peints avec ornements dorés. La grande cheminée est en marbre rare nommé « fleur de pêcher ».

L'escalier, tout en pierre, est muni d'une belle rampe en fer forgé style Louis XIV. Les murs sont garnis de tapisseries anciennes.

L'antichambre est ornée de peintures, et le plafond est à petits caissons Louis XIV peints et dorés.

Le parc, qui était jadis à la française, a été dessiné à l'anglaise depuis 1840. Il est très accidenté et formé de grandes pelouses et de taillis.

Devant et derrière le château se trouvent de petits étangs.

D'une grande terrasse, on jouit d'une vue magnifique sur la vallée d'Auge et sur la coquette vallée de Dozulé, au premier plan. D'une autre terrasse, située à l'extrémité du parc, au bord de la route de Varaville à Touques, on découvre la côte normande depuis le port de Dives jusqu'à celui de Courcelles, et, au milieu, l'embouchure de l'Orne.

L'église de Grangues, située à mi-côte dans un charmant vallon, est simple mais très ancienne. Le XIe siècle y est représenté par la jolie porte du chœur et la piscine romane du grand autel; le XVe siècle, par les jolies fenêtres du chœur et la piscine de la chapelle Saint-Roch. On y remarque, en outre, une statue de saint Roch, en pierre, datée de 1653; le maître-autel, avec rétable d'ordre ionique, élevé sous Louis XIV; l'autel de la Vierge, de même style, provenant de l'ancienne chapelle du château, ainsi que plusieurs ornements et vases consacrés au culte.

* * *

Cliché Paul Robert.
Lemale & Cie Édit. Havre.
Héliog. P. Dujardin
ÉGLISE DE DIVES-SUR-MER
Calvados
Pl. N° 80

L'ÉGLISE DE DIVES

Parler de Dives, autrefois le bourg de Saint-Sauveur « de Dyve », c'est évoquer le souvenir le plus illustre parmi ceux dont se glorifie la Normandie, celui du Conquérant de l'Angleterre au moyen âge.

C'est du port de Dives, en effet, que partit Guillaume pour cette expédition fameuse entre toutes celles dont l'histoire nous a laissé le récit, surtout par ses conséquences dans l'avenir.

« Mais quelle est donc la magie de la gloire! dit Chateaubriand (1) : un voyageur aperçoit un fleuve qui n'a rien de remarquable; il passe et continue sa route. Mais si quelqu'un lui crie : c'est la Dives! il recule, ouvre des yeux étonnés, demeure les regards attachés sur le cours de l'eau comme si cette eau avait un pouvoir magique, ou comme si quelque voix extraordinaire se faisait entendre sur la rive. Et c'est un seul homme qui immortalise ainsi un petit fleuve. »

De même que Touques, Dives avait déjà une certaine importance avant le règne de Guillaume le Conquérant.

L'histoire normande nous montre, dès 946, Harold d'Angleterre débarquant à l'embouchure de la Dives pour secourir le jeune duc de Normandie Richard Ier; sur les bords de la même rivière a lieu l'entrevue après laquelle Louis d'Outremer fut fait prisonnier (2).

Mais nous ignorons l'époque précise de la fondation du bourg; nous pensons cependant, vu l'importance de la rivière, qu'il doit être fort ancien. Son emplacement et celui de son pont, vers Cabourg, figurent sur les anciennes cartes sous le nom de « Portus et Pons Divæ » (3).

Après le fait saillant de son histoire, l'embarquement de Guillaume en 1066, Dives rentre, pour n'en plus guère sortir, dans l'obscurité. C'est Touques, sa voisine, sans être sa rivale, qui avait la faveur des ducs-rois.

Cependant Dives possédait un château.

En 1105, lors du siège de Falaise, qu'il fut forcé de lever, Henri Ier, roi d'Angleterre, fils du Conquérant, fut poursuivi par Renauld de Warren et Robert d'Estouteville, tenant le parti de son frère le duc Robert. Ceux-ci se rendirent maîtres du château de Dives, d'où ensuite Henri les délogea, incendia le château et les força de se rembarquer pour l'Angleterre (4).

En 1340, lors de l'armement des navires français, au moment de la bataille de l'Écluse, Dives avait perdu beaucoup de son importance, car il ne figure pas au nombre des ports où furent construits ces navires (5).

---

(1) Cité par Saint-Amand, p. 61.
(2) Depping, t. II, 164-162.
(3) Carte du diocèse de Lisieux de d'Anville.
(4) *Histoire de Normandie*, 383.
(5) Siméon Luce. *La France pendant la Guerre de Cent ans*, 7.

En 1442, en septembre, les Français s'emparèrent du bourg de Dives, pillant les marchandises de la foire de la Nativité de la Vierge et, après s'être emparés des effets mobiliers que les habitants avaient portés dans l'église, brûlèrent les maisons du bourg, emmenèrent à leur suite des otages pour la rançon des prisonniers faits dans cette invasion (1).

Dives était anciennement une baronnie appartenant à l'abbaye de Saint-Étienne de Caen, fondée, on le sait, par Guillaume le Conquérant (2). En 1711, il fut définitivement le siège d'une amirauté, comme Touques et Honfleur (3). A la Révolution, il devint chef-lieu de canton ; mais, en 1825, il perdit ce titre qu'obtint Dozulé, alors favorisé par le passage de la route de Caen à Rouen, mais dont la population est redevenue depuis inférieure à la sienne.

Car, depuis quelques années, grâce au voisinage des stations balnéaires de Cabourg d'une part et d'Houlgate-Beuzeval de l'autre, par la construction du chemin de fer et d'une vaste usine métallurgique, Dives paraît reprendre une certaine importance.

Portail Ouest.

Au XIe siècle, il y avait des salines dans le voisinage du bourg. Norbert, seigneur de Dives, figure à la même époque au nombre des bienfaiteurs de l'abbaye de Troarn, dont relevait l'église du lieu (4).

Le port est séparé du bourg par une certaine distance. Ce dernier se trouve au pied d'une colline nommée Caumont, autrefois « Calvimont-sur-Dyve », et non loin d'une autre appelée « Houlegatte »; ce dernier nom est saxon et signifie chemin creux, passage étroit, ou mieux basse porte. Il n'y avait, en effet, jadis, au pied de cette colline, vers la mer, qu'un étroit passage, défendu des eaux de la Dives, qui la contournait alors, par de nombreux épis (5).

La butte de Caumont est celle à laquelle on arrive au bout du « Pavé de Dives » en se dirigeant vers Pont-l'Évêque. On découvre du haut de cette côte un des plus beaux points de vue de la Normandie. A la pointe, vers la mer, est la colonne érigée, il y a une trentaine d'années, en souvenir du départ de la flotte normande.

Dives a vu naître deux poètes remarquables, à des époques et à des titres différents.

C'est d'abord Pierre de Dives, dit aussi Pierre d'Auge, moine de l'abbaye de Saint-Pierre-sur-Dives, qui composa, au XIIe siècle, un poème latin retraçant l'histoire des abbés du Bec-Hellouin depuis sa fondation jusqu'à Roger de Bailleul (6).

(1) L'abbé DE LA RUE, 304.
(2) Acte 9 septembre 1785, archives de Lierremont.
(3) Du Bois, 1, 208. Cependant cette amirauté paraît avoir existé dès la fin du XVIIe siècle.
(4) L'abbé DE LA RUE, II, 312.
(5) Ibid. Aux XVIe et XVIIe siècles, un membre de la famille Le Marays de Beuzeval portait le titre de sieur de Caumont, et les de Beaumont, de Gonneville-sur-Dives, celui de sieur de Houlgate (État civil de Beuzeval, généalogie de la famille Le Court, mss.).
(6) LOUIS DU BOIS.

Puis nous trouvons, à une date beaucoup plus rapprochée de notre temps, un autre enfant de Dives, Jean Bretocq « de Saint-Sauveur-de-Dyve », qui fit imprimer à Lyon, en 1571, sa « Tragédie françoise a huict personnages traictant de l'amour d'un serviteur envers sa maistresse et de tout ce qui en advint » (1).

Ce petit ouvrage, devenu fort rare, a été réimprimé il y a une soixantaine d'années (2), et sa rareté est loin d'être son seul mérite. C'est un curieux monument, et assez peu connu, de la poésie française vers la fin du XVI⁰ siècle et qui mériterait d'être tiré de l'oubli mieux que par une réimpression très difficile maintenant à rencontrer.

Malgré ces deux vers qui terminent « le Prologue de l'auteur » :

« De ma boutique autre chose verrès
« La ou plaisir peult estre vous trouverès »,

nous ne croyons pas que Jean Bretocq ait publié d'autres poésies.

Outre son église, dont nous allons parler, Dives renferme plusieurs vieilles maisons assez curieuses et principalement une halle en bois, intéressant spécimen de l'ancien style normand de ce genre de construction. Elle est beaucoup plus grande et plus remarquable que celle de Touques, une des seules survivantes avec elle de ces anciens marchés dans le pays, celle de Pont-l'Évêque ayant disparu il y a une cinquantaine d'années.

L'église, sous le vocable de Notre-Dame, se trouve à l'extrémité du bourg, au pied de la butte Caumont, vers Pont-l'Évêque.

Elle est bâtie solidement, en croix et assez grande; elle est ornée d'une grosse

Portail latéral Nord.

D'après une photographie de la Collection des Monuments historiques.

tour sans clocher, terminée par une plate-forme avec gargouilles saillantes, posées sur le milieu de la croisée.

L'architecture indique des époques diverses. M. de Caumont estime que les arcades sous la tour appartiennent au style roman secondaire, c'est-à-dire au XI⁰ siècle; il faudrait donc rapporter à Guillaume le Conquérant la construction de cette partie de l'édifice. Le savant archéologue ajoute que le portail et la majeure partie du monument sont du style ogival de la quatrième époque.

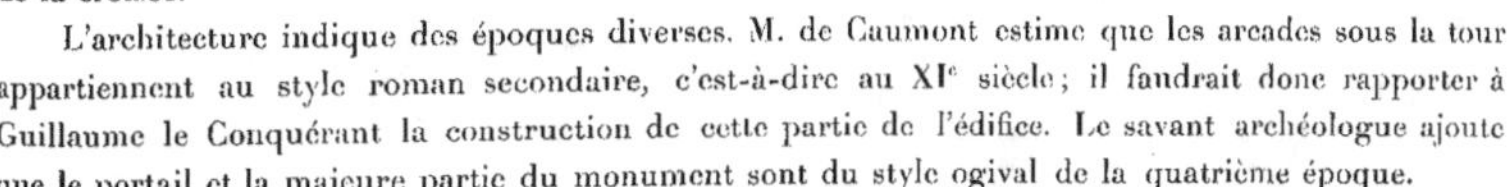

(1) La famille Bretocq existe encore aux environs de Dives, notamment à Saint-Étienne-la-Thillaye. Elle occupait, à la fin du siècle dernier, des charges notables de judicature, et s'est alliée à la meilleure bourgeoisie du pays d'Auge; un de ses derniers membres fut ingénieur de marine.

(2) Chartres. GARNIER FILS, 1861. Bibliothèque de Lierremont.

Du reste, cette forme en croix, avec le chœur à l'est, indique bien le XI⁰ siècle. Il est tout naturel qu'il en soit ainsi, car c'est à cette époque que l'attention du duc-roi et de ses successeurs fut principalement appelée sur Dives, et aussi sur son église, suprême préoccupation de nos pères en ces temps de foi. Les restaurations successives qui ont eu lieu à diverses époques ont laissé subsister cette forme primitive de la croix latine.

On accède dans le vaisseau par trois portes : la principale est à l'ouest, à l'entrée de la nef ; elle offre un grand nombre d'ornements, mutilés malheureusement par le temps et la main des hommes. Au-dessus, à l'intérieur, a été placée, lors de la pose du monument de la Butte Caumont, une série de tables sur lesquelles on lit les noms des compagnons du Conquérant, parmi lesquels de nombreuses familles normandes et anglaises se glorifient de retrouver leurs ancêtres. Quant aux deux autres entrées, au sud et au nord, elles sont précédées d'un portail remarquable.

Les décorations extérieures sous les corniches rappellent les ornements d'usage aux XV⁰ et XVI⁰ siècles ; les clochetons placés aux angles des transepts sont dépourvus de rampes à la base de la pyramide, et celle-ci n'est pas découpée à jour ; c'est la forme adoptée au XIV⁰ siècle.

Quant aux grandes rosaces de l'est et du sud, elles paraissent être du XV⁰ siècle (1).

Un tableau, relativement moderne, retrace la légende d'un christ et de sa croix, trouvés par des pêcheurs dans leurs filets dans des circonstances miraculeuses et qui a disparu. « C'est, dit M. de Caumont, à cette circonstance qu'il faut rapporter l'origine du nom de Saint-Sauveur, porté pendant longtemps par le bourg de Dives » (2).

C'est en 1001 et 1003 que ces faits se seraient passés.

La tour renferme quatre cloches de diverses grosseurs, dont une provient de l'ancienne église de Trousseauville, commune actuellement réunie à Dives.

Plusieurs pierres tombales existent encore dans l'église, mais leurs inscriptions sont frustes ou effacées. Les anciens registres paroissiaux antérieurs à la Révolution y signalent également d'autres sépultures de personnes notables, entre autres, Thomas de Conty (3), ancien lieutenant de l'amirauté, inhumé le 15 juin 1674, et Jean Aubery, sieur de Leurmont, mari de demoiselle Marguerite Vauquelin (4), inhumé le 10 juin 1676.

Outre la baronnie qui en portait le titre et relevait, nous l'avons dit, de l'abbaye de Saint-Étienne de Caen, Dives renfermait encore un fief, le petit Saint-Cloud, quart de fief, appartenant, en 1680, à la famille Le Duc, et relevant du plein fief et paroisse de Saint-Cloud-sur-Touques, près Pont-l'Évêque, qu'on appelait le grand Saint-Cloud (5).

Une portion du manoir seigneurial de Saint-Cloud existe encore à Dives, dans un herbage longé par la route de Dozulé ; mais il a perdu en grande partie son caractère, et ses restes rappellent encore les vieilles constructions normandes en bois du XVI⁰ siècle.

Le Commandeur Henry Le Court.

(1) Notes de M. Le Court père. Archives de Lierremont.
(2) *Statistique monumentale du Calvados*, IV, 10.
(3) Famille de robe de l'élection de Pont-l'Évêque, qui habita successivement, aux XVII⁰ et XVIII⁰ siècles, Saint-Gatien, Saint-Pierre-Azif et Cresseveulles.
(4) Famille noble établie d'abord à Dives, puis à Saint-Samson, Saint-Pierre-de-Cormeilles, Reux et Pont-l'Évêque, et encore aujourd'hui représentée, notamment, par M. de Vauquelin au château de Drumare, à Surville.
(5) État des fiefs de la vicomté d'Auge, mss. (vers 1680). Archives de Lierremont.

LES HALLES DE DIVES

En parlant de Dives. et de son église, nous avons déjà dit quelques mots des halles très remarquables qui existent encore sur la place du Marché de cet antique petit bourg.

En général, ces vieux vestiges des marchés normands ont disparu des villes ou des bourgs

Vue extérieure.

D'après une photographie de M. Paul Robert.

actuels : on ne les trouve plus en rapport avec le progrès, et cependant, comme aération, ces vénérables constructions de bois ne laissent rien à désirer. Beuvron, Cambremer et Touques sont, avec Dives, les seules localités du pays d'Auge qui aient conservé leurs halles. Celles de Pont-l'Évêque disparurent vers 1845, pour faire place à un marché couvert dont l'usage fut bien vite reconnu impossible, et qu'on vient récemment de transformer en salle de spectacle !

De tous les marchés que nous venons de citer, les halles de Dives sont de beaucoup les plus remarquables et par leurs dimensions, — 32 mètres de longueur sur 11 mètres de largeur, — et aussi et surtout par leur antiquité, car si la partie est accuse seulement l'époque du XVIe siècle, les dix travées qui forment le surplus de la construction, — et qui étaient, nous dit M. de Caumont, la halle primitive, — remontent, sans aucun doute, au moyen âge.

Et c'est surtout cette grande antiquité qui fait le mérite de ce monument; car si les constructions en pierre de cette époque ont subi tant de remaniements en arrivant jusqu'à nous, bien peu d'édifices de bois subsistent encore et, avec la vieille église de Sainte-Catherine de Honfleur, les halles de Dives sont, croyons-nous, le seul vestige de ce lointain passé dans nos contrées.

Comme celle de Touques, la halle de Dives est couverte de tuiles, cette antique toiture des vieux manoirs normands ; le solide bois de chêne qui la compose n'est revêtu d'aucun badigeon, et pourtant défie encore les injures du temps.

Les marchés de Dives, qui se tiennent le samedi sous ces halles, avaient jadis une certaine

Vue intérieure.

D'après une photographie de la Collection des Monuments Historiques.

importance. Ce bourg a conservé sa foire de la Nativité, qui a lieu le 9 septembre ; comme à cette époque de l'année, le temps devient souvent mauvais, un vieux dicton du pays prétend « qu'à la foire de Dives, les boues prennent leur place ». Ce qui, du reste, n'empêche nullement et les bestiaux de s'y vendre un bon prix et les promeneurs de l'été d'y affluer.

Le Commandeur HENRY LE COURT.

Cliché Paul Robert.
Lemercier & Cie Edit. Paris.
Héliog. P. Dujardin.
Cricqueville.
CHÂTEAU DE CRICQUEVILLE
Pl. N° 8.

LE CHATEAU DE CRICQUEVILLE

Quand on quitte Dives par la route allant vers Dozulé, on découvre, à peu de distance du point d'arrivée, vers la gauche, au fond de la verdoyante vallée d'Ancre, une importante construction datant des dernières années du XVI⁰ siècle.

C'est le château de Cricqueville, dont les tourelles couvertes d'ardoises, de forme quadrangulaire, détachent leurs toits aigus sur les peupliers d'alentour. Moins heureux que son voisin, le vieux manoir de Victot, celui-ci n'a pas l'avantage de mirer ses murs carrelés en brique et pierre dans les eaux de douves profondes, mais son ensemble n'en est pas moins d'un effet très pittoresque.

On trouve à l'intérieur d'une des salles, une superbe cheminée, portant la date de 1584 et reproduite par M. de Caumont dans sa *Statistique monumentale*.

Au moyen âge, la cure de Cricqueville était divisée en deux portions : l'une à la nomination du roi de France, et l'autre à celle du seigneur du lieu. C'était, au XIV⁰ siècle, Thomas de Silly, dont la famille possédait aussi les terres voisines de Dozulé et Saint-Léger-du-Bosc, et devait, trois siècles plus tard, porter d'abord aux Madaillan-Lesparre, puis aux Brancas, la terre célèbre du Mont-Canisy.

Puis nous trouvons à Cricqueville les de Lannoy. En 1540, lors de la recherche des élus de Lisieux,— ce document si important pour l'histoire de la noblesse du pays d'Auge,— Charles de Lannoy, escuyer, seigneur de Cricqueville; Robert, seigneur de Bray, et Laurent, seigneur de Clermont, ses cousins, justifièrent de l'anoblissement, en 1467, de Benoît de Lannoy; leur bisaïeul (1).

C'est sans doute à cette famille qu'on doit la construction du château, car, en 1668, les de Lannoy étaient encore à Cricqueville, où ils furent maintenus dans leur noblesse le 30 janvier de cette année : c'étaient alors Robert de Lannoy, escuyer, seigneur de Piteville, époux de Marguerite Dauge, d'une noble famille normande; Jean, seigneur de Montdavid, et un autre Jean, seigneur du Hamel (2).

Mais, en 1675, apparaît à Cricqueville une autre famille; à cette époque, Mᵉ Adrien Bence en était seigneur : il appartenait sans doute à cette famille de robe qui, dès 1668, possédait la terre du Breuil (3) et présentait encore à la cure de Cricqueville, en 1692. En 1722, Jeanne-Philippe Bence, dame de Cricqueville, veuve de Mᵉ Claude de la Fond, conseiller du roi, présentait à cette cure ; en 1767, c'étaient les héritiers de la Fond, MM. Gaultier de Besigny et Jacquier de Vieilles-Maisons, qui s'acquittaient de cet office (4).

Le château de Cricqueville et ses dépendances appartiennent actuellement à la famille Chevallier, de Dozulé.

Le Commandeur HENRY LE COURT.

(1) Recherche de 1540. Mss. Archives de Lierremont.
(2) Recherche de 1668. Mss. Archives de Lierremont.
(3) États de fiefs de la vicomté d'Auge. Mss. Archives de Lierremont.
(4) *Insinuations ecclésiastiques de Lisieux*, t. I, p. 269; II, p. 532, et IV, p. 685.

LE MANOIR DE SAINT-LAURENT

Après Cricqueville, voici Brucourt, lieu ancien et bien connu dans les annales normandes : ses seigneurs paraissent dès le commencement de notre histoire; ils figurent à la conquête d'Angleterre et à la croisade de Robert Courte-Heuse.

Son territoire renferme cette côte très élevée, dominant toute la vallée inférieure de la Dives, du Mont-Argis à la mer, « la Butte de Bassebourg », autrefois Bastembourg, — on écrit aussi Basbourg, — dont le nom rappelle les victoires de Guillaume le Conquérant sur le roi de France, et aussi Toustain de Bastembourg, régent de Normandie avec Bernard le Danois.

Brucourt, après les seigneurs portant son nom, dont la race illustre avait produit notamment deux évêques d'Évreux, Robert et Philippe de Brucourt, en 1340 et 1368, fut successivement possédé par diverses familles, qui ne paraissent pas avoir eu de lien filiatif avec la première. Guillaume Vipart, chevalier, y fut maintenu dans sa noblesse par Montfaut lors de sa recherche de 1463 (1).

Puis apparut à Brucourt la famille de Bourgueville, de noblesse de robe normande, bien connue dans les lettres, grâce à Charles de Bourgueville, sieur de Bras et de Brucourt, l'historien normand, dont la longue carrière occupe la presque totalité du XVIe siècle.

A la recherche de 1540, Richard Le Brethon habitait Brucourt, mais n'en était pas seigneur (2). En 1575, cette terre appartenait à M. de Largaulnay-Franqueville, qui mourut en 1698. Elle passa ensuite aux Turgot, qui la possédaient à la Révolution.

Le château, d'abord demeure féodale, puis construction luxueuse du XVIIe siècle, élevé, ainsi que l'église, sur un des contreforts qui saillent à l'ouest de la Butte de Bassebourg, vers la vallée, a complètement disparu; à sa place s'élève maintenant le joli manoir normand de Saint-Laurent, propriété de M. Serbat. Dans l'ancien château, se trouvait une chapelle dédiée à saint Hermès, et sur le territoire de Brucourt étaient anciennement deux prieurés : celui de Bassebourg et le prieuré de Brucourt, fondé, sous le double vocable de saint Michel archange et de l'apôtre saint Philippe, par Guillaume de Brucourt (3).

Ne quittons pas Brucourt sans mentionner ses eaux minérales, qui jouissent encore actuellement du regain de leur célébrité du siècle dernier : Le Pecq de la Closture, le grand médecin normand, ne manquait pas, dans de nombreuses consultations, de recommander à ses malades « les eaux de Brucourt dans la saison » (4).

Le Commandeur Henry Le Court.

(1) Recherche de 1463. Mss. Archives de Lierremont.
(2) Recherche de 1540. Mss. Archives de Lierremont.
(3) Notes de M. Le Court Père. Archives de Lierremont.
(4) J. Lecœur. *Les Épidémies du Calvados, d'après Le Pecq de la Closture*, 1805, in-12.

L'ABBAYE DU VAL-RICHER

Le monastère et l'église du Val-Richer, dont les ruines mêmes ont disparu, doivent au souvenir d'un homme éminent, qui, naguère, termina sa vie dans ce vallon retiré du pays d'Auge, d'avoir échappé à l'oubli, et, plus récemment, d'avoir trouvé un historien qui a retracé dans ses moindres détails l'existence de l'abbaye pendant près de six siècles (1).

Voici comment, dans ses *Mémoires*, s'exprime M. Guizot, lorsqu'en 1836 il se décida à acquérir le Val-Richer : « Je profitai, à cette époque, de mon loisir politique pour satisfaire un désir formé depuis longtemps, en acquérant, en Normandie, au milieu de la population qui me témoignait, depuis sept ans, tant de confiance et de sympathie, une habitation qui pût devenir mon lieu de vacance tant que je serais engagé dans l'arène, et de retraite quand j'en sortirais sans retour. Un de mes amis de Lisieux me mena voir, à trois lieues de la ville, l'abbaye et la ferme du Val-Richer, alors à vendre. Il ne restait de l'ancien monastère que la maison de l'abbé, point ancienne elle-même, car elle avait été reconstruite vers le milieu du siècle dernier; l'église attenante à l'abbaye et les bâtiments claustraux qui en dépendaient avaient été détruits pendant la Révolution; la maison, solide et spacieuse, était au dedans très imparfaitement terminée et déjà délabrée : des murs, restes des anciennes constructions, de vieux pommiers plantés çà et là, des cultures potagères, de petits lavoirs pour les usages domestiques l'entouraient de toutes parts et jusque sous les fenêtres; tout avait l'air grossièrement rustique et un peu abandonné. Point de route pour arriver là : on n'y pouvait venir qu'à cheval ou en obtenant de la complaisance des voisins le passage à travers leurs champs. Mais le lieu me plut : la maison, située à mi-côte, dominait une vallée étroite, solitaire, silencieuse : point de village, pas un toit en vue; des prés très verts; des bois touffus, semés de grands arbres; un cours d'eau serpentant dans la vallée; une source vive et abondante à côté de la maison même; un paysage pittoresque sans être rare, à la fois agreste et riant. Je me promis d'arranger commodément la maison, d'abattre des murs, de faire des plantations, des pelouses, des talus, des percées, des massifs, d'obtenir que l'administration ouvrît des chemins dont le pays avait besoin autant que moi, et j'achetai le Val-Richer. »

Ce qui plut aussi au savant, ce furent les traditions et l'histoire de l'ancienne abbaye. Il y avait là de grands souvenirs et de grands noms qui devaient attirer et retenir l'historien et l'homme d'État. Si la luxuriante végétation du pays d'Auge avait recouvert les vieilles ruines, la pensée pouvait s'égarer à travers les siècles et reconstituer la longue existence du monastère.

D'abord fondée au hameau de Soleuvre, entre Vire et Thorigny, par Nivard, que saint Bernard avait envoyé en Normandie vers l'année 1146, l'abbaye, grâce à l'appui de Philippe de Harcourt,

(1) *L'Abbaye du Val-Richer*. Étude historique par G. Dupont, président du Tribunal de Valognes. Caen, Le Blanc-Hardel, 1866; 1 vol. in-8°.

évêque de Bayeux, et d'Arnoul, évêque de Lisieux, ne tarda pas à être transférée dans le pays d'Auge, au lieu appelé le Val-Richer. Cette translation s'effectua aux environs de 1150.

La charte de fondation de l'abbaye fut confirmée, dans l'année même, par Hugo, archevêque de Rouen, et, en 1164, par le Pape Alexandre III.

Les constructions avaient déjà été commencées, cinq ou six ans auparavant, par l'abbé de Mortemer, Adam, qui avait envoyé quelques moines de l'ordre de Cîteaux au Val-Richer. — Adam n'ayant pas persévéré dans ses projets, avait rappelé ses moines, d'accord avec l'évêque de Bayeux, qui s'était empressé d'installer à leur place les religieux de Souleuvre. — Largement dotée par l'évêque et de nombreux seigneurs du pays, l'abbaye ne tarda pas à acquérir une influence considérable, ce qui motiva, vers l'année 1159, la confirmation de sa charte de fondation et de ses privilèges, par le roi Henri II.

Le Val-Richer tirait en outre, de son origine, une cause particulière de prospérité. Le nom de saint Bernard entourait d'un grand prestige tout ce qu'il avait touché; aussi, à peine dix ans s'étaient-ils écoulés, qu'un de ses moines devenait abbé de Saint-Martin de Séez.

Ici se place un événement qui jette un certain éclat sur l'histoire de l'abbaye et dont le souvenir a été conservé par deux historiens normands : Hermant, curé de Saint-Pierre de Maltot, auteur d'une *Histoire du Diocèse de Bayeux*, dont le manuscrit en trois volumes (1) se trouve à la Bibliothèque de Caen; et Jean Le Prévost, chanoine et promoteur de Lisieux, qui écrivit, au XVIIe siècle, les *Vies des Saints Patrons du Diocèse de Lisieux*. — Nous voulons parler du séjour que fit Thomas Becket au Val-Richer. L'archevêque de Cantorbéry avait, en 1164, quitté l'Angleterre où sa vie et sa liberté étaient en danger. L'évêque de Lisieux, Arnoul, ancien archidiacre de Séez, son ami le plus sûr et son protecteur le plus puissant, qui avait déjà tenté de mettre fin à sa querelle avec le roi, accueillit le prélat fugitif dans son diocèse, et l'abbaye du Val-Richer devint son asile.

« L'église du Val-Richer, dit Hermant, tient à gloire que Thomas Becket, archevêque de Cantorbéry et chancelier d'Angleterre, qui reçut la couronne du martyre en 1170, fuyant la colère de son prince, s'y soit réfugié pendant un temps considérable, portant l'habit de Cîteaux qu'il avait reçu du Souverain Pontife et s'occupant, comme les autres, à la prière, au travail des mains, aux veilles et aux plus pénibles exercices de la vie pénitente et religieuse. Elle avait même conservé les ornements sacrés dont il se servait à célébrer le saint sacrifice de la messe, comme une relique précieuse; mais elle en a été dépouillée par la barbarie que les calvinistes exercèrent, en 1562, sur ce qu'il y avait de plus digne de respect et de vénération. On montre encore, dans un petit bois qui est proche de l'abbaye, le lieu où il se retirait souvent pour s'occuper de la contemplation des choses célestes. »

Jean Le Prévost n'est pas moins affirmatif. La tradition était, du reste, enracinée dans le pays, témoin ces curieux détails que nous donne M. Guizot dans ses mémoires : « Lorsque, sept cents ans après sa fondation, je devins propriétaire de cette terre et de cette maison qui n'avaient plus ni seigneur, ni moines, un vieux paysan, adjoint à la mairie de Saint-Ouen-le-Paing, qui est le chef-lieu de ma commune, me dit un jour : « Si vous voulez, monsieur, je vous mènerai dans les bois du Val-Richer, à l'endroit où le saint allait faire ses prières. — Quel saint ? lui dis-je. — Ah ! je ne sais pas son nom; mais il y a eu un saint qui a demeuré au Val-Richer, et qui allait faire ses prières dans le bois, à un endroit dont on se souvient. » Je fis des questions à de mieux instruits que l'adjoint de Saint-Ouen-le-Paing, et j'appris bientôt par les plus savants archéologues normands que

(1) Le tome 1er seul a été publié. L'article relatif au Val-Richer se trouve dans le tome second.

le célèbre archevêque de Cantorbéry, Thomas Becket, pendant son exil en France, de 1165 à 1170, était venu à Lisieux et de là au Val-Richer, dont l'abbé Robert Ier était de ses amis ; qu'il y avait séjourné pendant plusieurs mois, menant la vie des moines, et qu'on y avait conservé longtemps les restes des ornements ecclésiastiques sous lesquels il avait célébré la messe. » — L'exilé quitta l'abbaye vers la fin d'octobre 1170 et rentra en Angleterre, où il devait trouver la mort sur les degrés de l'autel de sa cathédrale.

L'abbaye continua à prospérer ; en 1174, elle reçut la visite du bienheureux Girald, sixième abbé de Clairvaux, dont on voit la signature au bas de quelques actes de cette époque. La fin du XIIe siècle et le commencement du XIIIe virent, avec de nouvelles et importantes extensions de propriété, de nombreux procès que l'abbaye eut à soutenir contre les seigneurs, jaloux maintenant de ses privilèges.

Parmi les donations, une cependant mérite d'être notée. En 1203, au moment où la lutte entre Jean sans Terre et Philippe-Auguste n'était plus douteuse, un seigneur normand, Pierre des Préaux, grand partisan du roi d'Angleterre, donna à l'abbaye l'île entière d'*Escrehou*, située entre Jersey et la côte normande. Il mit comme condition qu'une église y serait construite, et que des prières y seraient dites pour le salut de son âme, de celles du roi Jean, de son père, de sa mère et de ses aïeux. — Un an s'était à peine écoulé que Pierre des Préaux était vaincu et chassé de Rouen par le roi de France.

Dans les premières années du XIIIe siècle, la construction de l'église de l'abbaye fut terminée. On avait dû en jeter les fondations vers 1194, car, à cette date, Robert de Fromentin fait un don, sous condition d'*être inhumé dans l'église*. — Ce ne fut toutefois qu'en 1220, que Robert de Abléges, évêque de Bayeux, la consacra sous le vocable de la Vierge. — De cette église, ainsi que nous l'avons déjà dit, il ne reste plus rien ; cependant, grâce aux souvenirs des vieillards qui avaient assisté à sa destruction au commencement de ce siècle, et au secours que fournit l'archéologie, son historien a pu reconstituer avec tous les éléments de la certitude, le plan et l'aspect de la basilique.

« L'église du Val-Richer, nous dit M. Dupont, ainsi que la majeure partie de celles qui datent de la fin du XIIe siècle et du commencement du XIIIe, appartenait au style ogival primitif. Elle formait une croix latine dont les bras étaient occupés par des autels et une sacristie. Elle n'avait pas d'abside demi-circulaire, mais une simple muraille percée de fenêtres. La nef était sans bas-côtés et sans chapelles ; le portail avait peu d'ornements : il était surmonté d'une niche dans laquelle était placée une statue de la Vierge. Enfin, les religieux n'avaient sans doute pas eu les ressources suffisantes pour entreprendre la construction des clochers, qui, d'après l'usage de l'époque, se dressaient à droite et à gauche de la façade occidentale. » Ils étaient remplacés au Val-Richer par un modeste clocher en bois. L'église était dirigée de l'est à l'ouest et formait un des côtés du carré régulier que dessinaient les constructions. Sa longueur était à peu près égale à celle du bâtiment qui a été conservé et qu'habitait M. Guizot.

Ce ne fut que beaucoup plus tard, vers 1272, qu'eut lieu la construction du cloître. Nous savons, par une donation, *à charge d'être inhumé dans le cloître*, qu'il était terminé en 1289. Son style était postérieur à celui de l'église : il formait un carré à l'intérieur des quatre principaux corps de bâtiment et entourait un préau planté d'arbustes et couvert de gazon, au milieu duquel jaillissait une fontaine, remplacée plus tard par un jet d'eau. D'élégantes colonnettes, reliées entre elles par des ogives, supportaient les voûtes et donnaient à ce lieu, si éloigné des bruits du monde, le caractère de mystère et de recueillement qui convient à la vie contemplative (1).

(1) L'abbaye du Val-Richer, *passim*.

L'histoire de l'abbaye, depuis cette époque jusqu'à l'invasion de la Normandie par les Anglais, fut remplie par des tentatives de réforme que provoquèrent vers ce temps le relâchement de la discipline et de regrettables dissensions intérieures. Le pouvoir royal s'immisça de plus en plus dans l'administration de l'abbaye et les donations s'arrêtèrent.

La domination anglaise en Normandie amena la confiscation des biens du monastère; toutefois, cette mesure dura peu. Les religieux prêtèrent bientôt le serment exigé par le roi d'Angleterre, et, le 1ᵉʳ mars 1419, le Val-Richer rentra en possession de ses domaines.

Quelques années après, en 1431, le duc de Bedford fondait l'Université de Caen, qui devait acquérir un renom mérité. Aussitôt après son établissement définitif, en 1439, l'abbé du Val-Richer s'empressa d'y envoyer tous les ans des religieux, qui jouissaient, pendant le temps de leurs études et après qu'ils avaient conquis leurs grades, des privilèges accordés aux membres de l'Université. Jean Frougier, qui avait été abbé de 1421 à 1425, fut reçu lui-même, en 1440, au nombre des professeurs.

Le moment de la délivrance approchait. En 1449, grâce aux exploits de Jeanne d'Arc et à la marche victorieuse de Charles VII, le Val-Richer redevint français de fait et fut délié du serment prêté aux Anglais.

Un siècle après, la Réforme vint apporter aux religieux de nouvelles et cruelles épreuves. Depuis 1539, l'abbaye avait été donnée en commende, sans opposition de la part des moines, qui jusqu'alors avaient protesté aussi bien par les paroles que par les actes. L'ère de la décadence commençait. Elle fut hâtée par la catastrophe de 1562, année où les calvinistes pénétrèrent dans le couvent et le réduisirent au plus triste état. Les désordres de la Ligue ajoutèrent encore à ces calamités : en 1589, les troupes de Henri IV occupèrent le Val-Richer et le ruinèrent de fond en comble. Il ne resta que des murs croulants et des toits crevassés.

L'abbaye se releva lentement de ses ruines, et son existence, jusqu'à la fin du XVIIᵉ siècle, fut remplie par une lutte entre la réforme nouvelle, nécessitée par les enseignements du passé et la résistance opiniâtre que lui opposèrent la majorité des religieux. Nous voulons parler des démêlés que provoquèrent les partisans et les adversaires de l'*Étroite* et de la *Commune Observance*, démêlés qui ne prirent fin momentanément qu'en 1635, par l'élection du cardinal de Richelieu comme abbé de Cîteaux. Celui-ci n'était pas homme à souffrir la contradiction. La Réforme de Saint-Maur fut introduite chez les Grands Bénédictins et l'Étroite Observance dans Cîteaux. — Ce ne fut pas pour longtemps.

A cette époque nous rencontrons le nom d'un abbé qui, par son zèle et ses talents, tient une place à part dans l'histoire du Val-Richer. Le nom de Dominique Georges, associé à celui d'un de ses contemporains plus illustre, Armand de Rancé, le réformateur de la Trappe, a survécu à la ruine de son abbaye, et le souvenir de ses vertus n'est pas encore effacé. D'abord curé du Pré-d'Auge, il ne tarda pas à revêtir l'habit de Saint-Benoît. Son humilité, sa piété profonde, le firent bientôt choisir comme abbé, malgré ses refus réitérés. Sous son active administration, les bâtiments furent restaurés, l'ordre revint dans l'abbaye et tout reprit un aspect de prospérité depuis longtemps perdu.

Cependant la mort de Richelieu avait ramené les anciennes querelles. Les partisans de la Commune Observance relevèrent la tête et le Pape, sur la demande de l'abbé de Cîteaux, provoqua, en 1664, l'Assemblée générale de l'Ordre. Les partisans de la réforme élurent, pour défendre leur cause auprès d'Alexandre VII, Dominique Georges et Armand de Rancé. Ils partirent pour Rome et, pendant un an, ils s'employèrent avec la plus grande ardeur pour l'œuvre qui espérait en eux, mais sans succès. Le Pape appréciait l'abbé du Val-Richer, lui accordait une faveur et une estime particulières, sans faire triompher la cause qu'il venait défendre. Il fallut se rendre à l'évidence et rentrer en France. La cause de la réforme religieuse, qu'ils avaient soutenue avec éclat, était perdue.

La liaison de l'abbé et d'Armand de Rancé se resserra davantage, à la suite de leur commun échec. Elle dura jusqu'à la mort de Dominique Georges, qui s'éteignit doucement, à l'âge de quatre-vingts ans, le 8 novembre 1693.

Ici s'arrête, à proprement parler, l'histoire du Val-Richer. Louis XIV disposa de l'abbaye en faveur de François de Camilly, qui ne put empêcher la décadence rapide du monastère. En 1767, il ne restait plus que six religieux. Ils purent pressentir l'orage qui allait bientôt les disperser. Ce fut en 1791 que le couvent cessa d'exister; des cinq moines qui restaient, quatre prêtèrent serment à la Constitution et finirent misérablement. Les meubles, livres et autres objets garnissant l'abbaye furent vendus par la municipalité de Pont-l'Évêque, et, le 9 vendémiaire an V, les bâtiments, l'église et les terres furent adjugés à un sieur Leterrier pour la somme relativement importante de 97,767 livres. D'après l'*Almanach royal* de 1790, le revenu s'élevait à 3,500 livres.

En 1802, le nouveau propriétaire fit abattre l'église et tous les bâtiments, sauf la maison de l'abbé. Saint-Jacques de Lisieux, l'église de Cambremer, celles de Saint-Aubin et de Saint-Ouen se partagèrent ses maigres dépouilles. Puis le silence se fit.

On ne parlait plus du Val-Richer, quand un hasard providentiel conduisit M. Guizot dans ce coin de la Normandie. Grâce à lui, le Val-Richer s'est relevé de ses ruines; l'étude et la philosophie ont encore retrouvé sous ses ombrages l'inspiration qui en avait été bannie, et le nom de la vieille abbaye, appuyé maintenant sur la Religion et l'Histoire, est de ceux qui ne périront pas.

GABRIEL VANEL.

LE CHATEAU DE VICTOT

Après Dives, son port et sa vieille église; après Grangues et Douville et leurs châteaux, nous quittons le canton de Dozulé pour entrer dans celui de Cambremer, et nous rencontrons sur notre route un des monuments seigneuriaux les plus remarquables et de notre vallée d'Auge et de toute la Normandie.

Nous avons nommé le château de Victot.

Il n'est pas, comme ceux que nous venons de voir, placé sur une hauteur, entouré de futaies ou précédé d'avenues qui en accompagnent la masse monumentale. C'est dans les eaux limpides de l'étang qui l'entoure que se mirent ses briques vernissées, ses tuiles à reflets chatoyants, ses vieilles boiseries et ses tourelles à poivrière qui font le charme de cette vieille construction et lui donnent un cachet si particulier d'élégance.

Quand on le regarde de la rive opposée de l'étang, on aperçoit une très belle construction à deux étages en brique polychrome et pierre de taille, accompagnée de deux tourelles se terminant en pointe, celle de gauche polygonale et celle de la face affectant, au contraire, la forme circulaire. La partie inférieure et, portant dans l'eau, de l'ensemble de la construction, forme glacis en avant; une poterne ouvre sur l'étang à l'étage inférieur; les toits sont couverts de tuiles de diverses couleurs; la partie du château se trouvant en arrière des tourelles est surbaissée et construite en bois avec colombages. La façade de l'édifice donne sur un jardin entouré de murs surplombant les eaux.

Une fort belle fenêtre de pierre, formant saillie sur le toit, se voit à la tourelle ronde : cette sorte de lucarne est remarquable comme sculpture; en arrière, est une cheminée monumentale à arceaux à plein cintre.

En somme, nous avons devant nous un des plus beaux vestiges de l'architecture féodale de la Renaissance au XVIe siècle en Normandie.

L'église, très rapprochée du château, qu'elle accompagne fort heureusement dans le paysage, est sous le vocable de Saint-Denis. Une partie est romane, mais elle appartient principalement aux XVe et XVIe siècles (1).

Un récit du commencement du XVIIe siècle nous offre un piquant tableau de la manière dont on accédait alors au château de Victot. Il est tiré du Diaire du journal du chancelier Seguier en Normandie, lors de la révolte des nu-pieds (2).

Mais laissons parler l'auteur, ce qui conservera à son récit le charme du langage du temps :

« Le 14 février 1640, le chancelier sortant de Lisieux et s'estant arresté à trois lieues de cette

(1) M. DE CAUMONT. *Statistique monumentale*, t. IV.
(2) P. 257. Bibliothèque de Lierremont.

ville en la maison d'un gentilhomme nommé le sieur de Vicquetot, en trouva la sortie fort difficile et incommode, aïant esté obligé de passer par des chemins estroictz et fort difficiles entre une rivière et un fossé, par tant lequel chemin mondit seigneur le chancelier avoit esté obligé de demeurer à cheval et avoit veu près de soy tomber dans l'eaüe deux archers du Prevost de l'Isle, oultre huict de ses mulets qui se cuyderent perdre. »

A la commune de Victot est actuellement réunie celle de Pontfol. Richard Le Bret, seigneur de Pontfol, et Hugues Le Bret, prêtre et curé du lieu, vivaient en 1291 (1).

Quant à Victot, voici quelques documents que nous avons pu recueillir, un peu de tous côtés, sur ses anciens possesseurs.

En avril 1255, nous trouvons un vidimus de Saint-Louis d'une charte datée du jour de l'Assomption de Notre-Dame, 1247, par laquelle le recteur de l'église de « Vignetot » (nom que portait alors la paroisse), Thomas Soleman, en présence de Hugues de Vignetot et de l'évêque de Lisieux, donne à pure et perpétuelle aumône à l'église Saint-Denis de ce lieu, une pièce de terre y située dite le Gardin chamois (2).

Puis, vers le milieu du XVI° siècle, voici Jean de Victot, escuyer, mariant Isabelle, sa fille, à Colin Labbé, l'écuyer normand de du Guesclin, et tige de la famille de ce nom que nous avons vue s'allier à plusieurs maisons, notamment aux Trihan, à Douville et Bourgeauville (3).

Mais vers la fin du même siècle, la seigneurie de Victot avait changé de possesseurs, car nous voyons alors Robert Caperon nommant à la cure (4).

Aux premières années du XV° siècle, les Caperon n'étaient plus à Victot : cette terre appartenait alors, il est vrai pour en sortir bientôt, à la famille Gosse, et cette possession paraît même un peu antérieure à cette époque, ce qui rend celle des Caperon tout à fait éphémère, car le 16 août 1382, M° Jean Gosse, chanoine, et le 10 septembre 1392, Jean Gosse, escuyer, rendent aveu au roi pour la terre de Victot (5).

Dans un acte fort intéressant, nous dirons bientôt à quel point de vue, daté du 7 juillet 1463, par lequel le roi Louis XI intervient en faveur de Thomas II Boutin, escuyer, contre Thibault du Bois, pour le patronage de l'église de Victot, nous voyons que ce Thomas Boutin était alors seigneur et patron de la paroisse, du chef de sa mère Jeanne Gosse, dame de Victot, qui habitait, en 1435, Villiers-le-Sec, près Bayeux, avec Guillaume Boutin, son mari.

Ce dernier avait lui-même pour père et mère Thomas I" Boutin, maintenu noble en la vicomté de Vire, le 5 juin 1388, et Catherine de la Lande.

Ceux-ci, outre Guillaume, eurent un autre enfant, une fille, dont l'histoire n'indique pas le nom de baptême, mais qui épousa Jean Chartier, bourgeois de Bayeux.

Elle fut la mère de Guillaume Chartier, le célèbre évêque de Paris, mort en 1472; du poète Alain Chartier, mort en 1450, et de leur frère Thomas Chartier, notaire et secrétaire du roi Charles VII.

C'est l'acte de 1467, déjà cité, découvert par M. le marquis de Beaucourt et publié par lui avec une savante étude sur les Chartier, qui nous révèle ces très curieux détails : il y est dit, en effet, expressément, que les trois frères Chartier étaient les neveux de Guillaume Boutin (6).

---

(1) LÉCHAUDÉ D'ANISY, t. I.
(2) *Mémoires de la Société des Antiquaires de Normandie*, t. XVI.
(3) LE PREVOST. *Pouillés de Lisieux*. Les pouillés étaient la liste des paroisses d'un diocèse et de leurs patrons spirituels et temporels.
(4) *Statistique monumentale du Calvados*, t. IV, p. 145, et *Généalogie Labbey*, Mss., Archives de Lierremont.
(5) Notes de M. le vicomte L. DE NEUVILLE.
(6) *Les Chartier*, Caen, 1869, in-4°, Pass.

Ajoutons ici, puisque l'occasion s'en présente, que cette savante étude démontre très clairement que les Chartier de Bayeux n'ont absolument rien de commun, sauf leurs nom et prénoms, avec les Chartier, seigneurs d'Allainville en Beauce, issus, ceux-là, des fondateurs du célèbre collège de Boissy, et appartenant à la lignée noble de Chalou-Saint-Mards. Ces derniers sont de l'Orléanais. A la Normandie, au château de Victot, la gloire d'avoir vu naître et grandir le poète et ses deux frères; aucun d'eux du reste n'a fait souche (1).

Le nom de la femme de Thomas II Boutin, l'impétrant des lettres de 1467, n'est pas indiqué; mais il avait un frère, Robert, qu'il nomma à la cure de Victot en 1463, et son fils, Jean Boutin, épousa, en 1497, Marguerite Vipart, d'une famille illustre alliée aux Briqueville et aux Madaillan-Lesparre, dont la ruine célèbre du château de Lassay, à Saint-Arnoult, rappelle le souvenir (2).

Ce Jean Boutin rendit aveu de Victot, les 23 juin 1484 et 29 octobre 1498.

En 1455, une branche de la famille Gosse était encore à Victot, car nous trouvons à cette date Thibault du Bois jouissant du fief de Jean Gosse, alors décédé (3).

Lors de la recherche des élus de Lisieux, en 1540, Michel Boutin, escuyer, seigneur de Victot, fils de Jean, fut maintenu dans sa noblesse : il déclara être issu de Thomas Ier et de Catherine de la Lande, dont nous avons parlé. Dès le 28 mars 1515, il avait rendu aveu de son fief (4).

Après lui, nous voyons à Victot Philippe Boutin, escuyer, marié vers 1560 à Geneviève de Croixmare, qui était veuve en 1595 (5).

Outre une fille, mariée, en 1579, à Nicolas II Costard, escuyer, dont postérité (6), ils eurent un fils, Pierre Boutin, chevalier, bailli de Caen, le dernier seigneur de Victot de sa maison qui cessa de vivre le 13 décembre 1626.

De ses deux femmes, Madeleine de Morant d'Éterville et Renée Le Landois, dame d'Hérouville, Pierre Boutin laissa quatre filles, trois du premier lit et une du second :

L'aînée, Geneviève, resta sans alliance;

Anne Boutin, qui épousa, le 12 septembre 1624, Jacques de Vieux, escuyer, ardent protestant, mais qui se convertit à son lit de mort et fut inhumé à Paris en l'église Saint-Nicolas-des-Champs, après le 17 mai 1644;

Françoise Boutin, qui se maria deux fois, d'abord le 18 septembre 1628, à Richard de la Luzerne, du chef de sa femme, seigneur de Victot en partie, Pontfol, Léaupartie, etc., gouverneur du Mont-Saint-Michel, où il fut inhumé le 1er août 1636; puis avec Jacques d'Oilliamson, chevalier, seigneur et patron de Villerville, le 2 octobre 1640;

De ces deux mariages, Françoise laissa postérité (7).

Quant à Madeleine Boutin, la plus jeune fille de Pierre, elle épousa, le 28 novembre 1641, Jacques III de Sainte-Marie, escuyer, seigneur et patron d'Aigneaux (ou Agneaux) et de Victot en partie, dont elle eut des enfants. C'est elle qui, dans l'état de fiefs de 1680 que nous possédons, est indiquée dame de cette terre, quoiqu'elle fût morte en 1672.

---

(1) *Généalogie de la famille des fondateurs du Collège de Boissy*, mss. copie de l'imprimé de la Bibliothèque nationale. Archives de Lierremont. Pour la lignée de Chalou-Saint-Mards, V. *Annuaire de la noblesse*, 1864, art. PETITOT.

(2) Notes de l'abbé RICHARD, curé de Rumesnil, et *Dictionnaire de la noblesse*.

(3) En 1668, fut maintenue à Gerrots une famille Gosse, mais issue de Robert, seigneur des Casteaux, anobli en 1593 (maintenue de 1668, mss. Archives de Lierremont).

(4) Recherche de 1640, mss. *ibid.*

(5) *Histoire de la maison d'Harcourt*. Pass.

(6) Recherche de 1666, *Généralité de Caen*, t. I, p. 176.

(7) Notes de l'abbé RICHARD. Recherche de 1666. *Généralité de Caen*, t. I, p. 188, 340.

Il est probable qu'à la mort de leurs mères, MM. de la Luzerne, d'Oilliamson et de Sainte-Marie (1) aliénèrent la terre de Victot pour sortir de l'indivision, car dès le 21 juin 1762, nous y trouvons une nouvelle famille (2), en la personne de Thomas Le Normand, escuyer, seigneur du Val, nommant à la cure comme seigneur et patron du lieu.

Lors de son mariage avec Jeanne du Lys, célébré après le 18 février 1697, ce Thomas Le Normand, garde du corps du roi, habitait Estrées; nous croyons, sans toutefois pouvoir l'affirmer, qu'il descendait de Guillaume Le Normand, escuyer, marié, en 1521, à Marie Guyon (3).

Quant à Jeanne du Lys, elle était fille de M° François du Lys, conseiller du roi, élu en l'élection de Pont-l'Évêque, puis procureur fiscal à Lisieux, marié, le 28 octobre 1668, à Catherine Le Chien (4).

Cette famille, qui paraît issue de la lignée des frères de Jeanne d'Arc, a fourni à Lisieux et à son diocèse des magistrats, des chanoines et des curés; sa postérité féminine subsiste encore dans la famille de la Balle du Rouy (5).

Outre deux filles entrées dans les familles de la Rocque et Riquier de la Cauvinière, Thomas Le Normand eut un fils, François-Claude Le Normand, escuyer, sieur du Val et seigneur et patron de Victot, qui, de trois mariages, laissa plusieurs enfants, entre autres Thomas-François Le Normand, escuyer, seigneur et patron de Victot, dont le fils y fut baptisé le 17 novembre 1781, Jacques-Claude-Constantin Le Normand, escuyer, seigneur de la Pasture à Estrées en 1782, et Marie-Anne-Félicité Le Normand, mariée à Victot, le 1er février 1749, à Jean de Venois, marquis d'Amfreville (6).

Voilà ce que nous savons des anciens seigneurs de Victot.

Cette terre et son magnifique château appartiennent actuellement à M. Aumont, si connu par ses succès hippiques, qui en a fait, grâce aux fertiles prairies d'alentour, le centre d'un élevage considérable.

Le Commandeur HENRY LE COURT.

(1) Le 6 juillet 1672, François-Louis de Sainte-Marie, chevalier, seigneur d'Aigneaux, Victot, etc., reçut un aveu comme héritier de Madeleine Boutin, sa mère. — Original sur parchemin. Archives de Lierremont.

(2) Le 25 mars 1704, disent les *Insinuations Ecclésiastiques de Lisieux*, t. I, p. 592, Georges-François de Bec-de-Lièvre, chevalier, seigneur de Villers, et Madeleine Boutin, sa femme, nomment à la cure de Victot; mais c'est Marguerite de Sainte-Marie qu'il faut lire. *Dictionnaire de la noblesse*, 1863, t. II, p. 804.

(3) Recherche de 1666. *Généralité de Caen*, II, 688.

(4) État civil de Lisieux (Saint-Germain).

(5) *Les du Lys normands*, 1893, in-8°, par H. LE COURT.

(6) État civil de Victot, Minutes de Beaumont-sur-Auge, Feral et Généalogie de la famille de Venois, mss. Archives de Lierremont.

LE CHATEAU DE MANERBE

L'ancienne paroisse de Manerbe, bien qu'ayant perdu de son importance, est encore une des plus grandes communes du canton de Blangy. Sa destinée a toujours été de ne pas appartenir à Lisieux, dont six kilomètres seulement la séparent : jadis, elle dépendait de l'évêché de Bayeux, exemption de Cambremer; actuellement elle est rattachée à Pont-l'Évêque.

Manerbe était autrefois couvert de fiefs : voici en quels termes les énumère un état manuscrit de la fin du XVIIe siècle que nous possédons :

Communs du Château.

« Manerbe, demy-fief de chevallier appellé l'honneur de Manerbe, relève de la baronnie de Cambremer, le dict s^r de Manerbe a droict de château et au bénéfice.

« Le fief Donait, 6me de fief, appartenant à Guillaume Farouet.

« Courseule 8me de fief. — Le Prédauge, tiers de fief. — Argentelles, Manerbe, demy-fief tenu en parage de François Borel, appartenant à Robert Rosey, arrière-fief; le fief de la Planque, le fief du Menillet (1). »

Après avoir appartenu à une famille portant son nom, la terre de Manerbe passa dans la famille Servin, qui la possédait au XIVe siècle, et « dont l'un des membres, revenu d'Orient, ne fut point étranger, — nous écrit M. l'abbé Loir, l'érudit président de la Société historique de Lisieux, — à l'introduction et à la prospérité de la fabrication de la céramique prédaugienne ».

Puis, dès 1463, nous trouvons à Manerbe les Borel; cette famille, qui se disait originaire d'Espagne, a conservé cette terre jusqu'au milieu du XVIIIe siècle, sous le titre en dernier lieu de baronnie et de comté. Elle a formé de nombreux rameaux qui ont possédé les terres de la Viparderie, des Essarts, d'Herbigny, des Varendes, des Fontaines, etc.; l'un d'eux, celui de Boulon, terre qui

(1) État des fiefs de la vicomté d'Auge, mss. Archives de Lierremont.

lui venait des Hébert, s'est fondu, au commencement du siècle dernier, dans la famille Varin, qui a donné à Pont-l'Évêque ses derniers tabellions (1).

Sortie de la famille Borel, la terre de Manerbe, après de nombreuses mutations, fut achetée, en 1833, par M. de Baglion de la Dufferie. Cette possession devait être néfaste pour le vieux château contemporain de Louis XIV, et qui avait déjà beaucoup souffert lors de la Révolution; car le nouveau propriétaire en démolit les précieux vestiges au lieu d'en faire l'objet d'une réparation intelligente qui eût fait valoir ces nobles restes du passé. Actuellement s'élève, à la place du vieux manoir, une vaste maison carrée, sans style et complètement moderne : elle est entourée de douves, de magnifiques eaux vives et de superbes futaies; un très beau parc couvre la colline voisine et ses ombrages s'aperçoivent de la vallée de la Touques. Seuls les communs du vieux château sont restés debout; ils portent l'empreinte du grand siècle, et la date de 1669 qui s'y lit encore était celle de la construction de l'ancienne demeure des de Borel, qui a si malheureusement disparu.

Aujourd'hui, la terre de Manerbe appartient à M. le prince Michel Vlangali Handjéri, petit-fils du prince Alexandre Handjéri, ex-hospodar de Moldavie.

Le manoir d'Argentelles, situé sur Manerbe, à l'extrémité nord-ouest, vers le Torquesne et Formentin, ne présente aucun intérêt architectural; il est depuis deux siècles la propriété de la famille Le Prevost, et est actuellement habité par M. le baron Le Prevost d'Iray.

Avant la Révolution, Manerbe, outre sa cure, renfermait sur son vaste territoire deux chapelles, celle du Buisson et celle de Saint-Sauveur : elles ont depuis longtemps disparu.

Le Commandeur Henry Le Court.

_____

(1) *Insinuations ecclésiastiques de Lisieux.* Pass. État civil de Pont-l'Évêque.

LE CHATEAU D'HÉBERTOT

Nous voici en présence d'un des plus beaux et des plus curieux monuments du pays d'Auge.

Nous avons nommé le château d'Hébertot; il mériterait bien à lui seul une longue description qui ne rentre pas, malheureusement, dans le cadre de cette modeste étude.

Entouré de douves du plus bel effet, cet édifice imposant s'élève dans un parc de plusieurs hectares, merveilleusement aménagé et dominé à l'ouest et au nord par des collines d'où sortent plusieurs sources qui alimentent ses fossés; des autres côtés, la vue s'étend sur la vallée inférieure de la Calonne, des Authieux à Pont-l'Évèque; les verdoyants coteaux de Saint-Julien bornent l'horizon.

Le château se compose de deux parties bien distinctes : l'une, plus ancienne, vers l'est, datant de l'époque Louis XIII et comprenant un gros donjon carré; l'autre, à la suite, dont la construction révèle le style Louis XV et à l'extrémité de laquelle a été bâtie une tourelle moderne dans le goût du donjon, quoique moins élevée : malgré ces styles divers, l'ensemble des constructions présente un harmonieux effet.

Mais l'intérieur de la grosse tour, au rez-de-chaussée, a recouvré, grâce aux réparations faites il y a quelques années par M. Gillotin, sous la direction de M. Ruprich-Robert, l'architecte bien connu, son caractère primitif. Là, en effet, se trouve un immense salon rectangulaire, dont le plafond offre des poutrelles peintes et ornées des sujets les plus délicats, et à la base desquelles on voit un grand nombre d'écussons dont les mille couleurs présentent les nobles alliances de la famille qui possédait et fit bâtir Hébertot : les Nollent.

Au fond de cette salle magnifique, est une cheminée monumentale en pierre, revêtue de peintures comme celles du plafond, et au centre de laquelle on voit un sujet guerrier entouré d'écussons rappelant encore les alliances des Nollent, dont le blason, — *d'argent à 3 roses de gueules à la fleur de lys de mesme en cœur*, — occupe lui-même le centre, avec la devise de la maison de Lorraine : « Passe Avant », suivie de celle de la famille de Nollent, « Pas à Pas »; ce blason et ces devises se répètent l'un au-dessus, l'autre au-dessous du tableau central.

Il est difficile d'imaginer un ensemble plus majestueux, tant par l'harmonie de ses proportions que par l'agencement des tons et des couleurs, que celui qu'offre cette vieille salle, vestige aussi rare que pur du style normand à l'aurore du grand siècle.

Derrière la cheminée se trouve un cabinet de grand style, dont les plafonds reproduisent en de délicates peintures les armoiries d'alliances des anciens possesseurs du château.

Au premier étage de ce donjon, notons une chambre arrangée à la moderne, et qui n'a d'autre intérêt que d'avoir vu mourir Nicolas Vauquelin, le célèbre chimiste, un enfant d'Hébertot; au-dessus de cet appartement subsiste un immense grenier laissant voir les créneaux et les mâchicoulis très curieux de la tour.

Quant aux autres pièces du château, elles sont relativement modernes et meublées avec goût d'objets anciens recueillis avec soin par M. Gillotin, à qui on doit la réfection du bel escalier central en pierre.

Dans le parc se trouvent de très belles cascades et des arbres magnifiques; un cèdre du Liban, paraissant contemporain de celui du Jardin des Plantes de Paris, a été détruit par l'ouragan du 12 novembre 1894.

Un mot maintenant sur l'histoire du château.

Hébertot, depuis longtemps divisé en deux paroisses, Saint-Benoît et Saint-André, — c'est sur cette dernière que se trouve le château, — paraît être un lieu de fondation très ancienne, englobant jadis dans ses limites la paroisse voisine du Vieux-Bourg, — Notre-Dame d'Hébertot.

On y trouve, dès le XIVᵉ siècle, l'antique famille de Nollent déjà divisée en plusieurs branches, et dont nous avons fait l'historique en parlant du château d'Aguesseau à Trouville.

C'est sur Saint-Benoît d'Hébertot que paraissent le plus anciennement les Nollent : ils y possédaient le fief principal de Fatouville et les fiefs secondaires de Launay, du Quesney et de la Heurtrie; ce ne fut que plus tard, dans les dernières années du XVIᵉ siècle, que Jacques de Nollent, escuyer, seigneur de Fatouville, Olendon et Hébertot, frère d'Hélie, seigneur de Trouville, fit l'acquisition de la terre de Saint-André d'Hébertot; Guy, son fils, se maria avec Jeanne de Lannoy-Améraucourt, d'une illustre maison, et bâtit le donjon actuel, qu'il vint habiter en 1617.

A sa mort, en 1647, — il avait deux fils, François et Nicolas de Nollent, — sa branche forma deux rameaux, bientôt réunis, dès 1664, par le mariage de ses petits-enfants, François-Marie de Nollent, escuyer, seigneur de Fatouville, fils de Nicolas et de Marie d'Espinay Saint-Luc, et Marie-Madeleine de Nollent, dame d'Hébertot, fille de François et de Madeleine Arthur.

Mais Jean de Nollent, marquis d'Hébertot, leur fils unique, né en 1675, n'eut de son mariage avec sa cousine Madeleine-Angélique de Nollent, dame de Trouville-sur-Mer, qu'une fille, Françoise-Marthe-Angélique de Nollent, qui naquit à Hébertot, le 16 septembre 1704, et que nous avons vue épouser le fils aîné du chancelier d'Aguesseau, dont elle n'eut pas d'enfants.

Tandis que la terre de Trouville passait aux Nollent-Couillarville, puis aux Pimbert, celle d'Hébertot fut vendue par Madame d'Aguesseau, vers la fin de sa vie, à Pierre-Constantin Le Vicomte, châtelain et comte de Blangy, d'une antique famille normande; mais celui-ci ne la conserva que quelques années et la transmit à M. Thomas Duhamel, banquier à Rouen.

A la mort de ce dernier, vers le commencement de notre siècle, la terre d'Hébertot fut une première fois divisée : le château et une grande partie de ses dépendances restèrent la propriété de M. Thomas-Pierre Duhamel, fils de l'acquéreur; mais le surplus, comprenant notamment la colline vers le nord, passa à sa veuve, remariée de M. Christophe Mac-Cartan. Ce dernier fit bâtir là un petit château qui a conservé son nom et n'a d'autre mérite que ses beaux ombrages et la vue splendide qu'on y découvre.

Après M. Duhamel fils et sa mère, le domaine d'Hébertot subit un nouveau partage, entre MM. Édouard et Stanislas Duhamel : le premier vendit bientôt le château et les fermes, contenant environ 50 hectares, à M. Gillotin, en 1853, et les héritiers du second possèdent encore aujourd'hui le petit château de Mac-Cartan avec le surplus de l'ancien domaine d'Hébertot.

C'est, nous l'avons dit, à M. Gillotin, qui représenta longtemps le canton de Blangy au Conseil général du Calvados et mourut il y a vingt ans, regretté de toute la contrée, qu'on doit les importantes restaurations qui ont rendu au château d'Hébertot son ancienne splendeur et sa physionomie primitive; sa veuve entretient avec le plus grand soin ce précieux joyau d'architecture normande.

L'église de Saint-André d'Hébertot, enclavée dans le parc et les jardins du château, était jadis desservie par un prieur-curé comme la chapelle de Saint-Arnoult-sur-Touques. Elle offre un curieux spécimen du style roman et mérite d'être visitée. Avant la tourmente révolutionnaire, elle renfermait les tombeaux de la famille de Nollent; cet édifice a été, il y a quelques années, l'objet d'importantes réparations.

Le Commandeur HENRY LE COURT.

ANCIEN MANOIR À BIÉVILLE

APPENDICE

BIÉVILLE-SUR-ORNE

Si, pour se rendre à Biéville-sur-Orne, on quitte Caen par le chemin de fer de Courseulles pour s'arrêter à Cambes, ou si l'on prend tout simplement la route de Lion-sur-Mer qui traverse Biéville, on parcourt une campagne riche, il est vrai, mais nue et sans arbres : il semblerait que cette plaine ne finira jamais; cependant, après 4 ou 5 kilomètres, on est tout étonné d'entrer dans un vallon verdoyant d'où émergent quelques châteaux ou riches habitations bourgeoises entourés d'épaisses futaies. Plus loin, surgit une tour d'église qui égaie encore le paysage : on semble entrer dans un tout autre pays. C'est que nous arrivons dans la vallée de l'Orne et que nous touchons aux confins des gras pâturages que baigne cette rivière.

Nous sommes à Biéville, petit village à 7 kilomètres de Caen. Cette commune a dû avoir une certaine importance, si l'on en juge par son église.

Vue d'ensemble.

D'après une photographie de M. B. Magron.

Celle-ci, sous l'invocation de Notre-Dame, était, dès l'année 1082, sous le patronage de l'abbaye de Saint-Étienne de Caen. Construite dans le style roman, elle présente des caractères fort curieux à étudier.

Sa façade en pignon aigu, dirigée vers l'occident, possède une porte cintrée, dont les archivoltes se composent de cinq rangs de dessins variés d'un très heureux effet; le dernier repose sur deux têtes humaines appuyées sur les chapiteaux des deux colonnes cylindriques qui ornent l'entrée; ces chapiteaux ne présentent que des godrons fort élémentaires.

Au-dessus de la porte est une galerie de six arcades cintrées dont deux seulement, la seconde et la cinquième, sont ouvertes en fenêtres.

Surmontant la galerie précédente, dont elle est séparée par un cordon, une fenêtre cintrée accostée de deux colonnes identiques à celles de la porte, et placée entre deux oculus de forme assez primitive, termine la décoration de la façade.

Le côté nord de l'église a trois travées séparées par des contreforts. Chacune d'elles présente, au troisième tiers environ de sa hauteur, une triple arcade cintrée, dont celle du milieu forme fenêtre.

La toiture est supportée par une corniche qui s'appuie elle-même sur des corbeaux ou modillons fort curieux, présentant des animaux, des figures grotesques et même des obscena.

Vue du côté méridional.

D'après une photographie de M. B. Mayran.

La tour, assez élégante, est décorée jusqu'au premier étage par une arcade de cintres élancés. L'étage supérieur offre de chacun de ses côtés trois arcades ogivales ornées d'élégantes colonnettes et dont celle du milieu seule est ouverte. Le toit, élevé au-dessus d'une corniche à modillons en dé, se termine en bâtière et est couvert en tuiles. Une sacristie neuve, construite à peu près dans le style du reste de l'église, vient après la tour.

N'oublions pas que dans la travée centrale de la nef existait une porte, aujourd'hui bouchée, présentant une arcade cintrée sans ornements et portant sur un linteau dont la partie supérieure a une forme angulaire, ce que nous rencontrons dans un certain nombre d'églises romanes de la contrée.

Le côté méridional de l'église est loin d'être dans le même état de conservation que celui du nord. Sauf la première travée, où néanmoins on a remplacé quelques modillons d'une façon assez malheureuse, les arcatures ont été bouchées et coupées un peu au-dessous des chapiteaux des colonnettes et remplacées par une fenêtre carrée, dont la partie supérieure présente une légère courbe.

Aux côtés de l'abside, on remarque des transformations considérables : une porte cintrée et les trois arcades supérieures ont été bouchées et ont disparu, puis on a ouvert, au XIVe siècle, dans cette muraille ainsi formée, une fenêtre ogivale à meneaux flamboyants, qui a entamé une partie de l'archivolte de la porte et n'a laissé que des traces très visibles, du reste, des arcatures des fenêtres.

Un énorme contrefort, appuyé par deux colonnes cylindriques s'élevant jusqu'à la toiture, sépare cette partie de l'extrémité de l'abside où s'ouvre également une fenêtre ogivale dont les meneaux ont une disposition plus simple. Presque en haut du contrefort, on distingue une frise faite de deux rangs de sculptures simulant des imbrications tournées en haut; les chapiteaux des colonnes présentent l'effigie d'oiseaux aux ailes éployées.

Le chevet est droit et n'offre aucun caractère remarquable. L'intérieur de l'église, autour de laquelle règne un cordon, présente une particularité digne d'être signalée : l'arc triomphal qui sépare le chœur de la nef est en cintre très surbaissé et ayant l'apparence d'une anse de panier affaissée. Les deux côtés de l'arc se replient pour ainsi dire et rappellent certaines formes mauresques. On a prétendu que cette forme surbaissée ne provient que d'un tassement, et peut porter atteinte à la solidité de la voûte. Nous pensons qu'il suffit de bien examiner la forme et l'état de cette arcade pour être convaincu qu'elle a été construite ainsi. En effet, s'il y eût eu un affaissement, il existerait au-dessus du cintre des fissures; il en serait de même sur les côtés. Or, les murs sont intacts, les piliers et leurs corniches ont conservé leur aplomb; de plus, les pierres formant le cordon de l'arcade semblent plus larges, plus épaisses au moment où elles se rapprochent du point des soutiens, c'est-à-dire du chapiteau du pilier : c'est ce qui en accentuerait la forme.

Dans l'inventaire des archives du Calvados, archives communales E, supplément, 693, GG, 4, on trouve qu'en 1696, un curé de Biéville, du nom de Nicolas Tabourier, voulant reporter l'autel contre le mur du chevet de l'église, dont il était éloigné d'environ 4 pieds, trouva deux épitaphes encastrées dans ce mur, et qu'il eut le soin de les copier. L'une est celle de noble homme Hélie Lucas, sieur de la Vallée, qui décéda le 10 mai 1578; l'autre, de Gilles de Foulogne, sieur des Authieux, de Petyville et du Londel, décédé le 6 septembre 1588.

La tour possède, comme nous l'avons dit, des arcades cintrées à l'extérieur, jusqu'au premier étage, mais à l'intérieur la voûte est ogivale. Nous pensons que cette voûte a été faite au moment de la construction de la partie supérieure de la tour, bien que M. Bouet, dans le tome 37 du *Bulletin monumental*, page 442, affirme que cette disposition existait dans un certain nombre de clochers romans du XIe siècle. Nous comprendrions facilement qu'il en fût ainsi, s'il s'agissait d'un essai timide de cintre ogivé, si l'on peut s'exprimer ainsi; mais là nous rencontrons une ogive franchement accusée et qui a beaucoup trop de rapports avec celles qu'on remarque dans la partie supérieure de la tour pour ne pas les considérer comme étant de la même époque. Du reste, M. Bouet faisait observer qu'il existait à droite un enfoncement cintré (ce qui confirmerait notre allégation, au sujet de la construction primitive) et que là devait exister un autel; on vient d'y établir une chapelle. La supposition que faisait M. Bouet était juste sous ce dernier rapport, car dans l'inventaire du fonds des archives communales que nous avons cité, on trouve à l'article E, supplément, 690, GG, 1, que Jean de Foulongne, écuyer, sieur de Petiville et du Londel, décédé le 21 novembre 1637, âgé de quatre-vingt-seize ans, fut inhumé le 23 au pied de l'arcade de la tour de ladite église où est érigée la *chapelle de la racine de Jessé.*

La configuration de l'église de Biéville rappelle, d'après tous les archéologues, celle de l'église de Mouen, surtout dans la position de la tour accolée du côté du nord. Ces deux églises, du reste, étaient l'une et l'autre sous le patronage de l'abbaye de Saint-Étienne de Caen, et leur ressemblance n'est sans doute que la conséquence d'un plan adopté par les maîtres de l'œuvre de ce monastère.

A quelques mètres de l'église, on peut remarquer les ruines d'un ancien manoir du XVIe siècle, dont il ne reste qu'un pavillon avec une autre construction plus petite qui y est accolée.

Ce château, connu sous le nom de fief Ruberey, a dû avoir une certaine importance, si l'on s'en rapporte à ce qui en reste. Il est aujourd'hui transformé en ferme. Ses toits aigus sont remarquables. Il existe encore quelques fenêtres avec meneau en croix. De distance en distance, on aperçoit dans la muraille de petites ouvertures carrées prenant jour dans un rectangle taillé en biseau et qu'on a considérées comme des meurtrières. L'aspect du château, qui ne présente aucun caractère de construction militaire ou aménagement pour une défense quelconque, la petitesse des ouvertures qui n'eussent pas permis l'introduction ni la direction d'un canon de mousquet ou d'arquebuse, ne nous autorisent à voir dans ces ouvertures que de simples judas.

Deux logettes saillantes à la partie supérieure du bâtiment accolé au pavillon principal, et prises pour des engins de défense, nous ont semblé, par leur construction, être de vulgaires cabinets d'aisances, d'autant mieux qu'à la physionomie que présente l'édifice, nous émettons la croyance qu'il a dû être entouré de douves.

Ce manoir est aujourd'hui la propriété de M. Baraudet, maire de Biéville, qui habite tout auprès un château du XVIIIe siècle.

Abel Decauville Lachènée.

Cliché H. Magron — Lemercié & Cie Imp. Paris — Héliog. P.Dujardin

CHÂTEAU DE LA LONDE

Calvados

LE CHATEAU DE LA LONDE

Le nom de La Londe est très répandu en Normandie. Nombre de localités ou de familles portent ce nom ou des variantes. Ainsi nous avons *Londe, La Londe, Le Londe, Le Londel, de Londe, de La Londe, Delalonde, des Londes, du Londel,* etc.

Suivant les uns, le mot *Londe* est un mot celtique qui signifie *terre inculte* ou *bois.* Suivant Huet, évêque d'Avranches, *Land* avait le sens de *terre inculte,* d'où *Lande.* Les Anglo-Saxons disaient aussi *Lond* dans le même sens, d'où *La Londe* et son diminutif *Londel.*

D'après le Dr Fabricius, savant Danois qui a plusieurs fois visité Caen, le mot *Lond,* ou *Lund,* veut dire *futaie,* et *Londel, petite futaie.*

Une découverte faite, il y a quelques années, en creusant le fossé d'un herbage sur le côté droit de l'avenue actuelle du château de La Londe, prouve clairement qu'il existait dans cette localité une station gallo-romaine. Au milieu de cendres d'ossements, on trouva un petit collier d'animal rappelant ceux usités à cette époque. Cet objet est conservé au musée des Antiquaires de Normandie, auquel il a été donné par M. A. de Formigny de La Londe. On peut en voir un dessin et lire la description de cette découverte avec une planche à l'appui, dans le *Bulletin* de cette Société savante.

Quelques médailles romaines de peu de valeur ont été trouvées dans les environs de La Londe, où une dépression de terrain, avec une pièce d'eau, résultat du drainage naturel, au milieu d'une plaine généralement aride, attira quelques habitants.

La tradition veut qu'à l'époque de l'occupation anglaise, de 1415 à 1450, Henri V, roi d'Angleterre, comme maître et propriétaire du sol par droit de conquête, gratifia un des vainqueurs, du *Manoir de La Londe à Biéville.* On ignore sur quelle famille ce manoir fut confisqué et si les anciens maîtres rentrèrent en possession de leur demeure après la bataille de Formigny, en 1450.

Ce n'est guère qu'à partir de la fin du XVIe siècle que l'on trouve des renseignements précis sur les familles qui ont possédé simultanément et successivement la terre de La Londe.

A cette époque, on voit mentionnée la famille Le Bas, dont les membres sont qualifiés de sieurs de La Londe et de Cambes. En 1607, la veuve de Jean Le Bas reconnaît tenir en sa main, sous la mouvance du roi, un manoir, etc. On rencontre aussi, dans les actes de ce temps, les noms de *Pierre Le Bas de La Londe, sieur de Saint-Pierre* et de *Gilles Le Bas, sieur de La Londe.*

En 1702, *Jean-François Le Bas, sieur de La Londe,* vendit des biens à Jean Le Dars. Cette famille Le Dars et la famille Le Grand des Essarts sont mentionnées dans des actes de vente de 1693 et de 1698.

Enfin, la famille Andrey des Pommerais, dont le nom se rencontre fréquemment depuis 1571, et qui, antérieurement à cette date, possédait des terres dans cette région, a successivement acquis la plus grande partie des biens appartenant aux familles citées plus haut.

C'est des héritiers de Jacques Le Dars, que Jacques Andrey, conseiller et procureur du roy, acquit, en 1725 et en 1730, les terres et bois compris plus tard dans le parc de La Londe et la partie de la terre de La Londe où se trouvait l'ancien manoir.

Ce fut ce Jacques Andrey, qui, devenu conseiller du roy et trésorier de France du bureau des finances de la généralité de Caen, fit construire le château de La Londe, en 1743, et obtint l'érection de la terre de La Londe en fief de haubert et terre noble. Il prit alors le titre de Messire Andrey des Pommerais, chevalier, seigneur de La Londe, et fut inhumé, le 9 avril 1765, dans l'église Saint-Pierre de Caen.

Ce fief relevait directement du roi pour sa vicomté de Caen, qui avait alors pour engagiste Antoine Gillain, marquis de Bénouville, maître de camp de cavalerie, dont la tombe se voit encore dans l'église de Bénouville-le-Port. Les lettres d'érection données à Versailles, le 11 avril 1764, sont conservées à Rouen aux archives de la Cour des comptes. On y lit que :

« A ces causes voulant favorablement traiter l'exposant, nous avons de notre grâce spéciale, pleine puissance et autorité royale, créé et érigé, créons et érigeons en ces présentes signées de notre main, en fief et terre noble sous la dénomination de fief de La Londe, tous les héritages, maisons et terres que possède actuellement l'exposant, dans la paroisse de Biéville, montant ensemble à 138 acres 3 vergées 38 perches de terre, pour en jouir par l'exposant, ses hoirs et ayant cause, sur la mouvance de ladite fiefferme de Biéville..... à la charge par l'exposant de tenir le tout par garde noble, foy et hommage, reliefs, treizièmes, aydes coutumiers et autres sujestions au désir de la coutume de Normandie, mouvant de ladite fiefferme de Biéville où le dit exposant rendra à l'avenir aveu et dénombrement, et fera valoir les droits sous le nom de fief de *La Londe*..... »

En recevant la qualité d'escuyer, Jacques Andrey, dont la famille avait adopté, depuis longtemps, comme marque distinctive une croix de Saint-André cantonnée d'un cœur en chef, de deux étoiles à dextre et à senestre et d'un croissant en pointe, régularisa ses armoiries et obtint des armes parlantes qui sont : *D'argent au chevron de sable sur lequel se voient trois pommes d'or 1 et 2 ; à deux croix de Saint-André en chef et une raye au naturel en pointe.* Ce qui, suivant l'usage du temps, signifiait : *André des pommes raye.*

Ces armoiries ornèrent la grille du château de La Londe jusqu'à la Révolution.

A la mort de Jacques Andrey, le château de La Londe devint la propriété de son fils, Pierre Andrey des Pommerais, chevalier, seigneur de La Londe, conseiller du roi au bailliage et siège présidial de Caen, président trésorier de France au bureau des finances de la généralité de Caen, né en 1725.

Une des filles de Pierre Andrey des Pommerais épousa, en 1797, son cousin germain, Jacques-François Richard de La Londe. Ils eurent trois filles, dont l'une épousa, en 1824, M. Victor-Léon Rouxelin de Formigny, et devint propriétaire du domaine de La Londe.

Leur fils, Arthur-Richard Rouxelin de Formigny de La Londe (1), propriétaire actuel du château et du domaine de La Londe, a reconstitué en grande partie, par des acquisitions successives, l'ancienne terre de La Londe, qui s'étend maintenant sur les communes de Cambes, Epron, Matthieu et Hérouville.

*
* *

Le château de La Londe fut, ainsi qu'on vient de le voir, construit par Jacques Andrey des

---

(1) M. A. de Formigny de La Londe est président des Sociétés d'Agriculture et d'Horticulture du Calvados. Il a été président de l'Académie de Caen, des Sociétés des Antiquaires et Linnéenne de Normandie, et appartient à divers titres à de nombreuses sociétés scientifiques et littéraires.

Pommerais, en l'année 1743 (1). Le nom de l'architecte qui a présidé à cette construction, est jusqu'ici resté inconnu. Il a dû cependant élever plusieurs châteaux du même genre dans les environs de Caen. On dit que l'entrepreneur fut un nommé Nicolas-François Chemin, inhumé dans l'église d'Épron.

L'héliogravure de la page 265 représente la façade du château qu'on désignait, suivant l'expression usitée à l'époque de sa construction, sous le nom de *côté de la cour ;* la façade opposée, qui est la façade principale, s'appelait *côté du jardin.*

Le château de La Londe affecte, suivant le goût du temps, la forme d'un rectangle régulier. Les architectes d'alors, contrairement à leurs devanciers, se préoccupaient avant tout de

Château de La Londe, côté du jardin.
D'après une photographie de M. B. Moyen.

l'aménagement intérieur des constructions qu'ils élevaient, pour le plus grand agrément de leurs futurs habitants et sacrifiaient souvent l'effet décoratif de l'extérieur.

Le sous-sol du château est occupé par une double rangée de caves voûtées en pierre, entre lesquelles règne un long couloir également voûté.

Du côté de la cour, un perron donne accès à un vestibule qui dessert les grands appartements de réception. On a réuni dans une de ces pièces une intéressante collection d'oiseaux du pays, préparés par M. Victor de Formigny, père du propriétaire actuel du château, des ouvrages de tour et d'horlogerie par le même, et une série de tableaux peints à la gouache par M. François-Richard de La Londe, son trisaïeul (2).

Un large escalier à cinq paliers conduit au premier étage, où se trouve la bibliothèque ; elle

(1) Nous devons à l'obligeance de M. Bénet, archiviste du Calvados, l'indication exacte de cette date, qui n'était qu'approximativement connue. Il l'a trouvée, en faisant l'inventaire des archives de Biéville, dans une note écrite par le curé de la paroisse.

(2) François-Richard de La Londe, né à Caen en 1685, mort en 1765 et inhumé dans cette ville dans l'église des Croisiers. Son zèle pour le bien public, ses nombreux travaux sur la canalisation de l'Orne, des mémoires historiques, des poésies, etc., l'ont fait classer parmi les hommes les plus remarquables du département du Calvados. La ville de Caen reconnaissante a placé son portrait dans sa bibliothèque, au milieu de ceux de ses plus illustres habitants et dans la salle des séances du Conseil municipal ; enfin elle a donné son nom à l'un de ses quais. (V. *Notice biographique*, par M. LATROUETTE, Caen, Hardel, 1850, in-8° raisin.)

renferme une riche collection d'ouvrages relatifs à la Normandie, une autre série des tableaux de François-Richard de La Londe, ainsi que ses plans et travaux sur la canalisation de l'Orne, etc. Un Christ en bois sculpté par Girardon, signé et portant la date de 1690, est placé sur la cheminée.

Les appartements du château furent restaurés, en 1841, par M. Victor de Formigny, suivant le goût de l'époque. Il substitua de simples papiers aux vieilles tapisseries de Beauvais, et des meubles en acajou et en palissandre, produits de l'industrie moderne, aux meubles anciens en bois sculpté et doré, recouverts de velours d'Utrech, de riches tapisseries, ou d'étoffes de soie à ramages.

Les communs, dont on aperçoit deux pavillons de chaque côté de la grille sur la vue donnée ici, furent édifiés en 1771 par Pierre Andrey des Pommerais. Ce fut lui aussi qui fit planter le parc à la française, avec allées rectilignes, charmilles taillées selon les règles d'une rigoureuse intransigeance, ifs affectant les formes les plus étranges. Mais quand la mode eut changé, le parc de La Londe dut subir les transformations qu'elle réclamait : en 1841, M. Victor de Formigny le fit dessiner à l'anglaise; les ifs et les ormes reprirent leur liberté de végétation, non, cependant, sans qu'un certain nombre d'entre eux aient conservé les marques des tortures imposées à leur jeunesse.

A droite du château de La Londe, du côté du jardin, s'élève une petite chapelle, construite en 1786, par les soins de Pierre des Pommerais. Voici en quels termes était rédigée la requête qu'il présenta à Mgr de Cheylus, évêque de Bayeux, aumônier de Madame la comtesse d'Artois, pour obtenir l'autorisation d'ériger cette chapelle :

« Supplie humblement Messire Pierre Andrey des Pommerais, chevalier, seigneur de La Londe, président trésorier de France au bureau des finances de la généralité de Caen, doyen de Messieurs les conseillers au bailliage et siège présidial de la même Ville....., et vous remontre qu'il est propriétaire d'une terre composée de deux hameaux, laquelle a été érigée en fief de haubert, sous la dénomination de fief de La Londe, en l'année mil sept cent soixante-quatre. Il fait observer ensuite qu'habitant quelquefois le château de La Londe, il se trouve à une grande distance de la paroisse, qu'il est souvent très difficile d'assister aux offices pour lui et les personnes de sa maison..... »

Fermée pendant la Révolution, cette chapelle fut rouverte par décret impérial du 4 fructidor an XII. A sa mort, en 1806, le fondateur y fut inhumé. Elle est encore aujourd'hui affectée au culte.

CHÂTEAU DE SAINTE-CROIX-GRAND-TONNE

Calvados

SAINTE-CROIX-GRAND-TONNE

Sainte-Croix-Grand-Tonne est un petit village situé entre Caen et Bayeux, à 3,500 mètres au delà du bourg important de Bretteville-l'Orgueilleuse, sur la route de Paris à Cherbourg. Le nom que nous lui conservons ici, et sous lequel il est désigné dans les actes administratifs, est une faute provenant d'une corruption par consonance et qui pourrait égarer les fanatiques d'étymologie. La véritable orthographe de ce lieu devrait être Sainte-Croix-Grantonne. En effet, nous trouvons à la date de 1077, dans le cartulaire de l'abbaye de Mondaye, ce village indiqué sous le nom de : *Sancta Cruz de Grentone ;* plus tard, toujours au XIᵉ siècle, *Sancta Cruz de Crantonne ;* au XIIᵉ, dans le cartulaire d'Ardenne, *Sancta Cruz de Granthone ;* au XIIIᵉ, *Sancta Cruz Super Grantone.* Ce n'est qu'au XVIIᵉ siècle que nous voyons apparaître, francisé, ce nom de Grandthonne dont la consonance donnera lieu aux appellations successives de Grande-Tonne (carte de Petite, 1675) et même de Sainte-Croix-Grandthomme, en 1710 ; enfin, de Grandhomme en 1732 (cartulaire de Cordillon). Il ne faut pas chercher son origine dans l'accouplement hybride de deux mots, l'un français : Grand, et l'autre saxon : *town,* pour en faire Grand-Bourg ; contentons-nous de rappeler que son vrai nom est Grantone, appellation primitive.

Bien qu'on le voie figurer déjà à une date fort éloignée, ce village n'a aucune importance historique. Au point de vue pittoresque, il n'a rien pour attirer l'attention. Composé de rues tortueuses aux maisons de chétive apparence, bâti dans cette partie de la plaine de Caen qui confine au Bessin, il a la physionomie banale de la majeure partie des autres villages de cette contrée.

Néanmoins, nous pouvons sans crainte nous y arrêter, car là existe un château, siège jadis d'une importante seigneurie et qui possède encore quelques vestiges, malheureusement trop rares, de son passé.

Pour s'y rendre, deux chemins, près de l'un desquels est une modeste ferme dont nous parlerons plus tard, s'amorcent sur la droite de la route nationale, en partant de Caen.

Après avoir traversé les rues sinueuses du village, nous arrivons à l'église, construction sans caractère, bâtie au siècle dernier par Madame de Lassay, et consacrée en 1759, dont la petite tour en pierre est terminée par une coupole en forme de cloche et ne présente rien d'intéressant.

A une centaine de mètres, on aperçoit une grille, close de volets de fer, et accompagnée d'une loge de concierge, c'est l'entrée du château. Rien à l'extérieur ne peut nous signaler une opulente habitation. C'est là, cependant, que nous nous arrêterons et nous ne regretterons pas de l'avoir fait.

Dès que la grille s'ouvre, apparaît à la vue une magnifique allée de parc, bordée sur la gauche par un bel étang sur lequel nagent majestueusement des couples de cygnes.

A droite, un pavillon à toit élevé, à l'angle duquel est accolée une tourelle cylindrique en encorbellement et à toit demi-sphérique surmonté d'une petite lanterne à colonnettes, qui dénote une construction de la Renaissance. Par suite de la reconstruction et de l'élargissement du pavillon, une partie de sa lanterne est encastrée dans le mur voisin. Plus loin, à quelques pas, se trouve le château dont la façade ancienne est de ce côté. Cependant, à première vue, on a peine à se rendre compte des détails, un immense rideau de lierre tapissant les murs en entier. Il faut en excepter pourtant une tour à pans coupés, dont la plate-forme, entourée d'une balustrade crénelée, est surmontée d'une espèce de guérite en pierres, terminée en poivrière et couvrant la vis de l'escalier accédant à la terrasse.

Parmi les lierres, s'ouvrent, dans la façade, quelques fenêtres carrées aux meneaux en croix, au-dessus desquelles on peut admirer une haute baie cintrée, dont les meneaux et le balcon présentent de gracieuses découpures, malheureusement regrattées. C'est la seule partie du château qui ait conservé une physionomie ancienne. Sauf la petite tour qui nous semble remonter au XIVe ou XVe siècle, l'ensemble présente tous les caractères de la Renaissance.

Si nous faisons le tour du château, nous avons sous les yeux la façade principale, laquelle a été complètement transformée. Il y a environ trente ou trente cinq ans, rasés au-dessus du rez-de-chaussée, les étages ont été reconstruits dans un style tout moderne; le rez-de-chaussée lui-même, œuvre de la Renaissance, a été modifié pour se raccorder aux nouvelles constructions.

Chapelle du château de Sainte-Croix-Grand-Tonne.

D'après une photographie de M. R. Magron.

Aujourd'hui, le château présente une longue façade à deux étages, simulant un pavillon central avec deux ailes ; chacune de ces parties est surmontée d'un fronton à lignes courbes, dans le tympan duquel ont été sculptées les armoiries des précédents propriétaires, entre autres celles des de La Guiche, des Chastenay, des Clermont-Tonnerre, etc.

A droite du château, ombragée par de hauts platanes, s'élève une petite chapelle moderne, construite dans le style néo-gothique, accompagnée de deux contreforts ; au-dessus s'élève un fronton aigu orné, comme eux, d'un pinacle. La porte d'entrée, à laquelle on accède par un perron de quatre marches, est décorée des armes accolées de Chastenay et de La Guiche. C'est, en effet, Madame la comtesse de Chastenay, née de La Guiche, qui, il y a environ quarante-cinq ans, a fait édifier cette chapelle.

Auprès, une cascade, alimentée tant par les eaux de l'étang que par celles de la petite rivière La Thue, qui prend sa source non loin de là, et actionnée par un bélier hydraulique, que renferme une petite construction rustique, produit un ravissant effet. L'eau jaillit abondamment des rochers pour former un étang minuscule et va se répandre dans le parc en gracieuses sinuosités que traversent de place en place de nombreux ponts rustiques.

Les serres du château sont remarquables et, outre une collection variée de palmiers et de splendides bananiers, fournissent les fleurs diverses qui, dans la saison, ornent les nombreux massifs qui égayent les immenses pelouses. Il est regrettable que la hache ait, il y a quelque vingt-cinq ans, abattu une grande quantité de vénérables et magnifiques arbres qu'on ne peut, hélas ! remplacer, bien que le zèle des propriétaires actuels ait cherché à réparer le mal en faisant de grandes plantations. Les générations futures en profiteront; quant à nous, nous ne pouvons que gémir sur un acte que nous qualifions volontiers de vandalisme. Dans l'enceinte du parc, non loin de l'étang, il existe des vestiges de constructions souterraines, que les habitants du pays considèrent comme étant les anciens souterrains du château; leurs dimensions et leur forme ne nous permettent d'y voir que d'anciennes conduites servant à l'adduction des eaux dans l'étang.

On remarque aussi dans le parc une petite source connue sous le nom de source de Madame, à laquelle, dans le pays, on attribue des vertus surnaturelles et qui, pensons-nous, est tout simplement une source d'eau fortement calcaire. Elle était protégée jadis par un petit édicule du XIe siècle qui a été restauré ou pour mieux dire reconstruit, il y a une vingtaine d'années.

Les anciens propriétaires de ce domaine ont appartenu à des familles illustres; grâce à l'extrême obligeance de M. Bénet, archiviste du Calvados, qui a bien voulu nous signaler les documents que renferme son riche dépôt, nous pouvons reconstituer, en partie du moins, la série de ses anciens châtelains.

En effet, on voit figurer parmi eux, dès le XIIIe siècle, les d'Aigneaux. Au XVe siècle, la seigneurie de Sainte-Croix appartient aux Pellerin, écuyers, seigneurs dudit lieu. Dans le dernier tiers du XVe siècle, elle passe aux mains des Bricqueville, seigneurs de Bourneville, qui la conservent au XVIe. C'est certainement l'un d'eux qui a fait élever la partie Renaissance du château.

Au commencement du XVIIe siècle, elle est arrivée par mariage aux mains de Gilles Vipart, seigneur de Sainte-Croix et de Silly, époux de Catherine de Bricqueville, fille et héritière de Guy. Après lui vient Guillaume Vipart, marquis de Mont-Canisy, seigneur et châtelain de Sainte-Croix, dont la fille Suzanne épousa Louis de Madaillan de Lesparre, marquis de Montataire.

La comtesse de Lassay, veuve de Louis de Lesparre, vendit, en 1751, la seigneurie de Sainte-Croix avec la terre de Cully, au comte de La Guiche, moyennant 350,000 livres.

Pendant tout le reste du XVIIIe siècle, c'est la famille de La Guiche qui possède le château qui, du reste, s'il faut en croire un manuscrit de Béziers, était en fort mauvais état, les châtelains ne l'habitant pas. Un de La Guiche, dénoncé par un de ses fermiers, fut arrêté dans son château et conduit à Paris où il fut exécuté en 1793. Le château, qui avait dû être confisqué comme bien de condamné, fut affecté à un dépôt de sel, puis abandonné. Sans doute il n'avait pas été aliéné et dut être restitué à la famille de La Guiche, puisqu'en 1830, Madame de Chastenay, née de La Guiche, le possédait et y fit faire des réparations. A son décès, il échut par succession à Madame de Saint-Priest, née de La Guiche, et nièce de Madame de Chastenay, puis ensuite à la fille de Madame de Saint-Priest, épouse du comte Bernard d'Harcourt, ancien ambassadeur de France en Angleterre.

Il y a environ vingt ans, un riche propriétaire de Paris, M. Alexis Brion, se rendit acquéreur du domaine, qui est aujourd'hui la propriété de sa fille, mariée à M. Hector Passéga.

A Sainte-Croix se rattache un incident historique qui a inspiré à M. Gaston Lavalley, conservateur de la bibliothèque de Caen, une charmante et touchante nouvelle, intitulée l'*Hôtel fortuné*, et publiée plus tard dans ses *Légendes Normandes*.

Lors de son voyage à Cherbourg, en 1786, Louis XVI s'arrêta à Sainte-Croix, dans une modeste ferme située sur le bord de la route, et là, à l'ombre d'un grand noyer, qu'on voyait encore il y a quelques années, il prit une frugale collation. Parmi les nombreux paysans accourus pour voir et acclamer le roi, Louis XVI aperçut une jeune fille à l'air triste, qui se dissimulait et se tenait à l'écart derrière les autres. L'expression douloureuse de sa physionomie le frappa ; il ordonna de faire approcher cette jeune fille et s'enquit du motif de sa peine. Avec maintes hésitations, maintes réticences, la pauvrette tout en larmes avoua qu'elle avait succombé à son amour pour un jeune homme aisé du pays, et qu'elle portait dans son sein les preuves de sa faiblesse, mais que les parents du jeune homme, la considérant comme trop pauvre, s'opposaient à son mariage. Louis XVI ému, après avoir réprimandé paternellement la malheureuse enfant, jugea que faciliter la réparation de la faute était un acte de haute moralité, fit remettre à la jeune fille une bourse remplie d'or, ce qui, vis-à-vis des parents du séducteur, aplanit toutes les difficultés ; après cela ils ne refusèrent plus leur consentement. Louis XVI, ce jour-là, fit deux heureux ; aussi depuis cette époque, l'auberge où se passa cette scène fut connue sous le nom de l'Hôtel Fortuné.

Abel Decauville Lachénée.

BARON

Pour faire l'histoire du domaine de Baron, il nous faudrait remonter à une haute antiquité, car le premier seigneur qu'on lui connaisse est Guillaume de Baron, seigneur également de Gavrus et de Mondrainville, etc., l'aîné des quatre enfants de cet Aïulphe *do Foro* ou du Marché et de sa femme Asceline qui fonda la célèbre abbaye d'Ardennes en 1121.

Ce serait surtout une étude généalogique qu'il faudrait entreprendre, car les documents sur son château au point de vue monumental font complètement défaut.

Mais sous le rapport de leurs origines et de leurs alliances, les familles qui ont possédé ce fief peuvent être classées parmi les plus estimables de la noblesse du pays.

Après la descendance de Guillaume de Baron, qu'on retrouve dans les cartulaires de l'abbaye de Sainte-Barbe-en-Auge, en 1190 et 1196, le domaine passa par cession ou par alliance dans les mains de Roger de Gouvis, qui eut pour successeurs Guillaume, son fils et Robert, son petit-fils, seigneurs de Baron et de Mouen. C'est ce Robert qui, nommé en 1204, fut le dernier gouverneur de Caen pour les ducs de Normandie, puisque cette province fut rattachée cette année-là à la couronne de France par Philippe-Auguste.

La famille de Gouvis disparaît de la liste des propriétaires de Baron vers 1356. Ici il se produit une lacune qui s'étend jusqu'en 1413, où l'on voit ce domaine possédé par Jean Anzeray, vicomte de Caen au nom du roi d'Angleterre, et époux d'Alix de Cauville, fille de Jean de Courvaudon et de Jeanne Malfilatre de Curcy. Un de leurs fils, Simon Anzeray, fut également vicomte de Caen en 1474.

Au XVIe siècle, la seigneurie de Baron appartient aux Malfilatre, seigneurs de Curcy; elle était, comme on le voit, passée à des collatéraux.

Mais en 1630, un d'eux, Nicolas de Malfilâtre, fut poursuivi par ses créanciers, sa terre saisie et vendue. Un riche bourgeois de Caen, Georges Le Sueur, se rendit acquéreur du fief et des armes de Baron.

La fille ou petite-fille de celui-ci épousa, en 1665, Louis de Canaye de Brasné, qui, en 1690, fit reconstruire le château, dépense qui le ruina, dit-on. Son fils qui, en 1716, s'était marié avec une demoiselle de Meuves, mourut à Caen, en 1742, sans laisser de postérité.

De nombreux procès s'étant élevés au sujet de sa succession, Baron échut définitivement à messire Gédéon de Calmesnil, chevalier, seigneur d'Orval et autres lieux.

Vers la fin du XVIIIe siècle, M. Charles-Gabriel-Gédéon de Calmesnil vendit à M. de Beauregard l'usufruit du château et des fermes de Baron, et mourut en exil.

Sa fille Adélaïde-Julienne, épousa M. Alexandre Clouet, et devenue veuve, abandonna à son fils, Édouard-Gédéon Clouet, cette propriété qui, après le décès de celui-ci, fut mise en vente en 1856 par sa veuve et ses enfants et acquise par M. le marquis de Touchet, ancien officier de cavalerie, propriétaire actuel, qui l'a beaucoup améliorée et augmentée.

Le château est situé dans un ravissant vallon s'étendant jusqu'à la rivière l'Odon, au milieu d'un parc clos de murs et planté de magnifiques arbres qui le cachent presque au dehors; un ruisseau circule au milieu du parc.

La construction de cette habitation, qui, comme nous l'avons vu, remonte à la fin du XVIIᵉ siècle, ne présente aucun caractère typique. C'est une maison à un étage dont la partie centrale est surmontée d'un fronton triangulaire et qui possède un toit relativement élevé. Deux ailes existaient jadis, avançant quelque peu sur la façade centrale; mais depuis longtemps elles ont disparu.

A quelques pas on remarque une grosse tour à créneaux. Près de cette tour vient s'en accoler une plus petite terminée par un toit en poivrière aiguë ajoutée par le propriétaire actuel, avec une rotonde à galerie, à sa partie inférieure. Ce sont les restes de l'ancien château, et cette tour devait former l'angle de deux bâtiments en équerre.

Son aspect dénote une construction de la fin du XIVᵉ ou du commencement du XVᵉ siècle. Elle a donc dû être construite par les seigneurs dont le nom est absent dans la liste que nous possédons et être achevée par la famille Anzeray.

Elle a subi de nombreuses réparations qui en ont singulièrement modifié la physionomie ancienne; un pavillon mansardé octogone, élevé sur la plate-forme de la tour, et la rotonde à galerie, édifiée à la base de la tourelle pour l'approprier aux exigences de confort actuel, lui donnent l'aspect d'une habitation moderne.

ÉLIE DE SOUDERNE.

BÉNEAUVILLE

Près de Bavent, dans la vallée de la Dives, à 15 kilomètres de Caen, près du lieu où, en 944, les Bessins et les Cotentinois se rendirent pour se joindre aux troupes qu'Aigrold, ou Harold, roi de Danemark, avait amenées au secours de Richard Ier, attaqué par Louis d'Outremer, existait un hameau nommé Béneauville. Cette paroisse, qui avait pour patron saint Jean-Baptiste, fut réunie, en 1374, à l'église de Bavent par une donation de Richard de Touchet.

La famille de Touchet, originaire du lieu de ce nom, situé au diocèse d'Avranches, comté de Mortain, terre passée plus tard et successivement dans les familles d'Ouëssy, ou Oissey, d'Amfernet et de Vassy, se divisa, presque dès son origine, en plusieurs branches; l'une, établie en Angleterre à la suite de la conquête, paraît avoir eu pour fondateur Odon, qui figure en 1089 dans une charte de Raoul Paisnel pour la première fondation du prieuré de la Sainte-Trinité d'York. (*Monasticum Anglicanum*, 2ᵉ édit., t. IV, p. 682.) Ses descendants ont occupé, sous les noms de Tuchet, Tuschet, Touchet, des charges importantes et contracté d'illustres alliances; devenus barons Audley, par suite du mariage de sir John Touchet avec Jeanne, fille aînée de lord James Aldethley ou Audley, d'Heleigh-Castle (Stafforshire), seule héritière, en 1392, de son frère Nicholas, dernier baron Audley, ils furent aussi créés comtes de Castle-Haven, dans le Peerage d'Irlande (B. Burke, *Genealogical and heraldic Dictionary; Peerage and Baronetage of Great Britain;* Thom. Leland, *The history of Ireland;* etc.)

On trouve une autre branche établie à Béneauville, dont elle prit le nom, dès le commencement du XIIᵉ siècle, et c'est la seule dont on connaisse aujourd'hui des descendants; plusieurs autres rameaux se sont détachés de ces différents troncs à diverses époques et ont successivement disparu (d'Hozier, *Indicateur nobiliaire;* de La Roque, *Histoire de la Maison de Touchet;* archives de la famille).

C'est ce qu'on peut lire dans l'*Histoire générale des Maisons nobles de la province de Normandie,* par Gilles-André de La Roque, au nom de Touchet; la famille de Touchet possède un bel exemplaire de cet ouvrage, format petit in-fᵒ imprimé sur vélin, en 1654, à Caen, à la fin duquel se voit un certificat manuscrit du 6 février 1655, par lequel deux tabellions de Caen constatent que : « Collation des pièces contenues dans le dit livre, relié et couvert en cuir noir, a été faite sur les originaux et vidimus, en présence de témoins qui ont signé avec les notaires ». La collection Mancel, à Caen, en possède aussi un exemplaire sur papier, suivi du même certificat, daté du 12 mars 1655.

Longtemps cette famille habita Béneauville où elle possédait un château qui fut détruit, sans doute, au moment des guerres de religion, vers 1562.

A la place de ce château, on recontruisit celui que nous voyons aujourd'hui, et deux inscriptions gravées dans la façade postérieure lui assignent comme date 1589 à 1592. C'est à Louis de Touchet et à sa femme, Marie de l'Estendart, qu'on doit son élévation. Construit en brique et pierre de taille, il offre un spécimen fort curieux et fort rare des châteaux de cette époque. Sa façade présente une surface carrée composée de lignes alternées de pierres de taille et de briques. Elle comprend un rez-de-chaussée élevé avec perron, à double rampe et deux étages. De chaque côté existent deux annexes qui ont dû être bâties postérieurement et dont l'une seulement est surmontée d'un étage. De hautes cheminées, de même appareil que le corps de logis, complètent heureusement l'ensemble ; le toit est très élevé.

Primitivement, le château fut entouré de douves ; mais au XVIIIe siècle, Jacques-Alexis de Touchet fit combler les douves et abaisser de près de 5 mètres la toiture du château, qui néanmoins présente encore une grande élévation. Ces suppressions durent modifier, à son désavantage, le caractère de cette demeure ; mais telle qu'elle est aujourd'hui, placée dans un site verdoyant, au milieu de riches prairies, entourée d'arbres, elle est encore d'un aspect imposant.

Après être resté depuis le XIe siècle en possession de la famille de Touchet, la seigneurie de Béncauville en sortit, en 1782, par la vente qu'en fit Jean-Louis de Touchet à M. Housset de Catteville, trésorier des guerres, à Caen.

Dans la première partie de ce siècle, les enfants de M. de Catteville la cédèrent à M. Lecomte, ancien marchand de bois, des mains duquel elle passa à celles de son propriétaire actuel, M. le comte de Germiny, ancien député du Calvados.

ÉLIE DE SOUDERNE.

VILLA TAMARIS, A HERMANVILLE-SUR-MER

Tamaris est une construction originale, située sur la commune d'Hermanville, canton de Douvres. Elle reproduit avec une scrupuleuse exactitude la silhouette et l'intérieur d'un vieux castel, style Henri II, bâti au moyen âge sur les côtes d'Écosse.

Un anglais, M. Kingt, il y a vingt et quelques années, chargea un artiste de beaucoup de goût, M. Beaumier, architecte du département du Calvados, de lui élever un logis qui fût la copie fidèle du manoir historique qui avait attiré son attention.

Des larges baies de la salle à manger et de la terrasse que baignent les vagues, on aperçoit : Ouistreham, Dives, Cabourg, Houlgate, Beuzeval, Deauville, Trouville, le Havre et Sainte-Adresse, éclairés la nuit par les projections électriques des phares.

Tamaris appartient au comte de Puiseux.

La bibliothèque renferme de nombreux documents sur la Normandie et l'histoire paroissiale de la contrée.

Vue d'ensemble.

D'après une photographie de M. H. Magron.

VAUX-SUR-AURE

Une des promenades favorites des habitants de Bayeux est Vaux-sur-Aure, et cette prédilection s'explique par la beauté du paysage qu'on y rencontre.

En effet, après avoir parcouru de petits chemins ombreux, des *green roads*, on a devant soi la vallée de l'Aure, cette rivière capricieuse dont les eaux serpentent au milieu des prairies verdoyantes, pour aller plus tard se perdre dans la fosse du Soucy.

Dans la vallée, on aperçoit un moulin, des maisons dispersées de ci de là. Des troupeaux de gras animaux qui fournissent le beurre si apprécié du Bessin, animent le paysage.

De riants coteaux enserrent cette gracieuse vallée.

Sur l'un d'eux s'élève, à mi-côte, le château de Vaux, construit dans la première moitié du siècle dernier. L'édifice n'a extérieurement rien de remarquable : c'est une habitation carrée sans caractère spécial, mais à qui deux pavillons, séparés par une allée, donnent une certaine originalité.

Le principal mérite qu'il possède est d'être placé dans une situation délicieuse avec une vue ravissante sur la vallée, et d'être entouré d'un parc magnifique dont les arbres des essences les plus rares y furent plantés par le célèbre botaniste, Moisson de Vaux, qui en fut propriétaire.

La seigneurie de Vaux remonte à une haute antiquité. Un rôle, dit de La Roque, en fait mention dès 1063, ainsi que d'un chevalier, Raoul de Vaux. Guillaume de Vaux suivit, en 1066, Guillaume le Conquérant en Angleterre, y resta et y fit souche. Un autre de Vaux fut, en 1099, avec Robert, à la conquête de la Terre Sainte, et nous voyons ses descendants figurer dans l'histoire du pays jusqu'à la fin du XVᵉ siècle. Nombre des membres de cette famille occupaient de hautes situations dans la province.

La terre de Vaux se divisait en plusieurs fiefs dont l'un, La Ferrière de Vaux, est celui dont le château qui nous occupe dépendait et dont, au siècle dernier, il portait le nom.

Mais il existait un fief nommé de Conjon dont relevait un membre de fief appelé le Bourguignon. Les seigneurs de Conjon de Vaux, à cause de cette portion de fief, étaient tenus de garder en armes la cathédrale de Bayeux en cas d'hostilités, et de ne pas discontinuer cette garde sans le congé du chapitre. Cette obligation fut longtemps maintenue et plusieurs fois hommage en fut rendu au chapitre de Bayeux par les seigneurs de Conjon.

Depuis le XVᵉ siècle jusqu'au commencement du XVIIIᵉ, les documents nous manquent pour indiquer quels furent pendant cette période les propriétaires du fief de La Ferrière de Vaux; mais ce que l'on peut affirmer, c'est que le château actuel fut bâti par Madame de Piédoüe de Nerval, dame de Vaux, veuve de Michel d'Hermerel, écuyer, vicomte de Bayeux, laquelle décéda, le 19 septembre 1749, dans un âge fort avancé. Ses héritiers vendirent la terre, qui fut acquise par M. Pierre-Jacques-

Mathieu Moisson, écuyer, sieur d'Urville, de l'académie de Caen, mort subitement le 30 octobre 1775.

Son fils, Gabriel-Pierre-François, qui avait débuté comme officier de cavalerie, et qui, plus tard, se livra entièrement à la botanique, introduisit et multiplia dans le pays nombre d'arbres qui jusqu'alors y étaient inconnus ou peu cultivés, tels que l'acacia, le platane, le sycomore, le thuya, etc., et planta le magnifique parc qu'on admire aujourd'hui.

Le 22 janvier 1788, il vendit à Madame Anastasie-Thérèse de Sabine, épouse du marquis Augustin-François de Malherbe, son château, avec toutes les terres y attenant.

Cette dame ne conserva pas longtemps cette propriété, car dès le 27 juin 1793, elle la céda à M. Jacques-Gabriel-Alexandre Bazin de Bezons, demeurant à Saint-Martin-de-Maisons, près Bayeux, acquéreur pour son fils Auguste-Gabriel et ses autres enfants à naître.

Le 27 septembre 1812, M. Gabriel-Augustin de Bezons se dessaisit de ce domaine par vente faite au profit de M. Loiselet, propriétaire à Paris.

En 1819, M. le vicomte de Toustain-Richebourg s'en rendit acquéreur et y fit de notables transformations. Le parc fut augmenté et dessiné à l'anglaise, le château transformé de fond en comble.

A sa mort, M. le vicomte Henri de Toustain-Richebourg, son fils, érudit et bibliophile très connu, aménagea en bibliothèque une partie du rez-de-chaussée du château, qu'il vendit à M. le baron d'Issaverdens, qui en est aujourd'hui propriétaire.

Abel Decauville Lachènée.

LE CHATEAU DE CAREL

Le petit village de Carel, de très ancienne origine, fut de bonne heure protégé par un château-fort dont il ne subsiste plus que quelques vestiges, englobés dans une construction de date beaucoup plus récente. Il était défendu, d'un côté, par la Dive qui coule à ses pieds, et, sur le reste du pourtour, par des douves artificielles communiquant avec la rivière.

Une première restauration du château eut lieu vers le milieu du XVIIIᵉ siècle, par les soins d'un célèbre avocat près le Parlement de Rouen, Mᵉ Lallier, qui s'était rendu acquéreur de cette demeure seigneuriale. La famille de Brébisson, dont plusieurs membres se firent connaître comme naturalistes, en devint ensuite propriétaire. Actuellement, le château appartient à M. le baron Brunet, qui l'a fait complètement restaurer.

Une façade, d'un aspect imposant, rappelle le meilleur style architectural du XVIIᵉ siècle. Outre le corps de logis principal, plusieurs pavillons contribuent à former un ensemble très harmonieux.

Charles Le Goffic.

LE CHATEAU DE TRACY-SUR-MER

En se rendant de Bayeux à Arromanches-les-Bains, on rencontre d'abord Magny, jadis érigé en marquisat pour Nicolas Foucault, intendant de Caen en 1689, qui y avait réuni une foule d'objets curieux et anciens. Plus loin, à quelques kilomètres de la côte, sur la hauteur qui forme le second rang des falaises du Bessin, se voit à droite le château de Tracy-sur-Mer. Un large saut-de-loup avec grille sépare de la route la cour d'honneur. Le château est situé au fond; il est orné, de chaque côté, de deux quinconces d'arbres destinés à masquer les bâtiments d'exploitation des deux fermes qui l'accompagnent. En face, de l'autre côté de la route, une demi-lune plantée d'arbres donnait naissance à des allées actuellement rasées presque en entier. Derrière le château, de belles rangées d'ormes séparent les herbages et donnent un ombrage, rare à cette distance de la mer. La vue, actuellement raccourcie par un petit jardin planté à l'anglaise, s'étendait sur la campagne de Rye.

Le château de Tracy, jadis habité par une famille Hudebert, fut rebâti à la fin du siècle dernier par M. du Manoir de Juhaye; sa façade, avec avant-corps et fronton dont les pierres d'attente n'ont pas été sculptées, se termine par deux pavillons; on y accède par un large perron de quelques marches. La salle à manger, au rez-de-chaussée, le salon situé au-dessus, ont conservé leurs boiseries sculptées. Ces pièces sont octogones et, dans le salon, de fausses fenêtres en glaces, placées dans les angles, lui donnent une lumière et un aspect tout particuliers. Quelques chambres, notamment celle du rez-de-chaussée, ont conservé encore leurs trumeaux peints, dont quelques-uns paraissent même remonter à l'époque de Louis XV.

Au commencement de ce siècle, Tracy appartenait à M. Moisson, baron de Vaux, dont le père, célèbre botaniste, avait introduit en France les platanes, les hêtres pourpres, etc. C'était là, au milieu d'une nombreuse famille, dans ce salon peuplé de souvenirs précieux, de dessins de Carle Vernet et de toiles de Gudin, que nous l'avons connu, et après lui sa femme, dont le caractère affable et l'exquise habitude du monde attiraient auprès d'elle tous ceux qui avaient l'avantage de la connaître et les nombreux baigneurs d'Arromanches.

A sa mort, Tracy fut vendu. Son fils aîné était alors consul de France en Italie. Le château de Tracy appartient actuellement au baron Delort, qui y a fait, dit-on, de somptueux aménagements.

P. DE FARCY.

TABLE DES NOTICES DU VOLUME DU CALVADOS

DEUXIÈME PARTIE

APPENDICE

TABLE DES GRAVURES DU VOLUME DU CALVADOS

DEUXIÈME PARTIE

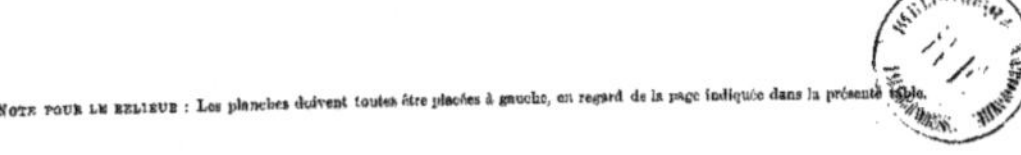

LISTE DES SOUSCRIPTEURS

AU VOLUME DU CALVADOS

Ministère de l'Instruction publique, Administration des Beaux-Arts. — 9 *exemplaires*.

Félix Faure, président de la République française. — *Édition complète et sur Japon.*

Louis Brindeau, député, maire du Havre. — *Édition complète.*

Bᵒⁿ Piénard, ancien député, à Bolbec. — *Édition complète.*

E. Ambaud, au Havre. — *Édition complète.*

Cᵗᵉ Arsieu de Béarn, à Clères. — *Édition complète.*

Mᵗᵉ de Bailleul, à Angerville-Bailleul. — *Édition complète et sur Japon.*

Cᵗᵉ de Pomereu, au Héron. — *Édition complète.*

Mᵗᵉ E. de Pomereu d'Alligre, au château du Grand-Daubeuf. — *4 exemplaires de l'édition complète.*

Bᵒⁿ Paul Le Vavasseur, aux Ifs. — *Édition complète.*

Dr Macuy, au Havre. — *Édition complète.*

Cᵗᵉ de Colbert-Laplace, député, à St-Julien-de-Mailloc. — *Édition complète.*

Mᵐᵉ A. Descenétais, à Gruchet. — *Édition complète.*

Mᵗᵉ de Montault, à Baclair. — *Édition complète.*

N. Rubert, adjoint au maire du Havre. — *Édition complète.*

Vᵗᵉ de Beaurepaire de Louvagny, à Quesnay-Guesnon. — *Édition complète.*

Mᵐᵉ A. Delacour, à Paris. — *Édition complète.*

E. Durosc, au Havre. — *Édition complète.*

Louis Descenétais, à Gruchet-le-Valasse. — *Édition complète.*

Abbé Sontag, curé à Imbleville. — *Édition complète.*

Léon Forget, au Havre. — *Édition complète.*

Alfred Duret, au Havre. — *Édition complète.*

Duc d'Audiffret-Pasquier, à Sassy. — *Édition complète.*

Cᵗᵉ Pozzo di Borgo, au château de Dangu. — *Édition complète.*

Duc de Broglie, au château de Broglie. — *Édition complète.*

Louis-Jean Boyenval, à Paris. — *Édition complète.*

Alex.-Hipp. Lair, à Paris. — *Édition complète.*

Cᵗᵉ de Lambertye, à Paris. — *Édition complète.*

Paul La Haye, à Caen. — *Édition complète.*

Édouard Rousselle, à Paris. — *Édition complète.*

Bibliothèque municipale de Caen. — *Édition complète.*

Daniel de Folleville de Bimorel, à Paris. — *Édition complète.*

Auguste Léo, à Paris. — *Édition complète.*

Duc de Mortemart, à Paris. — *Édition complète.*

Dulau et Cⁱᵉ, à Londres. — *2 exemplaires de l'édition complète.*

Ch.-Phil. Schlumberger, à Rouen. — *Édition complète.*

Paul Gambu, à Louviers. — *Édition complète.*

Louis Regnier, à Évreux. — *Édition complète.*

Émile Le Chevalier, à Paris. — *6 exemplaires de l'édition complète.*

Ernest Breton, député, à Envermeu. — *Édition complète.*

Ém. Terquem, à Paris. — *8 exemplaires de l'édition complète, dont une sur Japon.*

Dr H. Taurin, à Louviers. — *Édition complète.*

Frédéric Forestier, au Havre. — *Édition complète.*

Marcel Le Grand, Villa Bénédictine, à Fécamp. — *Édition complète.*

Cᵗᵉ Léon Mniszech, chambellan de S. M. I. et R. Apostolique, à Paris. — *Édition complète.*

A. Madoux, à Bruxelles. — *Édition complète.*

Henri Tournouër. — *Édition complète.*

Augustin Le Marchand, à Rouen. — *Édition complète.*

A. Quantin, à Paris. — *Édition complète.*

Eudes, à Paris. — *Édition complète.*

Lestringant, à Rouen. — *3 exemplaires de l'édition complète.*

Thᵉ Breckenridge, au Havre. — *Édition complète.*

Henry Lebon, à Versailles. — *Édition complète.*

Alph. Picard, à Paris. — *Édition complète.*

H. Champion, à Paris. — *Édition complète.*

J. Plihon et L. Hervé, à Rennes. — *Édition complète.*

Charles d'Ornant, à Vannes. — *Édition complète.*

Cᵗᵉˢˢᵉ de Montessuy, aux Riffets. — *Édition complète.*

Mᵐᵉˢ Monbival, à Trouville. — *Édition complète.*

Pᶜᵉ H. de Broglie, à Saint-Georges-d'Aunay. — *Édition complète.*

Mᵐᵉ Marie de Buhorel, à Breteuil-sur-Iton. — *Édition complète.*

L'Abbaye Saint-Nicolas, de Verneuil. — *Édition complète.*

Abbé Fosset, à Évreux. — *Édition complète.*

Bibliothèques roulantes, à Versailles. — *Édition complète.*

Librairies Imprimeries réunies, à Paris. — *8 exemplaires de l'édition complète.*

Ernest Villeroy, à Wallerfangen. — *Édition complète.*

Mᵐᵉ C. Le Verdier de Piperey, à Rouen. — *Édition complète.*

Dr Lannelongue, à Paris. — *Édition complète.*

Jules Delafosse, à Paris. — *Édition complète.*

Georges Delattre, au Havre. — *Édition complète.*

Conrad de Witt, député, à Paris.

Bᵒⁿ Gérard, député, à Paris.

Mᵗᵉ de Balleroy, à Balleroy.

H. Magron, à Caen.

Jules Adeline, à Rouen.

Émile Travers, à Caen.

Eug. de Beaurepaire, à Caen.

Édouard Pupin, au Havre. — *Édition complète.*

Paul Delarbre, à Manneville.

B⁰ⁿ Le Lasseur, à Bénouville.

Cᵗᵉ Henri de Blangy, à Lion-sur-Mer.

B⁰ⁿ Maurice Gérard, à Maisons. — *Édition complète.*

William Warcop Peter Consett, au Neubourg. — *Édition complète.*

Roland de Cadehol, au Havre.

Xavier du Homme de Sainte-Croix, à Ryes.

Cᵗᵉ Henri de Sainte-Marie, à Loize-la-Ville.

E. Nénon, à Pierrefitte-en-Auge.

Mᵐᵉ Z. Demachy, à Paris.

Cᵗᵉ de Noinville, à St-Mihiel.

Édouard Morick, à Caen.

Librairie Havraise, au Havre. — *Édition complète.*

Henri Renaud, adjoint au maire de Troyes. — *Édition complète.*

Maurice Chevrier, à Paris. — *Édition complète.*

Eugène Blanchet, architecte, à Paris. — *Édition complète.*

Le Prince Alexandre Bibesco, à Paris. — *Édition complète sur Chine.*

Mⁱˢ de Versainville-Ouoard, à Versainville. — *Édition complète.*

Cᵗᵉ Le Marois, à Lonray. — *Édition complète.*

P.-L. Target, ancien député, à Saint-Désir-de-Lisieux.

Cᵗᵉˢˢᵉ P. Le Marois, à Paris.

Cᵗᵉ Coustant d'Yanville, à Paris.

Cᵗᵉ des Hays de Gassart, à Paris. — *Édition complète.*

Ch. Hettier, à Caen.

Société des Beaux-Arts, à Caen.

Raymond Pelletier, à Caen.

Gustave Pelletier, à Caen.

Henri de Labouchère, à Caen.

Cᵗᵉ Albéric de la Loyère, à Vienne.

Collas de Courval, à Vaux-sur-Seulles.

Mᵐᵉ G. de Graveron, à Rennes.

Désiré Aubert, à Vire.

Albert Pellerin, à Cintheaux.

Cᵗᵉˢˢᵉ Le Bel de Penguilly, à Mesnil-Guillaume.

Descours-Desacres, au château d'Ouilly-le-Vicomte.

Bibliothèque municipale de Bayeux.

Joseph l'Hopital, à Évreux.

Cᵗᵉ Charles du Merle, à La Vespière.

Adolphe Quetel, maire de Pont-l'Évêque.

Mᵐᵉ de la Renaudière, à Paris.

Ch. Margat-Morin, à Paris. — *Édition complète.*

Bibliothèque municipale de Lisieux.

G. Le Courtois du Manoir, à Caen.

Mᵐᵉ P. Borel, à Paris,

Mⁱˢ de Touchet, au château de Baron.

Cᵗᵉ de Brossard, à Versailles.

Hector Passéga, à Paris. — *Édition complète.*

B⁰ⁿ de Vaux, à Paris.

Loys Brueyre, à Paris.

Albert Dubourg, à Cricqueville. — *Édition complète.*

Cᵗᵉ de Falandre, à Orbec.

Gaston Dubois-Guchan, à Sées. — *Édition complète.*

Cᵗᵉ de Puiseux, à Paris.

A. de Formigny de La Londe, à Caen. — *Édition complète.*

Mⁱˢ de Cornulier, à Fontaine-Henri.

Mᵐᵉ Antoine Triquet, à Saint-Vaast-la-Hougue (Manche).

Auguste Janvier.

Prince Michel Vlangali Handjéri, à Manerbe.

René de Beauregard, au château d'Aché (Orne).

Achevé d'imprimer

par LEMALE & Cie

au Havre, le 30 Juillet 1895

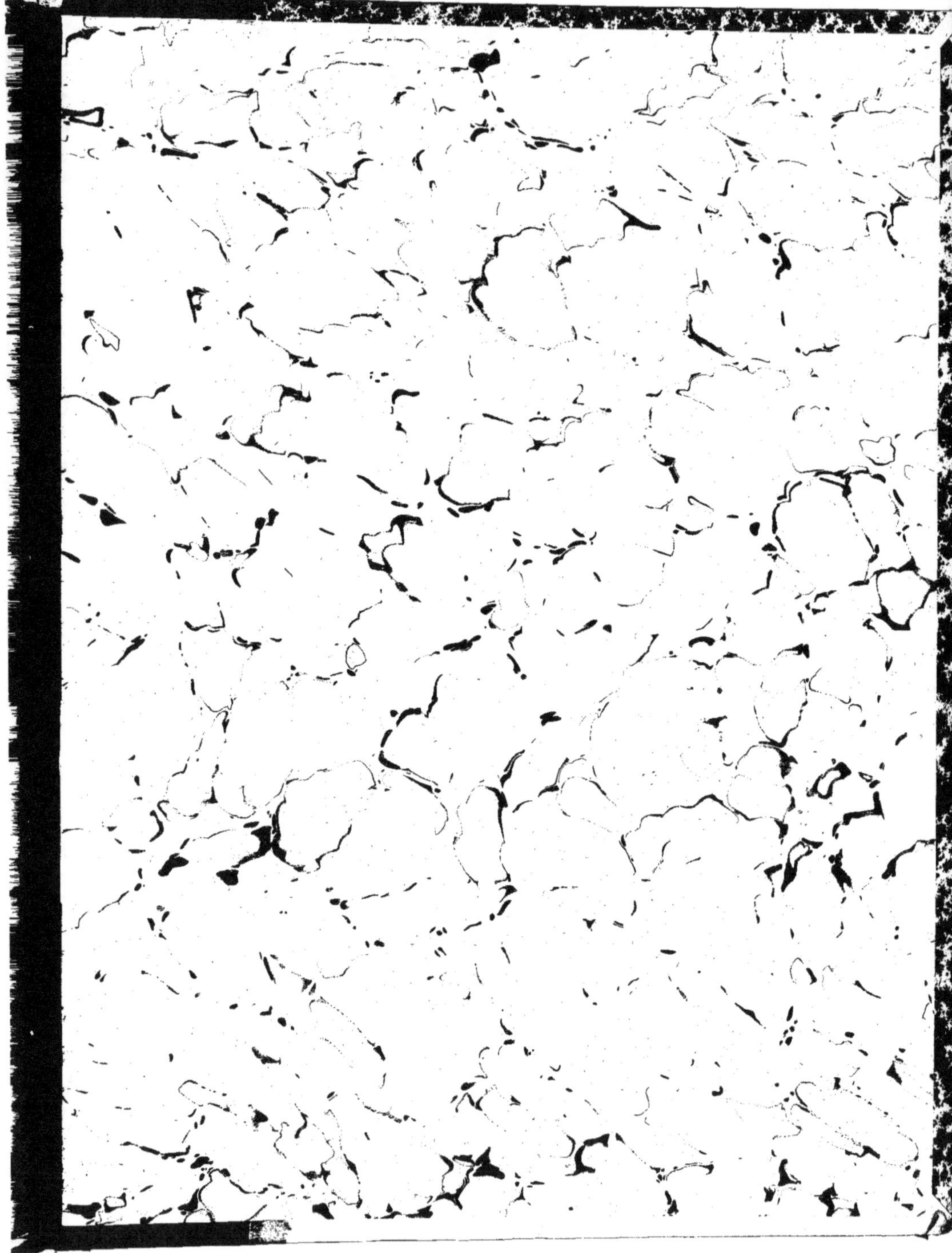